香药之路

唐宋时期西北地区的香药贸易

XIANGYAO
ZHILU
TANGSONG SHIQI
XIBEI DIQU
DE XIANGYAO
MAOYI

杨作山 著

黄河出版传媒集团
宁夏人民出版社

图书在版编目（CIP）数据

香药之路：唐宋时期西北地区的香药贸易 / 杨作山著． -- 银川：宁夏人民出版社，2020.11
ISBN 978-7-227-07310-9

Ⅰ.①香… Ⅱ.①杨… Ⅲ.①香料贸易－贸易史－研究－西北地区－唐宋时期 Ⅳ.①F727.4

中国版本图书馆 CIP 数据核字（2020）第 221734 号

香药之路——唐宋时期西北地区的香药贸易　　　　杨作山　著

责任编辑	赵学佳　闫金萍
责任校对	陈　浪
封面设计	姚欣迪
责任印制	马　丽

 出版发行

出 版 人	薛文斌
地　　址	宁夏银川市北京东路 139 号出版大厦（750001）
网　　址	http://www.yrpubm.com
网上书店	http://www.hh-book.com
电子信箱	nxrmcbs@126.com
邮购电话	0951-5052104　5052106
经　　销	全国新华书店
印刷装订	宁夏凤鸣彩印广告有限公司
印刷委托书号	（宁）0019064

开本	787 mm×1092 mm　1/16
印张	18.75
字数	300 千字
版次	2020 年 11 月第 1 版
印次	2020 年 11 月第 1 次印刷
书号	ISBN 978-7-227-07310-9
定价	46.00 元

版权所有　侵权必究

目 录

绪 论 ·· 1

第一章　香药之路的历史变迁 ····························· 28
　　第一节　沙漠之路和草原丝绸之路 ················· 29
　　第二节　吐蕃王朝与香药之路 ····················· 51

第二章　西北地区市场上的外来香药 ····················· 64
　　第一节　汉唐时期的外来香药 ····················· 64
　　第二节　宋代的外来香药及其种类 ················· 70

第三章　唐代西北地区的香药贸易 ······················· 127
　　第一节　魏晋南北朝时期西北地区的香药贸易 ······· 128
　　第二节　隋唐时期西北地区的香药贸易 ············· 137
　　第三节　唐代西北地区的香药贸易市场 ············· 173

第四章 宋代西北地区的香药贸易·······193
   第一节 唃厮啰与丝绸之路贸易·······193
   第二节 宋朝与西域诸国的香药朝贡贸易·······208
   第三节 西夏对香药之路的经营·······238

第五章 唐宋时期香药消费和应用·······257
   第一节 香药在社会生活中的应用·······258
   第二节 香药在医疗卫生方面的应用·······281

参考文献·······289

后 记·······296

绪 论

香药是产于异域（主要是亚洲）特定地区的天然植物或动物性物质，一般具有芳香、辛辣、甜蜜等气味或味道，价格昂贵，用途广泛。在中国古代，香料、香药和药物很难区分，其概念因时代、地域或定义主体的不同而有所不同。香药是香料药物的简称，并非所有的药物都是香药，但几乎所有的香料都可入药，故国内研究香料贸易的学者多采用"香药"而非"香料"这一概念。正如美国学者薛爱华所说："中世纪的远东，对于药品、食物、香料以及焚香等物品并没有明确的区分——换句话说，滋补身体之物与怡养精神之物，魅惑情人之物与祭飨神灵之物，它们之间都没有明确的区别。"①

香药一词最早见于3世纪左右。《三国志·薛综传》云："县官羁縻，示令威服，田户之租赋，裁取供办，贵致远珍名珠、香药、象牙、犀角、瑇瑁、珊瑚、琉璃、鹦鹉、翡翠、孔雀、奇物，充备宝玩，不必仰其赋入，以益中国也。"②北凉昙无谶译《大般涅槃经》卷第16《梵行品第八之二》亦云："我时住在祇洹精舍，闻其音声即生慈心。时有凉风吹香山中种种香药满其眼眶，寻还得眼如本不异，诸贼开眼即见如来。"《大般涅槃经》"前分"成书于3世纪左右，而整个《大般涅槃经》集出于4世纪左右。在佛教密教的仪轨中，有许多关于烧香、涂香，以及以香汤沐浴净身、口中含香洁净空气等修持方法。香药概念的提出可能源自佛家，中国医药家使用这一概念则要稍晚一些，

---

① ［美］薛爱华著，吴玉贵译：《撒马尔罕的金桃——唐代舶来品研究》，社会科学文献出版社，2016年，第391页。

② （晋）陈寿：《三国志》卷53《吴书·薛综传》，中华书局，1959年，第1252页。

并加入了自己的解释。佛经中的香药是一个专有名词，指香料原材本身，以区别制好的香品，而非"香料即药物"或"香料和药物"的意思。到了唐代，张九龄在《谢赐香药面脂表》中云："雕奁忽开，珠囊暂解，兰薰异气，玉润凝脂。药自天来，不假淮王之术，香宜风度，如传荀令之衣。"[①]可见，当时有将香、药相互使用的习惯，认为香也有药的含义。

中国古代的香药可分为动物性香药和植物性香药两种。动物性香药有麝香（Musk）、龙涎香（Ambergris）、灵猫香（Civet）、海狸香（Castoreum）4种，而植物性香药则有沉香、乳香、檀香、木香、松香、豆蔻、胡椒、藿香、茉莉、玫瑰、姜、韭、葱、蒜等500种左右。此外，植物性香药还可分为本土香药和外来香药两大类。本土植物性香药有土沉香、白芷、芎䓖、蕙草、花椒、草果、砂仁、蔷薇、桂花、玫瑰等；域外植物性香药则有蕃沉香、檀香、降真香、龙脑香、乳香、安息香、豆蔻、丁香、胡椒、迷迭香、郁金香、金银香、苏合香、艾纳香、兜纳香、瓶香等。植物性香药气味芳香、性质独特，在焚香、薰香、美容化妆、饮食调味、医药保健及宗教祭祀等方面应用广泛。

香药是古代丝绸之路上朝贡贸易和民间贸易中的重要物品。关于香药生产、香品制作和熏香习俗，前人已多有研究，本书虽涉及以上诸方面的问题，但并不以此为重点。本书更关注的是香药贸易在丝绸之路贸易中的地位，以及香药贸易所引发的民族交融和文化交流等问题。

一、本书研究的学术价值和现实意义

香药在社会生活中的应用萌发于先秦，初成于秦汉，完备于隋唐，而鼎盛于两宋。[②]据《山海经》《左传》《吕氏春秋》《淮南子》《逸周书》《穆天子传》等文献记载，早在春秋战国时期，我国西北诸族与中原内地间就存在着大规模的丝绸贸易。公元前2世纪，张骞出使西域的"凿空"之旅，开通了连接亚欧大陆的丝绸之路。汉朝开辟丝绸之路的初衷，虽是出于联络西域诸国夹击匈奴的政治愿景，但无意间却打通了中原内地通往欧亚非大陆的交通，促进了各大洲间的政治、经济和文化交流。此后，在各方内生动力与外部需求的驱使下，丝绸之路在欧亚非三大洲纵横交错、相互联结并延续数

---

① （唐）张九龄：《谢赐香药面脂表》，见（清）董诰等编《全唐文》卷288，中华书局，1983年，第2924页。
② 傅京亮：《中国香文化·序言》，齐鲁书社，2008年，第4页。

千年。在这漫长的岁月里，不管丝绸之路如何变迁，香药贸易始终处于西北少数民族地区与内地，以及中亚、西亚、古罗马等地经济活动中的重要位置。

与此同时，我国西南地区人民在云贵高原的崇山峻岭中开辟了一条通向南亚次大陆及中南半岛的道路，即"蜀身毒道"。蜀身毒道东起古蜀都（今四川成都），西至古印度，由南道的岷江道、五尺道和西道的牦牛道构成，沿途郡县相连，驿路相接，将西南夷地与印度、中南半岛等地连接起来。汉武帝经略西南夷后，将西夷道直通到滇西洱海地区，并贯通了西夷道、南夷道和永昌道，更进一步促进了东西方交通。此后，天竺、大食、安息、大秦和扶南等地商旅通过西南夷道，将各地盛产的奇珍异香不断输入我国。1世纪，罗马帝国通过"麝香之路"，经昌都、拉萨、阿里、西亚一线，将西藏、古益州等地盛产的麝香运回本国。可以说，丝绸之路、麝香之路和西南夷道将我国整个西部地区连为一体。

三国时期，域外香药已经传入中国本土。鱼豢在《魏略·西戎传》中，记载了大秦国出产的12种香药，以及大秦通益州、永昌的水道。① 晋武帝时，西域诸国开始朝贡域外异香。《魏书·西域传》记载，波斯国出产薰陆、郁金、苏合、青木等香，以及胡椒、荜拨、香附子、诃梨勒等物。② 实际上，薰陆、青木香、胡椒和诃梨勒等原产于印度，而郁金香则产于罽宾。《梁书·中天竺国》记载，中天竺国，"其西与大秦、安息交市海中，多大秦珍物，珊瑚、琥珀、金碧珠玑、琅玕、郁金、苏合。苏合是和诸香汁煎之，非自然一物也。又云大秦人采苏合，先笮其汁以为香膏，乃卖其滓与诸国贾人，是以展转来达中国，不大香也。郁金独出罽宾国，华色正黄而细，与芙蓉华裹被莲者相似"③。这都说明南北朝时期薰陆、郁金、苏合、青木、诃梨勒、香附子等香药已经传入中国。

隋唐时期的政治大统一，为中西交通辉煌时代的来临创造了条件。隋炀帝即位后，派遣裴矩前往张掖主持"通西域"的工作。裴矩对西域诸胡"啖以厚利，导使入朝"。而西域诸国"相率来朝者"达40余国。据裴矩《西域

---

① （晋）陈寿：《三国志》卷30《魏书·乌丸鲜卑东夷传》裴松之注引，中华书局，1959年，第861页。
② （北齐）魏收：《魏书》卷102《西域·波斯国》，中华书局，1974年，第2270~2271页。
③ （唐）姚思廉：《梁书》卷54《诸夷·中天竺国》，中华书局，1973年，第798页。

图记序》记载，当时西域地区有三条交通干线：北道自敦煌出发，从伊吾北经蒲类海铁勒部、突厥可汗庭，渡北流河水，至拂菻国，而达地中海；中道从高昌出发，经焉耆、龟兹、疏勒，过葱岭，再经钹汗、康国、曹国、何国、安国、穆国，至于波斯湾；南道自鄯善出发，经于阗、朱俱波、喝槃陀，过葱岭，又经护密、吐火罗、挹怛、帆延、漕国，至北婆罗门，最后到达印度洋。①

唐朝初年，西域地区受西突厥控制。640年（贞观十四年），唐太宗遣侯君集平定高昌麴氏政权，以高昌之地为西州，以高昌附近的浮屠城为庭州（今新疆吉木萨尔北破城子），各置属县。旋设安西都护府于交河城，统领西域内附诸族。644年（贞观十八年），西州行军总管郭孝恪平定焉耆。647年（贞观二十一年），唐廷命阿史那社尔、郭孝恪平定龟兹（今新疆库车市）。唐朝统一西域后，重建西域行政，设置龟兹、于阗（今新疆和田市）、碎叶（今吉尔吉斯北部托克马克城附近）、疏勒（今新疆喀什市）4镇34州，以扼西境，保护丝绸之路商道畅通。657年（显庆二年），唐朝征服西突厥阿史那贺鲁，西突厥汗国灭亡，原臣属于西突厥的中亚诸国望风归附。唐朝在原西突厥辖地设置昆陵都护府统辖西突厥五咄陆部，置濛池都护府统辖西突厥五弩失毕部，并在天山以北设立金山都护府（治庭州），管辖天山以北，金山（今阿尔泰山）以西，巴尔喀什湖以南，两河流域以东的广大地区。702年（长安二年），唐朝在庭州置北庭都护府代替金山都护府。711年（景云二年），唐升北庭都护府为大都护府，与安西大都护府并列。安西大都护府领有龟兹、于阗、疏勒、焉耆四镇，管辖天山以南、塔里木盆地及葱岭以西诸部；北庭大都护府镇抚天山以北，巴尔喀什湖以南，远至两河流域的西突厥十姓诸部及各蕃国，仍统昆陵、濛池两个都护府。至此，唐朝在西北地区的统治体制基本确立下来。唐朝对西域地区的开拓，保证了西域丝绸之路的畅通。

此外，北方地区的草原丝绸之路也是中西经济文化交流的重要通道。唐朝与西域诸国（族）的贸易往来，很多是通过草原各族作为中介而实现的。在漠北回鹘汗国等少数民族政权中有很多中亚胡商，他们通过草原丝绸之路，转运物品，获取利益。与此同时，"唐蕃古道"东起长安，中经甘肃、青海、西南通往西藏拉萨，自拉萨向西南行，越喜马拉雅山，过尼泊尔，可达波特那。

---

① （唐）魏征等：《隋书》卷67《裴矩传》，中华书局，1973年，第1579～1580页。

川藏"茶马古道"东起边茶产地雅安，经打箭炉（今四川康定）、西藏拉萨、不丹、尼泊尔，可达印度。这两条道路贯通古代西藏和内陆边疆，在我国西部地区与南亚次大陆、西亚等地间架起了沟通的桥梁。

唐朝与周边各民族的贸易往来或以朝贡的名义开展，或通过在沿边州县置场互市进行。唐太宗贞观年间，"四夷大小君长争遣使入献见，道路不绝，每元正朝贺，常数百千人"①。唐朝政府对于边疆民族与内地的贸易往来，采取比较开明的政策。630年（贞观四年），西域诸国皆欲遣使入贡，魏征谏曰："若听其商贾往来，与边民交市，则可矣，傥以宾客遇之，非中国之利也。"②唐太宗采纳其建议，对西域诸国入贡使臣稍加节制，而对其商贾往来则予以鼓励。西北诸族商贩把全国各地的商品贩运到本地市场，对于繁荣西北地区经济，丰富民众的生活起到了促进作用。当时，长安居住着许多西北少数民族的富商大贾，他们在长安"殖货产，开第舍，市肆美利皆归之"。为使商人能正常贩运，政府三令五申，禁止向商人征收杂税及摊派杂役。

唐玄宗开元年间以后，鉴于西北地区民族形势复杂，出于国防安全的考虑，政府对一些少数民族商人采取限制政策。敦煌文书S.1344号《开元户部格》残卷记载："诸蕃商胡若有弛逐，任于内地兴易，不得入蕃。仍令边州关津镇戍严加捉搦。其贯属西、庭、伊等州府者，验有公文，听于本贯已东来往。"③719年（开元七年），突厥十姓可汗请居碎叶城，安西节度使汤嘉惠请以焉耆备四镇。焉耆东接高昌，西邻龟兹，东南有大碛路与中原相通，是天山北部南下的门户。玄宗诏令"焉耆、龟兹、疏勒、于阗征西域贾，各食其征，由北道者轮台征之"④。于是，安西、北庭两大都护府设立"孔目司"机构，负责征收商税等事宜。当时，从西州到敦煌一线药材市场上的香料、药材多达130余种，且以波斯、印度、东罗马帝国、阿拉伯地区的香药为多。对胡商征收香药贸易税，不仅解决了唐朝驻军军费开支问题，而且稳定了边疆社会，确保了丝绸之路的畅通。香药及香文化作为奢侈品角色，以香药纳税的具体社会活动形式，维系着丝

---

① （宋）司马光：《资治通鉴》卷198《唐纪十四》，中华书局，1956年，第6253页。
② （宋）司马光：《资治通鉴》卷193《唐纪九》，中华书局，1956年，第6083页。
③ 参见刘俊文《敦煌吐鲁番唐代法制文书考释》，中华书局，1989年，第278页。
④ （宋）欧阳修、宋祁：《新唐书》卷221上《西域上·焉耆国》，中华书局，1975年，第6230页。

绸之路等古道的畅通。

安史之乱爆发后，唐朝将安西、北庭两大都护府的大部分兵力调入中原。760年（上元元年），吐蕃联合葛逻禄攻占天山南北许多地方。787年和790年（贞元三年和六年），吐蕃相继攻陷安西和北庭两大都护府。唐朝在西域的最高军政建置不复存在。唐朝的经济重心开始南移，并促成了"海上丝绸之路"的兴盛。

丝绸之路上的商品种类繁多，无论是日常用品，还是异域珍奇，应有尽有，琳琅满目。美国学者薛爱华在《撒马尔罕的金桃——唐代舶来品研究》①一书中列有人、家畜、野兽、飞禽、毛皮和羽毛、植物、木材、食物、香料、药物、纺织品、颜料、工业用矿石、宝石、金属制品、世俗器物、宗教器物、书籍等18种，其中大部分是从中亚传入中国。据郑炳林《晚唐五代敦煌贸易市场的外来商品辑考》一文统计，晚唐五代时期，敦煌贸易市场上的外来商品有胡粉、棉布、丝织品、铁器、银器、玉器、珠宝（包括琉璃、玛瑙、琥珀、珊瑚、珍珠、瑟瑟等）、竹器、毛织品、牲畜皮和牲畜、羚羊角、药物（包括胡椒、高茛薑、荜拨、香附子、诃梨勒等）、硇砂、草豉子、瓜果、饮食、颜料、兵器等19种，这些商品大都是从西域贩运而来。②在吐鲁番文书《高昌内藏奏得称价钱帐》中，记录了丝、金、银、铜、香、药、硇砂、石蜜、郁金根等交易商品。③《唐天宝二载（743年）交河郡市估案》汇集了来自各地的商品，主要有石蜜、硇砂、郁金花、麝香、丁香、沉香、胡粉、熏衣香、郁金根、白檀香、菴磨勒、诃梨勒、胡桃瓤、黄连、橘皮、大枣、干葡萄、犀角、生丝等。④而《唐西州官府药香准估计钱帐》中则记载了荜拨、青木香、硇砂和胡桃等。⑤正因为丝绸之路上的商品以丝绸、珠宝和香药居多，故人们又将

---

① ［美］薛爱华著，吴玉贵译：《撒马尔罕的金桃——唐代舶来品研究》，社会科学文献出版社，2016年。
② 郑炳林：《晚唐五代敦煌贸易市场的外来商品辑考》，见《中华文史论丛》（第63辑），上海古籍出版社，2000年，第55～91页。
③ 参见王兴伊、段逸山辑校《新疆出土涉医文书辑校》，上海科学技术出版社，2016年，第64～67页。
④ 参见王兴伊、段逸山辑校《新疆出土涉医文书辑校》，上海科学技术出版社，2016年，第70～119页。
⑤ 参见王兴伊、段逸山辑校《新疆出土涉医文书辑校》，上海科学技术出版社，2016年，第120～121页。

其称为"珠宝之路""香药之路"等。

隋唐五代时期是香药贸易的发展时期。据《新唐书》和《旧唐书》记载，唐代域外各国进贡香药计有 120 多次，其香药品种有沉香、檀香、苏合香、安息香、乳香、没药、丁香、青木香、郁金香、阿末香、降真香、番红花、龙脑香、诃黎勒、白豆蔻、肉豆蔻、胡椒、荜拨、苏木、阿魏、血竭、玫瑰香水等 30 多种。此外，香药还是许多州郡的土贡产品，其中麝香是最为普遍的一种。

唐代博物学家段成式在《酉阳杂俎》中记载了许多外国出产的香药。但是，这些香药是他在当时所见，抑或是得自传闻，现在已很难稽考。《酉阳杂俎》卷 18《广动植之三·木篇》云，龙脑香树"出婆利国（今苏门答腊岛西南岸），婆利呼为固不婆律。亦出波斯国"①。实际上，婆利国只是一个龙脑香的集散地，而龙脑香的真正产地在中亚大食诸国。安息香树，"出波斯国，波斯呼为辟邪树"②。阿魏，"出伽阇郍国，即北天竺也。伽阇郍呼为形虞，亦出波斯国，波斯国呼为阿虞截"③。胡椒，"出摩伽陁国，呼为昧履支"④。荜拨，"出摩伽陁国，呼为荜拨梨，拂林国呼为阿梨诃咃"⑤。据《蛮书》记载："昆仑国，正北去蛮界西洱河八十一日程。出青木香、檀香、紫檀香、槟榔、琉璃、水精、蠡坯等诸香药。"⑥ 此外，据李时珍《本草纲目》卷 34 记载，没药出波斯国，丁香生东海及昆仑国，紫真檀出昆仑盘盘国，降真香生南海山中及大秦国，而薰陆香出天竺者色白，出单于者夹绿色。⑦ 义净法师在其《南海寄归内法

---

① （唐）段成式：《酉阳杂俎》卷 18《广动植之三·木篇》，《钦定四库全书荟要》，吉林出版集团有限责任公司，2005 年，第 394 页。
② （唐）段成式：《酉阳杂俎》卷 18《广动植之三·木篇》，《钦定四库全书荟要》，吉林出版集团有限责任公司，2005 年，第 394 页。
③ （唐）段成式：《酉阳杂俎》卷 18《广动植之三·木篇》，《钦定四库全书荟要》，吉林出版集团有限责任公司，2005 年，第 395 页。
④ （唐）段成式：《酉阳杂俎》卷 18《广动植之三·木篇》，《钦定四库全书荟要》，吉林出版集团有限责任公司，2005 年，第 396 页。
⑤ （唐）段成式：《酉阳杂俎》卷 18《广动植之三·木篇》，《钦定四库全书荟要》，吉林出版集团有限责任公司，2005 年，第 396 页。
⑥ （唐）樊绰：《蛮书·南蛮疆界接连诸蕃夷国名第十》，武英殿聚珍版原本，中国书店，1992 年，第 43 页。
⑦ （明）李时珍著，王育杰整理：《本草纲目》卷 34《木之一香木类三十五种》，人民卫生出版社，2016 年，第 1597～1612 页。

传》中云："西方则多呵黎勒，北道则时有郁金香，西边乃阿魏丰饶，南海则少出龙脑。三种豆蔻，皆在杜和罗（即杜和钵底国，古城名，在今泰国曼谷北 Ayutthaya）。两色丁香，成生堀淪国（即掘倫洲，今越南南端的昆仑岛）。"[1] 958年（显德五年），昆明国"献蔷薇水十五瓶，云得自西域，以之洒衣，衣敝而香不灭"[2]。蔷薇水一名"大食水"。

对于这些香药的产地和来源，在中国古代文献记载中，说法并不完全一致，且不乏道听途说。李时珍在《本草纲目》中大多列举各家之说，已不能考辨其真伪，这对我们研究中医药史和香药贸易史造成很大困难。利用中外史料和少数民族文献资料，借鉴中医药学和中外物质文化交流史最新研究成果，梳理各家观点，考辨香药源流，去伪存真，有助于深化对这一问题的研究。

香药在唐人生活中起着重要的作用。在朝廷举行的各种仪式中，在庙宇寺观的各类活动中，在人们日常生活的方方面面，都离不开焚香和香药。据称，唐朝皇帝"宫中每欲行幸，即先以龙脑郁金藉其地"[3]，直到宣宗时，才取消了这一常规。唐中宗时，宗楚客兄弟、纪处讷、武三思，以及皇后韦氏诸亲属等常举办雅会，"各携名香，比试优劣，名曰斗香"[4]。唐代社会嗜香成风，尤其喜爱舶来品。唐明皇君臣多有用沉香、檀香、麝香、龙脑香等做芳香亭阁的。如杨国忠的"四香阁"，"用沉香为阁，檀香为栏，以麝香、乳香筛土和为泥饰壁"[5]，其奢华程度超过皇宫中的沉香亭。长安富商王元宝常在寝帐床前置矮童二人，捧七宝博山炉，彻夜焚香。[6] 柳宗元每当收到韩愈寄来的诗后，"先以蔷薇露灌手，薰玉蕤香后发读"[7]。这些记载虽属小说家言，但从中可以窥见香药在唐代上层社会中的使用情况。唐代贵族所用香药大都是域外产物，

---

[1]（唐）义净著，王邦维校注：《南海寄归内法传校注》，中华书局，1995年，第153页。
[2]（宋）陈敬：《新纂香谱》，中华书局，2012年，第94页。
[3]（唐）苏鹗撰，阳美生校点：《杜阳杂编》卷下，见（五代）王仁裕等撰《开元天宝遗事》（外七种），上海古籍出版社，2012年，第127页。
[4]（宋）陶谷撰，孔一校点：《清异录》卷下《薰燎·斗香》，见《清异录·江淮异人录》，上海古籍出版社，2012年，第112页。
[5]（五代）王仁裕撰，曾贻芬点校：《开元天宝遗事》卷下《四香阁》，中华书局，2006年，第58页。
[6]（五代）王仁裕撰，曾贻芬点校：《开元天宝遗事》卷下《床畔香童》，中华书局，2006年，第37页。
[7]（五代）冯贽：《云仙杂记》卷6，中华书局，1985年，第46页。

如辟寒香、辟邪香、瑞麟香、金凤香、芸辉、沉檀、龙脑、郁金香等，大都来自西域或南海诸国。五代时期，权贵们对香药的痴迷较之唐代有过之而无不及。后唐时期的龙辉殿，"安假山水一铺，沉香为山阜，蔷薇水、苏合油为江池，芩、藿、丁香为林树，熏陆为城郭，黄、紫檀为屋宇，白檀为人物。方围一丈三尺，城门小牌曰'灵芳国'"①。这一时期，随着用香风气的开兴，在社会流行趋势的转变中，香药和香文化占据主导地位。

唐朝人对外来物品和文化的推崇，使波斯、印度及东南亚各国的香药备受青睐。美国学者薛爱华曾形象地描述了焚香和香料在唐朝社会中的作用。"唐朝上层社会的男男女女都生活在香云缭绕的环境之中。他们的身上散发着香味，浴缸中加了香料，而衣服上则挂着香囊。庭院住宅内，幽香扑鼻；公堂衙门里，芳香袭人；至于庙宇寺观，就更是香烟袅袅，香气弥漫的所在了。"②香药与香文化对中国社会文化的多元构成举足轻重。香药是奢侈品之一，也是当时上层流行文化不可缺少的元素。

唐代香药和香材消费市场巨大，除了靠外邦朝贡外，更多地依靠胡商从其产地贩运至中国。汉代古乐府诗云："行胡从何方，列国持何来，氍毹氀毲五木香，迷迭艾蒳及都梁。"③五木香指旃檀香、鸡舌香（即丁香）、沉香、藿香和薰陆香（即乳香）。五木香和迷迭香、艾蒳香、都梁香（即兰香）均属香药。在陆上丝绸之路香药贸易中，粟特胡商是西域行商中最活跃的群体。《魏书·西域传》记载："粟特国，在葱岭之西……其国商人先多诣凉土返货，及克姑臧，悉见虏。高宗初，粟特王遣使请赎之，诏听焉。"④439年（太延五年），北魏攻占北凉都城姑臧（即凉州，今甘肃武威市）时，姑臧城内有许多从中亚来的粟特商人。4～8世纪，粟特商人成群结队地往来于粟特与中国、中国与印度，以及北方游牧汗国和中原王朝之间，几乎垄断了陆上丝绸之路的贸易。从传世文献、出土文书，以及石窟铭文来看，在高昌、凉州、

---

① （宋）陶谷：《清异录》卷下《熏燎门》，见刘幼生编校《香学汇典》，三晋出版社，2014年，第105页。
② ［美］薛爱华著，吴玉贵译：《撒马尔罕的金桃——唐代舶来品研究》，社会科学文献出版社，2016年，第391页。
③ （宋）李昉等：《太平御览》卷982《香部二》，《四库全书》本，上海古籍出版社，2008年，第647页。
④ （北齐）魏收：《魏书》卷102《西域·粟特国》，中华书局，1974年，第2270页。

洛阳等陆上丝绸之路重镇，都有粟特香药商的足迹。粟特商人不断东向入华，定居生活，出现了像敦煌的从化乡、吐鲁番的崇化乡等著名聚落。

中古时代，在陆上丝绸之路从事香药贸易的中介商主要是粟特人，而在海上丝绸之路从事香药贸易的中介商最初主要是波斯人，波斯国灭亡后，阿拉伯人开始介入获利巨大的香药贸易。阿拉伯世界盛产香药，希罗多德在《历史——希腊波斯战争史》一书中记载，"整个的阿拉比亚，都放出极佳美的芬芳"，那个地方是"乳香、没药、肉桂、桂皮等唯一的产地"①。美国历史学家菲利浦·希提在其《阿拉伯通史》一书中写道："阿拉比亚的物产固然以乳香和各种香料为最著名，但那里的矿床，尤其是金矿，几乎获得同样的重视。"②据阿拉伯文献记载，在阿拔斯王朝第二任哈里发曼苏尔时，阿拉伯商人就沿着丝绸之路，经过撒马尔罕和今新疆地区到达中国。这种贸易是以丝绸为基础的，而且货物通常是递运的，很少有商队能够旅行全程。8世纪中叶，安史之乱的发生，使陆上丝绸之路多有阻隔。借着黑衣大食定都巴格达的东风，海上丝绸之路香药贸易进入黄金时代。周去非在《岭外代答》卷3中云："诸蕃国之富盛多宝货者，莫如大食国，其次阇婆国，其次三佛齐国，其次乃诸国耳。"③大食商人在中外香药居间贸易中大发其财。这些外来中介商之所以选择质轻价昂的香药作为其主打商品，与平衡丝绸贸易引起的巨大贸易逆差有很大关系。与此同时，西域诸族纷纷通过丝绸之路上的朝贡贸易，以香药获取巨大的经济利益。从事香药贸易成为当时社会上颇具吸引力的行当。

宋代，西北地区的政治形势发生了深刻变化，各民族间经过长期的较量与重组，出现了多民族政权并存的局面。当时，西域地区有高昌回鹘、喀喇汗朝及西辽王朝；河西走廊地带先后有归义军、甘州回鹘和凉州六谷蕃部政权；青海境内则有唃厮啰政权等。北宋初年，西域诸国与宋朝间的贸易往来大多取道灵州道。西夏攻占河西走廊后，传统的丝绸之路被迫中断，通过青海和甘肃境内的青海路、秦州路在中西交通中的作用日显重要。"熙河之役"后，宋朝先后攻占熙州（今甘肃临洮县）、河州（今甘肃临夏市）、洮州（今

---

① [古希腊]希罗多德：《历史——希腊波斯战争史》，商务印书馆，1959年，第408～410页。
② [美]菲利浦·希提著，马坚译：《阿拉伯通史》，新世界出版社，2015年，第42页。
③ （宋）周去非著，杨武泉校注：《岭外代答校注》卷3《外国门下》，中华书局，1999年，第126页。

甘肃临潭县）等地，西域诸国使臣、商人可从青唐城（今青海西宁市）沿湟水河岸东行，经兰州、熙州、秦州（今甘肃天水市），到达内地，或从湟州（今青海乐都区南）附近南折，通过安乡关（位于兰州京玉关以西 40 里处），再经河州抵达熙州。

宋代是中国历史上香药贸易的鼎盛时期。海外诸国和周边诸族通过朝贡、榷场、私觌等途径将香药输入中国内地，易换丝绸、茶叶、布匹等物。据初步统计，《宋会要辑稿》中明确记载有药物贡纳的共有 98 次，而这些药物又以香药为主。检阅《宋会要辑稿》蕃夷四、蕃夷七，《宋史·外国传》和《玉海》等典籍，从 968 年（开宝元年）到 1168 年（乾道四年）的 201 年，大食国向宋朝进贡 52 次，其中国王诃黎佛（即哈里发）遣使 2 次，阿弥遣使 1 次；大食国来贡或遣使来贡 29 次，层檀国 3 次，麻罗跋国 2 次，勿巡国 2 次，俞卢和地国 1 次，陁婆离 1 次，其他还有蕃客、舶主等以个人名义来贡。若将北宋、南宋分别来计，北宋时期大食进贡达 48 次，而南宋时期大食进贡仅有 4 次。大食商人在中国售卖的香药主要有乳香、檀香、龙涎香、苏合香、蔷薇水、蕃栀子、木香、没药、丁香、阿魏、安息香、肉豆蔻、腽肭脐、荜澄茄等。西域诸国地处丝路孔道，绿洲面积不大，城镇人口集中，过境贸易频繁，商业税收是其重要经济来源。为了获取税收和商业利益，西域诸国大都实行重商政策，保护来往客商，鼓励并参与丝路商业贸易。在宋朝与中亚、西亚和西域诸国的朝贡贸易中，中亚、西亚、西域诸国输入的大多是乳香、安息香、木香、珍珠、琥珀、珊瑚、玉石等奢侈品。各国贡使除了代表其国家与宋朝进行官方贸易外，往往还携带很多香药私货，进行私觌贸易。此外，宋朝与西夏、吐蕃诸部在边境地区开设榷场进行贸易。在榷场上交易的商品有西夏的甘草、枸杞、大黄、羚羊角、麝香、柴胡、苁蓉、红花，以及吐蕃的麝香、牛黄、黄连、犀角、藏药、乳香、象牙、玉石等，这些物品有的是本地的土特产品，有的则是从与中亚、西域各国商人贸易中得来的商品。

据徐松《宋会要辑稿》和洪刍《香谱》等文献记载，宋代本地和外国所产香料共达 100 多种。当时，随着海陆交通的开通，许多外国香药进入中国市场，其品种主要有旃檀、龙脑、沉香、鸡舌香、薰陆香、苏合香、安息香、乳香、木香、没药、丁香、艾蒳香、月氏香、玫瑰香水、郁金香、降真香、荜拨等。宋代第一部官修药典《开宝本草》收入药物 983 种，其中进口香药有30多种。李昉等编修的《太平御览》专门辑有"香部"3卷（卷981～卷983），记载了香药的产地、功效和相关典故。宋代官修大型方书《太平圣惠方》全面收集了宋代以前历代医家的学术思想、治症经验和用药特点。全书共100卷，分1670门（类），收编医方16834个，其中第40卷记录了多种香疗方法，其所用香药有龙脑、木香、丁香、乳香、沉香、麝香、薰陆香、郁金香、白附子、甘松香、白檀香、胡粉等。太平惠民和剂局编撰的成药标准书《太平惠民和剂局方》共分10卷，收录方剂788首，其中以香药为主的方子达275首，约占35%。该书经过大观、绍兴、宝庆、淳祐四朝的多次增订，几乎没有一方不用香料，如著名的乳香没药圆、苏合香圆、安息香圆、丁沉圆、青木香圆、鸡舌香散、五香散、腽肭脐圆、龙脑饮子、诃梨勒散、安息活血丹等，有些香药方剂一直沿用至今。香药的传入对中国医药业的发展有重要意义。香药入方剂可能是一些中国人的偶然发现，也可能与大食医药学和西域商人的宣传有关。

宋代，统治者重文抑武，社会风气奢靡，对香药的需求和消费不断扩大，上至皇宫贵族，下至公卿大夫，都对香药痴迷成风。同时，随着市场经济的发展和商业城镇的兴起，社会下层对香药的需求与日俱增。宋朝对香药实行垄断经营，不论是对外贸易还是对内需求，政府从中获得的税收十分丰厚。香药是宋代国民经济的支柱性产业之一。

宋代香药贸易的兴盛与当时的国际贸易环境息息相关。在中世纪的欧洲，香药成为与丝绸、黄金类似的奢侈品，甚至可以当作一般等价物交换流通。比利时学者亨利·皮朗在《中世纪欧洲经济社会史》中，对中世纪国际贸易的主要商品香料作了精辟的论说："香料是这种贸易的首要商品。一直到最后，香料所占的首要地位始终未变。香料不仅创造了威尼斯的财富，也创造了地中海西部所有大商埠的财富。……载运的方便和昂贵的售价，使香料具有无比的优越性。因此，中世纪的贸易是以奢侈品的贸易开始的。所谓奢侈品的贸易就是成本较低、利润较高的贸易。直到中世纪贸易的末期，这种性质并无改变。需要巨额运费与大量资金的大批原料和日用消费品的贩运，在中世纪是没有的。这就是现代贸易与中世纪贸易最为强烈的对比。"[①] 中国货币的

[①] ［比］亨利·皮朗著，乐文译：《中世纪欧洲经济社会史》，上海人民出版社，1964年，第127～128页。

发展，到宋代已进入信用货币阶段。宋朝长期处于对外战争状态，军费开支巨大，政府财政困难。国家财政严重依赖金融体系，而金融体系在很大程度上又依赖实物资产提供信用保障。在特定的历史条件下，香药成为国家所依赖的重要金融工具，为政府提供了重要的财政支持。香药既可以直接变卖成现钱，也可以直接用于对外支付，还可以充当国家信用的保证，兼以信用凭证的形式进行直接流通。《宋史·食货志》特别提到："宋之经费，茶、盐、矾之外，惟香之为利博，故以官为市焉。"① 至南宋初年，香料的抽解与和买，在国家财政收入中占有较大比重，故臣僚言："钱宝与香货，皆所以助国家经常之费。"② 宋代，香药的货币作用表现得特别突出，值得我们深入研究和思考。

在众多的外来香药中，乳香作为当时重要的国际商品，在不同的国家和民族间流通，对于各民族间的沟通与联系起了纽带作用。乳香原产于红海沿岸的索马里、埃塞俄比亚和阿拉伯半岛南部，除了大食以朝贡的形式直接向宋朝输出乳香外，回鹘、于阗、龟兹、唃厮啰等少数民族政权给宋朝的贡品中也有大量乳香。在传统的茶马贸易中出现乳香这种非西北物产，这不能不说是宋朝与西北少数民族经济交往的一个新的特色。经济交往是民族交流的基础，而各民族间的交流、交往和交融，是中华民族形成、发展和繁荣的内在动力。

全汉昇先生认为，丝绸之路上国际贸易的商品以珠宝及贵重药品居多，因为这些商品无论是从外国输入，或是向外输出，都须远涉重洋，负担一笔巨额的运费，而这一大笔运费，只有价值大而体积重量小的奢侈品才能负担得起。③ 白寿彝先生则更明确地指出："宋时，大食商人在中国贩卖之商品，可分为香药、犀象、珍宝三大类。香药，是香料和药品，犀象，是犀角和象牙。珍宝，如珍珠、珊瑚、砗磲、玻璃、琉璃之类皆是。唐时大食商人的商品，以珍宝驰名于世。宋时则以犀象、尤其是香药，为人所重。"④ 在丝绸之路上

---

① （元）脱脱等：《宋史》卷185《食货志下七·香》，中华书局，1977年，第4537页。
② （清）徐松辑，刘琳等校点：《宋会要辑稿》职官四四《市舶司》，上海古籍出版社，2014年，第4221页。
③ 全汉昇：《唐宋时代扬州经济景况的繁荣与衰落》，《"中央研究院"历史语言研究所集刊》，1944年第11期，第159页。
④ 白寿彝：《宋时大食商人在中国的活动》，见《中国回回民族史》，中华书局，2003年，第272页。

长期相互交易的商品,主要是那些利润高、体积小,便于运输的高档奢侈品。

人类社会是一个由不同文明所构成的共同体。在漫长的人类历史上,亚欧大陆曾出现过诸多不同文明,并且这些文明间一直有着直接或间接的接触。瑞典著名探险家斯文·赫定在其《丝绸之路》一书中认为:"可以毫不夸张地说,(丝绸之路)这条交通干线是穿越整个旧世界的最长的路。从文化—历史的观点来看,这是连接地球上存在过的各民族和各大陆的最重要的纽带。"如果重修和复活丝绸之路,"它将连接的是太平洋和大西洋这两个大洋、亚洲和欧洲这两块大陆、黄种人和白种人这两大种族、中国文化和西方文化这两大文明。在这因怀疑和妒忌而使各国分离的时代,任何一种预期可以使不同民族接近并团结起来的事物,都应得到欢迎和理解"[①]。丝绸之路的开辟和畅通,保证了古代东西方在各方面的交流,密切了古代各民族间的关系,促进了欧亚大陆文明的持续发展。加强丝绸之路历史研究,构建一个政治互信、经济融合、文化包容的利益和命运共同体,是通向世界文明之路。

丝绸之路与东西交往是一个大课题,涉及地理环境变迁、经济文化交流、民族迁徙融合、城镇沿革和商贸变化等诸多问题。香药贸易是丝绸之路贸易的重要组成部分,也是一个长期被忽视的问题。如果说中国输往西方的商品主要是丝绸和瓷器的话,那么,西方输入中国的物品则主要是珠宝和香药。香药是丝绸之路朝贡贸易中的重要物品,对于平衡丝绸之路贸易额,实现边疆地区社会稳定,维系丝绸之路等东西方民族交往古道畅通起了重要作用。同时,香药和香文化对中国经济社会发展以及多元文化构建影响至深。复原丝绸之路历史,重构西北地区历史与文化,审视历代边疆政策之得失和民族文化之内核,是西北开发、民族振兴的需要。

二、本书研究概况

中国古代文献中关于香料的记载很多。《山海经》是一部富有神话传说色彩的最古老的地理书,其中就有民族、物产、药物和巫医等方面内容。据郝懿行《山海经笺疏》统计,该书记载动物性药物66种、植物性药物51种、矿物性药物2种。《诗经》是我国最早的诗歌总集,记载植物约178种,其中芳香性植物约30种。当时,人们已经掌握了一些野生香辛植物的栽培方法,

---

① [瑞典]斯文·赫定著,江红、李佩娟译:《丝绸之路》,新疆人民出版社,1996年,第215~219页。

培育出葱、姜、蒜、韭、薤、桂、椒、蒿、芷等多种本土香料。到西汉时期，随着丝绸之路的开通，域外香药开始传入中国，其中包括波斯、大食、大秦（即罗马帝国）、身毒（即印度）等国的香药。在我国现存最早的医学著作《神农本草经》中，记载药物共365种（重复18种），其中植物药252种（实际239种）、动物药67种（实际65种）、矿物药46种（实际43种）。此后，凡是本草类著作几乎都载有植物性香药和动物性香药，其中包括一些外来香药。

唐朝初年，唐高宗命司空英国公李勣等人，对梁代陶弘景的《本草经集注》进行增修补注，世谓之"英公唐本草"。后又命右监门长史苏恭等重加修订，新增药物114种，谓之"唐新本草"（即《新修本草》）。《新修本草》记载药物844种，其中就有安息香、龙脑香、胡椒、诃黎勒等外来香药。唐玄宗开元年间，陈藏器的《本草拾遗》收录了大量各地使用和外国输入的香药品种，并详细地记载了唐代物质文化的许多方面，"博极群书，精核物类，订绳谬误，搜罗幽隐"，为我们研究唐代社会及东西方物质文化交流提供了资料。唐末五代，李珣的《海药本草》专门介绍了海外香药品种，并对各种药物的气味、功效有许多独特的记述，补充了以前本草书籍之不足，纠正了《本草拾遗》和《食疗本草》中的许多错误。

北宋初年，宋太祖命尚药奉御刘翰、道士马志等人，在唐、蜀本草的基础上，参考《本草拾遗》诸书，增修《开宝本草》，"以白字为神农所说，墨字为名医所传。唐附今附，各加显注"。该书收录药物983种，其中包括进口香药30多种。宋仁宗时期，太常博士苏颂的《图经本草》是一部图谱性本草专著，其中"草部中品之下卷第七"有郁金、阿魏、肉豆蔻、白豆蔻、胡黄连、零陵香、甘松香、荜拨、荜澄茄等；"木部上品卷第十"有沉香、藿香，而沉香条下还附有薰陆香、鸡舌香、苏合香、檀香、詹糖香、乳香、蜜香等；"木部中品卷第十一"有龙脑香、摩勒、没药等。这些香药大多来自域外或西北诸地。宋代大型官修类书《太平御览》专门列有"香部"3卷（卷981～卷983），搜罗了很多古代典籍中关于香品、香事的记录。宋徽宗大观年间，蜀医唐慎微的《证类本草》（原名《经史证类备急本草》），集唐宋以前各家医药名著，以及经史传记、山经地志、诗赋、杂记、佛书、道藏等记载的有关本草学知识于一书，详述其采集、功用、炮炙、鉴别和名医心得，是宋代本草学研究成果的总结。该书记载药物1746种，新增药物628种，附古方3000余首，为研究中国历代药物品种提供了重要依据。南宋初期，提举福建路市舶兼权泉州市舶赵汝适所撰《诸蕃志》，介绍了大秦、大食、天竺等域外诸国的地理、风俗、物产等情况，描述了从海外诸国进口的47种物质的性状、品质及其用途，其中包括乳香、没药、血竭、苏合香、蔷薇水、沉香、栈香、檀香、丁香、肉豆蔻、降真香、白豆蔻、木香、胡椒、荜澄茄、龙涎香、没食子、腽肭脐、阿魏等香药。明代著名医学家李时珍的《本草纲目》，收纳诸家本草所收药物，辑录古代药学家和民间单方，"缺者辑之，讹者绳之"，博而不繁，详而有要，全书共分16部52卷，记载药物1892种，其中芳香类药物100多种，基本囊括了现代常用香药。此外，《宋会要辑稿·蕃夷七》和《宋史·外国传》保存了丰富的"朝贡"记录，为我们研究两宋时期的香药朝贡贸易提供了方便。

宋代是香药贸易的顶峰时期，还出现了洪刍的《香谱》、陈敬的《香谱》、叶庭珪的《香录》等一批专著，内容包括香品、香事、香法等。如洪刍在《香谱》"香之品"和"香之异"中，共列出香品81种，并对龙脑、麝香、沉水香、白檀香、苏合香、安息香、郁金香、鸡舌香、薰陆香、丁香、乳香、木香、艾蒳香、零陵香、迷迭香、甘松香等香药的产地、性能、应用、典籍出处等，都有较详细的描述。此外，还有大量笔记类书籍，如孟元老的《东京梦华录》、吴自牧的《梦粱录》、陆游的《老学庵笔记》、叶梦得的《避暑录话》、蔡絛的《铁围山丛谈》、沈括的《梦溪笔谈》、陶谷的《清异录》等，都是研究宋代民俗的重要资料，其中也有关于香药的零星记载。

香药贸易和香药应用因涉及中西交通、礼制变革、医药饮食乃至士人文化等多个史学领域，故不论在历代古籍还是在现代学界都受到关注。20世纪20年代，张星烺先生编注的《中西交通史料汇编》[1]，将古代中外史籍中关于中西交通的史料按地区、年代进行汇辑，并加以注释和考证，是迄今为止这一领域最好的史料合集。该书第一编第三章《隋唐五代时期中国与欧洲之交通》第20节"唐代学者关于大秦国矿石及动植物之记载"，第三编第二章《唐代中国与阿拉伯之交通》第10节"大食国之物产"，第六编第七章《中国古籍关于波斯之矿石及动植物之记载》，第七编第一章《两汉时期中国与

---

[1] 张星烺：《中西交通史料汇编》，中华书局，2003年。

中亚之交通》第 6 节"西域传入之植物及音乐"、第五章《唐人所记中亚之动植物》、第八编第五章《古籍所载之印度矿石及动植物》，汇集了许多关于外来香药的史料，是研究中外关系史和香药贸易史的基本参考书目。唯其为创始之作，故所记仅具条目。1937 年 4 月，白寿彝先生发表了《宋时伊斯兰教徒底香料贸易》一文，后增删为《宋时大食商人在中国的活动》①，此文以翔实的史料为基础，梳理了大食商人在中国的贸易活动，认为大食商人贩卖到中国的香药，对中国的医药方剂有一定的影响，并对"香药"予以定义，指出宋人所谓"香药"，按字而讲，应该是仅指香料和药材，但在行政的惯语上，却常附有香料药材以外的东西。不过，有时用史料太多，说明较少，也不能不说是一种遗憾。20 世纪 60 年代，林天蔚先生著《宋代香药贸易史稿》②一书，是迄今为止唯一一部全面论述宋代香药贸易的专著，全书分绪论、总论、分论三部分。绪论阐述了宋代对外贸易发达的时代背景，以及促成宋代对外贸易发达的几个条件；总论部分以香药为主题，分别叙述了香药的种类、海内外产地、运销路线，以及香药贸易与市舶司的关系等；分论部分则分别探讨了海外诸国对宋朝的香药朝贡、宋代香药专卖制度、储销机构，香药的用途，以及香药贸易的影响等问题。美国东方学者劳费尔（Berthold Laufer）著《中国伊朗编：中国对古代伊朗文明史的贡献》③一书，用比较语言学的研究方法，探讨了中国与伊朗之间栽培植物和产品的交流史，追溯了中国古代外来植物的种类及其原产地，其中提到了阿魏、胡椒、诃黎勒、苏合香、青木香、安息香、庵摩勒、檀香、没药等外来香药。在古代汉文典籍中，一种外来香药的产地常常牵于多处，且莫辨其始，劳氏对于香药原产地方面的考辨，迄今仍为不移之论。不过，该书对于香药在世俗生活和宗教仪式中的使用，以及在美容、治病等医疗实践中的应用缺乏探讨。漆侠先生的《宋代经济史》④是我国经济史和宋史研究的里程碑式著作，其中第三编第二十五章《宋代榷香榷矾制度》，第四编第二十八章《宋与周边各族的贸易 宋市舶制度以及与海外诸国的贸易》，对宋代的榷香制度、市舶制度，以及与海外诸国的贸

---

① 白寿彝：《中国伊斯兰史存稿》，宁夏人民出版社，1983 年。
② 林天蔚：《宋代香药贸易史稿》，香港中国学社，1960 年。
③ ［美］劳费尔著，林筠因译：《中国伊朗编》，商务印书馆，2015 年。
④ 漆侠：《宋代经济史》，上海人民出版社，1987 年。

易做了深入的探讨,是研究宋代香药经济的重要参考文献。法国当代著名东方学家阿里·玛扎海里的名著《丝绸之路——中国—波斯文化交流史》①,其第一编《波斯史料》和第二编《希腊—罗马史料》,译注了有关波斯、中国、希腊和罗马的史料;第三编《丝绸之路和中国的物质文明的西传》,讨论了通过丝绸之路西传的中国谷子、高粱、樟脑、肉桂、姜黄、麝香、大黄的栽培史和用途,以及经波斯西传的过程。美国著名汉学家和语言学家薛爱华的《撒马尔罕的金桃——唐代舶来品研究》②一书,是研究唐代中外物质文明交流的一部集大成之作。该书将唐代的外来物品分为植物、食物、香料、药物、宝石等18类,共170余种,并从其来源、传播、应用,以及对唐朝社会的影响等不同角度进行了深入、细致的研究,其中第十章《香料》、第十一章《药物》,集中对唐代的外来香料和药物进行了研究,对我们了解有唐一代外来香药的情况大有帮助。作者不仅大量引用了汉文正史、政书、类书中的史料,而且还参考、利用了魏晋至隋代的诗歌、笔记、小说中的史料。但是,由于该书成书时间较早,敦煌、吐鲁番出土的医方文书中的外来香药资料,未能在其著作中得到反映。姜伯勤先生的《敦煌吐鲁番文书与丝绸之路》③一书,是利用敦煌、吐鲁番出土文书和文物研究丝绸之路贸易的经典之作。该书以敦煌、吐鲁番地区为主,探讨了敦煌、吐鲁番通往波斯的"白银之路"和通往印度的"香药之路",参与丝路贸易的粟特人和突厥人的活动,以及犍陀罗、敦煌和吐鲁番的香药市场等问题,肯定了粟特人在高昌等地丝绸之路贸易中的重要作用。李明伟先生著《隋唐丝绸之路——中世纪的中国西北社会与文明》④一书,以丝绸之路为主线,探讨了隋唐时期丝绸之路贸易繁荣的社会经济基础,丝绸之路的畅通与西北贸易道路的发展,以及丝绸之路上的商镇;论说了唐与大食、波斯、东罗马等西方诸国的贸易关系,粟特商人在丝绸之路上的贡献,丝路贸易中的商品和物价等问题。郑炳林先生主编的《敦煌归义军史专

---

① [法]阿里·玛扎海里著,耿昇译:《丝绸之路——中国—波斯文化交流史》,中华书局,1993年。
② [美]薛爱华著,吴玉贵译:《撒马尔罕的金桃——唐代舶来品研究》,社会科学文献出版社,2016年。
③ 姜伯勤:《敦煌吐鲁番文书与丝绸之路》,文物出版社,1994年。
④ 李明伟:《隋唐丝绸之路——中世纪的中国西北社会与文明》,甘肃人民出版社,1994年。

题研究》①，是一部关于敦煌政治关系与官制、区域经济与历史地理，以及民族关系和宗教文化的论文集，其中有《晚唐五代敦煌贸易市场的物价》和《晚唐五代宋初归义军对外商业贸易》等论文，对了解晚唐五代敦煌贸易市场有一定帮助。21世纪初，荣新江先生的《中古中国与外来文明》②一书，以文献、文物和文书为依据，揭示了中古时代来华的商胡贩客，尤其是粟特人在中古政治和宗教生活中的独特作用，不仅再现了粟特聚落的历史面貌，而且使胡汉交融的考察更具体化、更理论化。宋岘先生的《古代波斯医学与中国》③，是一部探讨中古波斯医学产生及传入中国历史的专著。该书第二章《从波斯传入中国的药物》，以外来药名为纲，将《新修本草》与阿拉伯人伊本·贝塔尔《药典》的内容编次其中，并对《酉阳杂俎》所记波斯植物的资料进行了汇集考辨。韩香先生著《隋唐长安与中亚文明》④，论述了隋唐时期中国与中亚诸国的政治交往，长安与中亚的交通，以及长安中亚诸国人的来源及其后裔。作者通过对中亚等地输入长安的包括食物、植物、香药、动物、矿物宝石等7类36种物品的分析，指出这些物品的传入，丰富了唐人的物质生活，扩大了唐人的视野。殷晴先生的《丝绸之路与西域经济——十二世纪前新疆开发史稿》⑤一书，是作者在数十年研究基础之上对西域经济史的全域式考察，全书依时代演进的顺序，讨论了从原始社会到唐宋时期新疆的社会经济发展状况，包括自然条件和地理位置、隋唐王朝对西域的统辖及其军政建置、交通网络的形成与发展、西州诸地的中转贸易等，史料翔实，论证严密，对丝绸之路贸易研究有参考价值。温翠芳先生的《唐代外来香药研究》⑥一书，从丝绸之路上的贸易额是如何平衡的这一问题入手，考察了唐代从葱岭以西、地中海以东广大西域地区输入中国的香药，探讨了香药在饮食、美容、熏衣、传世药方等世俗生活中的应用，以及唐对西域胡商征税等问题。作者认为中国和伊朗间的贸易额并不是靠贵金属来平衡的，丝绸之路贸易的中介商波斯人和粟特人购买中国丝绸时并未支付贵金属，而是巧妙地为中国人运来了质

---

① 郑炳林：《敦煌归义军史专题研究》，兰州大学出版社，1997年。
② 荣新江：《中古中国与外来文明》，生活·读书·新知三联书店，2001年。
③ 宋岘：《古代波斯医学与中国》，经济日报出版社，2001年。
④ 韩香：《隋唐长安与中亚文明》，中国社会科学出版社，2006年。
⑤ 殷晴：《丝绸之路与西域经济——十二世纪前新疆开发史稿》，中华书局，2007年。
⑥ 温翠芳：《唐代外来香药研究》，重庆出版社，2007年。

轻价昂的香药，换走了唐人巧夺天工的丝绸。而这些传入中土的香药极大地丰富了唐人的生活，增添了唐人的生活情趣，提升了唐人的生活品味，并解除了唐人的疾病痛苦。陈明先生著《殊方异药——出土文书与西域医学》①，以西域出土的胡语医药文书作为研究对象，讨论了西域多语种医学文书之间的内在关系，考察了这些胡语医学文书中的宗教因素，并从医学交流史的角度，探讨了这些胡语医学文化与中医学的关系。

在论文方面，陈连庆先生的《汉晋之际输入中国的香料》②一文，探讨了西汉到魏晋时期异域香料输入中国的具体情况，以及香料的种类及其产地。他将这一时期香料的输入分为三个阶段，即西汉时期为酝酿阶段，东汉时期为萌芽阶段，而魏晋时期为正式输入阶段，史料丰富，考证详细。李鸿宾先生的《唐代西州市场商品初考——兼论西州市场的三种职能》③一文，依据《唐天宝二年（743年）交河郡市估案》文书和其他文献，考察了唐代西州市场上商品的种类和产地，认为西州市场帛练行、绺帛行和布行出售的丝布织品和成衣均来自内地，而谷麦行、米面行、果子行和菜子行出售的食物和水果则多产自西州及其周边地区，并认为西州除承担中西贸易和中西交流的任务外，还为当地各族人民相互交流和相互贸易提供了一个重要场所。日本学者池田温的《中国古代物价初探——关于天宝二年交河郡市估案断片》④，通过分析大谷文书中唐天宝二年交河郡商品中部分外来香药的名称和单价，认为在中西商品贸易交往中，香料贸易占有很大一部分。王一丹先生的《波斯、和田与中国的麝香》⑤一文，探讨了波斯人有关麝香的记载和论述，以及和田与麝香的关系。作者认为"和田的麝香"在波斯久负盛名，但这些所谓"和田的麝香"大多并非产于和田，而是从关中地区、四川盆地和青藏高原等麝香产地，通过"河西路"和"青海路"等丝绸之路传到和田，然后再输往波斯的。和田是麝香从中国向西输出的重要集散地。中国的麝香很可能在萨珊王朝时

---

① 陈明：《殊方异药——出土文书与西域医学》，北京大学出版社，2005年。
② 陈连庆：《汉晋之际输入中国的香料》，《史学集刊》，1986年第2期。
③ 李鸿宾：《唐代西州市场商品初考——兼论西州市场的三种职能》，《敦煌学辑刊》，1988年第1~2期。
④ ［日］池田温：《中国古代物价初探——关于天宝二年交河郡市估案断片》，见刘俊文主编《日本学者研究中国史论著选译》（第4卷），中华书局，1992年。
⑤ 王一丹：《波斯、和田与中国的麝香》，《北京大学学报》，1993年第2期。

就已传到波斯。齐陈骏、冯培红在《晚唐五代宋初归义军对外商业贸易》①一文中，探讨了归义军的周边形势与外贸环境，以及归义军时期的对外贸易，认为归义军时期的对外贸易，有节度使府开展的与周边政权的官方贸易，也有民间私人开展的对外贸易，而其用来交易的商品大多产自管内诸地和外部输入，归义军与回鹘、吐蕃等周边少数民族政权间的贸易，交流了物质产品，沟通了东西方贸易，并使东至中原、西及中亚的贸易路得以拓展。

敦煌、吐鲁番两地的贸易市场往往具有双重功能，既是本地区百姓进行日常交易的场所，同时也是外来商品的中转市场。荣新江先生的《高昌王国与中西交通》②一文，论述了高昌王国对外来客使的供应制度，对外来胡商的管理，以及对西方移民的安置和管理等问题，认为高昌王国为胡商提供自由买卖的场所，并从中获取利益；同时，通过对西方移民的安置和管理，吸引胡商到高昌定居。这些举措促进了高昌当地的经济繁荣。郑炳林、徐晓丽的《论晚唐五代敦煌贸易市场的国际化程度》③，认为晚唐五代敦煌贸易市场上从事商业贸易的商人，既有兼具国际贸易性质的粟特人，也有从周边政权，以及中亚、波斯、印度和中原等地出使敦煌的商团。敦煌市场上的商品种类丰富，有产自西域的胡椒、高良姜、荜拔、诃梨勒，来自中原的人参、橘皮、芍药，产自印度的香料，还有来自康国的硇砂等，而用于交换的货币有金银钱币、金银器皿、丝织品和麦粟等。敦煌贸易市场具有国际贸易市场的性质。郑炳林的《晚唐五代敦煌商业贸易市场研究》④一文，论述了晚唐五代敦煌地区的商业贸易市场、商品生产、对外贸易及其区域，以及敦煌地区商业贸易对经济的影响等问题，认为晚唐五代敦煌地区的商品生产有了一定发展，当地贸易市场比较活跃，对外贸易仍以中转贸易为主，商圈贸易包括百姓个体贸易、归义军政权官方贸易和僧人为主体的僧使贸易等。韩森的《丝绸之路贸易对吐鲁番地方社会的影响：公元500—800年》⑤一文，认为高昌国的居民构成

---

① 齐陈骏、冯培红：《晚唐五代宋初归义军对外商业贸易》，《敦煌学辑刊》，1997年第1期。
② 荣新江：《高昌王国与中西交通》，《欧亚学刊》，2000年第2辑。
③ 郑炳林、徐晓丽：《论晚唐五代敦煌贸易市场的国际化程度》，《中国经济史研究》，2003年第2期。
④ 郑炳林：《晚唐五代敦煌商业贸易市场研究》，《敦煌学辑刊》，2004年第1期。
⑤ 韩森：《丝绸之路贸易对吐鲁番地方社会的影响：公元500—800年》，见《法国汉学》丛书编辑委员会编《粟特人在中国——历史、考古、语言的新探索》，中华书局，2005年。

中居于中心的是专职贸易的粟特商人，官府、译语人等为商人提供服务，而占人口大多数的百姓很少参与丝绸之路贸易。殷晴的《唐代西域的丝路贸易与西州商品经济的繁盛》[①]一文，充分利用文献资料和近年新发现的考古材料，阐发了大唐盛世丝路贸易的繁盛，特别是处于中西交通枢纽的西州，胡汉商贾汇集，商品经济发达，不仅是我国西北区域性市场，而且作为西域门户，实际上已经发挥着国际市场的作用。此外，盛唐时期，伊州、庭州等天山南北各绿洲城镇，商胡杂居，市场兴旺。郑炳林的《晚唐五代敦煌寺院香料的科征与消费——读〈吐蕃占领敦煌时期乾元寺科香帖〉札记》[②]，根据敦煌文书P.3047《吐蕃占领敦煌时期乾元寺科香帖》，探讨了晚唐敦煌寺院使用香料的来源、寺院对僧尼科征香料的途径和标准，并分析了香料所折射出的中外文化交流，指出在敦煌地区寺院中，约21个僧尼科征源自印度、波斯和罗马的三色香即乳头香、郁金香、旃檀香1两，主要用于法会活动中的香汤沐浴，或作为甘汤美药服用。敦煌市场上的香料不仅满足了敦煌当地的需要，还贩运到相邻地区出售。此外，敦煌当地在沐浴和造药食时大量使用产自龟兹的安息香和当地的草豆蔻、香枣花、艾等。

宋代，随着航海技术的发展，外来药物尤其是南洋和阿拉伯诸国的药物大量输入中国。孟彭兴的《论两宋进口香药对宋人社会生活的影响》[③]一文，从史学角度分析了宋代香药大量输入的原因，介绍了香药的种类和在社会生活中的应用，认为香药贸易在对统治阶级奢侈的生活方式起到推波助澜作用的同时，也促进了当时社会经济的发展和城市的繁荣。陈宝强的《宋朝香药贸易中的乳香》[④]一文，就宋代香药贸易中的乳香进行了个案分析，概述了乳香的产地和输入中国的过程，揭示了乳香在宋朝香药贸易中的地位，以及对宋人社会生活的影响。作者认为，乳香兼具香用和药用双重价值，后来逐步转化成纯药用品；宋朝的香药贸易在很大程度上说是"乳香贸易"。李瑞哲

---

① 殷晴：《唐代西域的丝路贸易与西州商品经济的繁盛》，《新疆社会科学》，2007年第3期。
② 郑炳林：《晚唐五代敦煌寺院香料的科征与消费——读〈吐蕃占领敦煌时期乾元寺科香帖〉札记》，《敦煌学辑刊》，2011年第2期。
③ 孟彭兴：《论两宋进口香药对宋人社会生活的影响》，《史林》，1997年第1期。
④ 陈宝强：《宋朝香药贸易中的乳香》，暨南大学硕士学位论文，2000年。

的博士学位论文《魏晋南北朝隋唐时期陆路丝绸之路上的胡商》①，以胡商为研究对象，利用吐鲁番出土文书和墓葬、石窟中的壁画，分析了胡商在丝绸之路上的活动，包括商队的行进路线、规模、首领、运输工具、贸易形式和交易物品等，并尝试对商队成员的国别进行甄别。陈明先生的《"商胡辄自夸"：中古胡商的药材贸易与作伪》②独辟蹊径，以中古时期胡商的药材贸易活动为对象，探讨了中土市场上存在的胡药假伪情况，揭示了胡商在商业贸易中的多面相。作者认为，外来药材的输入方式有胡商商团贩运、个体商客贩卖、使团朝贡贸易、宗教信徒携带等，其中以商团和个体商客的外贸为主，而作假方式有夸张药物的性能、以次充好、以假乱真、二次利用等。唐代外来药物的涌入，促成了好用胡药的社会风气，但也没有消除人们对胡药的怀疑或不认可。杨瑾的《于阗与北宋王朝的乳香贸易及其影响》③一文，认为宋朝乳香的使用广泛、需求量大，使其成为禁榷的官方垄断商品之一。于阗本地虽然不产乳香，但是乳香的出口量却相当大，体现出陆上丝绸之路中转贸易的特点。乳香贸易对于阗和宋朝的政治、经济、文化都具有一定的影响。温翠芳的《中古时代丝绸之路上的香药贸易中介商研究》④一文，认为粟特人是中古时代陆路丝绸之路上香药贸易的担当者。夏时华的《宋代香药业经济研究》⑤一文，是研究宋代香药业经济的力作。作者指出，北宋前期，统治者出于树立国威的政治需求，积极招徕域外国家前来朝贡，香药朝贡贸易获得较快发展；北宋中期以后，由于财政困难，宋廷不得不以务实的态度对待香药朝贡贸易，并实行估价回赐制度，控制朝贡贸易的规模和成本，更加注重自身贸易的利益；南宋时期，香药朝贡贸易由原来的估价回赐为主转变为抽解和买为主、估价回赐为辅，故海外诸国朝贡贸易的积极性大为减少，香药朝贡贸易由繁盛渐趋衰落。

相对中国古代丰富多彩的香药科技与香药文化来说，囿于成见，今天人

---

① 李瑞哲：《魏晋南北朝隋唐时期陆路丝绸之路上的胡商》，四川大学博士学位论文，2007年。
② 陈明：《"商胡辄自夸"：中古胡商的药材贸易与作伪》，《历史研究》，2007年第4期。
③ 杨瑾：《于阗与北宋王朝的乳香贸易及其影响》，《新疆师范大学学报》，2009年第1期。
④ 温翠芳：《中古时代丝绸之路上的香药贸易中介商研究》，《唐史论丛》，2010年第4期。
⑤ 夏时华：《宋代香药业经济研究》，陕西师范大学博士学位论文，2012年。

们对香药和香药文化的研究比较薄弱，对有些香药来源问题的考证还存在较大争议，对香药贸易与朝贡问题的研究还比较笼统，对古代香药加工与炮炙配伍问题的研究还不够系统，尤其是对西北地区香药贸易及其在民族关系和社会生活中的作用，更是缺乏深入探讨，这与中国悠久的香药文化与香料利用历史不相符，也与西北地区繁盛的香药贸易不相称。香药既是香药之路上的重要商品，也是东西方文化交流的重要媒介，更是西北地区民族融合的融合剂。"文明因多样而交流，因交流而互鉴，因互鉴而发展。"[①] 香药贸易史既是一部东西方经济文化交流史，也是一部古代各民族交融发展史。

三、本书研究的基本思路和主要内容

本书共分五章，分别从历史、地理、政治、经济、文化诸方面探讨唐宋时期西北地区的香药贸易及其历史影响。

第一章，《香药之路的历史变迁》。丝绸之路又名"香药之路"，是中国古代经中亚通往西亚、南亚，以及欧洲、北非的陆上贸易通道。早在上古时代，中原内地就与广袤的西域地区有交通往来。西域诸绿洲城邦国家开辟的连接各大绿洲，以及通过高山峻岭间各山口四通八达的沙漠、绿洲之路，是亚欧大陆间最早的交通干线。此外，中国北方经蒙古高原，越阿尔泰山，过准噶尔盆地，至中亚北部哈萨克草原，再经里海、黑海北岸，到达多瑙河流域的草原丝绸之路，是古代北方游牧民族经常往来的重要通道。自张骞出使西域后，中原地区与西域诸国间的联系更加紧密。西域地区成为连接中国与西方文明的桥梁。

唐朝前期，国力强盛，陆路丝绸之路畅通，东西方贸易往来频繁。安史之乱后，大食占据葱岭以西中亚河中地区（今阿姆河与锡尔河之间），吐蕃则控制了葱岭以东天山以南及河西、陇右地区。一般认为，吐蕃占据河西、陇右及丝路南道后，推行民族压迫和同化政策，阻断中西交通，中国内地与西北边疆间"道路梗绝，往来不通"。但是，近年来学者们对吐蕃统治河陇时期的民族、经济政策进行了深入研究，认为吐蕃占领河陇诸州和于阗地区后，在这些地区驻屯部落，并建立起一套较为完备的部落制度。在吐蕃控制丝路通道的一百余年间，积极从事丝绸之路转运贸易，推动了吐蕃与汉族及

[①] 习近平：《深化文明交流互鉴 共建亚洲命运共同体——习近平在亚洲文明对话大会开幕式上的主旨演讲》。

西北各民族间的交往和联系,并与中亚、南亚一些国家开展了广泛交流。当时,吐蕃成为唐与中亚诸国间通商的桥梁。

五代到宋初,曹氏据有沙州,回鹘占据甘州,凉州有六谷蕃部,中原与西域往来,大多取道灵(今宁夏吴忠市境内)、夏(今陕西靖边县北白城子)。自李继迁叛宋后,大食、于阗、高昌诸国贡使和行商纷纷改走青海道,致使唃厮啰统治下的青唐、林金、邈川等地成为西北民族贸易中心,蕃商云集。在西夏统治时期,陆上丝绸之路并不像我们所想象的那样遭到破坏,在宋、夏对峙的大背景下,西夏统治者非常重视丝绸之路,并利用地处"贸易华戎"的有利地位,采取一些优惠政策,吸引大食、回鹘等国商人到西夏进行贸易。

第二章,《西北地区市场上的外来香药》。香药根据其产地可分为本土香药和外来香药两类,而根据其获取途径又可分为动物性香药和植物性香药两类。唐宋时期西北地区市场上的外来香药品种主要有:1.树脂类香药,有苏合香、安息香、龙脑香、乳香、没药、沉香、阿魏、血竭等。2.花草类香药,有迷迭香、零陵香、野悉蜜香、郁金香、兜纳香、茉莉和蔷薇水等。3.香材类香药,有檀香、降真香、艾蒳香、甘松香等。4.果类香药,有丁香、胡椒、豆蔻、诃黎勒、庵摩勒(又名余甘子)、毗梨勒等。5.根茎类香药,有木香、白附子等。6.动物性香药,有麝香、龙涎香、腽肭脐等。这些外来香药主要产自中亚、西亚、南亚和东南亚诸国。

第三章,《唐代西北地区的香药贸易》。自张骞出使西域后,汉朝打开了通往西方的道路,从此中原王朝与西域诸国间往来频繁。东汉时期,域外胡商大量进入中原或周边地区,"商胡贩客,日款于塞下"[①]。魏晋以降,粟特胡商长期在丝绸之路上停留、居住,在撒马尔罕和长安间逐渐形成自己的贸易网络,并在这些网络的交汇点上,建立起一些移民聚落,作为其东西贸易的中转站。北魏统一北方后,经济得以恢复,社会比较安定,于是"蕃贡继路,商贾交入,诸所献贸,倍多于常"[②]。

唐代是中国香药朝贡贸易史上的重要时期。当时,不仅大量域外香药输入中土,而且成为平衡丝绸之路贸易、维系丝路古道畅通的重要物品。据《册府元龟》"外臣部·朝贡"和新旧《唐书》相关传记统计,从619年(武德

---

① (南朝宋)范晔:《后汉书》卷88《西域传》,中华书局,1965年,第2931页。
② (北齐)魏收:《魏书》卷65《邢峦传》,中华书局,1974年,第1438页。

二年）到824年（长庆四年）的200余年间，康国朝贡32次，安国朝贡17次，石国朝贡20次，米国朝贡10次，曹国朝贡8次，史国朝贡6次，火寻朝贡4次，拔汗那（包括宁远）朝贡22次，勃律国（包括归仁）朝贡11次，吐火罗朝贡25次，波斯国朝贡26次，大食国朝贡32次，罽宾国朝贡22次，天竺国朝贡25次，护密朝贡8次，拂菻朝贡7次，谢䫻朝贡6次，骨咄、俱密国朝贡各4次，识匿、石汗那国朝贡各3次，陀拔斯单、何国、乌苌、俱兰国朝贡各2次，俱位、悒怛、末陀提国、解苏国、帆延、章求拔国、苏利悉单国、火辞弥国、处密等国朝贡各1次。唐朝与波斯、大食间的香药朝贡贸易，在中西贸易史上占有重要地位。在唐与西域诸国的朝贡贸易中，西域诸国输入中国的物品主要有动物、植物、矿物、织物、器物和食物等，其中动、植物香药多达30余种，如兜纳香、安息香、薰陆香、青木香、郁金香、苏合香、肉豆蔻、迷迭香、阿魏、荜茇、沉香、乳香、鸡舌香、降真香、返魂香、龙脑香、没药、诃黎勒、腽肭脐、胡椒、檀香、苜蓿香、艾蒳香、金颜香、蔷薇水、麒麟竭等。

第四章，《宋代西北地区的香药贸易》。北宋时期，经过唐末五代的民族大迁徙和大融合，许多民族诸如吐谷浑、突厥、嗢末等逐渐消失。西北地区成为吐蕃、回鹘和党项族角逐的场所。这一历史时期，大食、拂菻、于阗、喀喇汗朝、回鹘、龟兹经西夏或唃厮啰，与宋朝的贸易一直比较兴盛。据《宋会要辑稿》蕃夷七和《宋史·外国传》等相关资料统计，宋代来华朝贡的国家有26个，朝贡次数达302次，其中大食52次，于阗（包括喀喇汗朝）34次，龟兹26次。此外，宋与回鹘、唃厮啰、西夏间的贡赐贸易和榷场贸易也比较频繁。

宋代，香药贸易在海外贸易中占有重要地位，香药业经济在社会经济中举足轻重。当时，西域诸国向宋朝进贡的物品有动物、皮毛、布匹、珠宝、玉石、香药、药材、武器等，其中珠宝类有琥珀、象牙、珊瑚、珍珠、翡翠，香药类以乳香为大宗，尚有木香、鸡舌香、安息香、龙脑香、龙涎香、腽肭脐、阿魏、蔷薇水，药材类有硇砂、梧桐律、金星石、牛黄、龙盐、胡黄连、黄矾、五味子等。而宋朝回赐的物品主要有银币、铜钱、绢帛、茶叶和衣冠等。香药朝贡贸易是宋代陆上丝绸之路香药贸易的重要形式，而民间私市贸易则是其补充形式。

第五章，《唐宋时期香药消费和应用》。自古以来，香药、香材被广泛应用于饮食、医疗、香薰、辟秽、建筑、美容等许多方面，成为人们日常生活和临床医疗不可或缺的重要本草门类。唐代，随着外来香药的增多，香药的使用越来越广泛，人们食䬪香点香茶，调服香药，香熏衣物，佩戴香囊，沐浴香汤，香事仪式普及民间，品香闻香成为时尚。中医学运用其中药理论研究香药，并将其广泛地应用于临床。宋代，对外交通发达，物质文化交流频繁，香药品种更加丰富，香药利用向多元化方向发展。香药在丰富中医药药材品种，满足人们生活需求的同时，也助长了贵族阶层的奢靡之风。

佛教传入中国之路，也是一条香药及香文化传播之路。唐宋时期，中国佛教步入鼎盛阶段，佛教和印度香药文化为中国寺庙带来大量新的香药，从高昌、敦煌到青唐城再到中国内地，礼佛、浴佛、盥洗、净身都需要大量的香药，许多用香和焚香习俗已融入当地人民的生活之中。佛教文化与西北少数民族文化相互融合，形成了各具地域特色的民族文化，其中包括香药文化。此外，敦煌医学、吐鲁番医学、于阗医学吸收、融合中外多个民族、多种宗教的医学内容，出现了古代中医药学、印度医学、粟特医学、波斯医学、藏族医学在这一地区传播和交流的盛况。

第一章　香药之路的历史变迁

丝绸之路是中国古代经中亚通往西亚、南亚,以及欧洲、北非的陆上贸易通道。早在上古时代,中原内地与广袤的西域地区间就有交通往来。西域诸绿洲城邦国家开辟的连接各大绿洲,以及通过高山峻岭间各山口四通八达的沙漠、绿洲之路,是亚欧大陆间最早的交通干线。此外,中国北方地区的草原丝绸之路,是古代北方游牧民族经常往来的重要通道。自张骞出使西域后,中原地区与西域诸国间的联系更加紧密。西域地区成为连接中国与西方文明的桥梁。

唐朝前期,国力强盛,陆路丝绸之路畅通,东西方贸易往来频繁。安史之乱后,吐蕃占据葱岭以东、天山以南,以及河西、陇右地区。吐蕃在控制丝路通道的百余年间,积极从事丝绸之路转运贸易,成为唐与中亚诸国通商的桥梁。此外,唐蕃古道东起长安,中经甘肃、青海,西南通往西藏拉萨,自拉萨向西南行,越喜马拉雅山,过尼泊尔,可达波特那,在我国西部地区与南亚次大陆、西亚等地间架起了沟通的桥梁。五代到宋初,曹氏据有沙州,回鹘占据甘州,凉州有六谷蕃部,中原与西域往来,大多取道灵、夏。自李继迁叛宋后,大食、于阗、高昌诸国贡使和行商纷纷改走青海道,致使唃厮啰统治下的青唐、林金、邈川等地成为西北民族贸易中心。在宋、夏对峙的大背景下,西夏统治者非常重视丝绸之路,并利用地处"贸易华戎"的有利地位,采取一些优惠政策,吸引大食、回鹘等国商人到西夏境内进行贸易。

第一节　沙漠之路和草原丝绸之路

1877年，德国地理和地质学家李希霍芬（F.von Richthofen）在其《中国，亲身旅行的成果和以之为根据的研究》一书中，将汉代中国与中亚西部、南部，以及印度间的以丝绸贸易为主的交通路线称作"丝绸之路"（the Silk Road）。1910年，德国历史学家赫尔曼（A.Herrmann）在其《中国和叙利亚之间的古代丝绸之路》一书中，根据新发现的考古资料，进一步把丝绸之路延伸到地中海西岸和小亚细亚，并确定了丝绸之路的基本内涵，即它是中国古代经由中亚通往南亚、西亚及欧洲、北非的陆上贸易通道，因为大量的中国丝和丝织品经由此路西传，故称作"丝绸之路"。同时，因从西方传入中国的大宗商品以各种珠宝和香药居多，故丝绸之路又被称为"宝石之路"和"香药之路"。丝绸之路作为"路"是古代的一条商道，是商品交换与互惠互利之途，但它开启了亚欧大陆间的文化交流之门。商品既是物质的，同时也是精神文化的。商品承载着文化，文化附着于商品。商品的流通与流动，使抽象的文化交流变得有声有色，具体可观。

早在上古时代，中原内地与广袤的西域地区间就有交通往来。《逸周书·伊尹朝献》记载，成汤之时，伊尹受命，制定四方献令，其中的许多部族就在西域和中亚地区。考古发现证明，河南安阳殷墟妇好墓出土的玉器中就有大量和田玉。西域诸绿洲城邦国家开辟的连接各大绿洲，以及通过高山峻岭间各山口四通八达的沙漠、绿洲之路，是亚欧大陆间最早的交通干线。此外，中国北方经蒙古高原，越阿尔泰山，过准噶尔盆地，至中亚北部哈萨克草原，再经里海、黑海北岸，到达多瑙河流域的草原丝绸之路，是古代北方游牧民族经常往来的重要通道。商周时期，中西交通以草原路为中心。汉唐时期，丝绸之路以欧亚大陆为中心。在海路航道发现前，西域地区曾经是欧亚大陆上东西南北的交通枢纽和必经之地。

秦汉时期，中央王朝大力修筑从都城通往全国各地的道路，并在沿途设置驿站，提供食宿，以便公务和商务人员往来。张骞出使西域后，中原地区与西域诸国间的联系更加紧密。尤其是汉朝在占领河西走廊后，在河西地区设置郡县，构筑以长城为主的军事防御和驿传体系，保障了丝绸之路东段路线的畅通。西域地区成为连接中华文明与西方文明的桥梁。学术界一般将丝绸之路分为东、中、西三段。实际上，狭义的丝绸之路是以中国西北部的长安为起点，直通中亚、西亚的商路。换言之，丝绸之路的核心地带是在中国西北和中亚、西亚地区。中国的中东部地区是丝绸的生产地，而中亚、西亚的波斯、阿拉伯诸国则是丝绸的转运者，同时也是丝绸的主要消费者。

汉代，丝绸之路东段自长安西行，翻越陇山（又名陇坂、关山），通过武威、张掖、酒泉、敦煌，进入西域。沿途因高山阻隔，河流曲折，故分歧较多，主要有南、北两条线路：南线由长安出发，沿渭河西行，经武功，到虢县（今陕西宝鸡东），再沿汧河向西北行，过汧县（今陕西陇县），至陇关（在今陕西陇县固关镇西），然后翻越陇山，达陇县（今甘肃张家川回族自治县境）。在甘肃境内，沿东亭水（又名清水，今名牛头河）向北，至渭水河谷西行，再经上邽（今甘肃天水市秦城区）、冀（今甘肃甘谷县南）、首阳（今甘肃渭源县东北），达陇西郡治狄道（今甘肃临洮县），一路向西而去。此外，该路在到达今陕西陇县后，改向西北行，经今甘肃华亭、平凉，可达宁夏泾源县境内，然后翻越六盘山，至阿阳（今甘肃静宁县），再沿祖厉河向西北行，在鹯阴口（今称虎豹口、和保口，在今甘肃靖远县境内）附近渡过黄河，向西进入河西走廊。北线由长安出发，在咸阳渡渭河，经醴泉（今陕西礼泉县）、奉天（今陕西乾县东），到邠州治所新平县（今陕西彬州市），再沿泾水河谷北行，过长武，在陕西和甘肃交界处的凤口进入甘肃境内。由此向西北逆泾河而上，经泾州（今甘肃泾川县）、平凉，到达六盘山下的和尚铺附近，再沿六盘山东麓折向北行，经宁夏固原南境弹筝峡（三关口），过瓦亭关，到达原州（今宁夏固原市）。此后，沿清水河谷，北过石门关（须弥山沟谷），至海原，在甘肃靖远北渡黄河，经景泰直抵凉州（今甘肃武威市）。

丝绸之路中段在西域地区分为南道和北道：北道自玉门关西行，沿哈顺沙漠南缘，到车师国（今新疆吐鲁番地区）的高昌古城和交河古城，再沿天山南麓向西南，经危须（今新疆和硕县）、焉耆、渠犁（今新疆库尔勒市）、龟兹、姑墨（今新疆阿克苏市）至疏勒。南道自鄯善（即楼兰，今新疆若羌县）始，经且末、精绝（今新疆民丰尼雅遗址）、于阗、皮山、莎车至疏勒。从疏勒西行，越葱岭（今帕米尔高原），经大宛（今费尔干纳），可至大夏（在今阿富汗）、粟特（在今乌兹别克斯坦）、安息（今伊朗），最远到达大秦的犁靬（又作黎轩，在埃及的亚历山大城）。另外一条道路是从皮山向西南行，越悬度（今巴基斯坦达丽尔），经罽宾（今阿富汗喀布尔）、乌弋山离（今锡斯坦），向西南行至条支（在今波斯湾头）。如果从罽宾向南行，至印度河口（今巴基斯坦卡拉奇），转海路也可到达波斯和罗马等地。

在历史上，随着地理环境的变化和政治、宗教形势的演变，丝绸之路的走向也在不断变化，一些新的道路不断开通，也有一些道路的走向发生了变化。如在敦煌和罗布泊之间的白龙堆，是一片使行旅者容易迷失方向的雅丹地形。东汉初年，东汉王朝在打败北匈奴后，迫使其西迁，从而牢固地占领了伊吾（今新疆哈密市）地区，并开通了由敦煌北上伊吾的"北新道"。从伊吾经高昌（今新疆吐鲁番市）、焉耆到龟兹，就和原来的丝路北道聚合了。

十六国时期，北方各国与西域的交通路线纵横交错，其中以河西路、青海路和居延路最为重要。河西路是指从长安穿越秦陇，沿河西走廊到达玉门关的道路。当时，河西地区的姑臧是粟特人的一个贸易集散中心，他们将转运贸易的货物贮存在这里，然后派人四处转售。从姑臧东行，经秦州而至长安。秦州作为古代丝绸之路上的重要城镇，也有粟特胡商驻足经商。青海路，又称吐谷浑路、河南路，此道自西宁西行，沿青海湖北岸穿越柴达木盆地，翻越阿尔金山，入丝路南道而达西域各地；东向沿西倾山北麓出龙涸（今四川松潘县），顺岷江而入蜀地。此外，从敦煌、张掖、武威以南的祁连山各山口，横穿河西走廊，可北达柔然，亦可西至西域。居延路发自阴山山麓，途经居延绿洲，沿漠南之地与河西路平行西进，顺天山之北可往中亚各地。十六国时期，北方少数民族常经此路交往。

400年（弘始二年），法显从长安出发，翻越陇山，进入西秦国境。后经青海东部，越养楼山（祁连山），至河西走廊的张掖、敦煌，再渡阳关，过白龙堆沙碛，穿越罗布泊，抵达鄯善国。时中原大乱，河西不安，西域不稳。法显本可自鄯善直往于阗，但考虑到路途安全问题，于是舍近求远，沿车尔臣河和孔雀河，绕道焉耆，再沿天山南麓，过塔里木河，穿越塔克拉玛干沙漠，到达于阗。此后，法显一行转而向西，经竭叉国（今新疆喀什市），渐入葱岭，过新头河（印度河），进入天竺。

南北朝时期，河西地区战事纷起，政权更替频繁，丝绸之路梗阻，东西方国际交通不得不改经青海道。青海道最早见诸史籍是在南北朝时期，即

第一章 香药之路的历史变迁

北魏高凉王那西征吐谷浑王慕利延之时。北魏在扫平割据河陇地区的西秦、北凉等政权后，其国界与吐谷浑相接。北魏太武帝太延年间，西域龟兹、疏勒、乌孙、粟特等国遣使入贡。太武帝遣散骑侍郎董琬、高明等经河西出使西域。琬等回到京师，具言所经见及传闻旁国："其出西域本有二道，后更为四：出自玉门，度流沙，西行二千里至鄯善为一道；自玉门度流沙，北行二千二百里至车师为一道；从莎车西行一百里至葱岭，葱岭西一千三百里至伽倍为一道；自莎车西南五百里葱岭，西南一千三百里至波路为一道焉。"①445年（太平真君六年），北魏出征吐谷浑，高凉王那率军到曼头城。吐谷浑王慕利延率部西渡流沙，故西秦王慕璝子被囊率部抵抗，被魏军击破。被囊率轻骑遁走。魏军紧追不舍，"度三危，至雪山，生擒被囊、什归及炽磐子成龙，送于京师。慕利延遂西入于阗国"②。据周伟洲先生考证，北魏军队自青海湖东南沿湖北岸，一路追至柴达木盆地深处，又缘水草带向西经过柯鲁可湖、小柴旦、大柴旦，北出当金山口，在今敦煌地区追赶上吐谷浑，擒获其王子。而吐谷浑王则西入鄯善、且末，最终逃至于阗。从曼头城到于阗的这条道路就是所谓的"青海道"。吐谷浑强盛时期，建都于青海湖西岸的伏俟城（今青海共和县铁卜卡古城）。此地四通八达，东经西平、金城与丝绸之路陕甘段相接；向西则是通往西域的青海道；向南可经"河南道"下四川转赴江南。南北朝时期，"河南道"分为两线：伏俟城—大非川—西倾山—仇池（或白水）—晋寿—宕渠—巴郡，这条线路基本上沿嘉陵江形成；伏俟城—河源—积石山—龙涸—茂汶—益州（治今四川成都市），这条线路沿黄河、岷江形成，一路穿越吐谷浑腹地，非常安全。

早在阿豺执政末期和慕璝时期，吐谷浑的游牧经济就开始向商业型畜牧经济转化。拾寅执政后，吐谷浑开始参与大规模的国际贸易，它不仅为于阗、龟兹等许多西域小国与中原地区的贸易充当中介，而且直接为中亚的嚈哒（滑国）及其周围一些国家，甚至更远的波斯（萨珊王朝）等国充当翻译中介人，引导他们到达南朝。与此同时，吐谷浑人将大批的中国丝绸类商品运至青海，再辗转销往西域诸国，并将西域诸国的商品贩运至青海，销往南北中国的各个市场。吐谷浑人控制塔里木盆地南部后，高昌、焉耆、延城（今新疆库车

---

① （北齐）魏收：《魏书》卷102《西域传》，中华书局，1974年，第2261页。
② （北齐）魏收：《魏书》卷4下《世祖纪下》，中华书局，1974年，第99页。

市)、于阗等城,成为吐谷浑人在境外收购西域产品的最大货源地和倾销中国产品的主要市场。从文献记载和出土文物来看,吐谷浑人从西域进口的主要商品有西亚的玻璃器皿和机械制品,中亚的各种宝石及金银制品,南亚的香药和珍禽异兽,以及北亚的畜牧产品等。北魏分裂后,河西路一度衰落,青海道兴盛一时,除了西域各国通过此道向梁朝朝贡外,北齐与西域的通使贸易也经青海道进行。518年(神龟元年),北魏胡太后派宋云、惠生等人到天竺取经。宋云一行从洛阳出发,翻越陇山,至北魏西界赤岭,入吐谷浑境内。后沿青海湖北岸,过柴达木盆地,翻越阿尔金山,抵达鄯善,再沿昆仑山北麓西行,过左末城(今新疆且末县)、于阗、朱驹波(今新疆叶城县)、汉盘陀(今新疆塔什库尔干),进入葱岭,经钵和国(在今塔吉克斯坦与阿富汗边界东部的瓦罕谷地)、嚈哒、乌场国(今巴基斯坦北部斯瓦特河流域),至犍陀罗国,转入印度。553年(废帝二年),西魏凉州刺史史宁袭击吐谷浑赴北齐的使臣商队,获其"商胡二百四十人,驼骡六百头,杂彩丝绢以万计"[①]。当时,西域胡商从青海道到达吐谷浑辖境后,在吐谷浑人的引导下,横切河西走廊,北经柔然,绕道到达北齐。但河西走廊被西魏、北周所控制,这条贸易道路多少带有风险。

　　隋朝统一南北后,中国封建社会开始走向全盛时期。隋炀帝派黄门侍郎裴矩往来于张掖、敦煌间,并通过西域商胡,联络各国首领。裴矩利用工作之便,广泛了解西域及中亚等地风土民俗及山川险易,撰成《西域图记》3卷。此书已佚,其自序存于《隋书·裴矩传》中。从裴矩的《西域图记序》中,我们可以了解到当时丝绸之路通向东罗马、波斯、印度的情况:

> 发自敦煌,至于西海,凡为三道,各有襟带。北道从伊吾,经蒲类海铁勒部,突厥可汗庭,渡北流河水,至拂菻国,达于西海。其中道从高昌,焉耆,龟兹,疏勒,度葱岭,又经钹汗,苏对沙那国,康国,曹国,何国,大、小安国,穆国,至波斯,达于西海。其南道从鄯善,于阗,朱俱波,喝槃陀,度葱岭,又经护密,吐火罗,挹怛,忛延,漕国,至北婆罗门,达于西海。其三道诸国,亦各自

---

① (唐)令狐德棻等:《周书》卷50《异域下·吐谷浑》,中华书局,1971年,第913页。

有路，南北交通。其东女国，南婆罗门国等，并随其所往，诸处得达。故知伊吾、高昌、鄯善，并西域之门户也。总凑敦煌，是其咽喉之地。①

裴矩所记南道和中道，即是两汉至魏晋南北朝时期的传统贸易道路。而北道与三国魏晋时发展起来的北新道有相合之处，但也有所改变。其具体走向如下：

北道，自玉门关西北行至伊吾，然后沿天山北麓，经蒲类海（今新疆巴里坤湖）西行，途经铁勒部（在今哈密以西，吐鲁番和焉耆以北）、突厥可汗庭（今新疆库车东北山外特克斯河流域），渡北流河水（今楚河，或认为指叶尼塞河、鄂毕河），再经碎叶、怛罗斯（今哈萨克斯坦东南江布尔），沿锡尔河至黑海北岸，西北行渡得嶷河（即今乌拉尔河）、阿提拉河（即今伏尔加河），到达西海（即地中海）沿岸的拂菻国（即拜占庭帝国）。这里的北道与东汉及三国时期的北新道不同。三国时期的北新道是指自天山以北的伊吾，经蒲类海、车师前庭（今吉木萨尔），再南下高昌接中道（当时称北道）的道路。②而隋代的北道则是指从伊吾西北行，经蒲类海，至伊犁、碎叶一带的路线。

中道，自高昌启程，沿天山南麓的焉耆、龟兹，抵达疏勒，然后翻越葱岭，经钹汗（今乌兹别克斯坦、塔吉克斯坦和吉尔吉斯斯坦三国交界处的费尔干纳盆地），过粟特地区诸城，如苏对沙那（今塔吉克斯坦的乌腊提尤别）、康国（今撒马尔罕）、曹国（今撒马尔罕西北劫布旦那）、何国（今撒马尔罕至布哈拉间的库沙尼亚）、大小安国（在今布哈拉）、穆国（即木鹿，今土库曼斯坦的马雷），越阿姆河，至波斯，最后到达西海（即地中海）。中道是丝绸之路的重要干线。

南道，从敦煌西行，过阳关，至鄯善，再沿塔里木盆地南缘，经于阗、朱俱波（今新疆叶城县）、喝槃陀（又作渴槃陀，今新疆塔什库尔干），度葱岭，再经護密（今阿富汗瓦罕地区）、吐火罗、挹怛（即嚈哒国，在阿姆河以南）、忛延（今阿富汗之巴米延）、漕国（今阿富汗加兹尼），至北婆罗门（南亚次大陆西北），尔后达于西海。

---

① （唐）魏征等：《隋书》卷67《裴矩传》，中华书局，1973年，第1579~1580页。
② 参见张星烺编注《中西交通史料汇编》，中华书局，2003年，第163~187页。

在上述三条道路中，北道是欧亚草原和北亚游牧民族世代利用、沟通东西方的道路，而中道和南道则是传统的沙漠、绿洲之路。

当时，突厥（突厥汗国分裂后主要指西突厥）控制着伊吾到于阗的商路，波斯把持着赫拉特（Heart，在今阿富汗西北部）以西的商路，而哒则左右着丝绸之路中段于阗到赫拉特的商路。波斯与突厥间的贸易大多是通过臣属于哒的中亚商人、特别是粟特人来进行的。哒虽然准许波斯商人或使者过境到中国朝贡，但粟特商人仍然是主要的中介者。当然，有时波斯商人也直接到突厥境内购买丝绸等物。哒汗国灭亡后，波斯占据了吐火罗、谢䫻、喀布尔和石汗那等地，控制了阿姆河以南商道，而突厥则占有阿姆河以北地区，并控制了阿姆河以北的商路。原臣属于哒的中亚粟特人转而役属于突厥。为了打破波斯对丝绸之路西段商路的垄断，突厥与波斯间曾进行了长期的战争。在突厥汗国统治时期，东西商道畅通，贸易繁荣。突厥境内的中亚商人将丝绸转卖给波斯商人，再由波斯商人转售给欧洲消费者。阿姆河以南的谋夫（Merv）和赫拉特两个贸易中心，聚集着众多的粟特商人、巴克特里亚商人、花拉子模和波斯商人。有些突厥人开始定居生活并转而经商。

《隋书·炀帝纪》记载，609年（大业五年），隋炀帝率百官及诸路大军，从长安出发，经武功（今陕西武功县西北），过扶风（今陕西凤翔县），越陇山，至天水，大猎于陇西。然后，经狄道，出临津关（在今甘肃积石山县大河家乡关门村东，或认为在今青海循化县清水河东黄河处），渡黄河，再经今青海民和县的官亭镇、甘沟乡、满坪乡、古鄯镇、川口镇，由此过湟水，溯湟水河谷西行，途经今老鸦峡到西平郡治湟水县（今青海乐都区碾伯镇），开始了以征服吐谷浑为目的的"西巡"。同年五月十四日，炀帝从西平至今西宁北的长宁谷（今青海西宁市北川河谷），然后渡星岭（即古代的养女山，今天的元朔山，在青海西宁市北大通县附近），宴群臣于金山（即古养女北山，今青海大通河南的达坂山），最后到达浩门川（今青海大通河），围吐谷浑伏允可汗于覆袁川（约在今青海门源县西北俄博河一带）。炀帝派内史元寿南屯金山，兵部尚书段文振北屯雪山（指今甘肃武威市南祁连山），太仆卿杨义臣东屯琵琶峡（今甘肃天祝县南），将军张寿西屯泥岭（今青海门源县西），四面包围覆袁川。伏允率数十骑逃走。后来，卫尉卿刘权出伊吾道，击败吐谷浑，并乘胜至伏俟城。伏允南逃党项。隋军在大破吐谷浑后，占领其大片领土，扫清了中西交通线上的障碍。六月八日，隋炀帝经大斗拔谷（一作达斗拔谷或大斗谷，今甘肃民乐县城关镇东南35公里处的扁都口，谷长25公里，宽不足1公里，是河西走廊通青海湟中的捷径）、张掖，到达燕支山（今甘肃山丹县南）。高昌王麹伯雅、伊吾吐屯设及西域二十七国前来朝谒，并献西域数千里之地。隋朝在吐谷浑故地设置西海（治伏俟城，在今青海湖西岸）、河源（治赤水城，在今青海湖南境）、鄯善（治鄯善城）、且末（治古且末城，今新疆且末县）四郡，谪罪犯为戍卒以守之。

随着丝绸之路的通畅，中原汉商和西域胡商纷纷入居河西。河西路成为中西交通的主干道，而青海道则日渐萧条。吐谷浑因其经济利益受到影响，故屡次发兵抄掠河西，阻挠通贡。

唐代，天下一统，国富民强，丝绸之路达到鼎盛时期。唐朝在消灭东突厥汗国和薛延陀汗国后，在漠北铁勒诸部设置羁縻州府，并开辟了从中原通往漠北地区的驿道。接着，唐朝平定西突厥，在波斯以东原突厥驻地设置羁縻府州，建立了以"安西四镇"为核心的统治体系，天山南北乃至中亚、西亚诸地间的交通网络初具规模。汉代的西域是指天山南北，葱岭以东地区，即西域都护府统领之地。唐代，西域的范围有所扩大，随着唐朝势力向中亚、西亚地区的扩张，天山南北诸地成为安西、北庭都护府辖地，且仿照内地实行郡县制度，而西域则更指中亚河中地区（阿姆河和锡尔河之间），以及阿姆河以南的西亚、南亚地区。

630年（贞观四年），唐朝打败东突厥后，高昌王麹文泰入朝，唐与西域的交通初步打开。不久，在西突厥的支持下，高昌东击伊吾，西破焉耆，阻断西域贡道。632年（贞观六年），高昌和焉耆间爆发了一场争夺丝绸之路控制权的战争。据《旧唐书·西戎传》记载，焉耆东接高昌，西临龟兹，其王姓龙氏，名突骑支。"贞观六年，突骑支遣使贡方物，复请开大碛路以便行李，太宗许之。自隋末丧乱，碛路遂闭，西域朝贡者皆由高昌。及是，高昌大怒，遂与焉耆结怨，遣兵袭焉耆，大掠而去。"焉耆王请求唐朝复开大碛路一事，对高昌国关系重大。唐朝若重开碛路，会使高昌丧失在丝绸之路东段的垄断地位，故高昌对此反应激烈，发动了对焉耆的战争。638年（贞观十二年），高昌再次联合西突厥所属处月部、处蜜部进攻焉耆，并"攻陷焉耆五城，掠男女一千五百人，焚其庐舍而去"①。

640年（贞观十四年），唐朝平定高昌，以其地为西州（治今新疆吐鲁番市东南高昌古城），以原西突厥所据浮图城为庭州，并置安西都护府于交河城，留兵镇守。此后，"伊吾之右，波斯之东，职贡不绝，商旅相继"②，丝路古道上出现了空前繁荣的局面。商业贸易的繁荣又促进了交通的发展，不但传统的道路得到巩固和发展，而且新的道路也不断被开辟出来。

唐代，丝绸之路东段有南北两道：南道从长安出发，经今陕西咸阳、兴平、扶风、岐山、凤翔，往西北至千阳，过大震关，翻越陇山，再经今甘肃清水、天水、甘谷、陇西、临洮、兰州，西越乌鞘岭至武威；北道从长安出发，经今陕西咸阳、礼泉、乾县、永寿、彬县、长武，入甘肃泾川，至平凉及宁夏固原、同心，然后翻越六盘山，沿乌龙河北上，经靖远到武威。若南北两道相较，北道平凉以西较险峻，但要径捷一些；南道曲折嫌远，但沿途较富庶，唐人旅行多走南道。③此外，南道至临洮后，可在永靖附近渡黄河，北上青海乐都、西宁，经大通，过祁连山扁都口（大斗拔谷），到河西张掖。

丝绸之路东段到武威、张掖后，沿河西走廊西行，经酒泉、敦煌（玉门关或阳关），西入西域，到达伊州（即伊吾），或去西州。敦煌文书P.2005号《沙州都督府图经残卷》有敦煌县所属"一十九所驿"的条目，详细记录了每个驿站的位置和距东西驿站的里程，其中沙州至瓜州间一条道路的走向为：（沙州）州城驿，在州东二百步，因州为名，东北去清泉驿卅里；清泉驿，在州东北卅里，去横涧驿廿里；横涧驿，在东北六十里，北去白亭驿廿里；白亭驿，在州东北八十里，东北长亭驿卅里；长亭驿，在州东北一百廿里，东去甘草驿廿五里；甘草驿，在州东北一百卅五里，东南去阶亭驿廿五里；阶亭驿，在州东一百七十里，东去瓜州常乐驿卅里。④同条还记录了从瓜州常

---

① （后晋）刘昫等：《旧唐书》卷198《西戎·焉耆》，中华书局，1975年，第5301~5302页。
② （宋）宋敏求：《唐大诏令集》卷130《讨高昌王麹文泰诏》，中华书局，2008年，第702页。
③ 严耕望：《唐代交通图考》第2卷"河陇碛西区"，（台北）商务印书馆，1985年，第419页。
④ 参见唐耕耦、陆宏基编《敦煌社会经济文献真迹释录》（第1辑），书目文献出版社，1986年，第8~9页。

乐县界的新井驿，经广显驿、乌山驿、双泉驿、第五驿、冷泉驿、胡桐驿，到伊州柔远县界的赤崖驿的道路。① 这是武周时期瓜州、伊州间驿道的基本情况。

当时，丝绸之路中段南、北、中三条道路依然畅通。西域南道出葱岭后，可至吐火罗及印度，西行求法者多走此道。不过，此路因经常遭到吐蕃或吐谷浑的骚扰，故中亚胡商大多绕行。从吐鲁番文书记载的唐代西域商人的交通路线看，他们大多从敦煌绕行其他路线，而几乎见不到走南道的记载。在此背景下，西域北道的作用日渐突出。此路自伊吾西行，沿天山以北，经蒲类海，渡北流河水，至碎叶。自碎叶往西，可南下中亚河中地区（阿姆河和锡尔河之间），达于西海；或继续西行，经咸海、里海和黑海北道，至地中海。与其他两道相比，北道缩短了东西方间的距离，还可以摆脱翻越葱岭之苦。

此外，还有两条与北道相关的新开线路：一条由安西（今新疆库车市）西行，经姑墨、温宿（今新疆乌什县），翻越拔达岭（今别迭里山口），从原乌孙居地顿多城、热海（今吉尔吉斯斯坦伊塞克湖），至碎叶川口（今哈萨克斯坦、吉尔吉斯斯坦交界处的楚河流域），然后经裴罗将军城（即虎思斡耳朵，又译巴拉沙衮，今吉尔吉斯斯坦托克马克附近的布拉纳遗址），至碎叶城。唐太宗贞观初年，玄奘赴天竺求法时走的就是这条道路。据《大唐西域记》卷1记载：玄奘从高昌起程西行，经阿耆尼国（今新疆焉耆县）、屈支国（今新疆库车市），至跋禄迦国（今新疆阿克苏市）。由此向西北行三百余里，度石碛，越凌山（学者们多认为其地即拔达岭），至大清池（即热海，今伊塞克湖），再向西北行经素叶水城（即碎叶城）、千泉（今哈萨克斯坦梅尔克），至呾逻私城（Talas，即怛罗斯，在今哈萨克斯坦江布尔城）。此后，玄奘从怛罗斯起程，经白水城（今哈萨克斯坦奇姆肯特附近）、赭时（即石国，今乌兹别克斯坦首府塔什干）、康国、羯霜那国（即史国，今乌兹别克斯坦之沙赫里夏勃兹）、铁门（今乌兹别克斯坦恰克恰里山口）、迦毕试国、犍陀罗国都城布路沙布罗（今巴基斯坦白沙瓦），最后到达印度。②《新

---

① 参见唐耕耦、陆宏基编《敦煌社会经济文献真迹释录》（第1辑），书目文献出版社，1986年，第9～10页。

② （唐）玄奘、辩机原著，季羡林等校注：《大唐西域记校注》，中华书局，2000年，第46～159页。

唐书·地理志》中提到的东西交通沿线的城镇有裴罗将军城、碎叶、米国城（位于碎叶西10里处）、新城（在米国城西30里处，今克拉斯那亚·列契卡古城遗址）、顿建城、阿史不来城、俱蓝城、税建城等。碎叶川是碎叶水冲击而成的平原，是天山以北草原地带最肥美的地方。该地地处草原丝绸之路要津，自古以来人烟稠密，多城镇集市。658年（显庆三年），唐朝灭西突厥汗国，在葱岭东西原西突厥汗国境内设置羁縻府州，碎叶州即其中之一。《新唐书·西域传》记载：跋禄迦国"西北五百里至素叶水城（即碎叶城），比国商胡杂居。素叶以西数十城，皆立君长，役属突厥"①；呾逻私城"亦比国商胡杂居"②。而迦毕试国"出善马，郁金香。异方奇货，多聚此国"③。犍陀罗，在《高僧传》卷1中据其义译为"行香国"，慧琳的《一切经音义》中作"香遍国"，又有作"香风国""香洁国"者。这种译名反映出4～5世纪前后，这里曾有一个重要的香药贸易市场。另一条新路线是由高昌经北庭、轮台，越伊犁河至碎叶。据《新唐书·地理志》记载：

> 自庭州西延城西六十里有沙钵城守捉，又有冯洛守捉，又八十里有耶勒城守捉，又八十里有俱六城守捉，又百里至轮台县（轮台，苏北海认为在今乌鲁木齐附近，或是米泉或是阜康一带），又百五十里有张堡城守捉，又渡里移得建河，七十里有乌宰守捉，又渡白杨河，七十里有清镇军城，又渡叶叶河，七十里有叶河守捉，又渡黑水，七十里有黑水守捉，又七十里有东林守捉，又七十里有西林守捉。又经黄草泊、大漠、小碛，渡石漆河，逾车岭，至弓月城（在今伊宁地区霍尔果斯北面的废城）。过思浑川、蛰失蜜城，渡伊丽河（今伊犁河），一名帝帝河，至碎叶界。又西行千里至碎叶城，水皆北流入碛及入夷播海（冯承钧考证为今之巴尔喀什湖）。④

---

① （宋）欧阳修、宋祁：《新唐书》卷221上《西域上·龟兹》，中华书局，1975年，第6233页。
② （宋）欧阳修、宋祁：《新唐书》卷221上《西域上·龟兹》，中华书局，1975年，第6233页。
③ （唐）玄奘、辩机原著，季羡林等校注：《大唐西域记校注》，中华书局，2000年，第135～136页。
④ （宋）欧阳修、宋祁：《新唐书》卷40《地理四》，中华书局，1975年，第1047页。

这一路线也见于李吉甫的《元和郡县图志》卷40"庭州条"。弓月城东通长安，西达粟特，曾经是粟特商人的一个商品集散地和贸易中转站。

怛罗斯战役后，大食人的势力逐渐深入中亚草原地区。大食地理学家们的著作中记载了从大食经中亚草原前往东方的道路。如阿拉伯地理学家伊本·胡尔达兹比赫的《道里邦国志》记载：从木鹿（Merv，又译作谋夫）至阿穆勒（Āmūl），渡乌浒水（今阿姆河），经布哈拉（安国，Bukharā）、撒马尔甘（Samarqand），东至位于荒野（即沙漠）中的扎敏（Zāmīn）。扎敏是两条道路的岔口，一条通向石国、突厥；另一条通往拔汗那（Farghānah）。

自扎敏通向石国的道路：从扎敏出发，渡"沙什"河（即赭时，"石国"河，阿拉伯历史地理著作中称石国为沙什）、"突厥"河，至石国（沙什 Al-Shāsh，今塔什干）。然后经银矿（即伊拉格和比良坎克两地）、铁门（Bāb al-Hadīd）、伊斯比加布（Isbījab，即《新唐书》中的白水城或白水胡城，在今哈萨克斯坦奇姆肯特附近）、艾巴尔伽介（即《大唐西域记》中的千泉），到苔拉兹（Tarāz，即怛逻斯，《新唐书》《大唐西域记》作呾逻私）。从怛逻斯经下努舍疆（Nushajan al-Sufla，《新唐书·波斯传》作弩室羯城，亦曰新城、小石国城）、开苏里巴斯（Kasrī Bās）、库亮（Kūlān，即俱兰城）、艾斯白拉（Asbarah，即阿史不来城，属石国）、突骑施可汗城，至库巴勒（Kubāl，即碎叶，今吉尔吉斯斯坦的托克马克附近），东行至中国边界的上努舍疆（即拔塞干或八儿思罕）。① 从怛逻斯至碎叶城，全程约368公里。这是大食帝国建立后，大食使者、商人们前往中国的路线。

许序雅先生在《8—10世纪中亚通往中国之路》一文中，以《道里邦国志》为主，参考汉文史料，具体翔实地考述了从木鹿到碎叶的道路里程。他认为，9世纪以前，中亚东来的道路西起木鹿（谋夫），东汇碎叶。碎叶是中亚通往中国的道路的咽喉，其地位与敦煌不相上下。从碎叶可至安西（即龟兹）和庭州，然后东经西州、沙州，沿河西走廊至中原。自9世纪以降，则主要从碎叶东行，沿天山北麓至庭州，然后走回鹘道至中原或至契丹（辽）辖境。

---

① ［阿拉伯］伊本·胡尔达兹比赫著，宋岘译注：《道里邦国志》，中华书局，1991年，第27～32页。

庭州—碎叶道应是这一时期唐朝至中亚的官道。① 不过，早在武后长安二年，庭州升为北庭大都护府，并负责管辖设于西突厥十姓之地的昆陵及濛池两都护府时，回鹘路已经变得重要起来。特别是中唐后期，吐蕃占据河陇地区后，河西道开始受阻，中亚诸国使者及商人多走回鹘路，即从碎叶至庭州，再向北至回鹘占领的漠北草原，然后南下黄河至长安。789年（贞元五年），悟空返国时，经龟兹，至安西、北庭，然后越阿尔泰山，经漠北高原，取"回鹘道"返回中原。②

唐末五代至宋初，由灵州（今宁夏吴忠市境内）西行，穿越腾格里沙漠，到达凉州，或绕凉州下，直达甘州、西域的道路成为一条重要的中西交通线路。《新五代史·四夷附录三》记载："自灵州过黄河，行三十里，始涉沙入党项界，曰细腰沙、神点沙。至三公沙，宿月支都督帐。自此沙行四百余里，至黑堡沙，沙尤广，遂登沙岭。沙岭，党项牙也，其酋曰捻崖天子。渡白亭河至凉州，自凉州西行五百里至甘州。甘州，回鹘牙也。"③ 敦煌写本S.0383《西天路竟》记载："东京至灵州四千里地。灵州西行二十日至甘州，是汗王〔牙〕。又西行五日至肃州。又西行一日至玉门关。"自灵州西行，过贺兰山口，越沙漠，经凉州，达甘州，行程20日，若以每日行70里计，则为1400里左右。

唐德宗贞元年间，宰相贾耽曾谈到唐代对外交通的几条主要路线："一曰营州入安东道，二曰登州海行入高丽渤海道，三曰夏州塞外通大同云中道，四曰中受降城入回鹘道，五曰安西入西域道，六曰安南通天竺道，七曰广州通海夷道。"④ 在上述7条路线中，深入北方草原游牧民族地区的就有四五条，其中最重要的是"安西入西域道"。此路是唐代东西方政治、经济、文化交流的主要通道。丝绸之路是一条东西交往的通道，历史上许多使者、商人、僧侣等都曾在这条路上行走，是一条经济、文化交流的大动脉。

北宋初年，曹氏据有沙州，回鹘占据甘州，凉州有六谷蕃部，中原与西

---

① 许序雅：《8—10世纪中亚通往中国之路》，见黄时鉴主编《东西交流论谭》，上海文艺出版社，1998年，第68页。

② （唐）圆照：《悟空入竺记》，见杨建新主编《古西行记选注》，宁夏人民出版社，1987年，第122～129页。

③ （宋）欧阳修：《新五代史》卷74《四夷附录三》，中华书局，1974年，第917页。

④ （宋）欧阳修、宋祁：《新唐书》卷43下《地理七·下》，中华书局，1975年，第1146页。

域往来，大多取道灵、夏。964年（乾德二年），王继业"自阶州（今甘肃武都市）出塞西行，由灵武、西凉、甘、肃、瓜、沙等州，入伊吴（即伊吾，今新疆哈密市）、高昌、焉耆、于阗、疏勒、大食诸国，度雪岭至布路州国"①。后从南印度泛海归国。这是宋朝初期中原与西域、中亚、印度间僧侣、商贾、使节往来的主要路线。此后，966年（乾德四年），宋太祖"诏秦凉既通，可遣僧往西竺求法。时沙门行勤一百五十七人应诏，所历焉耆、龟兹、迦弥罗等国，并赐诏书谕令遣人前导，仍各赐装钱三万"②。据《宋史·天竺传》记载："僧行勤等一百五十七人诣阙上言，愿至西域求佛书，许之。以其所历甘、沙、伊、肃等州，焉耆、龟兹、于阗、割禄等国，又历布路沙、加湿弥罗等国，并诏谕其国令人引导之。"③《宋史·大食传》亦云："僧行勤遊西域，因赐其王（指大食国王）书以招怀之。"④ 同年，"知西凉府折逋葛支上言：'有回鹘二百余人、汉僧六十余人自朔方路来，为部落劫略。僧云欲往天竺取经，并送达甘州讫。'诏褒答之"⑤。大食是唐朝对阿拉伯帝国的称呼，音译自波斯语 Tazi 或 Tajik。7～8世纪，大食人"灭波斯，破拂菻"，并且"南侵婆罗门，并诸国，胜兵至四十万，康、石皆往臣之。其地广万里，东距突骑施，西南属海"⑥。大食国存在了600多年，其中阿拔斯王朝（750～1258年）与宋、辽并存了300多年，且与宋、辽都有贸易往来。

五代宋初，河西陇右地区被吐蕃、党项诸部占据，自河西经兰州附近和秦州到宋朝都城的道路湮没无闻。西域诸国贡使、僧侣和商贾大都通过灵州道前往中原地区。灵州作为中原王朝与北方游牧民族的接壤地带，是中原赴漠北及西域的门户，也是诸民族使节往来的国际都市。灵州道的基本走向为：从长安出发，经邠州、宁州（今甘肃宁县），北至庆州（治今甘肃庆阳市庆城县庆城镇），沿马岭水上至方渠（今甘肃环县曲子镇），到达环州（今甘

---

① （宋）范成大撰，孔凡礼点校：《范成大笔记六种·吴船录》卷上，中华书局，2002年，第204页。
② （宋）志磐撰，释道法校注：《佛祖统记校注》卷第44《法运通塞志》第十七之十，上海古籍出版社，2012年，第1019页。
③ （元）脱脱等：《宋史》卷490《外国六·天竺国》，中华书局，1977年，第14104页。
④ （元）脱脱等：《宋史》卷490《外国六·大食国》，中华书局，1977年，第14118页。
⑤ （元）脱脱等：《宋史》卷492《外国八·吐蕃》，中华书局，1977年，第14153页。
⑥ （宋）欧阳修、宋祁：《新唐书》卷221下《西域下·大食》，中华书局，1975年，第6262页。

肃环县，宋初曾为通远军），再经青冈峡或土桥子，北涉旱海（沙漠）或经水路到灵州。从灵州西行，渡黄河，出贺兰山口（三关口），穿越腾格里沙漠，至今甘肃民勤县，再过白亭河（今石羊河），到达凉州，然后由河西路入西域。

北宋与西域间的往来有时会经过居延道。981年（太平兴国六年）五月，宋太宗遣供奉官王延德、殿前承旨白勋出使高昌。王延德在其高昌行记中记载了夏州通往西域的道路。① 据陈守忠先生考证，这条路线是从夏州（今陕西靖边县北白城子）向北，在今内蒙古自治区鄂尔多斯市的乌审旗渡"沙碛"（当今毛乌素沙漠），经今鄂托克旗，在乌海以北、巴音木仁附近的旧磴口渡河，再穿越乌兰布和沙漠，傍阴山余脉迭布斯格乌拉山向西北行，过合罗川（今阿拉善右旗境内巴丹吉林沙漠以北之大草原），到达格罗美源（今额济纳旗，即历史上有名的居延海地区），再由格罗美源西行，经伊州，到达高昌。②

1002年（咸平五年）三月，"李继迁大集蕃部，攻陷灵州"③。中原通往灵州的道路开始衰落。此后，西夏可傍贺兰山，沿黄河南下，经鸣沙州（今宁夏中卫市东）、应理（今宁夏中卫市），渡黄河，直抵凉州；也可自灵州渡河，出贺兰山口，穿越腾格里沙漠，沿白亭河谷，至凉州城下。灵州陷落后，宋朝通往河西的道路以镇戎军（今宁夏固原市原州故城）为枢纽。镇戎军"为泾（今甘肃泾川县）、原（今甘肃镇原县）、仪（今甘肃华亭县）、渭（今甘肃平凉市）北面扞蔽，又为环（今甘肃环县）、庆、原、渭、仪、秦（今甘肃天水市）熟户所依，正当回鹘、西凉六谷、咩逋（密本）、贱遇（伽裕勒）、马臧梁家诸族之路"④。甘州回鹘及西域各国贡使、商人自甘州南下，穿越祁连山扁都口（即大斗拔谷），南入青海东部的宗哥城（今青海乐都区西）或邈川城（今青海乐都区），然后经兰州、会州（今甘肃靖远县）、镇戎军，东达长安。但是，邈川以东是吐蕃、党项诸部居地，部落众多，互不统属，旅途坎坷，风险较大。

---

① （元）脱脱等：《宋史》卷490《外国六·高昌国》，中华书局，1977年，第14110页。
② 陈守忠：《北宋通西域的四条道路的探索》，《西北师范大学学报》1988年第1期。
③ （宋）李焘：《续资治通鉴长编》卷51，中华书局，1992年，第1118页。
④ （宋）李焘：《续资治通鉴长编》卷50，中华书局，1992年，第1090～1091页。

宋初，西凉府（今甘肃武威市）吐蕃诸部有"六谷蕃部"和"六部蕃众"等称谓，他们分别居住在凉州附近的六大山谷即古浪河、黄羊河、杂木河、金塔河、西营河、东大河流域，有者龙（咱隆）、乞当（策丹）、督六（多罗）、觅诺尔（密诺尔）、卑宁族等。《宋会要辑稿》云："西凉州也，自唐末陷河西之地，虽为吐蕃所隔，然其地亦自置牧守，或请命于中朝。天成中，权知西凉府留后孙超遣大将拓跋承诲来贡。"[①] 后唐明宗天成年间，权知西凉府留后孙超遣大将拓跋承诲来贡。唐明宗封孙超为凉州刺史，充河西军节度留后。948年（乾祐元年），凉州人推当地土豪折逋嘉施为留后，从此凉州政权落入西凉六谷蕃部折平族之手。从948年到1000年（咸平三年），先后由折逋嘉施、折逋葛支、折逋阿喻丹、折逋游龙钵执掌政权。

凉州是丝绸之路的枢纽及门户，回鹘、于阗、喀喇汗朝、大食、拂菻等国的贡使及商队，大都经过凉州、灵州（或镇戎军）东入宋境。宋王朝向西输出货物，也要经过凉州中转。六谷蕃部多次抵抗党项的进攻，从某种意义上讲也是为了争夺丝绸之路的控制权。六谷蕃部政权存在期间，为了维护丝绸之路河西道的畅通进行了不懈的斗争。

1001年（咸平四年）十月，宋廷封西凉府六谷蕃部大首领潘罗支为凉州防御史兼灵州西面都巡检使。潘罗支在位时期，努力加强与宋朝的政治、经济联系，积极沟通与西域、党项西夏、辽朝的贸易往来。在六谷蕃部的护导下，西域和西北诸族贡使、商人多取道灵州、环州，然后沿泾河南下至宋。1002年（咸平五年），西夏攻占灵州，阻断灵州道。李继迁在巩固了对银（今陕西米脂县）、夏、绥（今陕西绥德县）、宥（今陕西靖边县）、静（在今陕西米脂县境内）五州的统治后，继续向西扩张，力图控制丝绸之路。但凉州六谷蕃部横于当道，成为其扩张的最大障碍。翌年十一月，李继迁率众进攻西凉，六谷蕃部首领潘罗支战败诈降。后潘罗支乘夏军不备，袭击夏军。李继迁中流矢奔还，不久身亡。1004年（景德元年），李德明诱杀潘罗支。潘罗支死后，其弟厮铎督继立。厮铎督率领六谷蕃部，多次击退党项的进攻。但是，厮铎督在吐蕃各部中的威望及才干远不及潘罗支，河陇吐蕃诸部实际上重又陷入无中心状态，一些部落甚至脱离联盟。1006年（景德三年），

[①]（清）徐松：《宋会要辑稿》方域二一之一四，中华书局，1997年，第7668页。

河湟地区的宗哥族从六谷蕃部联盟中分离出来，开始走上了独立发展的道路。据《宋会要辑稿》记载："怀远驿，景德三年置，掌西蕃〔夏〕、交州、西蕃、大石、龟兹、于阗、甘州、宗歌等贡奉。"① 宗哥族已经脱离六谷蕃部联盟，开始单独向宋朝入贡。同年五月，厮铎督遣使宋朝，"又言部落疾疫。诏赐白龙脑、犀角、硫黄、安息香、白紫石英等药，凡七十六种。使者感悦而去"②。宋朝加封厮铎督为检校太傅。

1008年（大中祥符元年）正月，西夏出兵河西，征伐甘州回鹘。翌年，于阗国黑韩王遣回鹘罗厮温等以方物来贡。"上询以在路几时，去此几里。对曰：'涉道一年，昼行暮息，不知里数。昔时道路尝有剽掠，今自瓜、沙抵于阗，道路清谧，行旅如流。愿遣使安抚远俗。'"③ 当时，甘州以东道路受阻，但甘州以西则畅通无阻，行旅如流。自1011年（大中祥符四年）后，青唐宗哥族开始护送甘州、西域使节入宋，青海道在中西交通中重新发挥作用。但在大中祥符五年前后，青海道一度中断。"先是夜落纥累与夏州接战，每遣使入贡，即为德明所掠。自四年后，宗哥诸族皆感朝恩，多遣人防援以至，既而宗哥族唃厮罗复与夜落纥因求婚遂为仇敌。"④ 唃厮啰向甘州回鹘可汗夜落纥求婚，后因聘礼问题遭其拒绝，盛怒之下，阻断了中西朝贡贸易通道。

1013年（大中祥符六年）二月，元昊派苏守信率兵攻取凉州。1015年（大中祥符八年）九月，苏守信占领西凉府。次年夏，苏守信去世，其子罗麻继任。《西夏书事》卷10云："德明使守信守凉州，有兵七千余，马五千匹。诸蕃畏其强，不敢动，回鹘贡路悉为阻绝。守信死，其子罗麻自领府事，部众不服。甘州可汗夜落隔遣兵攻破之，掳其族帐百余，斩级三百，杀〔夺〕马匹甚众，罗麻弃城走，于是凉州属于回鹘。"⑤ 河西地区战乱不断，中西交通时断时续。

---

① （清）徐松：《宋会要辑稿》方域一〇之一二，中华书局，1997年，第7479页。
② （元）脱脱等：《宋史》卷492《外国八·吐蕃》，中华书局，1977年，第14158页。
③ （元）脱脱等：《宋史》卷490《外国六·于阗国》，中华书局，1977年，第14107页。
④ （清）徐松：《宋会要辑稿》蕃夷四之六，中华书局，1997年，第7716页。
⑤ （清）吴广成撰，龚世俊等校证：《西夏书事校证》卷10，甘肃文化出版社，1995年，第117页。

自李继迁公开反宋后，吐蕃诸部在宋夏战争中的重要性日益突显。宋夏对丝绸之路的争夺，除了经济方面的原因外，更主要的是争取吐蕃诸部，取得战略优势。1015年（大中祥符八年），宋廷派曹玮经营秦州，试图打开秦州经熙州、河州地区至邈川（今青海乐都区）的道路。秦州"扼巴蜀之境，陷河湟之城。其西又控党项、吐蕃，陇右山之外今之一都会也"①。同时，秦州还是吐蕃诸部的重要聚居地，"吐蕃族帐四路惟秦号最盛"②。在宋与西北诸族的贸易中，秦州是蕃商进入中原的第一站，很多蕃部赴阙进奉都在此停驻、交易。

1019年（天禧三年），大食"遣使蒲麻勿陁婆离、副使蒲加心等来贡。先是，其入贡路繇沙州，涉夏国，抵秦州。乾兴初，赵德明请道其国中，不许。至天圣元年来贡，恐为西人钞略，乃诏自今取海路繇广州至京师。至和、嘉祐间，四贡方物"③。西夏统治者李德明考虑到经济利益，希望北宋与西方诸国的贸易能够通过西夏境内，而北宋政府则以保护西方各国贡使和商旅安全为名，禁止他们通过西夏境内，甚至诏令大食国贡使取海路到京师。1020年（天禧四年），经过多年努力，宋朝终于打通了秦州路。甘州使节开始经由秦州东行。同年三月，真宗诏令"西凉府、回鹘自今贡奉并由秦州路"④。1023年（天圣元年）十一月，入内内侍省副都知周文质言："沙州、大食国遣使进奉至阙。缘大食国北〔比〕来皆汎海，由广州入朝，今取沙州入京，经历夏州境内，方至渭州。伏虑自今大食止于此路出入，望申旧制，不得于西蕃出入。从之。"⑤此所谓旧制，大约是在灵州陷落后制定的。但是，这个旧制对于大食并不十分奏效。有些大食贡使和商人仍然经过夏州进入宋朝境内，北宋政府不得不重申禁令。1028年（天圣六年），李德明遣子元昊攻克甘州。从大中祥符四年宗哥族开始护送甘州使节后，西域商人、贡使一般从甘州经大斗拔谷（今甘肃民乐县扁都口），顺大通河谷，到湟水河岸；而自天圣六年西夏占领甘州后，则从沙州经柴达木盆地、青海湖两岸，至青唐城，然后再经兰州、熙州、

---

① （宋）曾公亮：《武经总要前集》，文渊阁四库全书，台湾商务印书馆，1986年，第532页。
② （宋）韩琦：《韩魏公集》卷11，见《丛书集成初编》，中华书局，1985年，第175页。
③ （元）脱脱等：《宋史》卷490《外国六·大食国》，中华书局，1977年，第14121页。
④ （清）徐松：《宋会要辑稿》方域二一之二三，中华书局，1997年，第7672页。
⑤ （清）徐松：《宋会要辑稿》蕃夷四之九一至九二，中华书局，1997年，第7759页。

河州、秦州，顺渭河河岸东行。

1032年（明道元年），元昊再破凉州，解除了回鹘的威胁。厮铎督率吐蕃余众十余万人投靠湟水流域的唃厮啰政权。凉州"西通西域，东距河西"，亦农亦牧，战略地位十分重要。清人吴广成说："昔汉人取之，号为断匈奴右臂。德明立国兴、灵，不得西凉，则酒泉、敦煌诸郡势不能通，故其毕世经营，精神全注于此。"① 在西夏统治时期，凉州东达灵州，西通西域，南连吐蕃，商业发达。凉州《重修护国寺感应塔碑》（今藏武威市博物馆）载，凉州"当四冲地，车辙马迹，辐凑交会，日有千数"，反映了当时凉州地区城市的繁荣和商业的兴盛。但是，西夏对回鹘、于阗、龟兹、高昌等地通往中原的商旅，"过夏地，夏人率十而指一，必得其最上品者，贾人苦之"②。为了摆脱夏人的盘剥，西域商旅或取道河西走廊以北的草原路，或经河西走廊以南的青海路前往中原内地。而河西走廊在国际贸易中的地位较之汉唐时期则大为逊色。

总体来看，在宋仁宗继位前，西域诸国贡使大多从玉门关（今甘肃瓜州县东），经肃州、甘州、凉州，至兰州，或从甘州穿越大斗拔谷（今甘肃民乐县扁都口），沿大通河谷，至湟水河岸，再辗转到达兰州。从兰州到宋都开封的路线主要有两条：一是出会州会宁关（今甘肃靖远县西北），经木峡关（今宁夏固原西南红庄乡境内），到达渭州（今甘肃平凉市），然后经泾州，入永兴军路，由地方官员护送，到达北宋首都开封；一是由兰州向东南行，经古渭寨（今甘肃陇西县）、秦州、凤翔府（今陕西宝鸡市），至京兆府（今陕西西安市），到达开封。自宋仁宗天圣以后，随着西夏的崛起和西扩，河西道逐渐中断。1028年（天圣六年），元昊攻克甘州，击败甘州回鹘。1035年（景祐二年）十二月，元昊率兵大举南侵，屠猫牛城（又作牦牛城，宋改为宣威城），攻安二、宗哥、带星岭诸城，直逼青唐。次年十二月，元昊"再举兵攻回纥，陷瓜、沙、肃三州，尽有河西旧地。将谋入寇，恐唃厮啰制其后，复举兵攻兰州诸羌，南侵至马衔山，筑城瓦川、凡川会，留兵镇守，绝吐蕃与中国相通路"③。马衔山又叫马啣山，为祁连山余脉，横亘于熙州和兰州、

---

① （清）吴广成撰，龚世俊等校证：《西夏书事校证》卷11，甘肃文化出版社，1995年，第130页。

② （宋）洪皓：《松漠纪闻》，见李澍田主编《长白丛书》（初集），吉林文史出版社，1986年，第15页。

③ （宋）李焘：《续资治通鉴长编》卷119，中华书局，2004年，第2813页。

榆中之间。西夏占据此地后,利用谷口险隘筑堡扼守,阻塞了宋朝通往河西走廊的道路。至此,陇右地区道路多阻隔不通,喀喇汗朝、回鹘、龟兹等西域诸国贡使,被迫改走青海道。西夏据有河西全境后,"控制伊西,平吞漠北,从此用兵中原,无后顾忧矣"①。

1038年(景祐五年),元昊称帝建国,史称西夏,其疆域东据黄河,西至玉门,南临萧关,北抵大漠。自元昊破牦牛城,筑城凡川会后,唃厮啰远徙历精城(今青海西宁市西多巴镇),苟且偷安,其子瞎毡和磨毡角相互仇杀,西蕃日益危弱。西夏在河西东部地区置西寿监军司和卓啰监军司。卓啰监军司地处西夏、唃厮啰和宋朝三大势力交接地带,其中心在庄浪河流域。这里是从兰州进入河西走廊的必经之地,交通繁忙,蕃商云集,颇具地方色彩。②

1039年(宝元二年),"唃厮啰西徙,中阻瓦川城,不复通中国。仁宗遣左侍禁鲁经,自古渭川(今甘肃陇西县)抵历精城,加厮罗保顺节度、邈川大首领,使背击元昊"③。次年八月,宋廷再遣"屯田员外郎刘涣使邈川,谕嘉勒斯赉出兵助讨西贼。涣请行也。涣出古渭州,循玛尔巴山至河州国门寺,绝河逾廓州,抵青唐城"④。这是宋代文献中第一次记载所经行程。国门寺即炳灵寺,但由炳灵寺渡河是走鄯州(即邈川城,今乐都),不会走廓州(今青海尖扎县北),属记载有误。1053年(皇祐五年),宋朝势力达古渭州,并筑古渭寨(在今甘肃陇西县)。从此,古渭州抵青唐之河湟路与青海道连为一体。

1068年(熙宁元年),王韶上《平戎策》三篇,认为"西夏可取。欲取西夏,当先复河、湟,则夏人有腹背受敌之忧"⑤。王韶的建议得到宋神宗的赞赏,也迎合了王安石等革新派开拓边疆的主张。1072年(熙宁五年)五月,宋升古渭寨为通远军,并割秦州永宁、宁远、威远、通渭和来远等七寨隶之,

---

① (清)吴广成撰,龚世俊等校证:《西夏书事校证》卷12,甘肃文化出版社,1995年,第140页。
② [日]前田正名著,陈俊谋译:《河西历史地理学研究》,中国藏学出版社,1993年,第529~542页。
③ (清)吴广成撰,龚世俊等校证:《西夏书事校证》卷13,甘肃文化出版社,1995年,第153页。
④ (宋)李焘:《续资治通鉴长编》卷128,中华书局,1992年,第3035页。
⑤ (元)脱脱等:《宋史》卷328《王韶传》,中华书局,1977年,第10579页。

以王韶知军。同年七月，王韶领兵筑渭源堡（今甘肃渭源县）和乞神平堡（后改名庆平堡）。渭源堡东通通远军，西至熙州，是进兵熙河地区的前哨。乞神平堡在渭源堡之西，属吐蕃旧地。王韶率部西进，翻越鸟鼠山，入东谷，克武胜军（吐蕃建为军，号武胜），改名镇洮军。同年十月，又升镇洮军为熙州，以为经营洮西的根本。熙州是连接陇右与河湟及河西诸州的重镇，也是历代中原王朝戍守西陲之要地。王韶在巩固熙州根据地后，又向西攻取河州，南下收复岷州、洮州、宕州。1073年（熙宁六年），王韶率军占领河州。河州"东兰州三百里，西廓州三百九十里，南洮州三百里，北鄯州三百里，自州北百里过凤州关，渡黄河，百四十里至鄯州龙支县，又百六十里至鄯州镇西县"①。同年十月，神宗"诏河州安乡城黄河渡口置浮梁，筑堡于河之北。上曰：'安乡城，鄯、廓通道也。滨河戎人尝刳木以济，行者艰滞既甚，何以来远'。故命景思立营之"②。当时，会州以北濒临黄河之地已经沦入西夏之手，而兰州黄河以北地区也为西夏所掌控，原来从黄河以北进入河湟地区的道路已经断绝，故河州安乡关一线成为唯一安全的通道。《读史方舆纪要》卷60"河州宁河城下"说："安乡城，在州东北五十里。吐蕃所置城桥关也。宋熙宁中收复，元符二年赐名安乡关。金因之，亦曰安乡关城。元升为安乡县，属河州，元末废。"③安乡城即《宋史》卷87《地理志》河州条中之安乡关，位于兰州京玉关以西40里处，南至河州界35里。对宋军来说，其行军路线依次为河州、安乡关、安川堡、湟州。炳灵寺位于安乡关之北，在北宋末期仍为中原通往鄯、廓之要地。李远在《青唐录》中记载了自河州渡黄河赴炳灵寺，然后经墨城、湟州、宗哥城、青唐城、达林金城的交通路线。熙河之役后，宋军先后"修复熙州、河、洮、岷、叠、宕等州，幅员二千余里，斩获不顺蕃部万九千余人，招抚小大蕃族三十余万帐"④。宋军势力自通远军西进到洮水以西，抵达黄河上游，并与湟水流域相接，对西夏所据兰州构成威胁。

自1063年（嘉祐八年）后，宋朝与西域诸国的朝贡贸易，完全由于阗人

---

① （宋）曾公亮：《武经总要前集》，文渊阁四库全书，台湾商务印书馆，1986年，第548页。

② （宋）李焘：《续资治通鉴长编》卷247，中华书局，1992年，第6019页。

③ （清）顾祖禹著，贺次君等点校：《读史方舆纪要》卷60《陕西九·河州宁河城》，中华书局，2005年，第2884~2885页。

④ （宋）李焘：《续资治通鉴长编》卷247，中华书局，1992年，第6022页。

执其牛耳。1080年（元丰三年）十月，"熙州奏：'于阗国进奉般次至南川寨，称有乳香、杂物等十万余斤，以有违朝旨，末敢发。'诏乳香并约回"①。南川寨设置于熙宁七年，位于熙州以南20里处。当时，自西域方面到达青唐城的人们，或从湟水河岸东行，至兰州附近，再经熙州、秦州等地，到达内地；或从湟州附近南折，过安乡关，再经河州，到达熙州。

1081年（元丰四年）七月，于阗国黑汗王遣使入贡，"董戬使人导阿辛至熙州，译其书以闻"②。十月六日，"拂菻国贡方物。大首领你厮都令斯孟判言，其国东南至灭力沙，北至大海，皆四十程。又东至西大石及于阗王所居新福州。次至旧于阗，次至约〔灼〕昌城，乃于阗界。次东至黄头回纥，又东至达靼，次至种榅，又至董毡所居。次至林擒城，又东至青唐，乃至中国界"③。约〔灼〕昌城即鄯善，林擒城即历精城。据周良霄考证，黄头回纥在今青海西北部。达靼与黄头回纥邻接。④ 种榅是"仲云"之异译。高居诲《使于阗记》说，沙州西曰仲云，其牙帐居胡卢碛。"仲云"是小月氏之遗种，在祁连山南山为数颇多。当时，大食、拂菻及西域诸国贡使、商人从且末越阿尔金山，南入柴达木盆地，东至青唐城，然后转陇右道，经熙、河、秦州，东达汴京。

1081年（元丰四年）八月，李宪总领七军北上，合攻兰州。兰州地处河湟与陇右地区的结合部，扼断宋朝通往甘、凉之路，阻塞内地与西陲交通。从熙州到兰州的道路有两条：水路沿洮河河谷北上，在今永靖县进入黄河，然后顺流而下，可达兰州；陆路越马衔山，经榆中到兰州。宋军攻占兰州后，设置帅府，扩建州城，大兴版筑，增置堡寨，加强防守。此后，兰州成为历代西北军事重镇。

李宪攻克兰州、会州后，将熙河路扩建为熙河兰会路，使宋的西北边境越过马衔山至黄河边，且远抵天都山。在此之前，宋朝通往西域的交通路线为：从京兆府（今陕西西安市）出发，经扶风（今陕西扶风县）、凤翔、汧阳（今陕西千阳县）、陇州（今陕西陇县），过大震关（今甘肃清水县东陇山东坡），

---

① （宋）李焘：《续资治通鉴长编》卷309，中华书局，1992年，第7506页。
② （宋）李焘：《续资治通鉴长编》卷314，中华书局，1992年，第7612页。
③ （清）徐松：《宋会要辑稿》蕃夷四之一九，中华书局，1997年，第7723页。
④ 周良霄：《鞑靼杂考》，《文史》，1980年第8期。

到清水（今甘肃清水县）、秦州，然后循渭河河谷，达通远军（今甘肃陇西县）、渭源城（今甘肃渭源县）、熙州、河州，在炳灵寺渡河至湟水流域，与青海道连结。自 1082 年（元丰五年）后，可由熙州到兰州，经西市城、定西城、平西寨、打罗城，达天都寨，然后南下到德顺军（今甘肃静宁县），向东至笼竿城（今宁夏隆德县），再过六盘山，至渭州（今甘肃平凉市），沿泾河河谷抵达京兆府；或由天都寨到镇戎军（今宁夏固原市），南下瓦亭寨，至渭州以达京兆府。这样，宋朝西北边境的鄜延、环庆、泾原、秦凤、熙河五路就有南北两道贯通，相互间的联系更加紧密。

从 1099 年（元符二年）至 1104 年（崇宁三年），宋朝对河湟地区用兵，先后攻占湟、鄯、廓、震武城（原古骨龙城，后改为军）、积石军（原吐蕃溪哥城，宋攻取后即地建军），又改通远军为巩州，与熙河兰会路所辖共九州二军（时会州割泾原路），共建为熙河兰廓路[①]，其辖境相当于今甘肃东南部、青海东部黄河上游及洮河、湟水流域。

从 1072 年至 1104 年的熙河之役和河湟之役，是宋朝对夏战略的重要组成部分，其目的是为了遏制西夏，完成对西夏的战略包围。熙河、河湟战役并未彻底改变宋夏战争的格局，其作用是有限的，但它对沟通中西交通，恢复丝绸之路故道具有积极意义。

第二节　吐蕃王朝与香药之路

早在远古时期，青藏高原上的羌藏诸族就与华北、葱岭以西有着广泛的经济、文化交往。考古发掘证明，西藏昌都地区的卡若文化与黄河中上游地区的原始文化存在密切联系，而贯穿中国东北、北方到西藏地区的细石器及草原文化，更是将各地不同的文明连结在一起。此外，西藏与南亚、西亚文化也有相互联系。7 世纪初，吐蕃王朝建立后，北破苏毗、吐谷浑等部，与唐朝争夺河西、陇右地区；东并附国、嘉良夷和薄缘夷，将势力深入今川西地区；南服泥婆罗，打开了通往南亚的道路。8 世纪中叶，安史之乱后，吐蕃趁机攻占河陇和西域地区，控制了丝绸之路大动脉。吐蕃在统治青藏高原时期，

---

① （元）脱脱等：《宋史》卷 87《地理三》，中华书局，1977 年，第 2162 页。

为了控制广大占领区，攫取更多的经济利益，开辟了多条青藏高原通往外部的道路。在东北方向，打通了吐蕃通往陇右、河西地区的"吐蕃—青海道"；在北方和西北方向，开辟了阿里通向塔里木盆地的"吐蕃—于阗道"，以及往西通往兴都库什山脉的"吐蕃—勃律道"；在西南部，打通了逻些（拉萨）通往泥婆罗、印度的"吐蕃—泥婆罗道"。这些道路作为丝绸之路的重要组成部分，不但将吐蕃的麝香、食盐和黄金等输往世界各地，同时也将印度的佛经、于阗的玉石和中原的丝绸等输入吐蕃，成为民族迁徙和经济文化交流的通道。

吐蕃王朝建立前，青藏高原上的苏毗、象雄、党项等部（族），在西藏与周边地区的经济、文化交流中曾扮演了重要角色。苏毗（又名孙波、女国）是青藏高原上较大的部落联盟之一。据《大唐西域记》卷4记载，苏毗"东接吐蕃国，北接于阗国，西接三波诃国"[①]。当时，苏毗通往外界的道路主要有三条：一是从藏北高原出发，经康区、西宁到长安的道路；二是经藏北高原的突厥地区，前往西域或汉地的路线；三是经藏博（rtzang hod）、象雄等地直通天竺的路线。此外，还有四条国际商道靠近或横越苏毗：一是经青海湖，直达汉地、突厥和西域东部的多麦（mdo smad）道；二是经拉达克，到于阗、喀什、龟兹和别失八里（北庭），然后越阿姆河、勃律河，到卫密和拔特山，再经粟特（布哈拉及撒马尔罕等地），最后至克什米尔及印度西北部的多堆（mdo stod）线；三是泥婆罗南线；四是途径康区东到四川及云南的多康（mdo khams）线。在古代，麝香、食盐和黄金是吐蕃的主要对外输出品，而麝香是直接从青藏高原地区运往波斯或大食的。象雄（又称羊同、香雄）位于今西藏日喀则西部与阿里地区交界处，分为上象雄（即小羊同）和下象雄（即大羊同）。据《唐会要》卷99《大羊同国》记载："大羊同，东接吐蕃，西接小羊同，北直于阗，东西千里，胜兵八九万。"[②]象雄地域广袤，人口众多，实力雄厚，其西部疆域超越现在的克什米尔，进入波斯领域。前吐蕃时代在青藏高原开辟的道路，为松赞干布统一青藏高原上的羌藏各部创造了条件，同时也为吐蕃王朝的对外扩张提供了坚实的基础。

---

①（唐）玄奘、辩机原著，季羡林等校注：《大唐西域记校注》卷4《婆罗吸摩补罗国》，中华书局，2000年，第408页。

②（宋）王溥：《唐会要》卷99《大羊同国》，中华书局，1955年，第1770页。

吐蕃王朝建立后，社会经济得到迅速发展。松赞干布重视内外贸易，并采取具体措施，促进商业的发展。据藏文史书记载，在松赞干布时，吐蕃有八个市场：上部三大市场是勃律王土、突厥和尼婆罗；下部三大市场是葛逻禄、绒绒和丹玛；中部两个市场是东东（疑为东、董）。也许由于八个市场均位于山口或关隘地带的缘故，八大市场也被解释为八大山口，其中四大山口的管理者是没庐王赤松杰达囊分管东方丝帛之山口，桂赤登帕玛分管南方米和糜子之山口，没庐琼萨沃玛分管西方蔗糖和染料之山口，琼波布当分管北方盐与犏牛之山口。此外，四大山口还各设四小山口[①]，并由此形成了唐、门巴、尼泊尔、印度、波斯、拉达克、于阗、粟特以及勃律、苏毗等贸易网络。商业贸易活动为吐蕃的军事行动提供了军事情报和行军路线。

7世纪中叶，为了控制丝绸之路南道，吐蕃西入西域，出兵吐谷浑，并与唐朝争夺河西、陇右地区。644年（贞观十八年），吐蕃灭大羊同国。吐蕃北部疆域与塔里木盆地南缘的于阗接壤。650年（永徽元年），松赞干布去世，吐蕃王朝大权落在噶氏家族手中。659年（显庆四年），吐蕃大论噶尔·东赞域宋前往吐谷浑。662年（龙朔二年），吐蕃策动疏勒、龟兹、弓月（原为西突厥十姓之一部）诸国，发动叛乱。同年十二月，唐颷海道总管苏海政受诏讨伐疏勒、龟兹时，西突厥弓月部"引吐蕃之众，来拒官军。海政以师老，不敢战。遂以军资赂吐蕃，约和而还"[②]。这一事件标志着吐蕃对西域事务的正式介入，也预示着吐蕃与大食在中亚地区的直接碰撞。663年（龙朔三年），吐蕃吞并在青海柴达木盆地一带的吐谷浑，并占据原属吐谷浑辖下的且末（即播仙镇）、婼羌（即石城镇）等地。当时，吐蕃军队从柴达木盆地西缘的茫崖北上，翻越阿尔金山，到鄯善，然后西经新城达且末。从婼羌沿蒲昌海（今罗布泊）西渡计戍河（今塔里木河），可北达焉耆。与此同时，吐蕃在控制护密（即今阿富汗的瓦汗地区）后，为联合西突厥进占西域，经象雄（今阿里地区）、勃律（今克什米尔吉尔吉特）、护密，翻越葱岭，再经揭盘陀（今新疆塔什库尔干），从西线进入西域。665年（麟德二年）三月，西域"疏勒弓月引吐蕃侵于阗，敕西州都督崔知辩、左武卫将

[①] 第吴贤者：《广本第吴宗教源流》，西藏人民出版社，1987年，第164页。
[②] （宋）王钦若等编纂，周勋初等校订：《册府元龟》卷449《将帅部·专杀》，凤凰出版社，2006年，第5058页。

军曹继叔将兵救之"①。667年（乾封二年），吐蕃再破唐朝"生羌"十二州，控制了青海大部和川西部分地区。河湟地区地处中西交通要道青海道要关，在丝绸之路河西道受阻时，此道常常扮演主干道的角色。为了安定边地部落，保持中西交通畅通，唐朝与吐蕃在陇右、西域地区展开了长期的争夺战。670年（咸亨元年）四月，吐蕃攻陷唐朝西域羁縻十八州，又与于阗合众，袭破龟兹、拨换城（今新疆阿克苏市）。在吐蕃军队的攻击下，唐朝被迫放弃龟兹、于阗、焉耆、疏勒四镇，并将安西都护府回撤至西州。吐蕃攫取安西四镇后，西域各族人民并不愿接受其统治。673年（咸亨四年）十二月，"弓月、疏勒二国王入朝请降"②。674年（上元元年）十二月，"戊子，于阗王伏阇雄来朝"③。翌年，唐军在西域各族的协助下，将吐蕃军队赶出西域地区。安西四镇复归于唐朝。676年（仪凤元年），吐蕃赞普墀都松（都松芒布杰）继位后，重整体制，再次从西北路进军中亚。同年，吐蕃入寇鄯（治今青海乐都区碾伯镇）、廓（治今青海化隆县）、河（今甘肃临夏市）、芳（今甘肃迭部东南）等州，占据整个吐谷浑故地。677年（仪凤二年），"吐蕃与西突厥连兵攻安西"④。吐蕃大相赞悉若（即赞聂）亲自进行指挥，他纠集天山地方的西突厥遗众，并事先与突厥十姓可汗阿史那都支等进行联系，双方采取统一行动。《大事纪年》第27条载："论赞聂领兵赴突厥，多布（赞聂）躬身亲往青海大行军衙。"⑤《新唐书·西域传》亦云，高宗仪凤年间，吐蕃"攻焉耆以西，四镇皆没。长寿元年，武威道总管王孝杰破吐蕃，复四镇地，置安西都护府于龟兹，以兵三万镇守"⑥。吐蕃第二次攻占安西四镇。但是，吐蕃占领安西四镇的时间并不长，两年后，崔知辩率军沿五俟斤路出击吐蕃。吐蕃守军遭受重创。唐礼部侍郎裴行俭以册送波斯王子之名，智擒叛军首领都支、遮匐，平定叛乱，重建安西四镇，并以碎叶镇取代焉耆镇。682年（永淳元年），

---

① （宋）司马光：《资治通鉴》卷201《唐纪十七》，中华书局，1956年，第6344页。
② （后晋）刘昫：《旧唐书》卷5《高宗下》，中华书局，1975年，第98页。
③ （后晋）刘昫：《旧唐书》卷5《高宗下》，中华书局，1975年，第99页。
④ （宋）欧阳修、宋祁：《新唐书》卷216上《吐蕃上》，中华书局，1975年，第6077页。
⑤ 王尧、陈践译注：《敦煌本吐蕃历史文书》，见《王尧藏学文集》（卷1），中国藏学出版社，2012年，第195页。
⑥ （宋）欧阳修、宋祁：《新唐书》卷221上《西域上·龟兹》，中华书局，1975年，第6232页。

赞悉若弟赞婆等率众进攻鄯州河源军，被唐军击败。同年，吐蕃支持突厥阿史那车簿围攻弓月。唐安西都护王方翼率兵救援，双方战于热海（今伊塞克湖），最终唐军平息了阿史那车簿之乱。①但是，吐蕃乘虚而入，进入焉耆以西，并长驱向东，逼近敦煌。唐朝被迫再次放弃安西四镇。安西四镇处于丝绸之路要道，且距离吐蕃本土较近。吐蕃占据安西四镇后，切断了唐朝与中亚地区间的交通联系，并攫取丝绸之路贸易商税，对唐朝在西域地区的统治构成严重威胁。

685年（垂拱元年），武则天任命西突厥阿史那弥射子元庆、阿史那步真子斛瑟罗各袭父职，欲借西突厥之力牵制吐蕃。687年（垂拱三年），吐蕃大论钦陵亲自领兵赴龟兹，直到689年（永昌元年）才返回。此时，由于连年战争，青海和川边各部不堪忍受吐蕃的奴役，纷纷起兵投唐。692年（长寿元年），唐武威军总管王孝杰大破吐蕃，克复龟兹、于阗、疏勒、碎叶四镇，并移安西都护府于龟兹。②鉴于安西四镇三失三得的教训，唐朝在吐蕃通往于阗的交通要道上驻扎重兵，严加防守。在唐朝军队的严密防守下，吐蕃军队很难再从中路喀喇昆仑山口进入西域，于是，向西经勃律（今巴基斯坦北部的巴尔提斯坦），绕道葱岭进入西域成为必要。吐蕃—勃律道就是在此背景下出现的。698年（圣历元年），吐蕃赞普巡临北方。噶氏家族获罪，论钦陵自杀。唐蕃之间的争战暂时得以平息。西域在唐朝的统治之下，而吐谷浑故地则为吐蕃所据有。

墀德祖赞（704～754年）时期，重新厘定户籍，改革官制，整顿财政，强化军事，使吐蕃王朝国势达到极盛。714年（开元二年）前后，吐蕃强行从小勃律"借道"北上，欲攻取安西四镇。715年（开元三年）七月，唐朝与吐蕃间爆发了拔汗那之战。拔汗那，汉代称大宛，《魏书》称破洛那，新旧《唐书》则作拔汗那，即今中亚的费尔干纳。《资治通鉴》卷211记载："拔汗那者，古乌孙也，内附岁久。吐蕃与大食共立阿了达为（拔汗那）王，发兵攻之，拔汗那王兵败，奔安西求救。"此时，正值唐监察御史张孝嵩在安西视察，遂发都府戍兵及羁縻州士兵万余人，出龟兹西数千里，攻取数百城，败阿了达于连城。孝嵩传檄诸国，威震西域，大食、康居、大宛、罽宾等八国皆遣

---

① （宋）王溥：《唐会要》卷94《西突厥》，中华书局，1955年，第1695页。
② （后晋）刘昫：《旧唐书》卷196上《吐蕃上》，中华书局，1975年，第5225页。

使入贡。①此后,吐蕃势力退到葱岭以南,但仍控制着东到揭盘陀、播密川(今大、小帕米尔)的商道。717年(开元五年)二月,吐蕃不仅与大食,而且还与天山北部的突骑施合谋,对塔里木盆地西北边地发动了进攻。《资治通鉴》卷211云:"安西副大都护汤嘉惠奏突骑施引大食、吐蕃,谋取四镇,围钵换及大石城(钵换即拨换城,大石城盖石国城也——原注),已发三姓葛逻禄兵与阿史那献击之。"②钵换、大石城分别为今新疆的阿克苏和乌什县。由于唐朝安西大都护的迅速反击,吐蕃与大食的联合行动遭到失败。722年(开元十年),为打开通往西域四镇的道路,吐蕃进攻处于战略要地的小勃律(Gilgit,吉尔吉特),并攻占小勃律的九座小城。小勃律国王没谨忙向北庭节度使张孝嵩求救。张孝嵩派疏勒副使张思礼率军驰援,打败吐蕃军,收复被占城池。唐朝在小勃律设置绥远军,以抵御吐蕃西进。

726年(开元十四年),吐蕃大将悉诺逻率兵攻入大斗拔谷,并攻打甘州,焚烧市里。727年(开元十五年)夏,吐蕃赞普墀德祖赞以政务巡临吐谷浑。同年九月,吐蕃将领悉诺逻恭禄和烛龙莽布支率军攻陷瓜州城,尽取城中军资、粮食,并毁城而去。728年(开元十六年),吐蕃大将悉末朗又率军进攻瓜州,被瓜州刺史张守珪击退。与此同时,大食倭马亚王朝内部矛盾重重,国内起义不断,对外扩张之势稍缓。吐蕃趁机加强了对帕米尔高原南部国家的控制。732年(开元二十年)夏,吐蕃赞普墀松德赞"驻于巴局之丁丁塘。唐廷使者李卿与大食、突骑施之使者均前来赞普王廷致礼"③。这说明吐蕃与大食、突骑施间有使者往来。从《大事纪年》看,突厥包括突骑施使者频繁地出入吐蕃,并对唐朝采取统一的军事行动。734年(开元二十二年),吐蕃将王姐卓玛类嫁给突骑施可汗苏禄为妻,并出兵攻破大勃律(Baltistan,巴尔提斯坦)。736年(开元二十四年),吐蕃再破小勃律。小勃律国王苏失利归附吐蕃。④勃律人以商业为主,在印度、吐蕃、勃律与中亚的循环贸易当中,勃律人充当了吐蕃与中亚地区贸易中间商的角色。德国学者辛姆斯-威廉姆斯(N.Sims-Williams)曾据印度河上游中巴友谊公路(Karakorum Highway)巴

---

① (宋)司马光:《资治通鉴》卷211《唐纪二十七》,中华书局,1956年,第6713页。
② (宋)司马光:《资治通鉴》卷211《唐纪二十七》,中华书局,1956年,第6728页。
③ 王尧、陈践译注:《敦煌本吐蕃历史文书》,见《王尧藏学文集》(卷1),中国藏学出版社,2012年,第205页。
④ (后晋)刘昫:《旧唐书》卷196上《吐蕃上》,中华书局,1975年,第5229~5233页。

基斯坦一侧发现的粟特文岩刻题记指出，中亚地区的粟特商人曾经巴克特里亚到达这里，与印度人进行贸易。粟特商人在大举向塔里木盆地和中国本土进发的同时，也越过吐火罗斯坦，向印度、西藏方向挺进。粟特人不仅仅是粟特与中国之间贸易的担当者，也是中国与印度之间的贸易担当者。①

吐蕃—勃律道的大致走向为：大勃律—藤桥—孽多城—阿弩越城—坦驹岭—连云堡。大勃律东邻拉达克，西北接小勃律，地当今巴控克什米尔的巴尔提斯坦。慧超在《往五天竺国传》中说，从迦叶弥罗（即克什米尔）国东北，翻越十五日的山路，到大勃律国。藤桥位于大、小勃律连接处的娑夷水上。此桥距小勃律王城约60里，是吐蕃为控制小勃律所修。吐蕃占据大勃律后，花费了一年时间才建成此桥。孽多城是小勃律王居地，在今吉尔吉特首府吉尔吉特城。《新唐书·西域传》记载，小勃律王居住在孽多城，靠近娑夷水，附近多山。阿弩越城是孽多城至坦驹岭间的中转站，其居民被称为阿弩越胡。根据斯坦因的解释，"阿弩越"就是吉尔吉特人称亚辛为"阿尔尼雅"或"阿尔尼阿赫德"的译音。坦驹岭是兴都库什山山口之一。斯坦因说，当地人称为达尔科特（darkot），从妫水上游的巴洛吉尔、马斯杜日河到雅辛山谷，坦驹岭是唯一可以通行的大道。由坦驹岭至阿弩越城需四日路程，连云堡距坦驹岭三日路程。据斯坦因考证，连云堡在今萨尔哈德（阿富汗东北部）的砍西尔（kahsir）古堡，其北面和西面为无法通行的悬崖，仅西面和南面有城墙遗址，城下所临之河为瓦罕河。②将勃律道上的这些地名或关隘连接起来，就可以确定吐蕃出大勃律，经小勃律，进入护密（今阿富汗瓦汗地区）的道路。从护密东行可达安西四镇，而从连云堡往西可达吐火罗。《世界境域志》第26节第12条提到，在吐火罗通往箇失密的路上有一处地方被称作"吐蕃之门"（dar I tubbat，在今阿富汗巴达赫尚省首府法扎巴德南面的巴拉克附近），这说明吐蕃人的足迹已经深入此地。吐蕃利用勃律道前后有百余年历史。

小勃律作为唐朝通往中亚地区的西大门，对安西四镇的存亡以及唐朝在葱岭以西地区的统治举足轻重。法国学者沙畹曾说："中国欲维持其与箇失密、乌苌、罽宾、谢䫻等国之交际，则应维持从护密及小勃律赴诸国之通道。顾

---

① 参见荣新江《中古中国与粟特文明》，生活·读书·新知三联书店，2014年，第10页。
② 参见杨铭《唐代中西交通吐蕃—勃律道考》，《西域研究》，2007年第2期。

此道又为吐蕃入四镇之天然路途。"① 吐蕃攻占勃律后，设立"勃律节度衙"，控制了唐朝在西北地区的 20 余国，且断绝其与唐朝的交通。唐朝和葱岭以西中亚诸国的交往受到严重影响。吐蕃开辟吐蕃—勃律道的目的，是想绕过帕米尔高原经护密进入西域。但是，由于唐朝经济军事实力的强大，吐蕃利用此道并没有取得多大效果。唐安西副都护高仙芝曾一度攻占连云堡和阿弩越城，收复小勃律，并在小勃律置归仁军。

755 年（天宝十四年），安史之乱爆发后，唐朝将河西、陇右地区戍兵调回关中，镇压叛军。756 年（至德元年），吐蕃趁机攻陷唐威戎（今青海海晏县或稍东至湟源县间）、神威、定戎、宣威、制胜、金天和天成（在今青海循化县积石镇西）诸军，占据石堡城、百谷城和雕窠城（今甘肃夏河县甘家川乡八角城）。翌年，吐蕃又先后攻取廓（治今青海化隆县）、岷（今甘肃岷县）等州及河源（今青海西宁市）、莫门（今青海共和县南）二军。762 年（宝应元年），吐蕃再陷临洮，攻取秦（治今甘肃秦安县西北）、成（治今甘肃礼县南）、渭（治今甘肃陇西县）等州。763 年（广德元年），吐蕃大军进入大震关（今陕西陇县固关镇），据有洮（治今甘肃临潭县）、兰（治今甘肃兰州西）、河（治今甘肃临夏市）、鄯（治今青海乐都区碾伯镇）诸州。唐陇右之地尽陷吐蕃。同年，吐蕃又攻取泾州，深入奉天、武功，攻克长安。到贞元初年，吐蕃攻陷原州及所属七关。至此，丝绸之路长安至凉州南道（经秦州）、北道（经原州），以及河西走廊均被吐蕃控制。此后，吐蕃以原、会（今甘肃靖远县）、成、渭等州为根据地，连年进逼关中，同时又回头吞并河西州县。

早在 764 年（广德二年）时，吐蕃就已占据凉州。766 年（永泰二年），吐蕃攻陷甘、肃二州。776 年（大历十一年），攻占瓜州。786 年（贞元二年），再克沙州。河西地区沦没后，唐安西、北庭两镇孤悬塞外。同年，大食阿拔斯王朝哈里发哈伦·拉希德派兵东征吐蕃。吐蕃征调河西、陇右地区大半兵力西御大食。790 年（贞元六年），吐蕃占领北庭。次年，又攻陷西州，整个西域为吐蕃所有。793 年（贞元九年），唐德宗采纳宰相李泌北和回纥，南通大理，西结大食、天竺的建议，积极改善与周边各国关系。吐蕃在西域和西

---

① ［法］沙畹著，冯承钧译：《西突厥史料》，中华书局，2004 年，第 272 页。

南两地与回纥、南诏作战，疲于奔命，势力逐渐衰落。

与此同时，西域地区的政治形势也发生了重大变化。《新唐书·地理志》云："自禄山之乱，河右暨西平、武都、合川、怀道等郡皆没于吐蕃……贞元三年陷安西、北庭，陇右州县尽矣。"①758～760年（乾元元年至上元元年），回纥击败黠戛斯，成为漠北草原的统治者，并与唐朝结盟，共同抗击吐蕃。766年（大历元年），原游牧于阿尔泰山南麓的葛逻禄（也称葛罗禄、卡尔鲁克）开始强盛起来，并取代突骑施，占据锡尔河流域、七河流域、伊犁河河谷及费尔干纳盆地西突厥故地，其中包括著名的碎叶城和怛逻斯城。789年（贞元五年），吐蕃与葛逻禄联盟，在北庭一带击败回纥人。黠戛斯"常与大食、吐蕃、葛禄相依杖，吐蕃之往来者畏回鹘剽钞，必住葛禄，以待黠戛斯护送。大食有重锦，其载二十橐它〔驼〕乃胜，既不可兼负，故裁为二十匹，每三岁一饷黠戛斯"②。为了确保吐蕃通过中亚北部到大食的贸易路线，吐蕃与葛逻禄结盟。吐蕃商队可在葛逻禄领地内往返穿梭，但在回鹘地区，因担心剽抄，故需要黠戛斯派人护送。黠戛斯所得报酬是大食的丝绸锦缎。当时，从吐蕃本土经由小勃律、护密通往中亚的吐蕃—勃律道变得繁忙起来，不少僧侣、商人经此路往返。据《东都圣善寺无畏三藏碑》记载，善无畏从中天竺出发，经迦湿弥罗国（今克什米尔）、乌苌国（位于今印度河上游的斯瓦特）、突厥可汗庭，后同商队一起经过护密，到达西州。吐蕃通过此路输往中亚的商品有麝香、绵羊和布匹等。不久，回鹘派兵进军西域，在北庭、龟兹、拔汗那（今乌兹别克斯坦费尔干纳）一带，打败吐蕃和葛逻禄联军。此时，漠北、西域地区的形势大致是：漠北、天山以北是回鹘汗国；维吾尔人的西北是黠戛斯人；黠戛斯人的西南是葛逻禄人；葛逻禄人南面是吐蕃人；葛逻禄人西南是入居中亚的阿拉伯人，他们之间既有战争，也有经济和文化交往。

吐蕃—于阗道是吐蕃先民最早进入西域的一条通道。吐蕃进出于阗的道路可细分为两条：一条经克什米尔的拉达克向北，翻越喀喇昆仑山口、苏盖提山口，到达赛图拉，然后转向西北，直下塔里木盆地西南斜坡上的叶城绿洲（即唐代的朱俱波），或者向北由桑株达坂翻越昆仑山，再东去和田或西

---

① （宋）欧阳修、宋祁：《新唐书》卷40《地理四·陇右道》，中华书局，1975年，第1040页。

② （宋）欧阳修、宋祁：《新唐书》卷217下《回鹘下》，中华书局，1975年，第6149页。

去叶城。同时也可从西藏阿里地区的噶大克向北，穿越阿克赛钦荒漠，到达赛图拉。另一条是从吐蕃本土出发，向北穿越昆仑山中部的克利雅山口，经普鲁、渠勒往北，由扜弥经杰谢，北至神山堡（也称神山，在今和田城北185公里处）的路线。吐蕃人穿过克里雅山口后，经过的第一个据点是普鲁。普鲁古称帕涅或普罗，今属和田地区于田县阿羌乡，北距县城72公里，是通过克里雅山口进入藏西北的必经之地。从普鲁向西北行约40公里可达渠勒（位于今新疆策勒县努尔乡）。渠勒是海拔2200米的低山带，气候温润凉爽，农牧皆宜，有和田地区最好的天然牧场。吐蕃军司令曾驻于此地。从渠勒沿河向北可达扜弥境内的达玛沟（墨格尔）。扜弥在汉代是与于阗并列的绿洲城国，后于152年被于阗吞并。唐代，扜弥国虽不复存在，但其地域范围依旧。当吐蕃进占塔里木盆地时，扜弥道上不断有粮食运送。杰谢是著名的丹丹乌里克遗址所在地，位于克里雅河与玉龙喀什河尾闾之间，南接坎城，北通神山，系扜弥北境重镇。唐代在杰谢设有军镇，并有汉军驻扎。从目前已知的文献和佛寺壁画来看，杰谢地区曾经有粟特人经商和居住生活。神山，或称神山堡，俗名麻扎达格（Mazar Tagh），位于和田城北185公里处，是塔里木盆地腹地最大的一座山体，长约100公里，宽约2~3公里，扼南北交通咽喉，西通疏勒，西南抵莎车，东接扜弥尼雅，地形险要。8世纪后，吐蕃依山修建堡垒，与藏北高原遥相呼应，成为其最重要的指挥中心。[1] 吐蕃—于阗道是吐蕃占领塔里木盆地后进出西域的重要通道，不仅路线通达，而且进出方便，有安全保障。但此道山路崎岖，气候恶劣，非一般商人旅客所能通行，故在9世纪中期吐蕃退出西域后，此道明显冷清了。

唐蕃古道，顾名思义就是唐朝都城长安通往吐蕃逻些（今拉萨）的官道。它是古代贯穿安多藏区最重要的交通路线，也是维系汉族、藏族人民经济文化交往的纽带。此道通常以西宁为界分为东西两段。

东段从长安出发，渡渭水，至咸阳（今陕西咸阳市东），沿渭水北侧西至兴平县、马嵬驿、武功驿、扶风驿、岐山县之龙尾驿（或石猪驿）、天兴县（今陕西凤翔县），再西行至汧阳县（今陕西千阳县）、陇州，然后翻越陇山，出大震关，西经清水县，至秦州治所上邽县。自天水西行至伏羌县（今

---

[1] 参见殷晴《古代于阗和吐蕃的交通及其邻关系》，《民族研究》，1994年第5期。

甘肃甘谷县)、落门川、陇西县、襄武县,再向西北行经渭源镇,到达狄道。从狄道北行,沿洮水河谷而下,经炳灵寺、越沃干岭,入阿干河谷,可至兰州。由兰州向西南行可至鄯州(治今青海乐都区碾伯镇)。从狄道经大夏县(今甘肃广河县)、河州,北渡黄河,经炳灵寺,可至鄯州。从鄯州沿湟水西行,经长宁谷、越大阪山、过大通河,穿斗拔谷,可至甘州,与河西道相接;自鄯州西行,沿青海湖南岸入柴达木盆地,西出噶斯山口,进入若羌,可与西域南道相接。再沿盆地南缘的楚拉克阿拉干河西行,可达南疆于阗。

关于唐蕃古道西段的路线,据道宣《释迦方志》卷上记载:"从河州西北度大河(即黄河),上漫天岭(《法苑珠林》作'长夷岭',即小积石山之东北余脉,在今甘肃永靖县和青海民和县间),减四百里至鄯州。又西减百里至鄯城镇(治今青海西宁市城关),古州地也。又西南减百里至故承风戍(约当今青海贵德县尕让乡千户庄,或认为在今青海湟中县南的拉脊山口),是隋互市地也。又西减二百里至清海(即青海湖),海中有小山,海周七百余里。海西南至吐谷浑衙帐(在今青海共和县境内)。又西南至国界,名白兰羌(在今青海南部),北界至积鱼城(今四川石渠县),西北至多弥国(今青海玉树通天河一带)。又西南至苏毗国(今怒江、金沙江上游一带),又西南至敢国(在今拉萨西北)。又南少东至吐蕃国。"[1]这条道路从河州向西北行,在凤林津(在今甘肃临夏县莲花镇原唵哥集,现已没入刘家峡水库中)渡河,沿黄河岸边的川地东行,登长夷岭,至炳灵寺,再经鄯州、鄯城镇,至唐与吐谷浑交界处的承风戍,然后继续西行,经清海、吐谷浑牙帐树墩城、白兰羌、苏毗国,最后到达吐蕃逻些、印度。据《大唐六典》卷6记载,大约在唐玄宗开元、天宝年间,唐朝在凤林津上设置凤林关,并建造了凤林桥,使此路更加顺畅。

隋末唐初,随着政局的变化,自鄯城镇西行的道路也有所改变。唐朝初年,承风戍是唐朝在青海境内的一个边防重镇和交通枢纽,同时也是一个华夷互市的重要贸易市场。625年(武德八年),"吐谷浑款承风戍,各请互市。并许之"[2]。当时,唐朝政府致力于经营北方和西域地区,还未充分认识到青

---

[1] (唐)道宣:《释迦方志》卷上《遗迹篇第四》,中华书局,2000年,第14页。
[2] (宋)王钦若等编纂,周勋初等校订:《册府元龟》卷999《外臣部(44)·互市》,凤凰出版社,2006年,第11562页。

海地区的重要性,这就给吐蕃东进提供了契机。663年(龙朔三年),吐蕃消灭吐谷浑,占据青海地区后,承风戍退出历史舞台,青海地区成为唐朝与吐蕃逐鹿之地。吐蕃向北方地区的军事扩张,不只是为了控制河南道或青海路,而是以青海为跳板,谋取西域地区。733年(开元二十一年)二月,"金城公主请立碑于赤岭(在今青海湟源县西南40公里处)以分唐与吐蕃之境,许之"[①]。此后,自鄯城镇西行的路线不再以承风戍为枢纽,而开始以赤岭为中转中心。赤岭成为吐蕃与唐朝的交界地,同时也成了双方的边贸据点。随着鄯城镇地理位置的凸显,从金城兰州经青海河湟谷地,到鄯城镇,然后翻越赤岭,便进入吐蕃势力范围。

《新唐书·地理志》记载:(鄯州)河源军西60里有临蕃城(在今青海湟中县),又西60里有白水军(今青海湟源县西南)、绥戎城(在今青海湟源县),又西南60里有定戎城(今青海湟源县日月乡)。又南隔涧7里有天威军,军故石堡城(石堡城,开元十七年置,始称振武军。开元二十九年,该堡被吐蕃占领。天宝八年,唐军攻克石堡城,更名天威军),又西20里至赤岭(即日月山,唐蕃分界处)。自振武军(即石堡城)经尉迟川(今青海共和县倒淌河流域)、苦拔海(也称可跋海,即今青海湖南山南麓的日月山大壑谷以西的尕海滩)、王孝杰米栅,至莫离驿(在今青海共和县境内)。又经公主佛堂、大非川(今青海湖南面的切吉草原),至那录驿(今大河坝一带)。又经暖泉(今青海兴海县温泉)、烈谟海(今青海海南藏族自治州温泉食宿站西南的苦海),渡黄河,至众龙驿(今崇陇峒)。又渡西月河(今札曲),至多弥国西界。又经犛牛河(今通天河),度藤桥,行百里至列驿(哈秀)。又经食堂、吐蕃村、截支桥(今青海玉树藏族自治州境内的子曲河桥),过截支川(子曲河流域),至婆驿(今野云松多)。再渡大月河罗桥,经潭池、鱼池,至悉诺罗驿(今西藏当雄县当曲北)。又过乞量宁水(今当曲)桥、大速水(今索曲)桥,至鹘莽驿。唐使入蕃,公主每使人迎劳于此。又经鹘莽峡十余里,两山相峦,上有小桥,三瀑水注如泻缶,其下如烟雾,百里至野马驿(在今西藏聂荣县境)。再经吐蕃垦田、乐桥汤(今西藏那曲地区当雄南陇雀湖),至阁川驿(今西藏那曲县)。又经恕谌海(今西藏拉萨

---

① (宋)司马光:《资治通鉴》卷213《唐纪二九》,中华书局,1956年,第6800页。

东北)、蛤不烂驿(今西藏那曲县桑雄)，至突録济驿(桑曲桥北)。唐使至，赞普每遣使慰劳于此。又经柳谷莽布支庄(当雄附近)，有温汤(位于今念青唐古拉山的丘陵之中；一说即今拉萨西北的羊八井热气田)，涌高二丈，气如烟云，可以熟米。又经汤罗叶遗山(即念青唐古拉山)及赞普祭神所，至农歌驿(今羊八井)。逻些在东南，距农歌二百里，唐使至，吐蕃宰相每遣使迎候于此。[①] 唐蕃古道是唐代以来中原内地前往青海、西藏乃至尼泊尔、印度的重要通道，也是丝绸之路南道的重要组成部分。在历史上，各地各族的使臣、商人、僧侣和移民等，他们或骑马或步行，或成群结队，或只身一人，奔走在这条道路上，对沟通区域间联系，维系民族感情起了重要作用。

在海路畅通之前，丝绸之路不仅是一条商路，而且也是中国通向并了解外部世界的通道。丝绸之路周围的各游牧民族也想控制这条商道，以汲取农业文明高度发展的中国和重商的东罗马、中亚、西亚的财富，弥补物产之不足。吐蕃占领河西、陇右及天山南部地区后，控制了东西方经济文化交流通道，确保了丝绸之路沿线的商业贸易权。阿拉伯地区的商人还进入青藏高原从事商业贸易。吐蕃势力进入川、滇西部地区后，除与当地民族进行交易外，还参与西南丝绸之路贸易。吐蕃与印度、尼泊尔和克什米尔地区的贸易往来，以及通过这些地区与西亚等地的贸易也获得了长足的发展。丝绸之路的贸易无疑是奢侈品的贸易，但它带动了从事运输、住宿、饮食和贩卖生活必需品的小商人的活动，刺激了沿线地方商品市场的形成。当时，吐蕃不仅是麝香、金银、牦牛尾、宝石、药材、羊、马等商品的输出国，而且广泛接受外来文化与物资，成为国际贸易中坚实的一环。而经济交往则是西北地区民族迁徙、融合的原动力。

---

① (宋)欧阳修、宋祁：《新唐书》卷40《地理四·陇右道》，中华书局，1975年，第1041～1042页。

第二章　西北地区市场上的外来香药

早在商周时期，古人就开始采集、利用和栽培香料植物。春秋战国时期，我国已有使用香料的记载。自张骞通西域后，中亚、西亚和南亚地区的香料植物不断通过我国西北地区传入内地并得以普遍栽培。唐宋时期的外来香药可分为植物性香药和动物性香药两大类。植物性香药有苏合香、安息香、龙脑香、乳香、没药、沉香、阿魏、血竭、迷迭香、零陵香、野悉蜜香、郁金香、兜纳香、茉莉、蔷薇水、檀香、降真香、艾蒳香、甘松香、丁香、胡椒、豆蔻、诃黎勒、庵摩勒、毗梨勒、木香、白附子等；动物性香药主要有龙涎香、腽肭脐等。关于这些香药的产地和来源，在中国古代文献记载中说法并不完全一致，且不乏道听途说。利用中外史料和少数民族文献资料，借鉴中医药学和中外物质文化交流史最新研究成果，梳理各家观点，考辨香药源流，去伪存真，有助于深化对这一问题的研究，也有助于我们加深对香药贸易及其作用的认识。

第一节　汉唐时期的外来香药

早在商周时期，古人就开始采集、利用和栽培香料植物。在出土的商代以后的文物中，发现了一些用于调制加工香料的器具，如香炉、薰球等。春秋战国时期，我国已有使用香料的记载。当时，人们使用的香料都是本土的香木和香草，如兰（多指菊科泽兰属的佩兰、泽兰、华泽兰等，有时也指兰科的兰花）、蕙（多指唇形科植物，如地笋、罗勒等）、椒（芸香科花椒属植物）、桂（樟属的肉桂等，产桂皮，也称菌桂）、萧（香蒿，蒿属植物中香气较浓的种类，如青蒿、茵陈蒿）、芷（多指伞形科当归属的白芷，又称茝）、郁（姜科姜黄属植物）、茅（多指禾本科香茅属植物）、艾（菊科蒿属植物）等，其用途包括焚烧祀神、佩戴、煮汤、熬膏和制酒。如《周易》中有白茅和兰香，《管子》中有大椒、白芷、蘪芜、香椒和檀香，《山海经》中有杜蘅、薰草、苏叶、佩兰、白芷、芎䓖、秦艽、艾、桂、檀等。《诗经》是我国第一部诗歌总集，是上古时期人们社会生活的写实。据初步统计，《诗经》中记录的植物有178种，其中芳香类植物有苓（甘草）、莞（白芷）、蒿（青蒿）、萧（香蒿）、兰（泽兰）、舜（木槿）、台（香附子）、椒（秦椒、花椒）、蒲（菖蒲）、兰（佩兰）、鞠（菊）、苕（凌霄花）及芍药、芸香、扶苏、艾、韭、芹、柏、檀等。当时，人们在路边、山涧和原野采集香料，妙龄男女已懂得用香花、香草或香果相赠，用以寄托相思，表达爱意。而屈原对香料的了解显然比《诗经》时代的先民要多，代表了战国时期先民对香料认识的最高水平。屈原在《离骚》中写道："扈江离与辟芷兮，纫秋兰以为佩"；"杂申椒与菌桂兮，岂维纫夫蕙茝"；"畦留夷与揭车兮，杂杜衡与芳芷"；"贯薜荔之落蕊，矫菌桂以纫蕙兮"等。①其中，江离（江蓠）、辟芷、秋兰、椒、桂、蕙、揭车、杜衡、薜荔等都是香草类香料。据《离骚草木疏》统计，诗中共载有草木55种，其中芳香类草木44种。屈原最早提出用芳香药物作为沐浴剂。如《九歌·云中君》写道："浴兰汤兮沐芳，华采衣兮若英。"②同时，屈原还将香料植物的利用上升到药用的高度。如《九歌·湘夫人》云："荪壁兮紫坛，播芳椒兮成堂。桂栋兮兰橑，辛夷楣兮药房。"③其意为荪草墙壁、紫贝砌成的庭院，可以避风除湿；用椒泥涂饰墙壁，可以取暖；用桂木做屋梁，可以避秽；用辛夷做屋橼和门梁，可以疏风散寒。文笔看似夸张，但细究起来却有一定的医学道理。

秦代的香料品种与先秦时期大致类似。西汉以前，异域香药还没有传入中国，人们使用的香料主要来自于植物，芳香植物的花、叶、果、根、茎等皆可作为香料。陈敬在《陈氏香谱》中提到："《诗》《书》言香，不过黍稷萧脂。故香之为字，从黍从甘。古者从黍稷之外，可焫者萧，可佩者兰，

---

① 金开诚等：《屈原集校注》，中华书局，1996年，第3～27页。
② 金开诚等：《屈原集校注》，中华书局，1996年，第196页。
③ 金开诚等：《屈原集校注》，中华书局，1996年，第222页。

可鬯者郁，名为香草者无几，此时谱可无作。《楚辞》所录，名物渐多，犹未取于遐裔也。"① 其中，黍、萧、兰、郁可算作早期使用的草本植物类香料。正如陈连庆先生所言，香料多为热带产物，不产于黄河流域和长江流域，诗、骚的作者，对之未曾寓目，故亦不能形诸文字。②《神农本草经》大约成书于汉代，是我国现存最早的药物学专著。该书记载药物365种，分上、中、下三品，其中芳香类药物有：上品——菖蒲、细辛、杜若、兰草、香蒲、蘼芜、术、甘草、白蒿、卷柏、牡桂、菌桂、木香、松脂、辛夷、木兰、橘柚；中品——干姜、当归、葱白、芎䓖、白芷、藁本、泽兰、牡丹、栀子、枳实、合欢、薤、葱实、木苏、秦椒；下品——附子、桔梗、芹、蜀椒。

汉武帝以后，随着丝绸之路的开通，中外文化交流日益频繁，中亚、西亚和南亚的香料植物品种不断传入我国内地并得以普遍栽培。从汉代农书《氾胜之书》和张衡的《南都赋》等文献来看，当时中原地区栽培的香辛类蔬菜有韭、大葱、小葱、胡葱、小蒜、胡蒜、杂蒜、胡荽等，其中带有"胡"字的植物一般都是从域外引进的。胡葱，别名蒜葱、回回葱、蒜头葱，原产于中亚。胡葱因根似胡蒜，故俗称蒜葱。元人《饮膳正要》作回回葱，似言其来自胡地。胡蒜，即大蒜，一名葫，因其来自蕃地，故称胡蒜。中国黄河流域原有小蒜，汉代又从胡地传入大蒜。《本草纲目》引孙愐《唐韵》语云："张骞使西域，始得大蒜、葫荽。则小蒜乃中土旧有，而大蒜出胡地，故有胡名。"③ 胡荽，又名香菜、香荽、芫荽、胡菜，它是伞形科芫荽（Coriandrum sativum L.）的带根全草。《本草纲目》菜部卷26云："荽，许氏说文作葰，云姜属，可以香口也。……张骞使西域始得种归，故名胡荽。"④

许慎《说文解字》云："香，芳也。篆从黍从甘，隶省作'香'。"香料散发的芳香一方面使人从心理上产生美好的感觉，另一方面又作用于人的心理，从而拥有庄严、肃穆、安详的心境。古代没有今天成熟的香精提纯技术，

---

① （宋）陈敬：《陈氏香谱·原序》，见刘幼生编校《香学汇典》，三晋出版社，2014年，第172页。
② 陈连庆：《汉晋之际输入中国的香料》，《史学集刊》，1986年第2期。
③ （明）李时珍著，王育杰整理：《本草纲目》菜部卷26《菜之一荤菜类三十二种·葫》，人民卫生出版社，1999年，第1299页。
④ （明）李时珍著，王育杰整理：《本草纲目》菜部卷26《菜之一荤菜类三十二种·胡荽》，人民卫生出版社，1999年，第1325页。

熏香直接用芳香花木或者香炉。汉代蔡质的《汉宫典职仪式选用》中有"尚书郎、女侍史二人洁衣服，执香炉烧薰"的记载。清代侯康的《补后汉书艺文志》录有郑玄辑著的《汉宫香方注》。既然汉代已有郑玄的《汉宫香方注》，说明汉宫香方的运用已相当普遍。1973 年，湖南长沙马王堆出土的汉代长沙国丞相轪侯（利苍）之妻辛追墓中，陪葬品相当丰富，其中就有香料、香炉和香囊。经鉴定，香囊中装的是辛夷、肉桂、花椒、茅香、佩兰、桂皮、姜、酸枣粒、高良姜、藁本等香料，是迄今保存最完好的一批古代芳香植物的标本，而香炉中的残渣则是茅香、高良姜、杜蘅、竹叶椒等，均为《神农本草经》中未记载过的香料。

汉代，上至皇室贵族，下至达官显贵，都十分痴迷香药。汉武帝本人就十分嗜香，后世所描述的一些香异都与汉武帝有关，像月支香和兜末香。《瑞应图》云："天汉二年，月支国进神香。武帝取视之，状若燕卵，凡三枚，似枣。帝不烧，付外库。后长安中大疫，宫人得疾，众使者请烧香一枚，以辟疫气。帝然之，宫中病者差，长安百里内闻其香，积数月不歇。"① 叶廷珪《名香谱》据陈藏器《本草拾遗》云，兜末香，"汉武帝西王母降，焚是香也"②。《法苑珠林》引《汉武故事》云："西王母当降，上烧兜末香。兜末香者，兜渠国所献，如大豆。涂门香闻百里。关中尝大疫，死者相系。烧此香，死者止。"③ 汉成帝时，赵飞燕被立为皇后，其妹被封为昭仪。赵昭仪居住的昭阳殿"玉几玉床，白象牙簟，绿熊席。席毛长二尺余，人眠而拥毛自蔽，望之不能见，坐则没膝。其中杂熏诸香，一坐此席，余香百日不歇"④。上述香料有别于香草类，后世多称其为香药。这类香料大都具有药用价值，并且可以作为保健品使用。像零陵香、乳香、沉香、木香、青桂香、都梁香、栀子香、甘松香等，大都取材于植物，是属于植物类的香药。还有一些是动物类的香药，如麝香、龙涎香、甲香等。

---

① （宋）陈敬：《陈氏香谱》卷 1，见刘幼生编校《香学汇典》，三晋出版社，2014 年，第 203 页。
② （宋）叶廷珪：《名香谱》，见刘幼生编校《香学汇典》，三晋出版社，2014 年，第 72 页。
③ （唐）释道世著，周叔迦等校注：《法苑珠林校注》卷 36，中华书局，2003 年，第 1164 页。
④ （晋）葛洪著，周天游校注：《西京杂记》，三秦出版社，2006 年，第 45 页。

香药之路
——唐宋时期西北地区的香药贸易

魏晋南北朝时期是我国香药发展史上的一个转折时期,这一时期,士大夫阶层服食(寒食散、五食散)成风,香药利用经历了由高潮走向低潮,又由低潮向高潮发展的过程。鱼豢《魏略·西戎传》列举了大秦十二种香,其文曰:"大秦国一号犁靬,在安息、条支西大海之西,……(多)一微木、二苏合、狄提、迷迷〔迭〕、兜纳、白附子、薰陆、郁金、芸胶、薰草、木十二种香。"① 传写当中失落一种。大秦国,《史记·大宛列传》作"黎轩",《汉书·西域传》作"黎靬",《后汉书·西域传》作"犁鞬"。"黎轩"之名由张骞传入,而"大秦"之名则由班勇传来。我国史籍所载大秦,因时代不同而其疆域范围各异。《后汉书·西域传》记载:"大秦国一名犁鞬,以在海西,亦云海西国。地方数千里,有四百余城。小国役属者数十。"② 此当为我国史籍中关于大秦国的最早记载,其范围应指罗马帝国。《魏略·西戎传》中的"大秦国",也应指罗马帝国及其东方属地。万震在《南州异物志》中说,青木香来自天竺,状如中国甘草。

汉代以后,随着宫廷用香的不断扩大,开始使用外国进贡的奇香珍品。南朝宋范晔所撰《和香方》1卷(今佚),是目前已知的最早的香学著作。《香品举要》云:"香最多品类,出交、广、崖州及海南诸国。然秦汉以前未闻,惟称兰蕙椒桂而已。至汉武奢广,尚书郎奏事者始有含鸡舌香,其他皆未闻。迨晋武时,外国贡异香始此。及隋,除夜火山烧沉香、甲煎不计数,海南诸品毕至矣。唐明皇君臣,多有沉、檀、脑、麝为亭阁,何多也?"③《南齐书·东昏侯纪》记载,萧宝卷在后宫遭受火灾后,建造仙华、神仙、玉寿诸殿,"麝香涂壁,锦幔珠簾,穷极绮丽"④。

据《魏书·西域传》记载,北魏孝明帝神龟年间,中国人已知波斯国出产薰陆、郁金、苏合、胡椒、荜拨、青木香、香附子、诃黎勒等香药,以及珊瑚、琥珀、车渠、玛瑙、真珠、颇梨、琉璃、瑟瑟等矿物药。梁代陶弘景的《本草经集注》和《名医别录》收录海内外香药30余种,促进了人们对香

---

① (晋)陈寿:《三国志》卷30《魏书·乌丸鲜卑东夷传》裴松之注引,中华书局,1959年,第860~861页。
② (南朝宋)范晔:《后汉书》卷88《西域传·大秦国》,中华书局,1965年,第2919页。
③ (宋)陈敬:《陈氏香谱》卷1,见刘幼生编校《香学汇典》,三晋出版社,2014年,第173页。
④ (梁)萧子显:《南齐书》卷7《东昏侯纪》,中华书局,1972年,第104页。

药的认识和在日常生活中的应用。在长期的实践过程中，古人对各种香药的性质了解很深。范晔在其《和香方·序》中总结道："麝本多忌，过分必害；沈实易和，盈斤无伤；零藿虚燥，詹唐黏湿。甘松、苏合、安息、郁金、椋多、和罗之属，并被珍于外国，无取于中土。又枣膏昏钝，甲煎浅俗，非唯无助于馨烈，乃当弥增于尤疾也。"① 在这篇序文中，范晔谈到了甘松、苏合、安息、郁金等外来香药的性质及其效能，并指出香药用量不宜过分，超过限量则对人体有害。宋人谢采伯认为："诸香药皆达气，藿香达表，乳麝木香走经络，沉香趋下，皆香气芳烈，使诸药快营卫一切滞气。"② 唐代以前，人们已将龙脑、郁金香等用于墨汁、金属箔、蜜汁等的赋香。此外，还有用香料作为媚药的。

隋唐五代时期是香药贸易和应用的鼎盛时期。在《隋书·经籍志》中，以香方命名的医书有5部，即范晔的《上香方(1卷)、杂香膏方(1卷)》(已佚)、《香山仙人药方》(10卷)，宋明帝撰《香方》(1卷)、《杂香方》(5卷)和《龙树菩萨和香法》(2卷)。叶廷珪《名香谱》云："炀帝西巡，将入吐谷浑。樊子盖以彼多瘴气，献青木香，以御雾露。"③ 唐朝初期，唐朝与波斯萨珊王朝关系密切，经济文化交流频繁。659年（显庆四年），苏敬主纂的《新修本草》，介绍了若干从波斯传入唐朝的香药，其中有密陀僧、麒麟竭、珊瑚、胡桐泪、瓌香子、木香、郁金香、阿魏、沉香、薰陆香、鸡舌香、苏合香、安息香、龙脑香及香膏、摩勒、毗梨勒、诃梨勒、紫真檀木、无食子、胡椒等香药20余种。当时，一些波斯人在中国经商而侨居下来，还有一些波斯人出生在中国，靠卖药为业，甚至著书立说。唐代接受的外来医药学知识比以往任何时期都要多。据《新唐书》和《旧唐书》记载，唐代域外国家共进贡香药120多次，计有30多个品种，主要有麝香、白胶香、甲香、郁金香、龙脑香等。唐末五代，李珣的《海药本草》记载了青木香、阿魏、荜茇、兜儿香、肉豆蔻、荜澄茄、红豆蔻、艾蒳香、丁香等96种海外香药，并标明了其产地。

唐代，香药在日常生活中的应用日趋广泛，除了焚香、治病救人外，还

---

① （梁）沈约：《宋书》卷69《范晔传》，中华书局，1974年，第1829页。
② （宋）谢采伯：《密斋笔记·续记》卷5，《丛书集成初编》本，商务印书馆，1936年，第47页。
③ （宋）叶廷珪：《名香谱》，见刘幼生编校《香学汇典》，三晋出版社，2014年，第86页。

用于男女美容。《颜氏香史序》云:"焚香之法,不见于三代,汉唐衣冠之儒,稍稍用之。然返魂、飞气,出于道家;旃檀、伽罗,盛于缁庐。名之奇者,则有燕尾、鸡舌、龙涎、凤脑;品之异者,则有红、蓝、赤檀、白茅、青桂。其贵重则有水沉、雄麝,其幽远则有石叶、木蜜。百濯之珍,罽宾、月支之贵,泛泛如喷珠雾,不可胜计。"[1] 据考证,唐代芳香美容之风起于贞观年间,直到元和后期才有所收敛,前后延续了180多年。在《新修本草》《千金要方》《千金翼方》《外台秘要》等本草与医方著作中,记载有几十味芳香本草及其组方。现代常用的香药本草,在唐代医药文献中基本都有记录。据《开元天宝遗事》记载,杨国忠"用沉香为阁,檀香为栏,以麝香、乳香筛土和泥为壁"[2]。这就是有名的四香阁,说明隋唐时期香药的应用已十分广泛。

隋唐以后,随着东南沿海各港口相继对外开放,沉香、丁香、孜然、茉莉等异域香药大量传入中国。《南方草木状》说:"素馨、茉莉皆胡人自西国移植于南海,南人怜其芳香,竞植之。"该书还记载了豆蔻、番沉香等香料植物。中国地域辽阔,生态环境多样,那些从异域移植到中土的香料植物总能找到适合它们生长的地方,由此出现了许多专门以种植素馨、茉莉、玫瑰、蕙兰、丁香、睡香、高良姜、沉香、夜来香、山矾(芸香)等香料作物为业的香农。从文献记载来看,中国香料植物生长和栽培有一定的地域特色:岭南地区以生产沉香、素馨、檀香、高良姜等热带香料为主,吴越地区以生产薄荷、兰香、芸香、柑橘柚等亚热带芳香花卉和香果为主,东北地区以生产艾蒳香、甘松香、参香等温带香料为主,云贵川地区以生产白芷、草果、芎藭等调味料和香药为主,秦岭南北一线则以生产花椒、甘草、阿魏、玫瑰等食用香料为主。这些地区出产的沉香、白芷、花椒、甘草、茉莉、草果、阿魏、柑橘柚等食用香料一直为世人所称道。

第二节 宋代的外来香药及其种类

北宋建立后,宋廷非常重视外来商品贸易,不仅设立市舶司管理外来商舶,

---

[1] (明)周嘉胄:《香乘》卷28《附诸谱序》,见刘幼生编校《香学汇典》,三晋出版社,2014年,第765页。
[2] (蜀)王仁裕:《开元天宝遗事》卷4,人民出版社,1983年,第71页。

而且垄断象牙、犀角、乳香、玳瑁等奢侈品经营贸易权,以谋取巨额利润和税收。直至南宋时期,乳香依然是官府获利的主要商品之一,而木香、沉香、檀香、胡椒等属于放通物,经官府抽解后,商人可自由贸易。宋代的外来香药主要有苏合香、乳香、没药、木香、安息香、龙涎香、肉豆蔻、番红花、降真香、檀香、阿魏、沉香、血竭、丁香、龙脑香、荜澄茄、荜茇、诃黎勒、膃肭脐、甲香、金颜香、蔷薇水、无食子、迷迭香等30余种。

一、树脂类香药

1. 乳香。乳香又名薰陆香,是橄榄科植物乳香树(Boswellia carterii Birdw)及其同属植物(Boswellia bhaurdajiana Birdw)树皮渗出的树脂,产于阿拉伯香岸、祖法儿和索马里等地,即今红海沿岸的索马里、埃塞俄比亚和阿拉伯半岛南部地区。

古希腊历史学家希罗多德在《历史——希腊波斯战争史》一书中记载,从远古时代起,乳香就是阿拉伯半岛最著名的特产,"整个的阿拉比亚(阿拉伯半岛),都放出极佳美的芬芳",那个地方是"乳香、没药、肉桂、桂皮等唯一的产地"①。阿拉伯半岛西南隅,土地肥沃,临近大海,扼印度交通之咽喉。这里不仅盛产乳香、没药等香药,还有从世界各地运来的珍贵物品,如波斯的珍珠、印度的香药,以及中国的丝绸等。美国学者希提在《阿拉伯通史》一书中写道:"赛伯伊人(南阿拉比亚人的一支,居住在半岛的西南隅。赛伯伊,在今也门纳季兰之南)发展了也门与叙利亚间陆路的交通,即沿半岛西岸向北行,经过麦加和皮特拉,在陆路的北端,分为三条支路:一条到埃及,一条到叙利亚,一条到美索不达米亚。到叙利亚去的支路,可以直达地中海的港口加宰(加沙)。哈达拉毛(今也门南部、东南部,以及阿曼,古代包括麦海赖和席赫尔等沿岸地区)所产的乳香特别丰富,贩运乳香的商队,从哈达拉毛到赛伯伊的首都马里卜,然后沿着主要的商路北上。"②哈达拉毛是乳香的著名产地,也是当时重要的商贸中转中心,印度、非洲等地产品汇集,享有"阿拉伯福地"之美称。在南部阿拉比亚早期的商业生活中,乳香是著名的商品。宋岘认为,乳香的产地是今阿曼苏丹国的马赫拉山地,因其

---

① [古希腊]希罗多德:《历史——希腊波斯战争史》,商务印书馆,1959年,第408~410页。

② [美]菲利浦·希提著,马坚译:《阿拉伯通史》,新世界出版社,2015年,第44页。

外销码头是席赫尔（Shihru），故以其地名呼之，言谐"薰陆"①。而美国学者薛爱华则认为："'frankincense'（乳香）或称'olibanum'，是一种南阿拉伯树以及与这种树有亲缘关系的一种索马里树产出的树脂。这种树脂在中国以两种名称知名，一种可以追溯到公元前三世纪，是从梵文'kunduruka'（frankincense）翻译来的'薰陆'；这种树脂的另外一种名称是形容其特有的乳房状的外形的，这个名称叫做'乳香'（teat aromatic）。"②赵汝适《诸蕃志》卷下记载：

> 乳香一名熏陆香，出大食之麻啰拔（今也门马里卜）、施曷（今也门席赫尔）、奴发（今阿曼佐法尔）三国深山穷谷中。其树大概类榕，以斧斫株，脂溢于外，结而成香，聚而为块。以象辇之至于大食，大食以舟载易他货于三佛齐，故香常聚于三佛齐。番商贸易至，舶司视香之多少为殿最。③

乳香传入中国的准确年代尚待考证，但从广州南越王墓出土的乳香实物来看，至迟在西汉初年，乳香已经从南海传入中国。汉武帝元封年间，涂魂国进献沉光香（即乳香），烧之有光，坚实难碎。东汉时期，乳香已大量输入中国。魏晋以降，中外交往日趋频繁，汉文典籍中有了对外来香药的明确记载。万震《南洲异物志》云："熏陆出大秦国。在海边有大树，枝叶正如古松，生于沙中。盛夏木胶流出沙上，状如桃胶。夷人采取卖与商贾，无贾则自食之。"④鱼豢在《魏略·西戎传》中记载了大秦国出产的12种香药，其中就有"薰陆"。⑤大秦的范围很广，西亚地中海沿岸也在其中。到了晋代，郭义恭在《广志》一书中广泛记载了西域南海的各种香药，后世有名的

---

① 宋岘：《古代波斯医学与中国》，经济日报出版社，2001年，第18页。
② ［美］薛爱华著，吴玉贵译：《撒马尔罕的金桃——唐代舶来品研究》，社会科学文献出版社，2016年，第421~422页。
③ （宋）赵汝适著，杨博文校释：《诸蕃志校释》卷下《志物·乳香》，中华书局，2000年，第163页。
④ （明）李时珍著，王育杰整理：《本草纲目》木部卷34《木之一香木类三十五种·薰陆香 乳香》，人民卫生出版社，1999年，第1609页。
⑤ （晋）陈寿：《三国志》卷30《魏书·乌丸鲜卑东夷传》裴松之注引，中华书局，1959年，第861页。

品种几乎全部包括在内。嵇含《南方草木状》卷中称："薰陆香,出大秦。在海边有大树,枝叶正如古松,生于沙中。盛夏,树胶流出沙上,方采。"①南北朝时期,中国医家已经以乳香入药。魏收的《魏书·西域传》记载:"波斯国,都宿利城,在忸密西,古条支国也。……(出)薰陆、郁金、苏合、青木等香,胡椒、荜拨、石蜜、千年枣、香附子、诃梨勒、无食子、盐绿、雌黄等物。"②《周书·异域传下》"波斯条"记载略同,唯作薰陆为"薰六"。③波斯萨珊王朝的疆域包括今伊朗、阿富汗、伊拉克、叙利亚、高加索地区和中亚西南部,以及阿拉伯半岛海岸部分地区和波斯湾。波斯帝国强盛时,曾垄断了东西方陆路和海路贸易。不过,在6世纪前,波斯与中国的贸易仍以陆路贸易为主。《隋书·西域传》亦云,波斯国出产薰陆、郁金、苏合、青木等香。④

唐代,玄奘在《大唐西域记》中记载,南印度阿吒厘国"出熏陆香树,树叶若棠梨也"⑤。陈藏器的《本草拾遗》云"乳香即薰陆之类也",将乳香与薰陆香归为同类。而李珣的《海药本草》则分乳香和薰陆为二。该书云:薰陆香,"谨按《广志》云:薰陆香,是树皮鳞甲,采之复生"⑥;乳头香,"谨按《广志》云:生南海,是波斯松树脂也,紫赤如樱桃者为上"⑦。《唐本草注》云:"薰陆香,形似白胶,出天竺、单于国。"《本草衍义》卷13云:"薰陆香,木叶类棠梨。南印度界,阿吒鳌国出,今谓之西香。南番者更佳。此即今人谓之乳香,为其垂滴如乳。镕塌在地者,谓之塌香。皆一也。"⑧

沈括在《梦溪笔谈》卷26中,总括诸说,予以辨正:"熏陆即乳香也,本名熏陆,以其滴下如乳头者谓之'乳头香',镕塌在地上者谓之'塌香',

---

① (晋)嵇含:《南方草木状》卷中,广东科技出版社,2009年,第26页。
② (北齐)魏收:《魏书》卷102《西域·波斯国》,中华书局,1974年,第2270~2271页。
③ (唐)令狐德棻等:《周书》卷50《异域下·波斯》,中华书局,1971年,第920页。
④ (唐)魏征等:《隋书》卷83《西域·波斯》,中华书局,1973年,第1857页。
⑤ (唐)玄奘、辩机原著,季羡林等校注:《大唐西域记校注》卷11,中华书局,2000年,第907页。
⑥ (五代)李珣著,尚志钧辑校:《海药本草》木部卷第3《薰陆香》(辑校本),人民卫生出版社,1997年,第41页。
⑦ (五代)李珣著,尚志钧辑校:《海药本草》木部卷第3《降真香》(辑校本),人民卫生出版社,1997年,第41页。
⑧ (宋)寇宗奭:《本草衍义》卷13,人民卫生出版社,1990年,第82页。

如腊茶之有滴乳、白乳之品,岂可各是一物?"①沈括之说简明扼要,颇可信据。宋代,叶廷珪在《香录》中云:

> 乳香一名薰陆香,出大食国南,其树类松。以斤斫树,脂溢于外,结而成香,聚而成块。上品为拣香,圆大如乳头,透明,俗呼滴乳。又曰明乳,其色亚于拣香。又次为瓶香,以瓶收者。又次曰袋香,言收时只置袋中。次为乳塌,杂沙石者。次为黑塌,色黑。次为水湿塌,水渍色败气变者。次为斫削,杂碎不堪。次为缠末,播扬为尘者。观此则乳有自流出者,有斫树溢出者。诸说皆言其树类松。寇氏言类棠梨,恐亦传闻。当从前说。②

据赵汝适《诸蕃志》卷下记载,乳香有13个品种:

> 其最上者为拣香,圆大如指头,俗所谓滴乳是也;次曰瓶乳,其色亚于拣香;又次曰瓶香,言收时贵重之置于瓶中,瓶香之中又有上中下三等之别;又次曰袋香,言收时止置袋中。其品亦有三如瓶香焉;又次曰乳榻,盖香之杂于砂石者也;又次曰黑榻,盖香色之黑者也;又次曰水湿黑榻,盖香在舟中,为水所浸渍而气变色败者也。品杂而碎者曰斫削;簸扬为尘者曰缠末,此乳香之别也。③

据此,乳香有拣香、瓶香、袋香、塌香、缠末香等多种,其中瓶香、袋香又分上中下三等,塌香分乳塌、黑塌、水湿黑塌三种。此外,根据采集、加工过程,乳香还可分为生乳香和制乳香。每年春、夏两季,人们将树干的皮部由下向上切伤,并开一狭沟,使树脂从切口渗出,流入沟内。数天后,树脂凝成干硬的固体,收集后剔除树皮杂质,即生乳香;将采集到的乳香加

---

① (宋)沈括著,施适校点:《梦溪笔谈》卷26《药议》,上海古籍出版社,2015年,第180~181页。

② (明)李时珍著,王育杰整理:《本草纲目》木部卷34《木之一香木类三十五种·薰陆香 乳香》,人民卫生出版社,1999年,第1609~1610页。

③ (宋)赵汝适著,杨博文校释:《诸蕃志校释》卷下《志物·乳香》,中华书局,2000年,第163页。

醋抖匀、闷透，然后置锅内炒至规定程度取出、放凉，或将乳香置锅内，用文火清炒、放凉，为制乳香。生乳香是干燥的胶树脂，大多呈小形乳头状、泪滴状颗粒或不规则的小块，有时粘连成团块，色泽淡黄，常带有轻微的绿色、蓝色或棕红色，半透明，无光泽，亦有少数呈玻璃样光泽。气微芳香，味微苦，以淡黄色、颗粒状、半透明、无砂石树皮杂质、气味芳香者为佳。

关于乳香在医学上的用途，陈藏器在《本草拾遗》中云："乳香，盖薰陆之类也。其性温，疗耳聋，中风，口噤，妇人血气，能发酒，理风冷，止大肠泄澼，疗诸疮令内消。"① 乳香常常用于焚烧或用作香药。《证类本草》则详细记载了乳香的性味和治疗作用：

> 乳香，微温。疗风水毒肿，去恶气，疗风瘾疹痒毒。日华子云：味辛，热，微毒。下气，益精，补腰膝，治肾气，止霍乱，冲恶中邪气、心腹痛，疰气。煎膏止痛长肉，入丸散微炒杀毒，得不粘。陈藏器云：盖薰陆之类也。其性温，疗耳聋，中风口噤，妇人血气，能发酒，理风冷，止大肠泄澼，疗诸疮令内消。②

2.**安息香**。安息香梵名拙贝罗香。安息香是安息香科植物白花树（Styrax tonkinensis〔Pierre〕Craib ex Hart）的干燥树脂，原产于中亚古安息国、漕国、阿拉伯半岛及伊朗高原一带。

关于安息香的原产地有波斯、漕国和龟兹诸说。据《魏书·西域传》记载，龟兹国"在尉犁西北，白山之南一百七十里，都延城，汉时旧国也。……又出细毡、饶铜、铁、铅、麖皮、氍毹、饶沙、盐绿、雌黄、胡粉、安息香、良马、犎牛等"③。《隋书·西域传》则云，漕国"在葱岭之北，汉时罽宾国也。……土多稻、粟、豆、麦；饶象，马，封牛，金、银、镔铁，氍毹，朱砂，青黛，安息、青木等香，石蜜，半蜜，黑盐，阿魏，没药，白附子"④。苏敬

---

① （唐）陈藏器撰，尚志钧辑释：《〈本草拾遗〉辑释》，安徽科学技术出版社，2002年，第377页。
② （宋）唐慎微著，尚志钧等校点：《证类本草》卷12《乳香》，华夏出版社，1993年，第366页。
③ （北齐）魏收：《魏书》卷102《西域·龟兹国》，中华书局，1974年，第2266页。
④ （唐）魏征等：《隋书》卷83《西域·漕国》，中华书局，1973年，第1857页。

在《新修本草》中云，安息香"出西戎，似松脂，黄黑色为块，新者亦柔韧"①。西戎当包括龟兹和漕国。而李珣的《海药本草》引《广州记》云，安息香"生南海波斯国，树中脂也，状若桃胶，以秋月采之"②。按照李珣的说法，安息香又是南海即马来群岛的产物。苏继庼在《岛夷志略校释》中认为，《广州记》撰人不详，当为晋时著作，缺乏可靠性。安息香是采自 Boswellia seratu, Balsamo-dron mukul, Commiphora roxburghü 等树之芳树脂，以产于伊朗高原和阿拉伯半岛，尤其以阿拉伯半岛输出者为多。③

据《晋书·佛图澄传》记载："襄国城堑水源在城西北五里，其水源暴竭，勒问澄何以致水。澄曰：'今当敕龙取水。'迺与弟子法首等数人至故泉源上，坐绳床，烧安息香，咒愿数百言。"④这个故事说明安息香在西晋前后已传入我国。不过，当时，安息香还是稀罕之物。此外，佛图澄还"常遣弟子向西域市香"⑤。唐代博物学家段成式在《酉阳杂俎》中详细地描写了安息香的性状："安息香树出波斯国，波斯呼为辟邪树，长三丈，皮色黄黑，叶有四角，经寒不凋。二月开花，黄色，花心微碧，不结实。刻其树皮，其胶如饴，名安息香。六七月坚凝乃取之，烧通神明，辟众恶。"⑥美国学者劳费尔认为，中国人叫作"安息香"的东西是两种不同香料合成的：一种是伊朗地区的古代产物，至今还未鉴定；一种是马来亚群岛的一种小安息香树 Styrax benjoin 所产的。这两种东西必须截然加以区别。安息香原来是指一种伊朗香料的古代名称，后来，在伊朗停止输入时，就转用马来亚的产品，这也许是因为两件东西外貌很相像的缘故。然而，这两种物质在植物学和历史上相互之间没有关系。劳费尔还认为，《酉阳杂俎》里的"波斯"是指马来亚波斯。真正的安息香是汉梵辞典《翻译名义集》中的拙具罗，原书云："此

---

① （唐）苏敬等撰，尚志钧辑校：《唐·新修本草》（辑复本），安徽科学技术出版社，1981年，第338页。
② （宋）唐慎微著，尚志钧等校点：《证类本草》卷13《安息香》，华夏出版社，1993年，第392页。
③ （元）汪大渊著，苏继庼校释：《岛夷志略校释》，中华书局，1981年，第307页。
④ （唐）房玄龄等撰：《晋书》卷95《艺术·佛图澄》，中华书局，1974年，第2486页。
⑤ （梁）释慧皎著，汤用彤校注：《高僧传》卷9《神异上·晋邺中竺佛图澄》，中华书局，1992年，第351页。
⑥ （唐）段成式：《酉阳杂俎》卷18《广动植之三·木篇》，见《钦定四库全书荟要》，吉林出版集团有限责任公司，2005年，第394页。

云安息。"拙具罗即 guggula，是从返魂树（Boswellia serrata）里提取的胶脂，是 Balsamsdendron mukul 或 Commiphora roxburghii 的产物。① 而日本学者北村四郎在其《酉阳杂俎の植物记事》一文中认为，夏德（F.Hirth）、柔克义（W.Rockhill）等人往往把东南亚的产物，以为经过波斯、西域传入中国。而劳费尔则反是，认为有所谓马来亚的波斯这种说法。事实上，在盛唐时期，西域的产品可以通过丝绸之路输入中国，并通过长安传播到各地。段成式生活的晚唐时代则不然，丝绸之路久已中断，只有通过东南亚的海路和外界取得联系。关于西方植物的知识，有的是因为看到移植于中国的实物，有的是根据盛唐时期的传闻，劳费尔书中把东南亚的东西说成波斯、拂菻之物，则是未能获得正确的知识，因而致误。北村四郎认为无所谓马来亚的波斯之说，因而对劳费尔之说进行了批判。②

此外，赵汝适在《诸蕃志》卷下中云："安息香出三佛齐国，其香乃树之脂也，其形色类核桃瓤，而不宜于烧，然能发众香，故人取之以和香焉。"③ 苏继庼认为，《诸蕃志》"安息香"条认为安息香取自 Styrax benzoin 树，则是将金颜香树当成安息香树。汪大渊在《岛夷志略》中对此二香并不相混，以西亚所产者曰安息香，名南海所产者曰金颜香。④ 金颜香是学名为 Styrax benzoin 的树所产的芳香树脂，产于苏门答腊和爪哇岛。此香树种植 7 年后，可以刀割划其皮，刮取其汁液。金颜香与安息香不同者，为燃时才有香气，而安息香则不燃时也有香气。从安息香的传入时间和输入路线来看，应当是波斯、阿拉伯半岛或罽宾地区的产物。

关于安息香的性味、药用功效，《证类本草》卷 13 记载："安息香，味辛、苦，平，无毒。主心腹恶气，鬼疰。出西戎。……日华子〔云〕：'治邪气魍魉，鬼胎血邪，辟蛊毒，肾气，霍乱，风痛，治妇人血噤并产后血运〔晕〕。'"⑤ 据唐代的医药学家们记载，安息香有祛鬼除邪之特殊功效。

---

① [美]劳费尔著，林筠因译：《中国伊朗编》，商务印书馆，2016 年，第 314~317 页。
② 参见陈连庆《汉晋之际输入中国的香料》，《史学集刊》，1986 年第 2 期。
③ （宋）赵汝适著，杨博文校释：《诸蕃志校释》卷下《志物·安息香》，中华书局，2000 年，第 170 页。
④ （元）汪大渊著，苏继庼校释：《岛夷志略校释》，中华书局，1981 年，第 307~308 页。
⑤ （宋）唐慎微著，尚志钧等校点：《证类本草》卷 13《安息香》，华夏出版社，1993 年，第 392 页。

如萧炳的《四声本草》云："烧之，去鬼来神。"《新修本草》云，主治"心腹恶气，鬼疰"。李珣的《海药本草》曰："妇人夜梦鬼交，同臭黄合为丸，烧熏丹穴，永断。"①

3. 龙脑香。龙脑香是龙脑香科植物龙脑香（Dryobalanops aromatica Gaertn.f.）树脂的加工品，或将龙脑香树的树干、树枝切碎，经蒸馏冷却而得到的结晶，又称"龙脑冰片"，亦称"梅片"。

据玄奘《大唐西域记》卷10记载，在天竺秣罗矩吒国南部滨海的秣剌耶山，有"羯布罗香树，松身异叶，花果斯别。初采既湿，尚未有香，木干之后，循理而析，其中有香，状若云母，色如冰雪，此所谓龙脑香也"②。7世纪时，乌苌国曾遣使向唐朝进献龙脑香。8世纪时，大食国也曾遣使向唐朝贡献龙脑香。而苏敬在《新修本草》中云，龙脑香及膏香"出婆律国，形似白松脂，作杉木气，明净者善；久经风日，或如雀屎者不佳"③。段成式在《酉阳杂俎》卷18中亦称："龙脑香树，出婆利国（今印度尼西亚加里曼丹岛或巴厘岛），婆利呼为固不婆律。亦出波斯国，树高八九丈，大可六七围，叶圆而背白，无花实。其树有肥有瘦，瘦者有婆律膏香，一曰瘦者出龙脑香，肥者出婆律膏也。在木心中，断其树劈取之，膏于树端流出，斫树作坎而承之。入药用，别有法。"④可知，龙脑香和婆律膏实为同类产品，只因其树一肥一瘦，故而有别。但是，段氏不能断定肥瘦不同的两种树，究竟哪一种出哪种香。然而据苏敬的《新修本草》记载，龙脑香和婆律膏的区别在于"婆律膏是树根下清脂，龙脑是树根中干脂。……旧云出婆律国，药以国为名也"⑤。婆律膏似乎是油质类产品，而龙脑香是结晶体，二者有明显区别。李时珍《本草纲目》

---

①（明）李时珍著，王育杰整理：《本草纲目》木部卷34《木之一香木类三十五种·安息香》，人民卫生出版社，1999年，第1615页。
②（唐）玄奘、辩机原著，季羡林等校注：《大唐西域记校注》卷10，中华书局，2000年，第859页。
③（唐）苏敬等撰，尚志钧辑校：《唐·新修本草》（辑复本），安徽科学技术出版社，1981年，第338页。
④（唐）段成式：《酉阳杂俎》卷18《广动植之三·木篇》，见《钦定四库全书荟要》，吉林出版集团有限责任公司，2005年，第394页。
⑤（唐）苏敬等撰，尚志钧辑校：《唐·新修本草》（辑复本），安徽科学技术出版社，1981年，第338～339页。

木部卷 34 云："龙脑香，南番诸国皆有之。"①

关于龙脑香的产地，以及龙脑香与婆律膏之区分，古人说法不一。段成式认为，由于龙脑香树有肥有瘦，所以就有"龙脑香"与"婆律膏"之别；而苏敬则认为，"龙脑香"是树根中的干脂，而"婆律膏"则是树根下面的清脂。龙脑香，俗名冰片，又名梅花脑，因其白莹如冰，呈梅花片状，故名。出婆律、秣罗矩吒诸国，其液为膏，其脂为香。苏敬《新修本草》云，龙脑香及膏香出婆律国，而段成式《酉阳杂俎》则称，龙脑香树出婆利国。一般认为，"婆利"即"婆律"，段氏误将"婆律"写作"婆利"。"婆律"是苏门答腊西海岸的一个村落，这里曾经是一个龙脑香的出口地。季羡林先生认为，龙脑香出自天竺秣罗矩吒国，"婆利"与"秣罗"对转音近，亦未可知。《陈氏香谱》引陈正敏语云："龙脑出南天竺。木本如松，初取犹湿，断为数十块，尚有香。日久木干，循理拆之，其香如云母者是也。与中土人取樟脑颇异。"②而美国学者薛爱华则认为，龙脑香，本名婆罗洲樟脑，即"左旋樟脑"，它是从印度尼西亚和马来西亚的一种高大的树木中提取出来的结晶状物质，其之所以被称作龙脑香，是人们将那些从海外带来的奇异而珍贵的物质，与想象中的主宰大海的龙联系起来的缘故。其实所谓的龙脑香就是婆罗洲的"左旋樟脑"③。龙脑冰片是龙脑香科植物龙脑香树脂的加工品，亦可用樟脑、松节油等用化学方法合成，气味清香。而樟脑系樟科樟属植物的枝、叶和树皮的提取物挥发油，有浓烈的刺鼻气味。在中国古代，龙脑香主要是作为香料来使用的，这两种东西应该有所区别。

龙脑香有很多用途。《新修本草》曰：龙脑香"主心腹邪气，风湿积聚，耳聋，明目，去目赤肤翳"④。龙脑香还常被用来熏香、调味、装饰或作为佛教供品。《陈氏香谱》中有"衣香"配方："零陵香一斤，甘松、檀香各十两，

---

① （明）李时珍著，王育杰整理：《本草纲目》木部卷 34《木之一香木类三十五种·龙脑香》，人民卫生出版社，1999 年，第 1618 页。
② （宋）陈敬：《陈氏香谱》卷 1《香品·龙脑香》，见刘幼生编校《香学汇典》，三晋出版社，2014 年，第 175 页。
③ ［美］薛爱华著，吴玉贵译：《撒马尔罕的金桃——唐代舶来品研究》，社会科学文献出版社，2016 年，第 413～414 页。
④ （唐）苏敬等撰，尚志钧辑校：《唐·新修本草》（辑复本），安徽科学技术出版社，1981 年，第 338 页。

丁香皮、辛夷各半，茴香六分，上捣粗末，入龙脑少许，贮囊佩之，香气着衣，汗浥愈馥。"①此外，该书还载有"梅花衣香""梅萼衣香""莲蕊衣香""牡丹衣香""蔷薇衣香""荀令十里香""贵人绝汗香"和"浓梅衣香"等薰衣香方，其中都含有龙脑香。

4. 没药。没药是橄榄科植物没药树（Commiphora myrrha Engl）或其他同属植物皮部渗出的油胶树脂，产于索马里、埃塞俄比亚、阿拉伯半岛及印度等地。

李珣《海药本草》引徐表《南州记》语云："没药，波斯松脂也，状如神香，赤黑色，味苦温。"李时珍认为，李珣曾言乳香是波斯松脂，又言没药也是松脂，此乃传闻之误。所谓"神香者，不知何物也"②。乳香、没药均为树脂，具特殊气味，形质相同，功用亦同。据《北史·西域传》记载，葱岭之北的漕国（即汉时罽宾国），多产安息、青木、阿魏、没药等香。③《证类本草》卷13"没药"条云，没药"生波斯国。似安息香，其块大小不定，黑色"。该书还引苏颂《图经本草》云："没药，生波斯国，今海南诸国及广州或有之。木之根之株皆如橄榄，叶青而密，岁久者，则有膏液流滴在地下，凝结成块，或大或小，亦类安息香。采无时。"④

据《诸蕃志》卷下记载："没药出大食麻啰抹国（今也门马里卜）。其树高大，如中国之松，皮厚一二寸，采时先掘树下为坎，用斧伐其皮，脂溢于坎中，旬余方取之。"⑤没药与乳香一样，曾经是古代希伯来人在仪式中使用的圣香的一种配料，它在基督教徒的礼拜仪式中也具有独特的地位。在唐代，乳香主要是用作焚香，尽管只是在很小的范围内使用；而没药则主要是作为治疗外伤的特效药或镇痛剂来使用。

《酉阳杂俎》卷18云："没树出波斯国，拂林呼为阿縒，长一丈许，皮

---

①（宋）陈敬：《陈氏香谱》卷3《佩薰诸香》，见刘幼生编校《香学汇典》，三晋出版社，2014年，第292页。

②（明）李时珍著，王育杰整理：《本草纲目》木部卷34《木之一香木类三十五种·没药》，人民卫生出版社，1999年，第1612页。

③（唐）李延寿：《北史》卷97《西域·漕国》，中华书局，1974年，第3239页。

④（宋）唐慎微著，尚志钧等校点：《证类本草》卷13《没药》，华夏出版社，1993年，第391页。

⑤（宋）赵汝适著，杨博文校释：《诸蕃志校释》卷下《志物·没药》，中华书局，2000年，第165页。

青白色,叶似槐叶而长,花似橘花而大,子黑色,大如山茱萸,其味酸甜可食。"①劳费尔认为,段成式将没药(Myrrh)与桃金娘(myrtle)相混淆。没药和桃金娘不但不属于同科,而且也不同目。桃金娘也不会像没药似的产出树胶。他认为赵汝适在《诸蕃志》中的记载是正确的。没药产于阿拉伯和索马里,为橄榄科乔木,波斯语作 mor,阿拉伯语作 murr,拉丁语作 myrrha。"没药"这名称究竟为波斯语抑或阿拉伯语的对音,至今还不能肯定。②今知徐表为晋人,则出自波斯语的可能性较大。

据唐代医药学家甄权的《药性论》记载,没药主要用于外伤,"凡金刃所伤,打损踠跌坠马,筋骨疼痛,心腹血瘀者,并宜研烂热酒调服。推陈致新,能生好血"③。乳香活血,没药散血,都能止痛消肿生肌。《证类本草》卷13云,没药"味苦,平,无毒。主破血止痛,疗金疮杖疮,诸恶疮痔漏,卒下血,目中翳晕痛肤赤"④。此外,据李珣的《海药本草》记载,没药还可用于"坠胎,及产后心腹血气痛,并入丸散服"⑤。

5. 苏合香。苏合香是金缕梅科乔木植物苏合香树(Liqui dambar orientalis Mill)的树干渗出的树脂,又称苏合油或帝膏。

班固在《与弟超书》中最早提到苏合香。关于此信的内容,诸书记载互异。《太平御览》卷982《香部二》之"苏合"条云:"班固《与弟超书》曰:窦侍中令载杂彩七百匹,市月氏苏合香。"而《艺文类聚》卷85《布帛部》云:"班固《与弟超书》曰:今赍白素三匹,欲以市月氏马、苏合香、阗登。"按:文中的"三匹"当为三百匹之误,因为从价格上来说,三匹白素是不可能易到苏合香等三种物产的。月氏并非苏合香的产地,月氏人仅仅是转手倒卖苏合香的中间商而已。

关于苏合香的产地,史籍记载颇为混乱,有源自大秦说,也有产于波斯

---

① (唐)段成式:《酉阳杂俎》卷18《广动植之三·木篇》,见《钦定四库全书荟要》,吉林出版集团有限责任公司,2005年,第396页。
② [美]劳费尔著,林筠因译:《中国伊朗编》,商务印书馆,2015年,第309~310页。
③ (明)李时珍著,王育杰整理:《本草纲目》木部卷34《木之一香木类三十五种·没药》,人民卫生出版社,1999年,第1612页。
④ (宋)唐慎微著,尚志钧等校点:《证类本草》卷13《没药》,华夏出版社,1993年,第391页。
⑤ (明)李时珍著,王育杰整理:《本草纲目》木部卷34《木之一香木类三十五种·没药》,人民卫生出版社,1999年,第1612页。

或中天竺说等。据鱼豢《魏略·西戎传》记载："大秦国一号犁靬,在安息、条支西大海之西,……(多)一微木、二苏合、狄提、迷迷〔迭〕、兜纳、白附子、薰陆、郁金、芸胶、薰草、木十二种香。"①《后汉书·西域传》亦云,大秦国出苏合香,并云,"合会诸香,煎其汁以为苏合"②。魏晋之世,苏合香已成为家喻户晓之物。如晋初傅玄《拟四愁诗》就有"佳人赠我苏合香,何以要之翠鸳鸯"之句。此外,《梁书·诸夷传》记载:"中天竺国,在大月支东南数千里,地方三万里,一名身毒。……其西与大秦、安息交市海中,多大秦珍物,珊瑚、琥珀、金碧珠玑、琅玕、郁金、苏合。苏合是合诸香汁煎之,非自然一物也。又云大秦人采苏合,先笮其汁以为香膏,乃卖其滓与诸国贾人,是以展转来达中国,不大香也。"③《梁书》抄合了两种不同的说法,前说以为苏合是诸香之汁,此说本于司马彪的《续汉书》,后说以为苏合有汁和滓之别,其说本于郭义恭的《广志》。苏敬《新修本草》云:"此香从西域及昆仑来,紫赤色,与紫真檀相似,坚实,极芬香,惟重如石,烧之灰白者好。"④苏颂在《图经本草》中明确指出,苏合香产自大秦,辗转来到中国,"今广州虽有苏合香,但类苏木,无香气。药中只用如膏油者,极芬烈"⑤。

然据《魏书·西域传》记载:"波斯国,都宿利城,在忸密西,古条支国也。……(出)熏陆、郁金、苏合、青木等香。"⑥《周书》卷50《异域传》和《隋书》卷83《西域传》记载略同,都说波斯出薰陆、郁金、苏合和青木诸香。此外,洪刍《香谱》卷上云:"陶隐居云:'俗传是师子粪,外国说不尔。今皆从西域来,真者难别。紫赤色如紫檀坚实,极芬香,重如石,烧之灰白者佳。'"⑦同时,叶廷珪《香谱》云:"苏合香油,亦出大食国。气味类于

---

① (晋)陈寿:《三国志》卷30《魏书·乌丸鲜卑东夷传》裴松之注引,中华书局,1959年,第860~861页。
② (南朝宋)范晔:《后汉书》卷88《西域传》,中华书局,1965年,第2919页。
③ (唐)姚思廉:《梁书》卷54《诸夷·海南诸国》,中华书局,1973年,第797~798页。
④ (唐)苏敬等撰,尚志钧辑校:《唐·新修本草》(辑复本),安徽科学技术出版社,1981年,第321页。
⑤ (明)李时珍著,王育杰整理:《本草纲目》木部卷34《木之一香木类三十五种·苏合香》,人民卫生出版社,1999年,第1615页。
⑥ (北齐)魏收:《魏书》卷102《西域·波斯国》,中华书局,1974年,第2270页。
⑦ (宋)洪刍:《香谱》卷上《香之品·苏合香》,见刘幼生编校《香学汇典》,三晋出版社,2014年,第12页。

笃耨，以浓净无滓者为上。"①沈括在《梦溪笔谈》中提到有两种苏合香：一种是固体的，红色如坚木；另外一种是液体的，黏稠如胶。其文曰："今之苏合香如坚木，赤色。又有苏合油，如黏胶，今多用此为苏合香。"②薛爱华认为，苏合香是一种西域的树脂，而到了唐代，那些以苏合香为名流通的香料，实际上只是一种用来制作香膏的枞胶。10世纪时，人们为它想出了一个富有想象力的名称，将苏合香称作"帝膏"。③

《名医别录》云，苏合香"味甘，温，无毒。主辟恶，杀鬼精物，温疟，蛊毒，痫痓，去三虫，除邪，不梦，忤魇寐，通神明。久服，轻身长年"④。《新修本草》亦云，苏合香，味甘，无毒，主辟恶，温疟，痫痓，蛊毒，不梦。⑤苏合香在唐代多用于薰衣、佩饰、美容，还是诸多合香方中使用率颇高的香料之一。

6. 沉香。沉香又名蜜香、沉水香，是瑞香科植物沉香（Aquilaria agallocha Koxb.）及白木香〔Aquilaria sinensis（Lour.） Gilg〕含有树脂的木材，即沉香属树木腐朽后"结"出的混合有树脂和木质成分的固态凝聚物，因入水能沉，故称"沉香""沉水香"或"水沉香"，主要产于印度、印度尼西亚、越南、马来西亚等国。中国热带地区也有引种。沉香中饱含树脂，香气馥郁。

《南州异物志》较早记载了沉香："沉水香出日南，欲取，当先砍坏树，著地积久，外皮朽烂，其心至坚者，置水则沉，名沉香。其次在心白之间，不甚坚，置之水中，不沉不浮，与水面平者，名曰栈香。其最小者，名曰已香。"⑥沉香虽在唐代以前就被引进，但唐时沉香无疑是最流行的。唐代的沉香主要来自林邑国（在今越南南部）。734年（开元二十二年），林邑王遣使献沉香，其中包括多达30斤的"黑沉香"。唐代吟咏"沉香"的诗词佳句比比皆是，

---

① （宋）陈敬：《陈氏香谱》卷1《香品》，见刘幼生编校《香学汇典》，三晋出版社，2014年，第185页。
② （宋）沈括著，施适校点：《梦溪笔谈》卷26《药议》，上海古籍出版社，2015年，第180页。
③ ［美］薛爱华著，吴玉贵译：《撒马尔罕的金桃——唐代舶来品研究》，社会科学文献出版社，2016年，第419页。
④ （梁）陶弘景集，尚志钧辑校：《名医别录》（辑校本），人民卫生出版社，1986年，第45页。
⑤ （唐）苏敬等撰，尚志钧辑校：《唐·新修本草》（辑复本），安徽科学技术出版社，1981年，第321页。
⑥ （宋）李昉等：《太平御览》卷982《香部二》，《四库全书》本，上海古籍出版社，2008年，第650页。

如"博山炉中沉香火,双咽一气凌紫霞"①及"玉台龙镜洞彻光,金炉沉烟酷烈芳"②等。8世纪时,有一位阿曼的伊巴德派商人曾经到过中国,并且在中国买到了沉香。③阿拉伯古典地理学家伊本·胡尔达兹比赫在其《道里邦国志》(成书于846年左右)中列举了中国的出口物资:"由此东方海洋,可以从中国输入丝绸、宝剑、花缎、麝香、沉香、马鞍、貂皮、陶瓷、绥勒宾节(Sīlbinj)、肉桂、高良薑。"④沉香通过海路或陆路远销中亚、西亚地区。

宋代的沉香大多来自东南亚诸番国,而诸番所产沉香品质高下优劣各异。周去非在《岭外代答》卷7对此做了记载:

> 沉香来自诸蕃国者,真腊(位于今柬埔寨境内)为上,占城次之。真腊种类固多,以登流眉(今泰国南部六坤)所产香,气味馨郁,胜于诸蕃。若三佛齐等国所产,则为下岸香矣,以婆罗蛮香为差胜。下岸香味皆腥烈,不甚贵重。沉水者,但可入药饵。⑤

宋代以真腊、占城为上岸,大食、三佛齐、阇婆(今爪哇)为下岸。赵汝适在《诸蕃志》卷下中则做了更为详细的记载:

> 沉香所出非一,真腊为上,占城次之,三佛齐、阇婆等为下。俗分诸国为上下岸,以真腊、占城为上岸,大食、三佛齐、阇婆为下岸。香之大概生结者为上,熟脱者次之。坚黑者为上,黄者次之。……大抵以所产气味为高下,不以形体为优劣。⑥

---

① (清)彭定求等:《全唐诗》卷21《相和歌辞·杨叛儿(李白)》,中华书局,1960年,第276页。
② (清)彭定求等:《全唐诗》卷98《王琚·美女篇》,中华书局,1960年,第1061页。
③ [美]薛爱华著,吴玉贵译:《撒马尔罕的金桃——唐代舶来品研究》,社会科学文献出版社,2016年,第408页。
④ [阿拉伯]伊本·胡尔达兹比赫著,宋岘译注:《道里邦国志》,中华书局,1991年,第73页。
⑤ (宋)周去非著,杨武泉校注:《岭外代答校注》卷7《香门·沉水香》,中华书局,1999年,第241页。
⑥ (宋)赵汝适著,杨博文校释:《诸蕃志校释》卷下《志物·沉香》,中华书局,2000年,第173~174页。

前人对沉香品类的记述众说颇异，缺乏条理，因此，明代李时珍详考杨亿《谈苑》、蔡絛《铁围山丛谈》、范成大《桂海虞衡志》、张师正《倦游录》、洪驹父《香谱》及叶廷珪《香录》诸书，撮其未尽者补之，对沉香的品类及其性状进行了清晰的梳理，指出：

> 香之等凡三，曰沉、曰栈、曰黄熟是也。沉香入水即沉，其品凡四，曰熟结，乃膏脉凝结自朽出者；曰生结，乃刀斧伐仆，膏脉结聚者；曰脱落，乃因水朽而结者；曰虫漏，乃因蠹隙而结者。生结为上，熟脱次之。坚黑为上，黄色次之。角沉黑润，黄沉黄润，蜡沉柔韧，革沉纹横，皆上品也。……其栈香入水半浮半沉，即沉香之半结连木者，或作煎香，番名婆木香，亦曰弄水香。……其黄熟香，即香之轻虚者，俗讹为速香是矣。有生速，斫伐而取者。有熟速，腐朽而取者。其大而可雕刻者，谓之水盘头。并不堪入药，但可焚爇。叶廷珪云：出渤泥、占城、真腊者，谓之番沉，亦曰舶沉、曰药沉，医家多用之，以真腊为上。①

沉香作为"香药之王"，在中医药学、传统印度医学和藏医药学中都有广泛应用。唐慎微在《证类本草》一书中，分析了沉香的性味和功效："微温。疗风水毒肿，去恶气。……日华子云：'沉香，味辛，热，无毒。调中，补五脏，益精壮阳，暖腰膝，去邪气，止转筋，吐泻，冷气，破症癖，冷风麻痹，骨节不任，湿风皮肤痒，心腹痛，气痢。'"②沉香具有降气温中、暖身纳气的功效。而在藏医学中，沉香具有解热、宁心安神的功效，这与中医药理和应用有所不同。

7. **阿魏**。阿魏又名形虞、兴瞿、兴渠和阿虞截等，学名 Ferule foetida。阿魏树脂是一种菜蔬产品，原产于波斯和乌浒河、阿剌海、里海东岸诸地，以及和阗、吐鲁番、沙鹿海牙附近。它含有树脂、树胶和油料等成分，通常树

---

① （明）李时珍著，王育杰整理：《本草纲目》木部卷34《木之一香木类三十五种·沉香》，人民卫生出版社，1999年，第1595页。

② （宋）唐慎微著，尚志钧等校点：《证类本草》卷12《沉香》，华夏出版社，1993年，第363页。

脂占一半以上，可做蔬菜、调味品和药材，有助于消化、健胃，有消肿的功效。在药物学上，阿魏可当兴奋剂和防痉挛之用。①

关于阿魏的产地，诸史记载说法不一。据《隋书·西域传》记载："漕国，在葱岭之北，汉时罽宾国也。……（土多）青黛、安息、青木等香，石蜜、半蜜、黑盐、阿魏、没药、白附子。"②隋代的漕国，即汉代的罽宾（今克什米尔），《大唐西域记》作漕矩吒国，而《新塘书·西域传》则作谢䫻国。《册府元龟》卷960《外臣部·罽宾国》条云，罽宾国，"至隋为漕国。……土多稻、粟、豆、麦，饶象、马、犛牛、金、银、镔铁、氍毹、朱砂、青黛、安息、青木等香，石蜜、牛蜜、墨盐、阿魏、白附子"③。而《大唐西域记》卷12《漕矩吒国》则云："漕矩吒国周七千余里，国大都城号鹤悉那，周三十余里；或都鹤萨罗城，城周三十余里。……草木扶疏，花果茂盛，宜郁金香，出兴瞿草，草生罗摩印度川。"④漕矩吒国，即《隋书·西域传》之漕国。《新唐书》卷221下《西域传下》云："谢䫻居吐火罗西南，本曰漕矩吒，或曰漕矩，显庆时谓诃达罗支，武后改今号。"⑤漕矩吒国的都城鹤悉那，即 Ghazni 或 Ghaznīn，今译加兹尼或哥疾宁，在今阿富汗首都喀布尔以南155公里处，自喀布尔至坎大哈途中要地。兴瞿草，即阿魏。《一切经音义》卷68云"兴瞿（具俱反，梵语药名，唐云阿魏也）"，《宋高僧传·慧日传》中又作"兴渠"⑥。

除了罽宾（即漕国、漕矩吒国）出产阿魏外，据《酉阳杂俎》卷18记载，波斯和北天竺的伽阇郍国也盛产阿魏，伽阇郍人将其称为形虞，而波斯人则称之为阿虞截。

> 阿魏，出伽阇郍国，即北天竺也。伽阇郍呼为形虞。亦出波斯国，

---

① [美]劳费尔著，林筠因译：《中国伊朗编》，商务印书馆，2015年，第192~194页。
② (唐)魏征等撰：《隋书》卷83《西域·漕国》，中华书局，1973年，第1857页。
③ (宋)王钦若等编纂，周勋初等校订：《册府元龟》卷960《外臣部（五）·土风第二·罽宾国》，凤凰出版社，2006年，第11124页。
④ (唐)玄奘、辩机原著，季羡林等校注：《大唐西域记校注》卷12，中华书局，2000年，第954页。
⑤ (宋)欧阳修、宋祁：《新唐书》卷221下《西域下·谢䫻国》，中华书局，1975年，第6253页。
⑥ (宋)赞宁撰，范祥雍点校：《宋高僧传》卷29《唐洛阳罔极寺慧日传》，中华书局，1987年，第723页。

> 波斯国呼为阿虞截。树长八九丈,皮色青黄。三月生叶,叶似鼠耳,无花实。断其枝,汁出如饴,久乃坚凝,名阿魏。拂林国僧弯〔鸾〕所说同。摩伽陁国僧提婆言,取其汁和米豆屑合成阿魏。①

伽阇郍即《大唐西域记》中漕矩吒国都城鹤悉那(Gasna)的异译。段成式提到了佛林国僧人僧鸾和摩揭陀国僧人提婆,以证明自己所记不误。僧鸾认为阿魏是凝固后的树脂,而提婆则认为阿魏是树脂和米、豆屑的合成物。薛爱华认为,"阿魏"这个名字很可能就是吐火罗语"ankwa"的译音,其梵文名称叫"hingu"(形虞)。②

此外,据《诸蕃志》和《宋高僧传》记载,阿魏还是大食或新疆于阗地区的特产。《诸蕃志》卷下《志物·阿魏》云:"阿魏出大食木俱兰国。其树不甚高大,脂多流溢,土人以绳束其稍,去其尾,纳以竹筒,脂满其中。冬月破筒取脂,以皮袋收之。"③木俱兰为 Makran 的音译,今译作莫克兰,在巴基斯坦近伊朗处。《宋高僧传》卷29《唐洛阳罔极寺慧日传》中说:"'兴渠'人多说不同,或云芸苔葫荽,或云阿魏。……回至于阗,方得见也。根麄如细蔓,菁根而白,其臭如蒜,彼国人种取根食也。"④

据苏恭《唐本草》记载,阿魏有煎饼式和截根式两种,前者质量较好,而后者质量稍逊。

> 阿魏生西番及昆仑。苗叶根茎酷似白芷。捣根汁,日煎作饼者为上。截根穿暴干者为次。体性极臭而能止臭,亦为奇物也。又婆罗门云:熏渠即是阿魏,取根汁暴之如胶,或截根日干,并极臭。西国(指印度)持咒人禁食之。常食用之,云去臭气。戎人重此,

---

① (唐)段成式:《酉阳杂俎》卷18《广动植之三·木篇》,见《钦定四库全书荟要》,吉林出版集团有限责任公司,2005年,第395页。
② [美]薛爱华著,吴玉贵译:《撒马尔罕的金桃——唐代舶来品研究》,社会科学文献出版社,2016年,第466页。
③ (宋)赵汝适著,杨博文校释:《诸蕃志校释》卷下《志物·阿魏》,中华书局,2000年,第198页。
④ (宋)赞宁撰,范祥雍点校:《宋高僧传》卷29《唐洛阳罔极寺慧日传》,中华书局,1987年,第723页。

犹俗中贵胡椒，巴人重负蠜也。①

阿魏的主要消费群体是胡人，他们一般将其作为调味品使用，而质量稍次的阿魏截根则是北庭每年给朝廷的贡品。据《唐六典》卷3"尚书户部"记载："北庭州速霍角、阴牙角、阿魏截根。"②《元和郡县图志》卷40"陇右道下"亦载，开元年间庭州贡、赋："阴牙角、速霍角、肉沙、阿魏、延胡索。"③阿魏进入唐朝的途径有二：一是北庭每年作为土贡进贡；二是通过商舶由南中国海运来。

李时珍在概述前人有关阿魏产地、药性说法的基础上，对其真伪做出了自己的判断："阿魏有草、木两种。草者出西域，可晒可煎，苏恭所说是也。木者出南番，取其脂汁，李珣、苏颂、陈承所说是也。"此物"消肉积，杀小虫，故能解毒辟邪，治疟、痢、疳、劳、尸注、冷痛诸症"④。阿魏可以刺激神经，帮助消化。但是，唐朝人利用最多的是它"体性极臭而能止臭"的奇异性能。阿魏还是一种高效的杀虫剂。

8. 血竭。血竭又名麒麟竭。血竭是棕榈科植物麒麟竭（Daemonorops draco Bl.）的果实及树干中渗出的树脂。

关于血竭的产地和性状，苏恭《唐本草》云："骐麟竭树名渴留，紫铆树名渴禀，二物大同小异。"⑤《诸蕃志》卷下云："血碣亦出大食国。其树略与没药同，但叶差大耳，採取亦如之。有莹如镜面者，乃树老脂自流溢，不犯斧凿，此为上品。其夹插柴屑者，乃降真香之脂，俗号假血碣。"⑥血碣即血竭，是产于阿拉伯海索科特拉岛（Socotra）的一种植物的树脂。

---

① （明）李时珍著，王育杰整理：《本草纲目》木部卷34《木之一香木类三十五种·阿魏》，人民卫生出版社，1999年，第1621页。

② （唐）李林甫等撰，陈仲夫点校：《唐六典》卷3《尚书户部》，中华书局，1992年，第69页。

③ （唐）李吉甫撰，贺次君点校：《元和郡县图志》卷40《陇右道下》，中华书局，1983年，第1033页。

④ （明）李时珍著，王育杰整理：《本草纲目》木部卷34《木之一香木类三十五种·阿魏》，人民卫生出版社，1999年，第1622页。

⑤ （明）李时珍著，王育杰整理：《本草纲目》木部卷34《木之一香木类三十五种·骐麟竭（血竭）》，人民卫生出版社，1999年，第1613页。

⑥ （宋）赵汝适著，杨博文校释：《诸蕃志校释》卷下《志物·血碣》，中华书局，2000年，第166页。

此处所谓"假血竭",是产于苏门答腊岛和马古鲁群岛等地的一种名叫麒麟血藤的果实内分泌的树脂。此外,人们还将其与印度尼西亚桉树胶以及紫胶相混淆。李时珍曰:"骐麟竭是树脂,紫铆是虫造。按一统志云:血竭树略如没药树,其肌赤色。采法亦于树下掘坎,斧伐其树,脂流于坎,旬日取之。多出大食诸国。今人试之,以透指甲者为真。"① 血竭主治内伤血聚及肝血不足。

二、花草类香药

1. 迷迭香。迷迭香是唇形科植物迷迭香(Rosmarinus offcinalis L.)的全草。

鱼豢《魏略·西戎传》所记大秦12种香中就有迷迭香。晋郭义恭《广志》卷下云,迷迭"出西海中"②。西海即地中海。《广志》与《魏略》所记实无不同。陈藏器《本草拾遗》引《魏略》曰:迷迭香"出大秦国"。汉代古乐府诗云:"行胡从何方,列国持何来,氍毹毾㲪五木香,迷迭艾蒳及都梁。"③ 至迟在汉魏之际,迷迭香已移植中国。曹丕、曹植、王粲、陈琳、应玚均有《迷迭香赋》,诸赋应作于建安二十二年或之前。曹丕《迷迭香赋》序云:"余种迷迭于中庭,嘉其扬条吐香,馥有令芳,乃为之赋。"赋中有云:"薄西夷之秽俗兮,越万里而来征。"④ 曹植在《迷迭香赋》中写道:"播西都之丽草兮,应青春而凝晖……芳莫秋之幽兰兮,丽昆仑之芝英。"⑤ 王粲《迷迭赋》亦云:"惟遐方之珍草兮,产昆仑之极幽。受中和之正气兮,承阴阳之灵休。扬丰馨于西裔兮,布和种于中州。"⑥ 他们都强调其来自远方异域,而且来自西方。李时珍概括诸人文字,描绘出迷迭香的形状及功效。他写道:"魏文帝时,自西域移植庭中,同曹植等各有赋。大意其草修干柔茎,细枝弱根。繁华枯实,严霜弗凋。收采幽杀,摘去枝叶。入袋佩之,芳香甚烈。"迷迭香辛温无毒,

---

① (明)李时珍著,王育杰整理:《本草纲目》木部卷34《木之一香木类三十五种·骐麟竭(血竭)》,人民卫生出版社,1999年,第1613页。

② (唐)释道世著,周叔迦等校注:《法苑珠林校注》卷36,中华书局,2003年,第1163页。

③ (宋)李昉等:《太平御览》卷982《香部二》,《四库全书》本,上海古籍出版社,2008年,第647页。

④ (三国魏)曹丕著,魏宏灿校注:《曹丕集校注》,安徽大学出版社,2009年,第132页。

⑤ (三国魏)曹植著,赵幼文校注:《曹植集校注》,中华书局,2018年,第167页。

⑥ (东汉)王粲著,俞绍初校点:《王粲集》,中华书局,1980年,第23页。

主治"恶气，令人衣香，烧之去鬼"①。

2.**零陵香**。零陵香又名薰草、蕙草和香草。零陵香是唇形科罗勒属（Ocimum basilicum）一年生草本植物。其茎方形，多分枝。叶对生，夏秋开白色或淡紫色花。茎叶可提取芳香油。全草入药。

薰草是《魏略》所载大秦12种香之一。古人有焚烧香草降神的习俗，此曰薰，又曰蕙。晋人成公绥《宣清赋》云："哀薰草之见焚。"可见薰草可以用作香料。据《山海经·西山经》记载："（浮山）有草焉，名曰薰草，麻叶而方茎，赤华而黑实，臭如蘼芜，佩之可以已疠。"②浮山，在今陕西临潼县南。薰草，香气如蘼芜，古人认为佩之可以避疫。

零陵香一名最早见于唐代陈藏器的《本草拾遗》。《本草拾遗》云，零陵香"生零陵山谷，叶如罗勒。《南越志》名燕草，又名薰草，即香草也"③。李珣《海药本草》云："陈氏云：地名零陵，故以地为名。"零陵，今湖南永州市零陵区。《嘉祐本草》"薰草条"注引陈藏器语云："薰即蕙根，此即是零陵香，一名燕草。"《嘉祐本草》"零陵香"条注引陈藏器语云："薰草即蕙根，叶如麻，两两相对，此即是零陵香。"范成大《桂海虞衡志》则云："零陵香。宜（治今广西宜州市）、融（治今广西融水苗族自治县）等州多有之。土人编以为席，荐坐褥，性暖宜人。零陵，今永州，实无此香。"④范成大认为，零陵香产自宜、融等州，而不产于零陵。周去非《岭外代答》卷7云："零陵香，出瑶洞及静江（今广西桂林市）、融州、象州（今广西象州县）。……谓之零陵香者，静江旧属零陵郡也。"⑤周去非的论述驳正了范成大的说法。而沈括在《梦溪笔谈》补笔谈卷3中云：

零陵香，本名蕙，古之兰蕙是也，又名薰，《左传》曰：'一

---

① （明）李时珍著，王育杰整理：《本草纲目》草部卷14《草之三芳草类五十六种·迷迭香》，人民卫生出版社，1999年，第734～735页。
② 郭世谦：《山海经考释》，天津古籍出版社，2011年，第117页。
③ （唐）陈藏器撰，尚志钧辑释：《〈本草拾遗〉辑释》，安徽科学技术出版社，2002年，第94页。
④ （宋）范成大撰，孔凡礼点校：《范成大笔记六种·桂海虞衡志》，中华书局，2002年，第95页。
⑤ （宋）周去非著，杨武泉校注：《岭外代答校注》卷7《香门·零陵香》，中华书局，1999年，第248页。

薰一莸，十年尚犹有臭'，即此草也。唐人谓之'铃铃香'，亦谓之'铃子香'，谓花倒悬枝间如小铃也，至今京师人买零陵香须择有（零）〔铃〕子者，铃子乃其花也。此本鄙语，文士以湖南零陵郡，遂附会名之，后人又收入《本草》，殊不知《本草》正经自有薰草条，又名蕙草，注释甚明，南方处处有，《本草》附会其名言出零陵郡，亦非也。①

零陵香即薰草，是大秦 12 种香之一。零陵香产于两广及江淮地区，以产于湖南，以及岭北道州、江华、全州、永州、武冈州者为佳，香气馥郁。

关于零陵香的性状、药用，《本草拾遗》云，零陵香"味甘，平，无毒。主恶气痋，心腹痛满，下气，令体香，和诸香作汤丸用之，得酒良"②。《证类本草》和《开宝本草》记载略同。

3. **野悉蜜香**。野悉蜜香又名素馨花、耶悉茗花。野悉蜜香源于木樨科茉莉花属植物素馨花（Jasminum grandiflorum L）的干燥花蕾，以全株入药。

素馨花原名耶悉茗花，相传汉代陆贾将此花与茉莉花自西域引种于南海。五代十国时期，南汉末代皇帝之宫女素馨花，喜簪耶悉茗花，故名此花为素馨花。据段成式《酉阳杂俎》卷 18 记载，野悉蜜香，出自拂菻国，亦出波斯国。③ 周嘉胄《香乘》与段成式《酉阳杂俎》的记载基本相同，其文云：

> 野悉蜜香，出拂林国，亦出波斯国。苗长七八尺，叶似梅叶，四时敷荣。其花五出，白色，不结实。花开时遍野皆香，与岭南詹糖相类。西域人常采其花，压以为油，甚香滑。唐人以此和香，仿佛蔷薇水云。④

---

① （宋）沈括著，施适校点：《梦溪笔谈》补笔谈卷 3，上海古籍出版社，2015 年，第 217 页。

② （唐）陈藏器撰，尚志钧辑释：《〈本草拾遗〉辑释》，安徽科学技术出版社，2002 年，第 94 页。

③ （唐）段成式：《酉阳杂俎》卷 18《广动植之三·木篇》，见《钦定四库全书荟要》，吉林出版集团有限责任公司，2005 年，第 396 页。

④ （明）周嘉胄：《香乘》卷 5《香品·野悉蜜香》，见刘幼生编校《香学汇典》，三晋出版社，2014 年，第 461～462 页。

4.郁金香。中国古代史籍中的郁金香,是一种鸢尾科番红花属(saffron)多年生花卉,可做香料,亦可入药等。

《周礼·春官·鬱人》云:"鬱人掌祼器。凡祭祀、宾客之祼事,和鬱鬯,以实彝而陈之。"郑司农注云:"鬱,草名,十叶为贯,百二十贯为筑,以煮之鐎中,停于祭前。鬱为草若兰。"①《说文解字注》曰:"郁,芳草也。十叶为贯。百廿贯筑以煮之为郁。……一曰郁鬯,百草之英,远方郁人所贡芳草,合酿之以降神。郁,今郁林郡(治布山,在今广西贵港市)也。"② 可知,郁草是一种中国土生的有香味的植物,它与中古时期外来的郁金香并无关系。

此外,在中国古代史籍中,"郁金"与"郁金香"常常混为一谈。实际上,"郁金"是一种土生的姜黄科植物(Curcuma),其块根主要用于药材,亦可浸酒、染色,而"郁金香"则是指鸢尾科番红花属植物,其花柱的株头可以提炼香料。这两种植物和我们今天所熟知的百合科观赏花卉"郁金香"均无任何关系。

番红花在阿拉伯语中称为撒法郎。《本草纲目》草部卷15云:

> 番红花出西番回回地面及天方国(泛指阿拉伯地区),即彼地红蓝花也。元时以入食馔用。按张华博物志言,张骞得红蓝花种于西域,则此即一种,或方域地气稍有异耳。③

番红花产于伊朗、克什米尔,以及阿拉伯半岛。但是,李时珍将番红花与红蓝花相混淆。在古印度,番红花是非常贵重的东西,只限王后和上层社会使用,故人们常用红蓝〔safflower(Carthamus tinctorius)〕冒充红花。《博物志》只谈红蓝,不谈红花,这是两个绝对不同的植物,甚至不属于同一科。番红花又名藏红花,藏红花这名字在《本草纲目拾遗》卷4和《植物名实图考》卷4中都有,并且都说它是从西藏来的。实际上,西藏并不出产红花,只是

---

① (清)孙诒让撰,汪少华整理:《周礼正义》卷37《春官·鬱人》,中华书局,2015年,第1796页。
② (汉)许慎撰,(清)段玉裁注:《说文解字注》,上海古籍出版社,1981年,第217页。
③ (明)李时珍著,王育杰整理:《本草纲目》草部卷15《草之四隰草类五十二种·番红花》,人民卫生出版社,1999年,第795页。

从克什米尔输入到那里而已。劳费尔认为，当"郁金"指中国的一个植物或产品时，它就是一种姜黄属植物（Curcuma）。但是，当它指印度、越南、伊朗等地的产品时，大半是番红花属植物（Crocus）。这种植物主要用作香料。①

关于郁金香的产地，诸史说法不一。周嘉胄《香乘》引东汉杨孚《南州异物志》云："郁金香，出罽宾国（即迦湿弥罗，今克什米尔）。人种之，先以供佛，数日萎，然后取之。色正黄，与芙蓉花裹嫩莲者相似，可以香酒。"②罽宾是和我国来往较早的国家之一。汉武帝时始通中国，并几度派遣使者来朝。此处的郁金香，就其具体特征而言，显然是指番红花属。鱼豢《魏略》记载，郁金香"生大秦国。二三月花，如红蓝。四五月采之，甚香。十二叶，为百草之英"③。大秦国指古代东罗马帝国。陈藏器《本草拾遗》亦云，郁金香"生大秦国，花如红蓝花，即是香也"④。番红花是在四月种植，五月发芽，九月或十月才开花。显然，这里的郁金香不是番红花，而是类似红花或红蓝的东西。西晋时期，皇室中就有异域进贡的郁金香。晋武帝的嫔妃左芬在其《郁金颂》中写道："伊此奇草，名曰郁金。越自殊域，厥珍来寻。芬香酷烈，悦目欣心。"⑤郁金香草产自"殊域"，显然非本土姜科郁金，其特点是芳香。到南朝刘宋时期，郁金香作为一种外来的香药，仍未被时人广泛认识和使用。如范晔在其《和香方·序》中云："甘松、苏合、安息、郁金、柰多、和罗之属，并被珍于外国，无取于中土。"⑥他明确地将郁金香看作外来的香料。

罽宾、波斯诸地以种植红花闻名，并从那里运销天竺、吐蕃、蒙古和中国各地。《梁书》卷54《诸夷传》曰：

中天竺国，在大月支东南数千里，地方三万里，一名身毒。……

---

① [美]劳费尔著，林筠因译：《中国伊朗编》，商务印书馆，2015年，第158页。
② （明）周嘉胄：《香乘》卷2《香品·郁金香》，见刘幼生编校《香学汇典》，三晋出版社，2014年，第426页。
③ （宋）陈敬：《陈氏香谱》卷1《香品·郁金香》，见刘幼生编校《香学汇典》，三晋出版社，2014年，第186页。
④ （唐）陈藏器撰，尚志钧辑释：《〈本草拾遗〉辑释》，安徽科学技术出版社，2002年，第162页。
⑤ （清）严可均：《全上古三代秦汉三国六朝文·全晋文》卷13《左九嫔·郁金颂》，中华书局，1965年，第1534页。
⑥ （梁）沈约：《宋书》卷69《范晔传》，中华书局，1974年，第1829页。

其西与大秦、安息交市海中,多大秦珍物,珊瑚、琥珀、金碧珠玑、琅玕、郁金、苏合。……郁金独出罽宾国,华色正黄而细,与芙蓉华里被莲者相似。国人先取以上佛寺,积日香槁,乃粪去之,贾人从寺中征雇,以转卖与佗国也。①

唐代中叶,罽宾不仅统治乌苌,而且统治犍陀罗,是一个疆域广大的国家。唐代高僧慧超在《往五天竺国传》中说:"至罽宾国(唐代指迦毕试国)。此国亦是建驮罗王所管。……土地出驼、骡、羊、马、驴、牛、氎布、蒲桃、大小二麦、郁金香等。"②当时,迦湿弥罗、乌苌国、大勃律、漕矩吒国等都是郁金香的著名产地,故唐代义净法师在其《南海寄归内法传》卷3中说:"西方则多足诃黎勒,北道则时有郁金香,西边乃阿魏丰饶,南海则少出龙脑。"③

据《大唐西域记》卷3记载:"迦湿弥罗国周七千余里,四境负山。……宜稼穑,多花果。出龙种马及郁金香、火珠、药草。"④迦湿弥罗,汉魏南北朝时期皆译作罽宾,即现代的克什米尔。但《隋书》中的罽宾是指漕国(Ghazni,漕矩吒),而唐代的罽宾则是指迦毕试国。7世纪时,迦湿弥罗的领域,除克什米尔本身外,还兼有印度河与契纳布河间的山岳地带。《新唐书·西域传》亦云:"箇失蜜,或曰迦湿弥逻。……出火珠、郁金、龙种马。"⑤此外,《唐会要》卷100"杂录"云:"(贞观)二十一年三月十一日,以远夷各贡方物,其草木杂物有异于常者,诏所司详录焉。……伽毗国献郁金香,叶似麦门冬,九月花开,状如芙蓉,其色紫碧,香闻数十步。华而不实,欲种取其根。"⑥伽毗国,即迦毕试国,在今阿富汗境内喀布尔以北62公里处。该国"宜谷麦,多果木。出善马、郁金香。异方奇货,多聚此国。"⑦据《大唐西域记》卷3

---

① (唐)姚思廉:《梁书》卷54《诸夷·海南诸国》,中华书局,1973年,第797～798页。
② (唐)慧超著,张毅笺释:《往五天竺国传笺释》,中华书局,2000年,第88～92页。
③ (唐)义净著,王邦维校注:《南海寄归内法传校注》,中华书局,1995年,第153页。
④ (唐)玄奘、辩机原著,季羡林等校注:《大唐西域记校注》卷3,中华书局,2000年,第321页。
⑤ (宋)欧阳修、宋祁:《新唐书》卷221下《西域下·箇失蜜》,中华书局,1975年,第6255～6256页。
⑥ (宋)王溥:《唐会要》卷100《杂录》,中华书局,1955年,第1796页。
⑦ (唐)玄奘、辩机原著,季羡林等校注:《大唐西域记校注》卷1,中华书局,2000年,第135～136页。

记载，乌仗那国也出产郁金香。其文曰："乌仗那国周五千余里，山谷相属，川泽连原。谷稼虽播，地利不滋。多葡萄，少甘蔗。土产金铁，宜郁金香。"①乌仗那北接葱岭，南连天竺，在斯瓦特河（swāt）上，包括现在的Pangkora，Bijāwar，Swat，Buna四县。大勃律，"直吐蕃西，与小勃律接，西邻北天竺、乌苌。地宜郁金。役属吐蕃"②。

汉文正史中更为普遍的一种说法是郁金香产自波斯国。据《魏书·西域传》记载，波斯国出产薰陆、郁金、苏合、青木等香。③《隋书·西域传》亦云，波斯国土多薰陆、郁金、苏合、青木等香。④波斯从很早就开始种植番红花属植物。

劳费尔认为，郁金树很可能是从波斯传播到克什米尔的。⑤而薛爱华则认为，郁金香的起源地在波斯附近和印度西北地区。从郁金香深橙色的柱头里提炼出来的芳香染料，是古代商业贸易中的一宗重要的商品。在普林尼的时代，郁金香生长在希腊和西西里，罗马人用它来调配甜酒。作为一种优质的喷雾剂，它还被当作香水喷洒在剧场里。郁金香还是深受罗马妇女喜爱的一种染发剂。⑥宋代以后，郁金香似已少见。郑樵《通志》谓郁金即姜黄。而李时珍则认为"郁金"有两种：一种是郁金香，只有它的花有用处；一种是郁金，其苗如姜，其根大小如指，用以浸水染色，微有香气。前者是红花，后者是一种姜黄属植物。⑦

陈藏器《本草拾遗》云，郁金香"味苦，平，无毒。主一切臭，除心腹间恶气鬼疰，入诸香药用之"⑧。李时珍《本草纲目》草部卷15云，郁金香

---

① （唐）玄奘、辩机原著，季羡林等校注：《大唐西域记校注》卷3，中华书局，2000年，第270页。
② （宋）欧阳修、宋祁：《新唐书》卷221下《西域下·大勃律》，中华书局，1975年，第6251页。
③ （北齐）魏收：《魏书》卷102《西域·波斯国》，中华书局，1974年，第2270页。
④ （唐）魏征等撰：《隋书》卷83《西域·波斯国》，中华书局，1973年，第1857页。
⑤ ［美］劳费尔著，林筠因译：《中国伊朗编》，商务印书馆，2015年，第157页。
⑥ ［美］薛爱华著，吴玉贵译：《撒马尔罕的金桃——唐代舶来品研究》，社会科学文献出版社，2016年，第319~320页。
⑦ （明）李时珍著，王育杰整理：《本草纲目》草部卷14《草之三芳草类五十六种·郁金》，人民卫生出版社，1999年，第721页。
⑧ （唐）陈藏器撰，尚志钧辑释：《〈本草拾遗〉辑释》，安徽科学技术出版社，2002年，第162页。

主治"心忧郁积,气闷不散,活血。久服令人心喜。又治惊悸"①。

5. 兜纳香。兜纳香是《魏略》所载大秦12种香之一。周嘉胄在《香乘》中云:"兜纳香,草类也。"②陈藏器在《本草拾遗》中简要记述了兜纳香的药性和产地,其文云:"兜纳香,味甘,温,无毒。去恶气,温中,除暴冷。《广志》云:生剽国。《魏略》曰:大秦国出兜纳香。"③大秦国指东罗马帝国。剽国是古代缅甸骠人建立的国家。《后汉书·西域传》云:"大秦国一名犂鞬,以在海西,亦云海西国。"兜纳香产于地中海沿岸诸地,最初可能是由马其顿的使者或商人携入中土,故被称作兜纳香。

兜纳香味辛、无毒,可治恶疮肿瘤,止痛生肌,并入膏用。兜纳香与茅香、柳枝一起煮汤给小儿沐浴,可防止皮肤病。

6. 茉莉。茉莉又名末利、抹厉,是木樨科茉莉属(jasminum)常绿灌木,畏寒,喜潮热气候。李时珍在《本草纲目》中云,嵇含《南方草木状》作末利,《洛阳名园记》作抹厉,佛经作抹利,盖末利本胡语,译者无正字,随人会意而已。

关于茉莉的原产地,历来有大秦、波斯、印度、交趾等不同说法。茉莉一名最早见于晋代嵇含的《南方草木状》卷上:"耶悉茗花,末利花,皆胡人自西国移植于南海,南人怜其芳香,竞植之"④。又云,"末利花似蔷薇之白者,香愈于耶悉茗。"⑤《南方草木状》卷中云,指甲花"与耶悉茗、末利花皆雪白而香不相上下,亦胡人自大秦国移植于南海"⑥。段成式《酉阳杂俎》卷18云:

> 野悉蜜,出拂菻国,亦出波斯国。苗长七八尺,叶似梅叶,四时敷荣,其花五出,白色不结子。花若开时,遍野皆香。与岭南詹

---

① (明)李时珍著,王育杰整理:《本草纲目》草部卷15《草之四隰草类五十二种·番红花》,人民卫生出版社,1999年,第796页。
② (明)周嘉胄:《香乘》卷4《香品》,见刘幼生编校《香学汇典》,三晋出版社,2014年,第447页。
③ (唐)陈藏器撰,尚志钧辑释:《〈本草拾遗〉辑释》,安徽科学技术出版社,2002年,第81页。
④ (晋)嵇含:《南方草木状》卷上《耶悉茗》,广东科技出版社,2009年,第11页。
⑤ (晋)嵇含:《南方草木状》卷上《耶悉茗》,广东科技出版社,2009年,第12页。
⑥ (晋)嵇含:《南方草木状》卷中《指甲花》,广东科技出版社,2009年,第29页。

糖相类，西域人常采其花，压以为油，甚香滑。①

李时珍在《本草纲目》草部卷14中云：

> 末利原出波斯，移植南海，今滇、广人栽莳之。其性畏寒，不宜中土。弱茎繁枝，绿叶团尖。初夏开小白花，重瓣无蕊，秋尽乃止，不结实。有千叶者，红色者，蔓生者。其花皆夜开，芬香可爱。女人穿为首饰，或合面脂。亦可熏茶，或蒸取液以代蔷薇水。②

夏德认为，耶悉茗一名来自阿拉伯波斯语的 jāsamīn（读作 yāsmīn），现在欧洲所有的语言里都有这个外国名字。此名字见于大约3世纪的《南方草木状》，足以证明这个名字必定在古代就用了。但是，劳费尔认为，《南方草木状》里有许多地方经后人添改而失真，这段文字也许是后加上去的，故耶悉茗和茉莉从大秦传入说，似乎不太可信。而段成式和李时珍都说耶悉茗和茉莉的原产地在波斯，我们似乎应该承认这两种植物是由波斯传入的。③

但是，唐人段公路在《北户录》卷第3中介绍指甲花时称："又耶悉弭花，白末利花，皆波斯移植中夏……愚详末利乃五印度花名，佛书多载之。贯花亦佛事也。"④段氏认为茉莉花原产于五印度。《诸蕃志》卷上亦云：

> 注辇国，西天南印度也……花有白茉莉、散丝、虵脐、佛桑、丽秋、青黄碧婆罗、瑶莲、蝉紫、水蕉之类。⑤

茉莉产于印度或波斯，波斯商人将其带入中土。或更明确地说，茉莉原

---

① （唐）段成式：《酉阳杂俎》卷18《广动植之三·木篇》，见《钦定四库全书荟要》，吉林出版集团有限责任公司，2005年，第396页。
② （明）李时珍著，王育杰整理：《本草纲目》草部卷14《草之三芳草类五十六种·茉莉》，人民卫生出版社，1999年，第732页。
③ ［美］劳费尔著，林筠因译：《中国伊朗编》，商务印书馆，2015年，第166～167页。
④ （唐）段公路：《北户录》卷第3，中华书局，1985年，第49页。
⑤ （宋）赵汝适著，杨博文校释：《诸蕃志校释》卷上《志国·注辇国》，中华书局，2000年，第74～76页。

产于印度，波斯商人经丝绸之路将其带入广州等地。

唐朝初年，耶悉茗花和茉莉花已经移植到岭南地区。8世纪中叶，唐朝人已经知道大食人从耶悉茗花中压出的一种香滑的油——茉莉油。茉莉花可以蒸油取液作面脂头油，还可入茗汤、熏茶，用途广泛。

7. 蔷薇水。蔷薇水又称蔷薇露。蔷薇水是蔷薇花经蒸馏而得之香水，主要产于阿拉伯地区。

大约9世纪时，随着阿拉伯人在一些制造业和手工艺上的技术进步，特别是玻璃器皿和彩陶制作技术的提高，带动了蒸馏技术的发展，蒸馏业逐渐成为真正的制造业，如蒸馏纯露、醋、各种香水等。唐代，中国与波斯、阿拉伯帝国间物质文化交流频繁，但是，在唐代文献当中，我们找不到关于蔷薇水的踪迹。据《云仙杂记》记载，柳宗元每当收到韩愈寄来的诗时，他总是要"先以蔷薇露灌手，薰玉蕤香后发读"①。《云仙杂记》成书于五代时期，柳宗元是否真的见到过蔷薇水，我们不得而知，但至迟在五代时期，中国上层社会的士大夫们已见识到了异域远来的蔷薇水。陶谷在《清异录》卷下中记载，后唐的"龙辉殿，安假山水一铺，沉香为山阜，蔷薇水、苏合油为江池，芩、藿、丁香为林树，熏陆为城郭，黄、紫檀为屋宇，白檀为人物。方围一丈三尺，城门小牌曰'灵芳国'。或云平蜀得之者"②。苏合香油，出自大食国，气味大抵类笃耨香，以浓而无渣者为上，阿拉伯人多用以涂身。芩、藿、丁香，《四库全书》本作零、藿、丁香，盖指零陵香、藿香和丁香。

此外，958年（显德五年），占城"国王因德漫遣使者莆诃散来，贡猛火油八十四瓶、蔷薇水十五瓶，其表以贝多叶书之，以香木为函。猛火油以洒物，得水则出火。蔷薇水，云得自西域，以洒衣，虽敝而香不灭"③。占城国所贡蔷薇水，并不是其本国产物，而是来自阿拉伯地区。这是公认的中国文献中对于蔷薇水的最早记录。《诸蕃志》卷下亦载："蔷薇水，大食国花露也。五代时番使蒲诃散以十五瓶效贡。厥后罕有至者。"④蔡絛在《铁围山丛谈》

---

① （五代）冯贽：《云仙杂记》卷6，中华书局，1985年，第46页。
② （宋）陶谷：《清异录》卷下《熏燎门》，见刘幼生编校《香学汇典》，三晋出版社，2014年，第105页。
③ （宋）欧阳修：《新五代史》卷74《四夷附录第三》，中华书局，1974年，第922页。
④ （宋）赵汝适著，杨博文校释：《诸蕃志校释》卷下《志物·蔷薇水》，中华书局，2000年，第172页。

卷5中，记载了蔷薇水的制作方法："旧说蔷薇水，乃外国采蔷薇花上露水，殆不然。实用白金为甑，采蔷薇花蒸气成水，则屡采屡蒸，积而为香，此所以不败。但异域蔷薇花气，馨烈非常。故大食国蔷薇水虽贮琉璃瓶中，蜡密封其外，然香犹透彻，闻数十步，洒著人衣袂，经十数日不歇也。"[①]在阿拉伯国家，蔷薇水是通过蒸馏法获得的。制作好的蔷薇水装入玻璃瓶中，且以腊封存，这既便于运输，也能减少香气挥发。蔷薇水奢侈品的属性是由其制作工艺决定的，屡采屡蒸、积而为香的制作流程，决定了其不可能大批量地被生产。

三、香材类香药

1. 檀香。佛家谓之"旃檀"，番语讹为"真檀"，素有"香料之王""绿色黄金"之称。檀香是檀香科檀香属（Santalum a1bum）乔木，生长极其缓慢，清香芬芳醇和，可调节身心，十分珍贵。檀香有白檀、黄檀、紫檀三品。此树之心本有白色、黄色两种，故有白檀、黄檀之名。紫檀亦称红檀，与黄、白檀本非同科之树，而其木质也无香味，堪作斧柯等之用。

据《旧唐书·西戎传》记载，旃檀香产于中天竺，其文曰："中天竺王姓乞利咥氏，或云刹利氏，世有其国，不相篡弑。……又有旃檀、郁金诸香。通于大秦，故其宝物或至扶南、交趾贸易焉。"[②]然据玄奘《大唐西域记》卷10"秣罗矩吒国"载，白檀香树和旃檀你婆树产于秣罗矩吒国南滨海地区的秣剌耶山，其文曰：

> 国南滨海，有秣剌耶山，崇崖峻岭，洞谷深涧。其中则有白檀香树、旃檀你婆树。树类白檀，不可以别，唯于盛夏，登高远瞻，其有大蛇萦者，于是知之。犹其木性凉冷，故蛇盘也。既望见已，射箭为记，冬蛰之后，方乃采伐。[③]

---

① （宋）蔡绦、曾敏行撰，李梦生、朱杰人校点：《铁围山丛谈·独醒杂志》，上海古籍出版社，2012年，第64页。

② （后晋）刘昫等：《旧唐书》卷198《西戎·天竺国》，中华书局，1975年，第5306~5307页。《新唐书》卷221上《西域上·天竺国》记载略同。

③ （唐）玄奘、辩机原著，季羡林等校注：《大唐西域记校注》卷10，中华书局，2000年，第859页。

秣剌耶山在南天竺境内，以盛产旃檀树而著称。栴檀你婆，是梵文 candaneva 的音译，又名乌洛迦旃檀，梵文名 uragasāra-candana（意为"蛇卫旃檀"）。栴檀你婆树即佛经中著名的牛头旃檀。《大正新修大藏经》卷 32《福盖正行所集经》卷 9 云："牛头旃檀，磨以涂体，其香远闻。"牛头旃檀以香味浓郁而著称。《本草纲目》木部卷 34 "檀香"条引王佐格《古论》曰："黄檀最香。"① 故牛头旃檀应为黄檀。在中世纪阿拉伯人的著作中，也有关于印度出产檀香的记载。古典地理学家伊本·胡尔达兹比赫在《道里邦国志》中记载：

可以从印度输入沉香、檀香、樟脑、玛卡富尔（Al-Mākāfūr）、肉豆蔻（Al-Jūzbnwwā）、丁香、小豆蔻、荜澄茄、椰子、黄麻衣服和棉质的天鹅绒衣服、大象。②

《道里邦国志》成书于 846 年左右，后又作了增补，对研究横贯中亚的丝绸之路具有重要的参考价值。

《本草图经》卷 10 "沉香"条云："檀木生江淮及河朔（黄河以北地区）山中，其木作斧柯者，亦檀香类，但不香耳。"③《唐本草》云，檀香"出昆仑盘盘之国。主消风肿。又有紫真檀，人磨之以涂风肿。虽不生于中土，而人间遍有之"④。紫真檀，即紫旃檀。"真檀"是旃檀的别称。

陈敬《陈氏香谱》卷 1 引叶廷珪《香录》云："檀香，出三佛齐国。气清劲而易泄，爇之能夺众香。皮在而色黄者，谓之黄檀；皮腐而色紫者，谓之紫檀。气味大率相类，而紫者差胜，其轻而脆者，谓之沙檀，药中多用之。"⑤

---

① （明）李时珍著，王育杰整理：《本草纲目》木部卷 34《木之一香木类三十五种·檀香》，人民卫生出版社，1999 年，第 1600 页。
② ［阿拉伯］伊本·胡尔达兹比赫著，宋岘译注：《道里邦国志》，中华书局，1991 年，第 73 页。
③ （宋）苏颂编撰，尚志钧辑校：《本草图经》卷 10《木部上品·沉香》，安徽科学技术出版社，1994 年，第 344 页。
④ （宋）陈敬：《陈氏香谱》卷 1《香品》，见刘幼生编校《香学汇典》，三晋出版社，2014 年，第 179 页。
⑤ （宋）陈敬：《陈氏香谱》卷 1《香品》，见刘幼生编校《香学汇典》，三晋出版社，2014 年，第 179 页。

赵汝适在《诸蕃志》卷下中也记载了檀香的产地："檀香出阇婆之打纲（今加里曼丹岛的吉打榜）、底勿（今帝汶岛）二国，三佛齐亦有之。"① 李时珍引用《大明一统志》，更加详细地说明了檀香的产地："檀香出广东、云南，及占城、真腊、爪哇、渤泥、暹罗（今泰国）、三佛齐、回回等国，今岭南诸地亦皆有之。"② 美国学者劳费尔用比较语言学方法探悉了檀香的产地。他认为，檀香是来自中国的一种木材，在广东也有一些种植，但是，亚洲西部所用的檀香木更可能是印度产的。③

檀香主要用于雕刻佛像，建造寺院之楼阁、佛塔，制作装佛像的圣盒，以及装理佛经的书轴和僧徒所持之锡仗等。同时，檀香还是一种名贵的药材。佛教医学认为，以旃檀香涂身，可解除热病烦恼。《大方广佛华严经·普贤菩萨行愿品卷第三十六》云："如白旃檀，若以涂身，悉能除灭一切热恼，令其身心普得清凉。"《摩诃僧祇律》卷33亦云：香者，旃檀沉水，"若热病，医言，当须旃檀香涂，尔时得用香涂"。《净土三部经音义集》卷1并序云："白檀能治热病，赤檀能去风肿。"白檀主治热病，赤檀能疗风肿。此外，旃檀香还可配合青木香治疗头痛。陶弘景在《名医别录》中著录云："紫真檀木，味咸，微寒。主治恶毒、风毒。"④ 唐代医籍中也多用紫檀治疗肿胀。《千金翼方》卷23《疮痈上·处疗痈疽第九》"禁一切肿方"云："又方：取紫檀细研，大醋和之，涂，并治游肿。"⑤《证类本草》引用前人相关记载，指出檀香的性味和功效："陶隐居云：白檀消热肿。臣禹锡等谨按陈藏器云：主心腹霍乱，中恶，鬼气，杀虫。白檀树如檀，出海南。日华子云：檀香，热，无毒。治心痛霍乱，肾气腹痛。浓煎服，水磨傅外，肾并腰肾痛处。"⑥

---

① （宋）赵汝适著，杨博文校释：《诸蕃志校释》卷下《志物·檀香》，中华书局，2000年，第179页。

② （明）李时珍著，王育杰整理：《本草纲目》木部卷34《木之一香木类三十五种·檀香》，人民卫生出版社，1999年，第1600页。

③ ［美］劳费尔著，林筠因译：《中国伊朗编》，商务印书馆，2016年，第416页。

④ （梁）陶弘景集，尚志钧辑校：《名医别录》（辑校本），人民卫生出版社，1986年，第260页。

⑤ （唐）孙思邈撰，鲁兆麟主校：《千金翼方》卷23《疮痈上·处疗痈疽第九》，辽宁科学技术出版社，1997年，第237页。

⑥ （宋）唐慎微著，尚志钧等校点：《证类本草》卷12《檀香》，华夏出版社，1993年，第366页。

此外，檀香还是寺院僧人、百姓礼佛常烧之香。檀香对自然环境的依赖，以及佛教文化在我国西部民族地区的盛行，使得佛教文化、檀香文化与少数民族传统宗教文化，在古代中国西部地区彼此交融，从而有"佛教无檀香不传，檀香无佛教不贵""十方佛世界，周遍有妙香"等丰富多元的香文化。

2. 降真香。《本草纲目》降真香下释名为"紫藤香"。降真香是豆科植物降香檀（Dalbergia odorifera T.Chen）的树干和根的干燥心材。

李珣《海药本草》引徐表《南州记》云，降真香"生南海山，又云生大秦国"[①]。南海指福建、广东、广西以南海面，南抵南沙群岛。大秦国即古罗马帝国。而唐慎微《证类本草》则云："降真香，出黔南。伴和诸杂香，烧烟直上天，召鹤得盘旋于上。"[②] 至李时珍《本草纲目》将其产地扩大，"今广东、广西、云南、汉中、施州、永顺、保靖，及占城、安南、暹罗、渤泥、琉球诸地皆有之"[③]。

《海药本草》记载的药草主要是外来（舶来）药物，故可以肯定地说，降真香是外来香药。历代本草类著作称降真香来自大秦国、大食国、交趾、占城、安南（均在今越南）、暹罗（今泰国）、三佛齐（今苏门答腊）、阇婆（今爪哇）、蓬丰（今马来半岛）、真腊（今柬埔寨）等地，这些地方可能是降真香的出产地，也可能是集散地。元朝人周达观在《真腊风土记》中就有对"番降"的描述："降香生丛林中，番人颇费砍斫之功，乃树心也。"据考证，降真香在历史上曾释名"紫藤香"，从而造成对降真香原植物描述与豆科植物紫藤（Wistaria sinensis Sweet）的混淆。同时，在很长时期内，人们将降真香与误作降真香的芸香科植物山油柑〔Acronychia pedunculata（L.）Miq〕在药材性状上相混淆。降真香不宜释名紫藤香，芸香科的山油柑，历史上也许曾经作为香木祀神用，这在一定程度上造成了与降香的混淆，但山油柑不能作降香用。目前，国产降香药材均来自海南产豆科植物降香檀（Dalbergia odorifera T.Chen）。阿拉伯地区是降真香的产地之一，降真香在中国入药约始于唐代。[④] 降真香具有理气

---

① （五代）李珣著，尚志钧辑校：《海药本草》木部卷第3《降真香》（辑校本），人民卫生出版社，1997年，第43页。

② （宋）唐慎微著，尚志钧等校点：《证类本草》卷12《降真香》，华夏出版社，1993年，第366页。

③ （明）李时珍著，王育杰整理：《本草纲目》木部卷34《木之一香木类三十五种·降真香》，人民卫生出版社，1999年，第1601页。

④ 李书渊：《降香的本草再考》，《海峡药学》，1997年第4期。

止血,行瘀止痛的功效。

3. **艾蒳香**。艾蒳香是菊科植物艾蒳香(Blumea balsamifera)的嫩枝及叶。《本草拾遗》首载此药,《海药本草》亦载之。《开宝本草》收为正品。

洪刍《香谱》引《广志》云,艾蒳香"出西国,似细艾"。又云:"松树皮绿衣,亦名艾蒳。可以合诸香烧之,能聚其烟,青白不散"①。《陈氏香谱》引《异物志》云:"叶如栟榈而小,子似槟榔,可食。"而《新纂香谱》于此文下有"向宗旦云:'松上寄生草,合香烟不散。'今按,二说不同,未详孰是"②数语。周嘉胄在《香乘》卷4中,认为"所谓松上寄生,即松上绿衣也。叶如栟榈者是"③。关于艾蒳香的功效,《本草拾遗》云:"味温,无毒,主恶气,杀虫虫,主腹冷、泄痢。"④

4. **甘松香**。甘松香为败酱科植物甘松香(Nardostachys jatamansi DC.)的根茎,其根及茎干燥之后,可以做药用和香料。

关于甘松香的产地,历来说法不一。洪刍《香谱》引郭义恭《广志》云:"甘松香,生凉州。"⑤而范晔则认为甘松香是外国之香。《宋书·范晔传》载其《和香方序》云:"甘松、苏合、安息、郁金、㮈多、和罗之属,并被珍于外国,无取于中土。"⑥据《新唐书·地理志》记载:"松州交川郡(今四川松潘县),下都督府。武德元年以扶州之嘉诚、会州之交川置,以地产甘松名。……土贡:蜡、朴硝、麝香、狐尾、当归、羌活。"⑦松州以出产甘松香闻名,但奇怪的是该地的土贡中却没有甘松香一项。苏颂在《本草图经》中亦云:"甘松香,出姑臧,今黔、蜀州郡及辽州亦有之,丛生山野,叶细如茅草,根极繁密,

---

① (宋)洪刍:《香谱》卷上《香之品·艾蒳香》,见刘幼生编校《香学汇典》,三晋出版社,2014年,第15页。
② (宋)陈敬:《陈氏香谱》卷1《香品》,见刘幼生编校《香学汇典》,三晋出版社,2014年,第188页。
③ (明)周嘉胄:《香乘》卷4《香品》,见刘幼生编校《香学汇典》,三晋出版社,2014年,第447页。
④ (宋)洪刍:《香谱》卷上《香之品·艾蒳香》,见刘幼生编校《香学汇典》,三晋出版社,2014年,第15页。
⑤ (宋)洪刍:《香谱》卷上《香之品·甘松香》,见刘幼生编校《香学汇典》,三晋出版社,2014年,第15页。
⑥ (梁)沈约:《宋书》卷69《范晔传》,中华书局,1974年,第1829页。
⑦ (宋)欧阳修、宋祁:《新唐书》卷42《地理六·剑南道》,中华书局,1975年,第1086页。

八月采，作汤浴令人体香。"①

司徒亚特认为，在云南省和四川省西部边境都有甘松香这种植物，但是，它究竟是土生的还是移植来的尚不能肯定。如果中国其他地区没有这种植物，那么它或许是从印度来的，尤其因为云南自古和印度有接触，有许多印度移植来的植物。②温翠芳认为，甘松香传入中国在三国之前，甚至在更早的时代，就已传入羌人所在的甘松地区。但是，从《新唐书·地理志》中并未将其列入土贡一项来看，其产量或许有限，大量的甘松香可能由粟特人从国外尤其是印度贩来，故在诸正史中，将甘松香记作康国的物产。③粟特人除了从印度贩运甘松香外，还可能从希腊、叙利亚等地收购优质甘松香。在阿拉伯人伊本·巴伊塔尔（1197？~1248）所著《药草志》中，就提到甘松香有三种，即印度甘松茅、希腊甘松茅和山区甘松茅。此外，该书还援引迪奥斯哥里德的著作，称有两种甘松茅，一种是印度甘松茅，一种是叙利亚甘松茅，并说印度甘松茅由于产地潮湿，故其效果较差；而山区甘松茅比印度甘松茅质量要好，气味更芳香。④

唐慎微在《证类本草》中记载了甘松香的性味、治疗作用。"甘松香，味甘，温，无毒。主恶气，卒心腹痛满，兼用合诸香。丛生，叶细。"⑤《本草拾遗》云：甘松香"味温，无毒，主鬼气、卒心、腹痛胀满。浴人身令香"⑥。伊本·巴伊塔尔在《药草志》中亦云："甘松茅对治疗周身水肿有良效。服后使人便秘，有助于全身收敛的功能。"⑦

四、果类香药

1. 丁香。丁香又名丁子香、鸡舌香。丁香是桃金嬢科植物丁香（Eugenia

---

①（宋）唐慎微著，尚志钧等校点：《证类本草》卷9《甘松香》，华夏出版社，1993年，第270页。

②[美]劳费尔著，林筠因译：《中国伊朗编》，商务印书馆，2015年，第303页。

③温翠芳：《唐代的外来香药研究》，陕西师范大学博士学位论文，2006年，第53页。

④[法]费琅编，耿昇、穆根来译：《阿拉伯波斯突厥人东方文献辑注》，中华书局，1989年，第300~301页。

⑤（宋）唐慎微著，尚志钧等校点：《证类本草》卷9《甘松香》，华夏出版社，1993年，第269页。

⑥（宋）洪刍：《香谱》卷上《香之品·甘松香》，见刘幼生编校《香学汇典》，三晋出版社，2014年，第15页。

⑦[法]费琅编，耿昇、穆根来译：《阿拉伯波斯突厥人东方文献辑注》，中华书局，1989年，第301页。

caryophyllata Thunb.）的干燥花蕾，其果实在《南方草木状》中称"鸡舌香"，而其花蕾在《齐民要术》中称"丁子香"。现称干燥果实为"母丁香"，称干燥花蕾为"公丁香"。

关于丁香的原产地，历来说法不一，有人认为丁香产于印度尼西亚马鲁古（Maluku）群岛北部的马给安岛，也有人认为产于菲律宾群岛，还有人认为其原产地在大食。东汉末年，丁香已经输入中国。应劭《汉官仪》云，汉桓帝时，"侍中向存年老口臭，帝乃赐以鸡舌香，令含之"①。《太平御览》卷367引有此条，不过"向存"作"迺存"。鸡舌香可以祛除口臭。在中国古代，官员向皇帝奏事时，往往口含鸡舌香，以达到清新口气的目的。此外，鸡舌香还可以用来合成焚香和香脂。晋人嵇含在其《南方草木状》中云："交趾有蜜香树，干似拒〔柜〕柳，其花白而繁，其叶如橘。……其花不香，成实乃香，为鸡舌香。珍异之木也。"②当然，作者认为蜜香、沉香、鸡骨香、青桂香、鸡舌香等同出一树，实属传闻。赵汝适在《诸蕃志》中记载了丁香的产地和品类，但对其产地和集散地没有予以区别。其文曰："丁香出大食、阇婆诸国，其状似丁字，因以名之。能辟口气，郎官咀以奏事。其大者谓之丁香母。丁香母即鸡舌香也。或曰鸡舌香，千年枣实也。"③

丁香之名始见于唐代甄权的《药性论》，而陶弘景《名医别录》则以鸡舌香之名收载。贾思勰在《齐民要术》中首次形容了丁香花蕾的形状。其文云："鸡舌香，俗人以其似丁子，故为'丁子香'也。"④李时珍将二者合并，名丁香，列入香木类。《本草纲目》引陈藏器《本草拾遗》语云："鸡舌香与丁香同种，花实丛生，其中心最大者为鸡舌，击破有顺理而解为两向，如鸡舌，故名，乃是母丁香也。"又引李珣《海药本草》语曰："丁香生东海及昆仑国。二月、三月花开，紫白色。至七月方始成实，小者为丁香，大者如巴豆，为

---

① （汉）应劭撰，（元）陶宗仪辑：《汉官仪》，见（清）孙星衍等辑、周天游点校《汉官六种·汉官仪》，中华书局，1990年，第116页。
② （晋）嵇含：《南方草木状》卷中，广东科技出版社，2009年，第29～30页。
③ （宋）赵汝适著，杨博文校释：《诸蕃志校释》卷下《志物·丁香》，中华书局，2000年，第180页。
④ （后魏）贾思勰著，缪启愉校释：《齐民要术校释》卷5，农业出版社，1982年，第264页。

母丁香"①。按照陈藏器的说法，丁香与鸡舌香同种，只是名称不同而已。但是，后世学者总是不能肯定这两种名称是否指同一种产品。沈括在《梦溪笔谈》中，对这一问题进行了考订。他认为："论鸡舌香以为丁香母，盖出陈氏《拾遗》，今细考之尚未然。按《齐民要术》云鸡舌香'世以其似丁子，故一名丁子香'，即今丁香是也。"②一般认为，丁香是指丁香树的干燥花蕾，而鸡舌香是指其成熟的果实。此外，丁香又有雌雄、公母之分。所谓公丁香，即丁香，系花蕾；而母丁香，则为其果实。

丁香是常用中药，具有温中降逆、温肾助阳的功能。丁香既可药用，又可合香。《证类本草》云："丁香，味辛，温，无毒。主温脾胃，止霍乱拥胀，风毒诸肿，齿疳䘌。能发诸香，其根部〔疗〕风热毒肿。"③《药性论》云："入诸香中，令人身香。"

2. 胡椒。胡椒是胡椒科蔓生植物胡椒（Zanthoxylim sp.）的果实，它既是一种日常的食用香料，又是一种芳香类中药。胡椒原产于印度、波斯、非洲，以及南亚和东南亚各地，后经陆路和海路传入中国。

在中国古代文献中，胡椒又称荜拨、蒟酱。其实，荜拨和蒟酱分别是胡椒的一种。嵇含在《南方草木状》中云："蒟酱，荜茇也。生于蕃国者大而紫，谓之荜茇；生于番禺者小而青，谓之蒟焉；可以谓食，故谓之酱焉。交阯、九真人家多种蔓生。"④"胡椒"的"胡"表明这种植物或其果实来自域外，"椒"则是花椒属香料植物及其果实的通称。

胡椒一名最早见于西晋秘书监司马彪的《续汉书》中。《续汉书》云："天竺国出石蜜、胡椒、黑盐。"⑤根据《后汉书·西域传》记载："天竺国一名身毒，在月氏之东南数千里。……土出象、犀、瑇瑁、金、银、铜、铁、铅、锡，

---

① （明）李时珍著，王育杰整理：《本草纲目》木部卷34《木之一香木类三十五种·丁香》，人民卫生出版社，1999年，第1597页。
② （宋）沈括著，施适校点：《梦溪笔谈》卷26《药议》，上海古籍出版社，2015年，第175页。
③ （宋）唐慎微著，尚志钧等校点：《证类本草》卷12《丁香》，华夏出版社，1993年，第362页。
④ （晋）嵇含：《南方草木状》卷上，广东科技出版社，2009年，第15页。
⑤ （宋）李昉等：《太平御览》卷958《木部七》，《四库全书》本，上海古籍出版社，2008年，第498页。

西与大秦通，有大秦珍物。又有细布、好毾㲪、诸香、石蜜、胡椒、姜、黑盐。"①司马彪和范晔都将胡椒归入印度的物产当中。杜佑在《通典》卷193《边防九·西戎五》中亦云："天竺，后汉通焉，即前汉时之身毒。……又有旃檀、郁金等香，甘蔗诸果，石蜜、胡椒、姜、黑盐。西与大秦、安息交市海中，或至扶南、交趾贸易。"②段成式在《酉阳杂俎》卷18中更明确地说，胡椒产于摩揭陀国，其梵名叫作昧履支。其文云："胡椒，出摩伽陀国，呼为昧履支。其苗蔓生极柔弱，叶长寸半，有细条与叶齐。条上结子，两两相对，其叶晨开暮合，合则裹其子于叶中。形似汉椒，至辛辣，六月采，今人作胡盘肉食皆用之。"③据劳费尔考证，在梵文中，"Magadha"（摩揭陀）是胡椒的别称。按此胡椒树非草本胡椒，为灌木的长胡椒。玄奘在《大唐西域记》卷11《阿吒釐国》条也说："阿吒釐国周六千余里。国大都城周二十余里。居人殷盛，珍宝盈积。稼穑虽备，兴贩为业。土地沙卤，花果稀少。出胡椒树，树叶若蜀椒也。"季羡林注曰，胡椒树"梵文名Pippali，学名Piper Longum。胡椒自古以来即为印度西海岸的特产，尤以西海岸南部的马拉巴尔（Malabar）所产的质地为最优"④。在中世纪末期和近代初期，胡椒价值昂贵，曾经给垄断胡椒贸易的商人带来巨额财富。在8世纪时，这种香料似乎也非常昂贵。777年（大历十二年），唐朝宰相元载被代宗赐死，在籍没其家产时，有"钟乳五百两"，还有"胡椒至八百担"⑤，数量确实惊人。

此外，据《魏书·西域传》记载："波斯国，都宿利城，在忸密西，古条支国也。……（出）薰陆、郁金、苏合、青木等香，胡椒、荜拨、石密、千年枣、香附子、诃梨勒、无食子、盐绿、雌黄等物。"⑥《周书》卷50《异域下·波斯国》记载略同。还有一种说法是胡椒出自西域。贾思勰《齐民

---

① （南朝宋）范晔：《后汉书》卷88《西域传·天竺国》，中华书局，1965年，第2921页。
② （唐）杜佑著，王文锦等点校：《通典》卷193《边防九·西戎五·天竺》，中华书局，1988年，第5260～5261页。
③ （唐）段成式：《酉阳杂俎》卷18《广动植之三·木篇》，见《钦定四库全书荟要》，吉林出版集团有限责任公司，2005年，第396页。
④ （唐）玄奘、辩机原著，季羡林等校注：《大唐西域记校注》卷11，中华书局，2000年，第907～908页。
⑤ （宋）欧阳修、宋祁：《新唐书》卷145《元载传》，中华书局，1975年，第4714页。
⑥ （北齐）魏收：《魏书》卷102《西域·波斯国》，中华书局，1974年，第2270～2271页。

要术》卷4引《广志》云："胡椒出西域。"① 唐慎微《证类本草》亦云，胡椒生西戎。②

据劳费尔考证，胡椒原产于印度。他指出："胡椒必是从印度移植到波斯的，印度是这植物的原产地。"③ 薛爱华进一步指出："胡椒属植物最初生长在缅甸和阿萨姆，先是从这些地区传入了印度、印度支那以及印度尼西亚，然后，又由印度传入波斯，再从波斯与檀香木和药材等一起由波斯舶转运到中世纪的亚洲各地。"④ 胡椒是古代印度的著名香料，它不仅传入我国，而且远销欧洲。欧洲人对中国丝绸和印度胡椒的追求是其东方贸易的重要动力。

关于胡椒的性味、药用功效，《证类本草》云："胡椒，味辛，大温，无毒。主下气温中去痰，除脏腑中风冷。生西戎。形如鼠李子，调食用之，味甚辛辣。"⑤ 胡椒具有温中下气、消痰解毒的功效。

3. 荜拨（pippal）。荜拨又称长胡椒（Piper longum）、荜拨梨（pippali）。荜拨是胡椒科植物荜拨（Piper longum L）的干燥近成熟或成熟的果穗。

约在西晋时期，荜拨已传入中国。嵇含在《南方草木状》卷上中云："蒟酱，荜茇也。"荜拨和蒟酱虽同属辛味调料，但二者并非同一物，嵇含将此二者混淆了。李时珍《本草纲目》草部卷14引苏恭语曰："荜拨生波斯国。丛生，茎叶似蒟酱，其子紧细，味辛烈于蒟酱。胡人将来，入食味用也。"⑥ 苏恭指出，荜拨与蒟酱不同，其味辛烈于蒟酱。李时珍也认为："蒟子蔓生，荜茇草生，虽同类而非一物，然其花实气味功用则一也。嵇氏以二物为一物，谓蒟子非扶留，盖不知扶留非一种也。"⑦ 张星烺认为，荜茇，梵语 pippali

---

① （后魏）贾思勰著，缪启愉校释：《齐民要术校释》卷4，农业出版社，1982年，第224页。
② （宋）唐慎微著，尚志钧等校点：《证类本草》卷14《胡椒》，华夏出版社，1993年，第415页。
③ ［美］劳费尔著，林筠因译：《中国伊朗编》，商务印书馆，2015年，第215页。
④ ［美］薛爱华著，吴玉贵译：《撒马尔罕的金桃——唐代舶来品研究》，社会科学文献出版社，2016年，第379页。
⑤ （宋）唐慎微著，尚志钧等校点：《证类本草》卷14《胡椒》，华夏出版社，1993年，第415页。
⑥ （明）李时珍著，王育杰整理：《本草纲目》草部卷14《草之三·荜茇》，人民卫生出版社，1999年，第713页。
⑦ （明）李时珍著，王育杰整理：《本草纲目》草部卷14《草之三·蒟酱》，人民卫生出版社，1999年，第715页。

之译音。今代英文曰 pepper，即胡椒也。原产于印度，后移植波斯。①

据《魏书·西域传》和《周书·异域传下》记载，荜拨是波斯国的产物。②《隋书·西域传》云："波斯国，都达曷水之西苏蔺城即条支之故地也。……（土多）薰陆、郁金、苏合、青木等诸香，胡椒，荜拨，石蜜，半蜜，千年枣，附子，诃黎勒，无食子，盐绿，雌黄。"③《旧唐书·西戎传》亦云，波斯国出产"诃黎勒、胡椒、荜拨、石蜜、千年枣、甘露桃"④。

然而，唐代博物学家段成式在《酉阳杂俎》卷 18 中云："荜拨，出摩伽陁国，呼为荜拨梨，拂林国呼为阿梨诃咃。苗长三四尺，茎细如箸，叶似戢叶。子似桑葚，八月採。"⑤按照段氏的说法，荜拨生长在摩揭陀国。

据劳费尔考证，汉语"荜拨"（pit-pat），出自梵语 pippalī，为萨珊时代的波斯所产。这种胡椒也必是从印度输入伊朗的，因为它出产在印度较热地区，从尼泊尔往东到阿撒姆、卡西亚山和孟加拉国，往西到孟买，往南到特剌凡科耳、锡兰和马六甲。⑥而薛爱华则认为，长胡椒之所以会被认为是波斯的物产，是由于长胡椒是在与"波斯舶"的贸易中进口的。⑦北魏到隋唐时期，波斯人控制了从波斯湾经印度洋到南中国海的航线，荜拨主要是由波斯人从海路贩运到中国的，故被认为是波斯的物产。

4. 豆蔻。唐代高僧义净在《南海寄归内法传》卷 3 第 27 条"先体病源"中提到："三种豆蔻，皆在杜和罗。"⑧杜和罗即杜和钵底国，故址在今泰国曼谷北 Ayutthaya。王邦维根据《本草纲目》草部卷 14，认为三种豆蔻为肉豆蔻、白豆蔻和草豆蔻。

---

① 张星烺：《中西交通史料汇编》，中华书局，2003 年，第 1124 页。
② （北齐）魏收：《魏书》卷 102《西域·波斯国》，中华书局，1974 年，第 2271 页。（唐）令狐德棻：《周书》卷 50《异域下·波斯国》，中华书局，1971 年，第 920 页。
③ （唐）魏征等撰：《隋书》卷 83《西域·波斯国》，中华书局，1973 年，第 1856~1857 页。
④ （后晋）刘昫：《旧唐书》卷 198《西戎·波斯国》，中华书局，1975 年，第 5312 页。
⑤ （唐）段成式：《酉阳杂俎》卷 18《广动植之三·木篇》，见《钦定四库全书荟要》，吉林出版集团有限责任公司，2005 年，第 396 页。
⑥ [美] 劳费尔著，林筠因译：《中国伊朗编》，商务印书馆，2015 年，第 216 页。
⑦ [美] 薛爱华著，吴玉贵译：《撒马尔罕的金桃——唐代舶来品研究》，社会科学文献出版社，2016 年，第 380 页。
⑧ （唐）义净著，王邦维校注：《南海寄归内法传校注》卷 3，中华书局，1995 年，第 153 页。

李珣《海药本草》引郭义恭《广志》云，肉豆蔻"生秦国及昆仑，味辛，温，无毒"①。秦国当指古罗马帝国。此说并没有告诉我们肉豆蔻的原产地，但却向我们提供了有关肉豆蔻贸易范围的信息。早在6世纪时，欧洲人已经知道东印度出产的肉豆蔻。唐朝有一种用肉豆蔻研成末做成的粥，可以暖脾胃、止腹泻。唐代陈藏器的《本草拾遗》云："肉豆蔻生胡国，胡名迦拘勒。大舶来即有，中国无之。其形圆小，皮紫紧薄，中肉辛辣。"②迦拘勒是阿拉伯语 Kakulah 的音译，应指白豆蔻。而肉豆蔻则为 Juzabuwa。肉豆蔻属于舶来品，非中国本土物产。宗奭在《本草衍义》中说："肉豆蔻对草豆蔻为名，去壳只用肉。肉油色者佳，枯白瘦虚者劣。"肉豆蔻与白豆蔻各异，但皆可供药用及制作调味香料。李时珍在《本草纲目》中明确指出："肉豆蔻花及实状虽似草豆蔻，而皮肉之颗则不同。颗外有皱纹，而内有斑缬纹，如槟榔纹。"③印度出产肉豆蔻。阿拉伯人伊本·胡尔达兹比赫在《道里邦国志》中云："可以从印度输入沉香、檀香、樟脑、玛卡富尔（Al-Mākāfūr）、肉豆蔻（Al-jūzbnwwā）、丁香、小豆蔻、荜澄茄、椰子、黄麻衣服和棉质的天鹅绒衣服、大象。"④宋朝初年，中国岭南地区已经种植肉豆蔻。苏颂《本草图经》记载："肉豆蔻，出胡国，今惟岭南人家种之。春生苗，花实似豆蔻而圆小，皮紫紧薄，中肉辛辣，六月、七月採。"⑤

关于肉豆蔻的性味、药用，《证类本草》卷9记载："肉豆蔻，味辛，温，无毒。主鬼气，温中治积冷，心腹胀痛，霍乱中恶、冷痁，呕沫冷气，消食止泄，小儿乳霍。其形圆小，皮紫坚薄，中肉辛辣。生胡国，胡名迦拘勒。"⑥

草豆蔻，陶弘景《名医别录》中载为"豆蔻"；《开宝本草》称别名"草豆蔻"。

---

① （宋）唐慎微著，尚志钧等校点：《证类本草》卷9《肉豆蔻》引，华夏出版社，1993年，第263页。
② （明）李时珍著，王育杰整理：《本草纲目》草部卷14《草之三·肉豆蔻》，人民卫生出版社，1999年，第715页。
③ （明）李时珍著，王育杰整理：《本草纲目》草部卷14《草之三·肉豆蔻》，人民卫生出版社，1999年，第715页。
④ ［阿拉伯］伊本·胡尔达兹比赫著，宋岘译注：《道里邦国志》，中华书局，1991年，第73页。
⑤ （宋）唐慎微著，尚志钧等校点：《证类本草》卷9《肉豆蔻》，华夏出版社，1993年，第263页。
⑥ （宋）唐慎微著，尚志钧等校点：《证类本草》卷9《肉豆蔻》，华夏出版社，1993年，第262页。

苏颂《本草图经》谓："草豆蔻今岭南皆有之。"《一切经音义》卷38"豆蔻"条云："别有草豆蔻，出外国，子小，白色，如小酸枣也。味辛，甚香，每食，含嚼，令人口香，治胸鬲气。"

　　白豆蔻是热带姜科多年生草本植物白豆蔻的成熟果实，既可调味，也可入药。唐人段成式在《酉阳杂俎》卷18中云："白豆蔻，出伽古罗国，呼为多骨。形如芭蕉，叶似杜若，长八九尺，冬夏不凋，花浅黄色，子作朵如蒲萄。其子初出微青，熟则变白，七月采。"① 伽古罗是阿拉伯语 Kakula 之对音，本系物名而此处作地名，即《新唐书》卷222下《南蛮下》中的"哥罗"或"箇罗"。唐慎微《证类本草》亦云，白豆蔻"出伽古罗国，呼为多骨"②。唐氏关于白豆蔻的记载与段氏完全相同。而赵汝适在《诸蕃志》卷下中则明确记载："白豆蔻出真腊（今柬埔寨）、阇婆（今爪哇岛）等番，惟真腊最多，树如丝瓜，实如葡萄，蔓衍山谷，春花夏实，听民从便採取。"③ 白豆蔻的产地主要在今东南亚诸岛。

　　关于白豆蔻的性味、药用，《证类本草》卷9云："白豆蔻，味辛，大温，无毒。主积冷气，止吐逆反胃，消谷下气。"④ 此外，豆蔻能除口臭、身臭，令人体香。据义净《南海寄归内法传》卷1记载，印度僧人在施主家用完餐后，用槟榔、豆蔻清洁口腔。"众僧亦既食了，盥漱又毕，乃扫除余食，令地清净。布以华灯，烧香散馥。……次行槟榔豆蔻，糅以丁香龙脑，咀嚼能令口香，亦乃消食去癊。"⑤ 中医药方中关于豆蔻除臭气的知识，当来自印度佛教医学的影响。

　　5. **诃黎勒**。诃黎勒是使君子科植物诃子（Terminalia chebula Retz.）的成熟果实，原产于波斯或印度。

---

① （唐）段成式：《酉阳杂俎》卷18《广动植之三·木篇》，见《钦定四库全书荟要》，吉林出版社集团有限责任公司，2005年，第396页。
② （宋）唐慎微著，尚志钧等校点：《证类本草》卷9《白豆蔻》，华夏出版社，1993年，第273页。
③ （宋）赵汝适著，杨博文校释：《诸蕃志校释》卷下《志物·白豆蔻》，中华书局，2000年，第195页。
④ （宋）唐慎微著，尚志钧等校点：《证类本草》卷9《白豆蔻》，华夏出版社，1993年，第273页。
⑤ （唐）义净著，王邦维校注：《南海寄归内法传校注》卷1，中华书局，1995年，第66页。

据《魏书·西域传》记载:"波斯国,都宿利城,在忸密西,故条支国也。……(出)薰陆、郁金、苏合、青木等香,胡椒、毕拔、石蜜、千年枣、香附子、诃梨勒、无食子、盐绿、雌黄等物。"①《周书》卷50《异域下》和《隋书》卷83《西域传》记载略同。《旧唐书·西戎传》亦云,波斯国出产"诃黎勒、胡椒、荜拨、石蜜、千年枣、甘露桃"②。劳费尔认为,诃黎勒 Terminalia chebula,这树本身是印度土产,其果实是从印度输入波斯的。③《本草纲目》木部卷35"诃黎勒"条下引唐人萧炳《四声本草》语说:"波斯舶上来者,六路黑色肉厚者良。六路即六棱也。"④但是,薛爱华认为,这种六棱的果实指的是庵摩勒,而不是诃黎勒。诃黎勒其实是五棱的,李时珍可能是弄错了。诃黎勒"果熟,具六味八效,取其三(味),可成七德,祛百病"⑤。

诃黎勒除了从海路舶来者外,也有从陆上丝绸之路运入内地的。《太平广记》卷414引《广异记》云:"高仙芝伐大食,得诃黎勒,长五六寸。初置抹肚中,便觉腹痛,因快痢十余行。初谓诃黎勒为祟,因欲弃之。以问大食长老,长老云:'此物人带,一切病消,痢者出恶物耳。'仙芝甚宝惜之。天宝末被诛,遂失所在。"⑥从《广异记》所载高仙芝伐大食得诃黎勒之事,可知阿拉伯人也已了解诃黎勒主治百病的神奇疗效。在古代印度,诃黎勒、莓摩勒和毗梨勒通称为"triphalā",梵文的意思是"三果"。汉文也将其称为"三果"或"三勒"。印度著名的"三果药"传到中国后,其广为人知的名字变成"三勒浆"。这是一种由波斯人创制的名酒,在唐代享有盛誉。《唐国史补》卷下云:"又有三勒浆类酒,法出波斯。三勒者谓莓摩勒、毗梨勒、诃梨勒。"⑦

诃黎勒味苦,无毒,主治冷气、心腹胀满、消痰下气、化食开胃。波斯人将"诃

---

① (北齐)魏收:《魏书》卷102《西域·波斯国》,中华书局,1974年,第2270~2271页。
② (后晋)刘昫:《旧唐书》卷198《西戎·波斯国》,中华书局,1975年,第5312页。
③ [美]劳费尔著,林筠因译:《中国伊朗编》,商务印书馆,2015年,第219页。
④ (明)李时珍著,王育杰整理:《本草纲目》木部卷35《木之二乔木类五十一种·诃黎勒〔诃子〕》,人民卫生出版社,1999年,第1671页。
⑤ [美]薛爱华著,吴玉贵译:《撒马尔罕的金桃——唐代舶来品研究》,社会科学文献出版社,2016年,第366~367页。
⑥ (宋)李昉等:《太平广记》卷414《草木九·香药》,中华书局,1961年,第3370页。
⑦ (唐)李肇:《唐国史补》卷下,上海古籍出版社,1979年,第60页。

黎勒、大腹等在舶上，用防不虞"①。

6.**庵摩勒**。庵摩勒又名余甘子、庵摩落迦果等。陈藏器在《本草拾遗》中云："梵书名庵摩勒，又名摩勒落迦果。其味初食苦涩，良久更甘，故曰余甘。"②若如陈藏器所言，庵摩勒既是梵文音译，其原产地当在印度。

苏恭在《唐本草》中云："庵摩勒生岭南（今广东、广西、越南）交（今越南河内）、广（今广东广州）、爱（今越南清化）等州。树叶细似合昏。其花黄。实似李、柰，青黄色，核圆有棱，或六或七，其中仁亦入药用。"③苏恭认为，庵摩勒主要产于唐朝控制下的安南和岭南地区。而宋朝药物学家苏颂在《本草图经》中则称："余甘子，今二广诸郡及西川、戎、泸、蛮界山谷皆有之。"由上可知，诃黎勒、庵摩勒和毗梨勒"三果"主要是通过水路经由天竺输入中国的。但是，印度支那半岛（中南半岛）特有的，且与"三果"属性相同的其他品种，似乎也就近输入了中国。当然，当时中国南方大港的周围也许栽培了这三种树。在《大唐西域记》卷2中，关于印度物产曾云："风壤既别，地利亦殊。花草果木，杂种异名，所谓菴没罗果、菴弭罗果、末杜迦果、跋达罗果、劫比他果、阿末罗果……凡厥此类，难以备载，见珍人世者，略举言焉。"④其中的菴没罗果、阿末罗果均与庵摩勒音近。菴没罗是梵语 āmra 的音译，俗称芒果树。菴没罗果即芒果。阿末罗是梵语 āmalaka 的音译，亦作菴摩勒、阿摩落迦等，其果味酸而有回甘，我国古称余甘子。庵摩勒通过陆路和海路两路运入中国。大谷文书3061号中有："磨勒壹两，上直钱贰拾贰文，次贰拾文，□□。"池田温将其加补为"菴磨勒"。⑤可见，唐代的交河郡市场上就有庵摩勒出售。

苏敬在《新修本草》中云："庵摩勒，味苦、甘，寒，无毒。主风虚热

---

① （明）李时珍著，王育杰整理：《本草纲目》木部卷35《木之二乔木类五十一种·诃黎勒〔诃子〕》，人民卫生出版社，1999年，第1672页。
② （明）李时珍著，王育杰整理：《本草纲目》果部卷31《果之三夷果类三十一种·庵摩勒》，人民卫生出版社，1999年，第1494页。
③ （明）李时珍著，王育杰整理：《本草纲目》果部卷31《果之三夷果类三十一种·庵摩勒》，人民卫生出版社，1999年，第1494页。
④ （唐）玄奘、辩机原著，季羡林等校注：《大唐西域记校注》卷2，中华书局，2000年，第211页。
⑤ ［日］池田温：《中国古代物价初探——关于天宝二年交河郡市估案断片》，见《日本学者研究中国史论著选译》（4），中华书局，1992年，第445～513页。

气。"①陈藏器在《本草拾遗》中亦云，庵摩勒"主补益，强气力。合铁粉用一斤，变白不老。取子压取汁，和油涂头，生发，去风痒。初涂发脱后生如漆"②。

7. 毗梨勒。苏敬在《新修本草》中云："毗梨勒，味苦，寒，无毒。功用与庵摩勒同。出西域及岭南交（今越南河内）、爱（今越南清化）等州，戎人谓之三果。树似胡桃，子形亦似胡桃，核似诃梨勒而圆短无棱，用之亦同法。"③李珣《海药本草》云："木似诃梨勒，而子亦相似，但圆而毗，故以名之。毗即脐也。"④

在古印度医学中，毗梨勒与庵摩罗、诃梨勒组成的"三果药"，能退烧、明目、促消化、催乳汁，治疗尿道病、皮肤病，去胆汁和痰等。在西域地区出土的梵语于阗语双语医典《耆婆书》所保存的92个药方中，内含"三果药"的药方达到23个，占到全部药方的21%，主要用于治疗热病、眼病、风性疾病、内部肿瘤、白发变黑等，颇受印度医学的影响。在敦煌出土的P.3378《杂疗病药方残卷》中有一例用"三果药"治疗秃发病的药方。可见，"三果药"在西域地区医学中曾经起过十分重要的作用。

五、根茎类香药

1. 木香。木香又名蜜香、青木香，是菊科植物木香（Aucklandia lappa decne）的干燥根茎，产于阿拉伯香岸、祖法儿和索马里海岸。

木香一名首见于《神农本草经》。陶弘景《名医别录》云："一名蜜香。生永昌。"⑤苏颂《图经本草》亦云："木香，生永昌山谷，今惟广州舶上有来者，他无所出。"⑥但是，魏晋以来，史家大多认为，木香的产地不在永昌，而是来自波斯或印度。如鱼豢《魏略》所载大秦12种香中，原有"木"字，历来

---

①（唐）苏敬等撰，尚志钧辑校：《唐·新修本草》（辑复本），安徽科学技术出版社，1981年，第339页。
②（唐）陈藏器撰，尚志钧辑释：《〈本草拾遗〉辑释》，安徽科学技术出版社，2002年，第386页。
③（唐）苏敬等撰，尚志钧辑校：《唐·新修本草》（辑复本），安徽科学技术出版社，1981年，第339页。
④（明）李时珍著，王育杰整理：《本草纲目》果部卷31《果之三·毗梨勒》，人民卫生出版社，1999年，第1495页。
⑤（梁）陶弘景集，尚志钧辑校：《名医别录》上品卷1《木香》（辑校本），人民卫生出版社，1986年，第32页。
⑥（宋）唐慎微著，尚志钧等校点：《证类本草》卷6《木香》，华夏出版社，1993年，第168页。

断归上文,误读为"薰草木"。实际上薰草是一种,木又为一种,木即木香。香字实蒙下文而省,原书本无错误,标点本《三国志》薰草下未加标点。万震《南州异物志》云:"青木香,出天竺,是草根,状如甘草。"① 晋人郭义恭《广志》亦云:"青木香出交州天竺。"由此可知,青木香出于天竺或交州,系印度或中南半岛的产品。陶弘景认为,木香即青木香。又云:"永昌不复贡,今多从外国舶上来,乃云出大秦国。今皆以合香,不入药用。"② 如陶弘景所说,木香又是大秦国产品,波斯商贾将其输入中国。劳费尔认为,木香的汉文名称在植物学上的确没有价值,因为它仅仅是极不相同的各个地区出产的各种不同的根茎的通称。然而,薛爱华则认为,蜜香是印度支那的一种产品,我们必须在东南亚的植物中去寻找蜜香。由于名称类似,木香有时也与没药混淆。③ 不过,在汉文典籍当中,木香的名称、类别和产地的确相当混乱。

据《隋书·西域传》记载,波斯国多"薰陆、郁金、苏合、青木等诸香"④。该书还云,漕国"在葱岭之北,汉时罽宾国也。……(土多)青黛,安息、青木等香,石蜜,半蜜,黑盐,阿魏,没药,白附子"⑤。唐代,木香是以漕国和波斯国的产品而知名。宋代,木香已作为大宗香药输入中国。《诸蕃志》卷下云:"木香出大食麻啰抹国,施曷(今也门席赫尔)、奴发(今阿曼佐法尔)亦有之。树如中国丝瓜,冬月取其根,剉长一二寸,晒干,以状如鸡骨者为上。"⑥

从文献记载来看,木香主要来自西域诸国。据唐代官修药物学著作《唐本草》记载,木香有两种:"当以昆仑来者为佳,出西胡来者不善。叶似羊蹄而长大,花如菊花,其实黄黑,所在亦有之。"⑦ 所谓昆仑来者,当指从海

---

① (宋)唐慎微著,尚志钧等校点:《证类本草》卷6《木香》,华夏出版社,1993年,第168页。
② (明)李时珍著,王育杰整理:《本草纲目》草部卷14《草之三·木香》,人民卫生出版社,1999年,第698页。
③ [美]薛爱华著,吴玉贵译:《撒马尔罕的金桃——唐代舶来品研究》,社会科学文献出版社,2016年,第427页。
④ (唐)魏征等撰:《隋书》卷83《西域·波斯》,中华书局,1973年,第1857页。
⑤ (唐)魏征等撰:《隋书》卷83《西域·漕国》,中华书局,1973年,第1857页。
⑥ (宋)赵汝适著,杨博文校释:《诸蕃志校释》卷下《志物·木香》,中华书局,2000年,第194页。
⑦ (宋)唐慎微著,尚志钧等校点:《证类本草》卷6《木香》,华夏出版社,1993年,第168页。

上进口而来；西胡来者，即是从西域陆路进口而来。唐慎微在《证类本草》中对各种所谓"木香"的形状进行了辨析、归类。他说："木香，今皆从外国来，即青木香也。陶说为得，本在草部。而《图经》所载广州一种，乃是木类。又载滁州、海州者，乃马兜铃根，此山乡俗名尔。治疗冷热，殊不相似。此三种，自当入一外类别名尔。"①

陈敬在《陈氏香谱》卷1中，谈到木香的性状及药用功效："《本草》云：'一名密香，从外国舶上来。叶似薯蓣而根大，花紫色。功效极多，味辛、温、无毒，主辟瘟疫，疗气劣、气不足，消毒，杀虫毒。今以如鸡骨坚实，啮之粘牙者为上。'"②木香作为植物根茎在制作焚香和香脂方面所起作用较小。木香主要用于医疗方面，有行气、解毒、消肿等功效。

2. 白附子。白附子是《魏略》所载大秦12种香之一，因与附子相似，故得此名，实非附子类。

陶弘景《名医别录》说："白附子，主治心痛，血痹，面上百病，行药势，生蜀郡。三月采。"③而苏恭《唐本草》云："本出高丽，今出凉州以西，蜀郡不复有。生沙碛下湿地，独茎似鼠尾草，细叶周匝，叶生穗间，根形似天雄。"④据《隋书·西域传》记载，波斯国土多"薰陆、郁金、苏合、青木等诸香，胡椒，荜拨，石蜜，半蜜，千年枣，附子，诃黎勒，无食子，盐绿，雌黄"⑤。《隋书·西域传》还载，漕国"在葱岭之北，汉时罽宾国也。……（土多）青黛，安息、青木等香，石蜜，半蜜，黑盐，阿魏，没药，白附子"⑥。《隋书》将附子列为波斯萨珊时代的产品之一，而将白附子算作葱岭北面漕国和罽宾国的物产。薛爱华认为，白附子是生长在朝鲜和甘肃边远地区沙地中的一种"麻

---

① （宋）唐慎微著，尚志钧等校点：《证类本草》卷6《木香》，华夏出版社，1993年，第168页。
② （宋）陈敬：《陈氏香谱》卷1《香品》，见刘幼生编校《香学汇典》，三晋出版社，2014年，第179页。
③ （梁）陶弘景集，尚志均辑校：《名医别录》下品卷3《白附子》（辑校本），人民卫生出版社，1986年，第232页。
④ （明）李时珍著，王育杰整理：《本草纲目》草部卷17《草之六毒草类四十七种·白附子》，人民卫生出版社，1999年，第972页。
⑤ （唐）魏征等撰：《隋书》卷83《西域·波斯国》，中华书局，1973年，第1856~1857页。
⑥ （唐）魏征等撰：《隋书》卷83《西域·漕国》，中华书局，1973年，第1857页。

风树"的块茎,褐色、微毒,在当时被用来治疗"心疼"①。白附子能祛寒湿,治疗腰膝关节冷痛、头痛、冻疮等症。

六、动物性香药

1.麝香。麝香是一种叫作麝的动物的体内分泌物,是一种珍贵的药材和香料。据《中国药用动物志》介绍,麝又名香獐子,中国境内有原麝、马麝和林麝三种。②原麝多产于黑龙江、吉林和河北等地,马麝多生息在青藏高原、甘肃、四川和云南地区,而林麝则广泛分布于新疆、西藏、青海、甘肃、宁夏、陕西、山西、湖北、四川、贵州等地。麝是一种山地动物,栖息于针叶林和针叶、阔叶混交林的多岩石地带,以针叶树、阔叶树和灌木的叶子、嫩枝以及各种野果、地衣、杂草等植物为食。在雄麝的脐部与阴囊之间有麝腺,呈囊状,即是香囊。麝香为雄麝香囊中的分泌物,新鲜时呈稠厚的黑褐色软膏状,干燥后成为棕褐色细小粉末及大小不同的块状颗粒,俗称"当门子"。麝香除了气味芳香以外,作为药物,具有活血散瘀、催产止痛等功效。

《山海经·西山经》云,翠山"其阴多旄牛、羚、麝"③。翠山在华山之西。据《后汉书·南蛮西南夷列传》记载:"冉駹夷者,武帝所开。元鼎六年,以为汶山郡。……其山有六夷七羌九氐,各有部落。……又有五角羊、麝香、轻毛毦鸡、牲牲。"④汉代的汶山郡包括今四川省北川、汶川、茂汶羌族自治县等地,即所谓羌夷地区。唐代官修药物学著作《唐本草》云,麝"生中台川谷,及雍州、益州皆有之"⑤。陶弘景在《名医别录》中记述了麝的习性和麝香的功效,其文云:"形类獐,常食柏叶及啖蛇。或于五月得者,往往有蛇骨。主辟邪、杀鬼精、中恶、风毒、疗蛇伤。"⑥根据《新唐书·地理志》记载,

---

① [美]薛爱华著,吴玉贵译:《撒马尔罕的金桃——唐代舶来品研究》,社会科学文献出版社,2016年,第471页。
② 《中国药用动物志》协作组:《中国药用动物志》第1册,天津科学技术出版社,1979年,第287~292页。
③ 袁珂校注:《山海经校注》卷2《西山经》,巴蜀书社,1992年,第37页。
④ (南朝宋)范晔:《后汉书》卷86《南蛮西南夷列传》,中华书局,1965年,第2857~2858页。
⑤ (宋)陈敬:《陈氏香谱》卷1《香品》,见刘幼生编校《香学汇典》,三晋出版社,2014年,第192页。
⑥ (宋)陈敬:《陈氏香谱》卷1《香品》,见刘幼生编校《香学汇典》,三晋出版社,2014年,第192页。

在唐朝全国 10 个道中，关内道的同州冯翊郡、商州上洛郡、庆州顺化郡、丹州咸宁郡、延州延安郡、灵州灵武郡 6 个州[1]，河南道的虢州弘农郡[2]，河东道的岚州楼烦郡、忻州定襄郡、代州雁门郡 3 个州[3]，河北道的妫州妫川郡、檀州密云郡、营州柳城郡 3 个州[4]，以及山南道的均州武当郡、房州房陵郡等 9 个州[5]，陇右道的河州安昌郡、渭州陇西郡、兰州金城郡、阶州武都郡等 9 个州[6]，剑南道的嘉州犍为郡、巂州越巂郡、黎州洪源郡、茂州通化郡等 16 个州[7]，都以麝香作为土特产品向朝廷进贡。可见，当时，麝香的产地似乎已遍及今陕西、甘肃、宁夏、内蒙古、河南、河北、山西、辽宁、四川、湖北、青海、新疆、云南等地，并形成了麝香朝贡和交换的"麝香之路"。

宋人苏颂在《本草图经》卷 13 中对麝香的产地、获取方法作了更为详细的介绍，并指出了麝香质量的真伪杂劣和品第。

> 麝香，出中台山谷及益州、雍州山中，今陕西、益、利、河东诸路山中皆有之，而秦州、文州诸蛮中尤多。形似獐而小，其香正在阴前皮内，别有膜裹之，春分取之，生者益良。此物极难得真，蛮人采得，以一子香刮取皮膜，杂内余物，裹以四足膝皮，共作五子。而土人买得，又复分揉一为二、三，其伪可知。惟生得之，乃当全真耳。[8]

---

[1]（宋）欧阳修、宋祁：《新唐书》卷 37《地理一》，中华书局，1975 年，第 965～972 页。

[2]（宋）欧阳修、宋祁：《新唐书》卷 38《地理二》，中华书局，1975 年，第 986 页。

[3]（宋）欧阳修、宋祁：《新唐书》卷 39《地理三》，中华书局，1975 年，第 1005～1006 页。

[4]（宋）欧阳修、宋祁：《新唐书》卷 39《地理三》，中华书局，1975 年，第 1021～1023 页。

[5]（宋）欧阳修、宋祁：《新唐书》卷 40《地理四》，中华书局，1975 年，第 1032～1037 页。

[6]（宋）欧阳修、宋祁：《新唐书》卷 40《地理四》，中华书局，1975 年，第 1040～1045 页。

[7]（宋）欧阳修、宋祁：《新唐书》卷 42《地理六》，中华书局，1975 年，第 1081～1092 页。

[8]（宋）苏颂编撰，尚志钧辑校：《本草图经》卷 13《兽禽部·麝香》，安徽科学技术出版社，1994 年，第 436 页。

唐慎微在《证类本草》卷 16 中详细录有以麝香入药的各种方剂，同时还大量引用了前人有关麝香的记述。如引唐人甄权《药性论》云："麝香，臣，禁食大蒜，味苦、辛。"① 李时珍在《本草纲目》中对前人有关麝香的知识作了全面的总结，并提出许多新的见解。对于"麝"的名称的由来，李时珍解释道："麝之香气远射，故谓之麝。或云麝父之香来射，故名，亦通。其形似獐，故俗呼香獐。梵书谓麝香曰莫诃婆伽。"他还指出："麝居山，獐居泽，以此为别。麝出西北者香结实，出东南者谓之土麝，亦可用，而力次之。南中灵猫囊，其气如麝，人以杂之。"他归纳麝香的药性为"通诸窍，开经络，透肌骨，解酒毒，消瓜果食积，治中风、中气、中恶、痰厥、积聚癥瘕"②，可谓周详、明确而扼要。

麝香是我国西北地区著名的物产之一，颇受中亚、西亚各地统治者的青睐，在阿拉伯中世纪的香料中也占有重要地位。根据法国伊朗学家阿里·玛扎海里的研究，6 世纪前，在西方古典作者们的著作中，没有发现任何有关麝香的记述。545 年，拜占庭僧侣科斯玛·因迪科普莱斯特在其著作中第一次谈到麝香。6 世纪初叶，阿拉伯诗人伊姆鲁·盖斯偶然提到过麝香。③ 阿拉伯古典地理学家伊本·胡尔达兹比赫在其《道里邦国志》中列举了中国的出口物资："由此东方海洋，可以从中国输入丝绸、宝剑、花缎、麝香、沉香、马鞍、貂皮、陶瓷、绥勒宾节（Sīlbinj）、肉桂、高良姜。"④ 其中，麝香仅次于绸缎而名列前茅。

波斯本土不产麝香，但波斯人喜爱麝香则由来已久。据《旧唐书·西戎传》记载，波斯国"俗事天地日月水火诸神，西域诸胡事火祆者，皆诣波斯受法焉。其事神，以麝香和苏涂须点额，及于耳鼻，用以为敬，拜必交股"⑤。《新唐书·西域传》亦有类似记载。波斯人"祠天地日月水火。祠夕，以麝揉苏，泽耏颜鼻耳。

---

① （宋）唐慎微著，尚志钧等校点：《证类本草》卷 16《麝香》，华夏出版社，1993 年，第 438 页。
② （明）李时珍著，王育杰整理：《本草纲目》兽部卷 51《兽之二兽类三十八种·麝》，人民卫生出版社，1999 年，第 2273～2275 页。
③ ［法］阿里·玛扎海里著，耿昇译：《丝绸之路：中国—波斯文化交流史》，中华书局，1993 年，第 522 页。
④ ［阿拉伯］伊本·胡尔达兹比赫著，宋岘译注：《道里邦国志》，中华书局，1991 年，第 73 页。
⑤ （后晋）刘昫：《旧唐书》卷 198《西戎·波斯国》，中华书局，1975 年，第 5311 页。

香药之路
——唐宋时期西北地区的香药贸易

西域诸胡受其法，以祠袄"①。从上下文来看，新旧《唐书》所称的波斯，无疑是指阿拉伯人入侵前奉袄教（拜火教）为国教的波斯萨珊王朝。也就是说，在萨珊王朝时期，麝香已传入波斯，并被当作最为贵重的香料用在宗教仪式中，以示对诸神的虔敬。根据各种文献记述，麝香输入波斯大致有南、北两条道路：北路是从秦和突厥斯坦（有时又称契丹与和田）输入；南路是从印度和尼泊尔等地输入。西藏的麝香在波斯很有名。麝香传入波斯有两种方式：一是作为朝廷馈赠的礼品；二是作为胡商贩运的货物。波斯商贾素以善识宝物而著称，特别是隋唐以后，他们或经陆路或由海道来到中国，活跃于长安、洛阳、广州、扬州等重要都邑、城市及港口，形成著名的所谓西市胡店和波斯邸。

在波斯萨珊王朝时期，波斯人对中国麝香已经有了比较细致的了解。阿吉利·霍拉桑尼在《药物宝库》中指出："麝生息在秦、契丹、西藏、突厥斯坦、库特康拉以及尼泊尔、巴赫莱治、穆朗、朗普尔这一片广阔地域上互相连接的群山之中，人们从这些山地把麝香带往世界各地。例如孟加拉的麝香得自穆朗、朗普尔和尼泊尔的山中，伊朗、霍拉桑（呼罗珊）和罗马的麝香则从秦、契丹和西藏而来，或从陆路，或经海路。"他还说："按产地分，最好的麝香是契丹的，其次是西藏的，其次是库特康拉的，其次是尼泊尔的，再次才是其他地方的。……有人把麝香分为印度产的和突厥产的两种，突厥产的胜印度产的。突厥产的又分几种，其中契丹产的胜鞑靼产的（鞑靼产的略有臭味），鞑靼产的又胜其他的；印度产的麝香之中，尼泊尔产的最好，其次是朗普尔产的，然后是其他的。"②也有许多波斯和西亚史家认为，最好的麝香来自吐蕃。872年，什叶派穆斯林雅库比在《阿巴斯人史》中说："最好的麝香是吐蕃麝香，其次是粟特（Sogdiane）麝香，再其次是中国麝香。"③阿维森那在其《医典》中也说："据说最好的麝香产于西藏，又据说产于秦和吉尔吉斯，印度

---

① （宋）欧阳修、宋祁：《新唐书》卷221下《西域下·波斯》，中华书局，1975年，第6258页。

② 'Aghīlī-ye Khorāsānī: Makhzan-al-adviya, 831~832页, Calcutta, 1844. 转引自王一丹《波斯、和田与中国的麝香》，《北京大学学报》，1993年第2期。

③ [法] 费瑯编，耿昇、穆根来译：《阿拉伯波斯突厥人东方文献辑注》，中华书局，1989年，第67页。

产的次之。"①马苏第在《黄金草原》（943年）一书中解释说："有麝香羊生存的吐蕃地区和中国地区相互毗邻，构成一个不可分割的整体，然而吐蕃麝香比中国麝香质量好，有两个原因：其一，吐蕃羊食芳香甘松茅和其他芳香植物，而中国羊乃吃各种普通草；其二，吐蕃人并不从羊之香囊中提取麝香，而是让麝香一直留在其香囊，而中国人则不同，中国人不断从香囊里取走麝香，而且还掺有血和其他杂物；另外，中国人往往携带麝香在海上作长途旅行，使麝香暴露在潮湿之中或恶劣气候条件下。"②

麝香是一种在欧亚大陆贸易范围最广、最名贵的香药。因麝香具有消炎、解毒、止疼等药用功效，以及用于袄教祭祀，乃至清洁空气、增添芬芳、刺激性欲等作用，故深受波斯、大食王公和显贵们的喜爱，成为除了丝绸之外，中国输往中亚、西亚的重要物品。而吐蕃地区的麝香更是备受青睐，成为贸易品中的特色商品。当时，伊斯兰世界对麝香的需求量很大，以至于除了与樟脑商、檀香木商、龙涎香商和同其他同类商人一起开店铺的批发商和含麝香量多少不等的代用品的制造者外，所有其他药草家、药学家和当时的药剂学家们同样也零售麝香。麝香玫瑰香水似乎是《天方夜谭》中人们所喜欢的化妆品。阿拉伯的富翁们使用的是真正的吐蕃麝香，而不太富裕的人们则无法购买这种商品，仅满足于通过海路进口的质量低劣的"汉地"麝香。③在贩往阿拉伯的麝香中，部分经由青海路和吐蕃—尼泊尔路；部分则通过内地，再经陆路、海路贩运而去。正如中世纪阿拉伯作者们一再证实了的，吐蕃的麝香是当时可得到的最好的东西，而且肯定是通过陆路转运去的。这种东西既可以从印度的经纪人手中获得，也可以直接通过卫密（今阿富汗东北部之瓦汗）和拔特人（在今阿富汗东北部之巴达克山），越乌浒水上游至安国（今乌兹别克斯坦布哈拉），在吐蕃西部与中亚穆斯林之间进行贸易。

2. 龙涎香。龙涎香是抹香鲸科动物抹香鲸（Physeter catodon L.）的肠内分泌物的干燥品，素有"香王"之称。古人误以为龙涎香是海上睡龙涎沫积

---

① Ibn-e sīnā: Ghānūn，第2册，第213页，德黑兰，信使出版社，1985年。转引自王一丹《波斯、和田与中国的麝香》，《北京大学学报》，1993年第2期。

②［法］费琅编，耿昇、穆根来译：《阿拉伯波斯突厥人东方文献辑注》，中华书局，1989年，第315～318页。

③［法］阿里·玛扎海里著，耿昇译：《丝绸之路：中国—波斯文化交流史》，中华书局，1993年，第530页。

结而成,故名。干燥的龙涎香呈不透明的蜡状胶块,黑褐色,或有五彩斑纹,味甘,气腥,性涩,无毒。龙涎香主要产于非洲东海岸和阿拉伯半岛的南部海域。此外,马尔代夫群岛、印度洋东部,以及苏门答腊附近岛屿也有出产,但质量较次。

龙涎香在阿拉伯语中称为安伯儿(Anbar),中国古代将之音译为"阿末"。相传古代大食国海中,有龙蟠伏于大石之上,卧而吐涎,涎浮海面,鱼类争食,土人名之为"龙涎"。传说中的"龙"就是抹香鲸。《中国印度见闻录》卷2云:

> 在这里(库勒祖姆)海岸上,可以找到的龙涎香,都是海浪冲来的。追本溯源,应该是来自印度海,但确凿的来源还不清楚。人们只知道,最好的龙涎香,都流散在伯贝拉或僧祇与席赫尔,或与这两地相临近的地方。这种龙涎香呈卵形、绿莹莹、圆溜溜的。①

库勒祖姆相当于现今的苏伊士,而伯贝拉应当是波斯人所说的拨拔力,即今索马里一带。龙涎香是香药中的极品。

早在唐代,龙涎香已经传入中国。段成式在《酉阳杂俎》卷4"拨拔力国"中云:"拨拔力国(今索马里一带)在西南海中,……土地唯有象牙及阿末香。波斯商人欲入此国,团集数千人,赍缯布,没老幼共刺血立誓,乃市其物。"② 美国学者薛爱华认为,"阿末"即"amber",来源于阿拉伯单词"anbar",即龙涎香。③ 段氏所载龙涎香产地在阿拉伯文献中得到证实。大约在10或11世纪时,阿末香开始被称作"龙涎"。苏轼在《过子忽出新意以山芋作玉糁羹色香味皆奇绝天》一诗中,有"香似龙涎仍酽白,味如牛乳更全清"一句。周去非《岭外代答》卷7云:

---

① [阿拉伯]阿布·赛义德等著,黄倬汉译:《中国印度见闻录》卷2《关于龙涎香》,中华书局,1983年,第132页。
② (唐)段成式:《酉阳杂俎》卷4《境异·拨拔力国》,见《钦定四库全书荟要》,吉林出版集团有限责任公司,2005年,第305页。
③ [美]薛爱华著,吴玉贵译:《撒马尔罕的金桃——唐代舶来品研究》,社会科学文献出版社,2016年,第432页。

大食西海（指今阿拉伯海）多龙，枕石一睡，涎沫浮水，积而能坚。鲛人采之以为至宝。新者色白，稍久则紫，甚久则黑。因至番禺尝见之。不薰不蕕，似浮石而轻也。①

陈敬《陈氏香谱》卷1云：

叶廷珪云："龙涎，出大食国，其龙多蟠伏于洋中之大石，卧而吐涎，涎浮水面。人见乌林上异禽翔集，众鱼游泳争嚼之，则没取焉。然龙涎本无香，其气近于臊。白者如百药，煎而腻理，黑者亚之，如五灵脂而光泽。能发众香，故多用之以和香焉。"②

龙涎香主要用于和香、聚香，但其价值极为珍贵。赵汝适《诸蕃志》卷下亦云：

人云龙涎有异香，或云龙涎气腥，能发众香，皆非也。龙涎于香，本无损益，但能聚烟耳，和香而真用龙涎焚之，一缕翠烟浮空结而不散，座客可用一剪分烟缕，此其所以然者，蜃气楼台之余烈也。③

《中药大辞典》"龙涎香"条云，龙涎香因其约含25%的龙涎香醇，故在燃烧时发蓝焰，香气四溢，酷似麝香而幽雅。龙涎香甘香聚烟的特性使其在充满宗教文化传统的丝绸之路社会及香文化中占据特殊的地位。张世南《游宦纪闻》卷7云："诸香中，'龙涎'最贵重，广州市直，每两不下百千，次等亦五、六十千，系蕃中禁榷之物，出大食国。"④ 当时，龙涎香主要是从大食国进口，价格十分高昂，且为禁榷品。禁榷是指国家专卖制度。榷的本

---

① （宋）周去非著，杨武泉校注：《岭外代答校注》卷7《宝货门·龙涎》，中华书局，1999年，第266页。
② （宋）陈敬：《陈氏香谱》卷1《香品》，见刘幼生编校《香学汇典》，三晋出版社，2014年，第191页。
③ （宋）赵汝适著，杨博文校释：《诸蕃志校释》卷下《志物·龙涎》，中华书局，2000年，第212页。
④ （宋）张世南撰，张茂鹏点校：《游宦纪闻》卷7，中华书局，1981年，第61页。

义是指独木桥,引申为由国家独占其利的意思。既要独占经营,必会广设禁令,所以连称"禁榷"。也就是说,龙涎香是由政府专卖的,对进口药物的专买专卖,给宋朝政府带来了异常丰厚的利润。

龙涎香有行气活血、散结止痛、利水通淋之功效。阿拉伯人用龙涎香调制香膏,用于化妆品和烹调。中国主要用于配制香烛和香料。用龙涎香配制的蜡烛,有耐燃、聚烟两大特点。此外,龙涎香还有清暑的作用,但因其价格昂贵而医用者甚少。龙涎香的来之不易与奇异功用,使得其价格极高。

3. 膃肭脐。《本草拾遗》作"骨肭兽",《本草纲目》作"膃肭兽"。膃肭脐是一种栖息在海上的兽类,形似狗,有吻鬚,四肢悉作鳍状,尾短小,适于游泳,牡者体长五六尺,牝者只及其半。

膃肭脐在《本草拾遗》《图经本草》《海药本草》中皆有著录,俱言其似狐而大,长尾,生于西戎。陈藏器《本草拾遗》云:"骨肭兽,似狐而大,长尾。脐似麝香,黄赤色,生突厥国,胡人呼为阿慈勃他你。"[1]寇宗奭在《本草衍义》卷16中综合诸说云:"《药性论》以谓是海内狗外肾。日华子又谓之兽。今观其状,非狗非兽,亦非鱼也。但前即似兽,尾即鱼。"[2]其脐可治脐腹积冷、脾肾积劳。案:夏德、柔克义英译本注云——综考诸说,指为膃肭脐有三物:一为香狸(Civet),即上胡人呼为阿慈勃他你,殆阿拉伯语 al-zabād 之对音;二为海狸(beaver);三为海狗(seal)。《诸蕃志》卷下《志物·膃肭脐》条云:"膃肭脐出大食伽力吉国。其形如猬,脚高如犬,其色或红或黑,其走如飞,猎者张网于海滨捕之,取其肾而渍以油,名膃肭脐。番惟渤泥最多。"[3]此处所言膃肭脐,当指香狸。今阿拉伯、东非的埃塞俄比亚有此兽,而在渤尼已不可见。膃肭脐味咸、性热、无毒,具有暖肾壮阳、益精补髓的作用。

七、其他类香药

1. 质汗药。质汗药是一种草药制成品。《旧唐书·西戎传》记载,729年(开

---

[1] (宋)唐慎微著,尚志钧等校点:《证类本草》卷18《膃肭脐》,华夏出版社,1993年,第471页。
[2] (宋)寇宗奭:《本草衍义》卷16,人民卫生出版社,1990年,第109页。
[3] (宋)赵汝适著,杨博文校释:《诸蕃志校释》卷下《志物·膃肭脐》,中华书局,2000年,第209页。

元十七年）六月，"北天竺国三藏沙门僧密多献质汗等药"①。《册府元龟》卷971记载，741年（开元二十九年）三月，"吐火罗遣使献红颇梨、碧颇梨、生玛瑙、生金精及质汗等药"②。颇梨即玻璃之异名。金精似指青金石，产于巴克达山（位于今阿富汗东北部和塔吉克斯坦东部）一带。薛爱华认为，"质汗"（citragandha），即"多种香味的"意思，是一种来自印度的异药，其制剂含有桎、木蜜、松脂、甘草、地黄和"热血"等成分。③《本草纲目》木部卷34引陈藏器语云："质汗出西番，煎桎乳、松泪、甘草、地黄并热血成之。"④可治金疮伤折、淤血内损、补筋肉、消恶血、下血气、妇人产后诸血结等。

2. 底也伽。底也伽也译作底也迦。古代西方国家一种解毒药物的译名。643年（贞观十七年），"佛菻王波多力遣使献赤玻璨、绿金精等物。太宗降玺书答慰，赐以绫绮焉"⑤。佛菻指东罗马帝国。到667年（乾封二年），佛菻再次"遣使献底也伽"⑥。《唐会要》卷99记载："乾封元年，（佛菻）遣使兽底也伽。"⑦显然，"兽底也伽"系"献底也伽"之误，以物名作人名。德国学者夏德（F.Hirth）在《大秦国全录》（China and the Roman Orient）一书中认为，底也伽是上古及中古时代著名的解毒药theriaca。这种万应药，据普林尼（Gais Pliny the Elder）说是众草合成之药，用600种（极言其多）成分制成。"我看到后来制造解毒药方，均加往往也许有苦味的药品，如没药、蛇胆及鸦片，所加入鸦片的分量很多。"⑧这一说法被多数学者接受并将其作为鸦片传入中国的证据。《韦氏大词典》解释theriaca时说，它源自拉丁语，是将多种药品混合粉碎之后，再用蜂蜜调和成糖浆状的一种解毒药。在罗马

---

① （后晋）刘昫等：《旧唐书》卷198《西戎·天竺国》，中华书局，1975年，第5309页。（宋）王溥：《唐会要》卷100《天竺国》，中华书局，1955年，第1787页。
② （宋）王钦若等编纂，周勋初等校订：《册府元龟》卷971《外臣部（16）·朝贡第四》，凤凰出版社，2006年，第11242页。
③ ［美］薛爱华著，吴玉贵译：《撒马尔罕的金桃——唐代舶来品研究》，社会科学文献出版社，2016年，第455~456页。
④ （明）李时珍著，王育杰整理：《本草纲目》木部卷34《木之一香木类三十五种·质汗》，人民卫生出版社，1999年，第1614页。
⑤ （后晋）刘昫等：《旧唐书》卷198《西戎·佛菻国》，中华书局，1975年，第5314页。
⑥ （后晋）刘昫等：《旧唐书》卷198《西戎·佛菻国》，中华书局，1975年，第5315页。
⑦ （宋）王溥：《唐会要》卷99《佛菻国》，中华书局，1955年，第1779页。
⑧ ［德］夏德著，朱杰勤译：《大秦国全录》（China and the Roman Orient），大象出版社，2009年，第84~85页。

帝国时代，鸦片被用作万用解毒药方的主要配伍。按照夏德的说法，底也伽应该是一种含有鸦片的解毒合方，它经过阿拉伯或印度传入中国。

苏敬《新修本草》云："底野迦，味辛、苦，平，无毒。主百病，中恶，客忤邪气，心腹积聚。出西戎。云用诸胆作之，状似久坏丸药，赤黑色。胡人时将至此，亦甚珍贵，试用有效。新附。"①苏颂《本草图经》将底也迦附在"牛黄"条下，其文曰："又有底野迦，是西戎人用诸胆和合作之，状似久坏丸药，赤黑色，今南海或有之。"②《本草纲目》兽部卷50"底野迦"条记载相同。薛爱华认为，底也迦是一种货真价实的万能解毒药，"至于这种万能药的制剂中是否会有诸如没药、鸦片，以及大麻——中世纪伊斯兰的解毒药中通常就有这些药物——之类的成分，我们还不清楚"③。这种谨慎实际上是不大同意夏德的说法。底也迦传入中国，是中国和西方世界在丝绸之路上相遇和交流的结果。经过历史的筛选，底也迦很快被中医吸收、消化，成为中医药的组成部分。

---

① （唐）苏敬等撰，尚志钧辑校：《唐·新修本草》（辑复本），安徽科学技术出版社，1981年，第372页。
② （宋）苏颂编撰，尚志钧辑校：《本草图经》卷13，安徽科学技术出版社，1994年，第434页。
③ ［美］薛爱华著，吴玉贵译：《撒马尔罕的金桃——唐代舶来品研究》，社会科学文献出版社，2016年，第456页。

第三章　唐代西北地区的香药贸易

自张骞出使西域和汉武帝伐大宛后，汉朝打开了通往西方的道路。从此，汉朝与西域诸国往来频繁，汉朝的使者遍及葱岭以西诸国，而康居、大夏、大宛诸国皆遣使进贡，绵延不绝。东汉时期，汉朝致力于发展与域外诸国的关系，而域外胡人则越来越多地到中原或周边地区从事贸易活动，"驰命走驿，不绝于时月；商胡贩客，日款于塞下"①。魏晋南北朝时期，各民族政权鼎立，民族迁徙频繁。西域在丝绸之路上的地位显得更加重要，粟特、波斯、大秦，以及天山南北诸族商人到凉州、平城等地进行贸易。北魏统一北方后，社会较为安定，中西交通顺畅，"逮景明之初，承升平之业，四疆清晏，远迩来同，于是蕃贡继路，商贾交入，诸所献贸，倍多于常"②。

隋朝初期，突厥强盛，吐谷浑崛起于青海，道路不通。隋炀帝大业年间，派裴矩驻守张掖，往来于武威、张掖间，招徕西域诸国商人。西域诸国"相率而来朝者四十余国，帝因置西戎校尉以应接之"③。唐朝地域广阔，国力强盛，中西交通臻于极盛。当时，在北方蒙古高原上有突厥和回纥，在西南青藏高原上有吐蕃和吐谷浑，而在西北地区则有西域诸国。唐朝在平定西突厥后，在突厥辖地设置都护府，"分其种落置昆陵、濛池二都护府，其所役属诸国，皆分置州府，西尽于波斯，并隶安西都护府"④。唐朝对西域地区的有效管辖，

---

① （南朝宋）范晔：《后汉书》卷88《西域传》，中华书局，1965年，第2931页。
② （北齐）魏收：《魏书》卷65《邢峦传》，中华书局，1974年，第1438页。
③ （唐）李延寿：《北史》卷97《西域》，中华书局，1974年，第3207页。
④ （后晋）刘昫等：《旧唐书》卷194下《突厥下》，中华书局，1975年，第5187页。

有利于中原地区与西域诸族间的经济、文化交流。

汉唐时期,参与丝绸之路贸易的主要有粟特人、波斯人、突厥人、大食人,以及吐谷浑、吐蕃和西域诸族。粟特人是欧亚大陆上最为活跃的商业民族,他们曾先后依附于哒、突厥、回鹘等民族政权,受到各民族政权的保护。6世纪到7世纪中叶,突厥汗国曾长期控制粟特诸国,粟特人与突厥通婚、杂居,享有较高的政治地位,在中原与突厥间的政治、经济交往中扮演了重要角色,并且操纵了丝绸贸易。安史之乱后,吐蕃占据河陇地区,控制了丝绸之路。吐蕃与周边地区的贸易,既有吐蕃使者和商人参与的直接贸易,也有周边地区商人操纵的间接贸易。

第一节　魏晋南北朝时期西北地区的香药贸易

中国古代香料比较贫乏,《诗》《书》固不必论,即便是《楚辞·离骚》中所见,也不过江蓠、辟芷、秋兰、申椒、菌桂、蕙茝、幽兰、留夷、揭车、薜荔之属。这些香草、香木具有浓烈的香气,可以用于焚熏、增馥,但是,它们并非后世严格意义上的香药。我国最迟在战国时期,已经出现室内熏香的习俗,燃香之器名熏炉或香炉。宋人程大昌在《演繁露》中云:"古者焫萧、灌郁、焚椒、佩兰,所谓香者,如是而已。"叶廷珪在其《香录》序中说得更加明白:"古者无香,燔柴焫萧,尚气臭而已。故'香'之字虽载于经,而非今之所谓香也。至汉以来,外域入贡,香之名始见于百家传记,而南番之香独后出,世亦罕能尽知焉。"①

香药是西域、南海等域外诸国的产物,汉晋时期开始输入中国。汉武帝时期,汉朝在通西域、平南越后,打开了陆上贸易通道,开辟了海上交通路线。中国与域外诸国间的联系日益密切,香药贸易开始兴起。但是,西汉时期,香药的输入和使用情况鲜见于正史,在野史杂记中见到的有惊精香(又名返魂香)、兜末香、神精香、沉光香(即沉香)、涂魂香(即乳香)、辟寒香等。《史记·货殖列传》云:"番禺亦其一都会也,珠玑、犀、瑇瑁、果、布之凑。"② 集解

---

① (明)周嘉胄:《香乘》卷28《附诸谱序》,见刘幼生编校《香学汇典》,三晋出版社,2014年,第765页。

② (汉)司马迁:《史记》卷129《货殖列传》,中华书局,1959年,第3268页。

引韦昭曰:"果谓龙眼、离支之属。布,葛布。"韩槐准认为,果布应为马来语 Kāpur 的对音,即龙脑。① 段成式《酉阳杂俎》卷18云,龙脑香又名固不婆律。婆律位于苏门答腊岛南海岸,是古代龙脑香的产地之一。固不当为箇布之讹,亦即果,他是从龙脑树的木材中蒸馏出来的白色晶体,又名冰片。此物在西汉时期的广州已非罕见之物。《汉书·西域传》赞云,汉武帝时期,天下殷富,财力有余,士马强盛,"故能睹犀布、瑇瑁则建珠崖七郡,感枸酱、竹杖则开牂柯、越巂,闻天马、蒲陶则通大宛、安息"②。枸酱即蒟酱,是胡椒的一种,原产于波斯、阿拉伯、非洲,以及南亚和东南亚各地,后经陆路和海路传入中国。汉武帝对香药甚是推崇,《太平御览》卷185引《汉官仪》云:"皇后称椒房,以椒涂壁,主温煖,除恶气也。"③ 周嘉胄《香乘》卷8《香异》引《汉武内传》云,汉武帝元封年间,"起方山馆,招诸灵异,乃烧天下异香。有献沉光香、祇精香、明庭香、金磾香、涂魂香。帝张青檀之灯,青檀有膏如淳滕,削置器中,以蜡和之,香燃数里"④。《汉武内传》在四库本和大观本中均未注明出处。然此则不见于《汉武内传》,而见于《洞冥记》卷2。沉光香、祇精香皆涂魂国所贡,而明庭香源自胥池寒国。辟寒香,"丹丹国所出,汉武帝时入贡。每至大寒,于室焚之,暖气翕然"⑤。兜末香,《汉武故事》云:"西王母当降,上烧兜末香。兜末香,兜渠国所献,如豆大,涂门香闻百里。关中常大疫,死者因生。"⑥ 可见外来香药主要供统治阶级焚香、熏香等奢侈享用。《海内十洲记》还载有大月氏向汉武帝献香事。公元前90年(征和三年),汉武帝幸安定,"西胡月支国王遣使献香四两,大如雀卵,黑如桑葚。帝以

---

① 韩槐准:《龙脑香考》,《南洋学报》第2卷第1辑,1941年,见孙机《汉代物质文化资料图说》,上海古籍出版社,2008年,第413页。
② (汉)班固:《汉书》卷96下《西域传下》,中华书局,1962年,第3928页。
③ (宋)李昉等:《太平御览》卷185《居处部十三》,《四库全书》本,上海古籍出版社,2008年,第757页。
④ (明)周嘉胄:《香乘》卷8《香异》引《汉武内传》,见刘幼生编校《香学汇典》,三晋出版社,2014年,第494页。
⑤ (明)周嘉胄:《香乘》卷8《香异》引《述异记》,见刘幼生编校《香学汇典》,三晋出版社,2014年,第495页。
⑥ (宋)李昉等:《太平御览》卷983《香部三》,《四库全书》本,上海古籍出版社,2008年,第656页。

香非中国所有,以付外库"①。晋人张华在其《博物志》中记载,汉武帝时,"弱水西国有人乘毛车以渡弱水来献香者,帝谓是常香,非中国之所乏,不礼其使。留久之,帝幸上林苑,西使千乘舆闻,并奏其香。帝取之,看大如燕卵,三枚,与枣相似。帝不悦,以付外库"②。后来,长安城中发生瘟疫,宫中皆疫病。西使求见,请烧所贡香一枚,以辟疫气。一时间香闻百里,数月不歇。此段描述虽然过于夸张,但却说明,此时人们对外来香药的神奇作用亦有所了解。《博物志》还云:"西域使献香,汉制献香不满斤不得受。西使临去又发香器,如大豆者试著宫门,香气闻长安四面数十里中,经日乃歇。"③汉代古乐府诗云:"行胡从何方,列国持何来,氍毹氍毲五木香,迷迭艾蒳及都梁。"④该诗充分反映了当时西域诸国不断遣使朝贡青木香、迷迭香、艾蒳香和都梁香的史实。

东汉时期,中西贸易往来更加频繁,"驰命走驿,不绝于时月,商胡贩客,日款于塞下"⑤。当时,随着佛教的传入,用香之风更为普遍。73年(永平十六年),汉明帝派奉车都尉窦固北征匈奴,取伊吾卢地,遂通西域,并置宜禾都尉以屯田。于阗诸国皆遣子入侍。次年,东汉在西域地区设置都护、戊己校尉。明帝死后,焉耆、龟兹攻杀都护陈睦等,而匈奴、车师则围戊己校尉。于是,汉章帝迎回戊己校尉,不复遣都护。89年(永元元年),汉和帝遣车骑将军窦宪率领大军北伐,大破匈奴。91年(永元三年),以班超为西域都护,复置戊己校尉。94年(永元六年),班超击破焉耆,于是,西域50余国皆纳质内属,"其条支、安息诸国至于海濒四万里外,皆重译贡献"⑥。97年(永元九年),班超遣甘英出使西海而还。班固《与弟超书》云:"窦侍中令载杂彩七百匹、白素三百匹,欲以市月氏马、苏合香、氍毲。"⑦窦侍中即窦宪,

---

① (汉)东方朔:《海内十洲记·聚窟洲》,《四库全书》本,上海古籍出版社,1989年,第277页。

② (晋)张华撰,范宁校证:《博物志校证》卷2,中华书局,2014年,第25页。

③ (宋)李昉等:《太平御览》卷981《香部一》,《四库全书》本,上海古籍出版社,2008年,第641页。(晋)张华撰,范宁校证:《博物志校证》卷2,中华书局,2014年,第26页。

④ (宋)李昉等:《太平御览》卷982《香部二》,《四库全书》本,上海古籍出版社,2008年,第647页。

⑤ (南朝宋)范晔:《后汉书》卷88《西域传》,中华书局,1965年,第2931页。

⑥ (南朝宋)范晔:《后汉书》卷88《西域传》,中华书局,1965年,第2910页。

⑦ (清)严可均:《全上古三代秦汉三国六朝文·全后汉文》卷25《与弟超书》,中华书局,1965年,第609页;又见《太平御览》卷814、卷982。

其为侍中据传当在88年（章和二年）。窦宪让班超通过以物易物的方式，从大月氏（即贵霜王朝）易换苏合香。这说明在丝绸之路开通初期，丝绸、珠玉和香药是丝路贸易中的重要物品。《后汉书·李恂传》记载，李恂在任西域副校尉时，"西域殷富，多珍宝，诸国侍子及督使贾胡数遗恂奴婢、宛马、金银、香罽之属，一无所受"①。香药还是西域诸国的贡品之一。汉桓帝时，曾赐给年迈的侍中鸡舌香，用以治疗口臭。应劭《汉官仪》卷上云，桓帝时，"侍中迺存（案：《艺文类聚·人部》引作"刁存"），年老口臭，上出鸡舌香与含之。鸡舌香颇小，辛螫，不敢咀咽"②。东汉政府对西域的开发和建置，加强了汉与西域和中亚地区的经济文化联系。大秦国又名海西国，土多金银奇宝，"合会诸香，煎其汁以为苏合"，其"与安息、天竺交市于海中，利有十倍"③。大秦国主要从事香药转口贸易。166年（延熹九年），大秦王安敦遣使自日南徼外献象牙、犀角、瑇瑁等物。④天竺国出产诸香、胡椒、石蜜、姜等，汉和帝时，曾数次遣使入贡。159年（延熹二年）和161年（延熹四年），天竺"频从日南徼外来献"⑤。在这种情况下，有关香药的记事逐渐增多。178年（光和元年），"波歧国献神精香，一名荃蘼草，亦名春芜草"⑥。前秦王嘉《拾遗记》云，汉灵帝"游于西园。起裸游馆千间，采绿苔而被阶，引渠水以绕砌，周流澄澈。……西域所献茵墀香，煮以为汤，宫人以之浴浣毕，使以余汁入渠，名曰流香渠"⑦。茵墀香虽不可考，但灵帝时大量使用香药已有可能。外来香药的传入，满足了帝王、贵族的生活需要，同时，也助长了侈靡之风。他们对奇珍异香的嗜好，使香药的需求量大增，从而促进了香药贸易。

　　魏晋南北朝时期是香药的正式输入阶段。这一时期，出现了许多说部记

---

①（南朝宋）范晔：《后汉书》卷51《李陈庞陈桥列传》，中华书局，1965年，第1683页。
②（清）孙星衍等辑，周天游点校：《汉官六种·汉官仪二卷》卷上，中华书局，1990年，第137页。
③（南朝宋）范晔：《后汉书》卷88《西域传》，中华书局，1965年，第2919页。
④（南朝宋）范晔：《后汉书》卷88《西域传》，中华书局，1965年，第2920页。
⑤（南朝宋）范晔：《后汉书》卷88《西域传》，中华书局，1965年，第2922页。
⑥（明）周嘉胄：《香乘》卷8《香异》，见刘幼生编校《香学汇典》，三晋出版社，2014年，第495页。
⑦（前秦）王嘉撰，（梁）萧绮录，王根林校点：《拾遗记》卷6，上海古籍出版社，2012年，第43页。

异之书，如《海内十洲记》（旧题汉东方朔撰，但书中已引卫叔卿事，则当在葛洪《神仙传》之后）、《洞冥记》（旧题汉郭宪撰，但词句缛丽，迥异东京，或六朝人依托）、《汉武故事》（旧题汉班固撰，唐人张柬之以为出于南齐王俭）、《述异记》（旧题梁任昉撰，而中有唐人语）、《西京杂记》（旧题晋葛洪撰，庾信谓出于吴均）等书，记载了不少香药香事，往往追溯到汉武帝。但荒诞无稽者居多，可信者较少。叶庭珪搜集这些材料，在《香谱》中将其列入"香之异"。鱼豢的《魏略·西戎传》介绍了大秦出产的12种香。此外，康泰的《吴时外国传》、万震的《南州异物志》当中，也有不少关于香药的记录。晋人郭义恭在其《广志》中广泛记载了西域、南海诸地的香料，大凡后世有名的品种，几乎全都囊括在内。后世著作虽然记述愈加翔实，但大体不出其所述范围。

鱼豢《魏略·西戎传》记载，大秦国出产"一微木、二苏合、狄提、迷迷、兜纳、白附子、薰陆、郁金、芸胶、薰草、木十二种香"[1]。文中的"迷迷"可能为"迷迭"之误，芸胶即安息香，而薰草、木可能为薰草和木香。这些香药大多已经传入中土。万震在《南州异物志》中记载了木香、薰陆香、鸡舌香、青木香、郁金香等域外香药。

三国时期，曹操崇尚俭约，禁止使用香药。但是，他对香药的态度前后矛盾。曹操在《内诫令》中云："昔天下初定，吾便禁家内不得薰香。后诸女配国家，因此得烧香。吾不好烧香，恨不遂初禁。令复禁不得烧香，其以香藏衣著身亦不得。"[2]他一开始禁止在家内薰香，但后又允许"房屋不洁，听烧枫胶及蕙香"[3]。曹操在其《遗令》中说："余香可分与诸夫人，不命祭。诸舍中无所为，可学作组履卖也。"[4]事实上，曹操还把香药用于馈赠，如他在《与诸

---

[1] （晋）陈寿：《三国志·魏书》卷30《乌丸鲜卑东夷传》裴松之注引，中华书局，1959年，第861页。
[2] （宋）李昉等：《太平御览》卷981《香部一》，《四库全书》本，上海古籍出版社，2008年，第642页。
[3] （清）严可均：《全上古三代秦汉三国六朝文·全三国文》卷3《魏武帝》，中华书局，1965年，第1067页。
[4] （清）严可均：《全上古三代秦汉三国六朝文·全三国文》卷3《魏武帝》，中华书局，1965年，第1068页。

葛亮书》中云："今奉鸡舌香五斤,以表微意。"① 魏文帝曹丕尚为世子时,就非常注意香药,他还亲种迷迭香于中庭,并为之作《迷迭赋》,其序文云:"余种迷迭于中庭,嘉其扬条吐香,馥有令芳。"② 文帝初年,魏军破酒泉、张掖,复河西之地,故"西域通使,敦煌献径寸大珠"。因此,文帝欲与西域开展互市贸易。③ 文帝极力搜求西域、南海诸国珍奇物品,挥霍无度。他在迎娶美人薛灵芸的途中,于道侧烧腹题国进贡的石叶之香,又筑土为台,基高三十丈,列烛于台下,名曰"烛台",行者歌云,"青槐夹道多尘埃,龙楼凤阙望崔嵬。清风细雨杂香来,土上出金火照台"④。魏明帝太和年间,仓慈在担任敦煌太守时,"常日西域杂胡欲来贡献,而诸豪族多逆断绝;既与贸迁,欺诈侮易,多不得分明"。他严禁地方豪强勒索贸迁的西域商胡,建立起商胡交市制度,并制定了各项过境措施,"欲诣洛者,为封过所,欲从郡还者,官为平取,辄以府见物与共交市,使吏民护送道路,由是民夷翕然称其德惠"⑤。文中的"西域杂胡",应当包括粟特商人在内的西域诸族商人。马雍通过对资料的分析,认为西域胡商以敦煌为目的,将货物销售后返回故乡,既然其中有些人停留在敦煌贸易,那么有人定居在敦煌也是意料之中的事。⑥ 早在汉代,胡粉已经流入中原,且最初只有官方经营。曹魏时,中书监刘放在其《奏停卖胡粉》中云:"今官贩粉卖胡粉,与百姓争锥刀之末利,宜乞停之。"⑦ 官方垄断,并与民争利,可知贩卖胡粉获利极高。

西晋建立后,西域、南海交通通畅,使臣、商贾来往,域外香药不断输入中国。不过,当时外来香药的数量较少,传播范围不广,仅限于帝王和少数贵族间使用,故有"韩寿偷香"的故事。据《晋书·贾充列传》记载:"时

---

① (清)严可均:《全上古三代秦汉三国六朝文·全三国文》卷3《魏武帝》,中华书局,1965年,第1070页。
② (宋)李昉等:《太平御览》卷982《香部二》,《四库全书》本,上海古籍出版社,2008年,第650页。
③ (晋)陈寿:《三国志·魏书》卷16《苏则传》,中华书局,1959年,第492页。
④ (前秦)王嘉撰,(梁)萧绮录,王根林校点:《拾遗记》卷7,上海古籍出版社,2012年,第47页。
⑤ (晋)陈寿:《三国志·魏书》卷16《仓慈传》,中华书局,1959年,第512页。
⑥ 马雍:《东汉后期中亚人来华考》,见《西域史地文物丛考》,文物出版社,1990年。
⑦ (清)严可均:《全上古三代秦汉三国六朝文·全三国文》卷32《刘放》,中华书局,1965年,第1234页。

西域有贡奇香，一著人则经月不歇，帝甚贵之，惟以赐充及大司马陈骞。其女密盗以遗寿，充僚属与寿燕处，闻其芬馥，称之与充"。贾充知己女与韩寿私通，故考问左右婢女，具以实对，于是贾充以女妻韩寿。①

十六国时期，我国西北地区的敦煌、酒泉、武威、金城，以及长安、洛阳、邺都等地，都有西域贾胡和僧侣经商传教。他们通过贸易货物，使东西方得以互通有无。荣新江先生认为，从十六国到南北朝时期，粟特人从西域北道的据史德（今新疆巴楚东）、龟兹、焉耆、高昌、伊州，或从南道的于阗、且末、石城镇（鄯善）进入河西走廊，经敦煌、酒泉、张掖、武威，再东南经原州，入长安、洛阳，或东北向灵州、并州（今山西太原市）、云州（今山西大同东），至幽州（今北京市）。在这些道路上的各个主要城镇，几乎都留下了粟特人的足迹，有的甚至形成了聚落。②永嘉之乱后，刘渊占据洛阳和长安，当地的粟特、印度商人受到沉重打击，纷纷破产；张轨及其后裔东并秦陇，西兼西域，占据姑臧，建立前凉。前秦覆灭后，吕光复据姑臧，建立后凉。姚秦灭后凉后，南凉亦都姑臧。当时，留在河西地区的胡商，仍然从事商业贸易。1907年，英国人斯坦因（A. Stein）在敦煌西北长城烽燧遗址中掘出8件粟特文书，据学者们研究，认为这些书信是住在姑臧、敦煌的粟特商人写给本国王子的。信中报告了永嘉之乱后，洛阳、长安的劫难，以及中亚商人在中国内地的活动情况。其中第2号书信写道：

> 高贵的爵爷，我已为您收集到了成匹成捆的丝绸，这是归爵爷的。不久，德鲁瓦斯普凡达克接到了香料——共重八十四斯塔特。……又，我已派范拉兹马克去敦煌取三十二个麝香囊，这是为我自己搞到的。……③

当时，粟特商队以姑臧为集结地，前往洛阳、金城（今甘肃兰州市）、敦煌各地贸易，其卖出货物以大麻织品、毛毡等为主，而购入品多为丝绸、麝香。

---

① （唐）房玄龄等：《晋书》卷40《贾充列传》，中华书局，1974年，第1173页。
② 荣新江：《中古中国与粟特文明》，生活·读书·新知三联书店，2014年，第3~4页。
③ 王冀青：《斯坦因所获粟特文〈二号信札〉译注》，见《兰州大学丝绸之路研究论文集》，兰州大学出版社，1992年，第267~268页。

粟特地区不产麝香，故需要从敦煌采购。正是通过这些胡商的活动，内地大量的丝绸、麝香等物品沿着丝绸之路传到中亚各地，远者甚至传到地中海沿岸各国。

早在汉代，中国内地就有烧香的记录。后来，由于佛教及其他宗教的传入，烧香的事例逐见增多。石勒当政时，佛图澄曾烧安息香"敕龙取水"。《晋书·佛图澄传》记载：

> 襄国城堑水源在城西北五里，其水源暴竭，勒问澄何以致水。澄曰：'今当敕龙取水。'迺与弟子法首等数人至故泉源上，坐绳床，烧安息香，咒愿数百言。①

这说明西晋前后安息香已经传入我国。佛图澄还"常遣弟子向西域市香"②。石虎时，香药的使用更为普遍。《拾遗记》记载，石季伦宠爱胡女翔风，"使数十人各含异香，行而语笑，则口气从风而飚。又屑沉水之香，如尘末，布象床上，使所爱者践之"③。《邺中记》记载，石虎"以胡粉和椒涂壁，曰椒房"④。石虎的御床，方广三丈，其"帐四角安纯金银凿镂香炉，以石墨烧集合名香。帐顶上安金莲花，花中悬金箔织成绾囊，囊受三升，以盛香。帐之四面上十二香囊采色亦同"⑤。此外，"石虎作席，以锦杂以五香"⑥。《拾遗记》还云，石虎在太极殿前起高楼，"舂杂宝异香为屑，使数百人于楼上吹散之，名曰'芳尘'"。又建四时浴室，"夏则引渠水以为池，池中皆以纱縠为囊，盛百杂香，渍于水中"⑦。王嘉是前秦符坚时人，与后赵年代相接，他的记录有可信之处。

---

① （唐）房玄龄等：《晋书》卷95《艺术·佛图澄》，中华书局，1974年，第2486页。
② （梁）释慧皎著，汤用彤校注：《高僧传》卷9《神异上·晋邺中竺佛图澄》，中华书局，1992年，第351页。
③ （前秦）王嘉撰，（梁）萧绮录，王根林校点：《拾遗记》卷9，上海古籍出版社，2012年，第60页。
④ （晋）陆翙：《邺中记》，中华书局，据聚珍本影印，第2页。
⑤ （晋）陆翙：《邺中记》，中华书局，据聚珍本影印，第5页。
⑥ （晋）陆翙：《邺中记》，中华书局，据聚珍本影印，第6页。
⑦ （前秦）王嘉撰，（梁）萧绮录，王根林校点：《拾遗记》卷9，上海古籍出版社，2012年，第60页。

香药之路
——唐宋时期西北地区的香药贸易

南北朝时期，在陆上丝绸之路从事香药贸易的行商以粟特人为主。粟特商人成群结队地往来于粟特与中国、中国与印度，以及北方游牧汗国与中原王朝之间，几乎垄断了陆路丝路贸易。这一时期，香药的应用颇为广泛，或用以熏衣物被褥，或装香囊随身佩带，或用以烧香礼佛，或作药物配伍，凡此种种，都有实际例证。经过长期的使用，人们对香药的性能有了进一步认识。范晔在其《〈和香方〉序》中评论道：

> 麝本多忌，过分必害；沉实易和，盈斤无伤。零藿虚燥，詹唐黏湿。甘松、苏合、安息、郁金、榛多、和罗之属，并被珍于外国，无取于中土。又枣膏昏钝，甲煎浅俗，非唯无助于馨烈，乃当弥增于尤疾也。①

北魏初期，致力于经营中原，尚无暇顾及西域。西域诸国贡使不至。到太武帝太延年间，西域地区的龟兹、疏勒、渴槃陁、粟特、鄯善、焉耆、车师等九国国王遣使朝贡。北魏开始遣使西域，发展与西域诸国间的商品贸易。从敦煌、吐鲁番文书所反映的材料来看，隋唐以前，粟特人来华的规模不大，他们大多是一些团体或者小群体，多属于商业移民。由于流动性较大，故稳定性不强。这些商业移民的后裔在高昌、敦煌、凉州等地定居下来，并同当地百姓一样入籍受田，逐渐汉化融合。高昌国时期，"时西戎诸国来朝贡者，皆途经高昌，文泰后稍壅绝之"②。高昌是西域诸国朝贡的必经要道，也是商品交易和中转之地。但是，麴文泰常"遏绝西域商贾"③，阻断中西交通。从高昌出土的汉文文书来看，麴氏高昌国时期，从事香药贸易的中介商主要是昭武九姓粟特胡人。北凉都城姑臧有许多从中亚来的粟特胡商。439年（太延五年），北魏太武帝灭北凉沮渠牧犍时，在姑臧虏获不少粟特商人。《魏书·西域传》记载："粟特国，在葱岭之西，……其国商人先多诣凉土贩货，及克姑臧，悉见虏。高宗初，粟特王遣使请赎之，诏听焉。"④ 足见粟特人到姑臧

---

① （梁）沈约：《宋书》卷69《范晔列传》，中华书局，1974年，第1829页。
② （后晋）刘昫等：《旧唐书》卷198《西戎·高昌》，中华书局，1975年，第5294页。
③ （后晋）刘昫等：《旧唐书》卷69《侯君集列传》，中华书局，1975年，第2510页。
④ （北齐）魏收：《魏书》卷102《西域·粟特国》，中华书局，1974年，第2270页。

经商是由来已久的事了。553年（天保四年），吐谷浑派往北齐的使团在返回青海时，被北周凉州刺史史宁截获，其中就有西域胡商240人，驼骡600头，杂綵丝绢以万计。① 这说明当时丝绸之路贸易的规模非常庞大。

魏晋南北朝时期，外来香药的输入较前显著增多，其种类计有苏合香、木香、沉香、丁香、荜澄茄、荜拨、诃子、豆蔻、胡椒、阿魏、骐驎竭、迷迭香、没药、郁金香、安息香、紫檀木等20余种，其中不少香药被《本草经集注》和《名医别录》等医书收录。但是，医家对香药的性味功效了解仍不全面，真正用于临床的香药还为数不多。据《魏书·西域传》记载，北魏孝明帝神龟年间，波斯国遣使上书贡物。波斯国物产甚多，其中有薰陆、郁金、苏合、青木等香、胡椒、荜拨、石蜜、千年枣、香附子、诃梨勒、无食子、盐绿、雌黄等物。② 《周书》卷50《异域传》下《波斯国》条记载略同。实际上，薰陆、青木香、胡椒和诃梨勒等原产于印度，而郁金香则产于罽宾。《魏书·西域传》还载：龟兹国出产盐绿、雌黄、胡粉、安息香③；康国人"善商贾，诸夷交易多凑其国"，出产䑕香、阿薛那香等④；南天竺国，其国有拔赖城，城中出黄金、白真檀、石蜜、葡萄⑤。《北史·西域传》记载，漕国即汉代的罽宾国，在葱岭以北，出产安息、青木、阿魏、没药、白附子等香。⑥《梁书·中天竺国》记载，中天竺国，"其西与大秦、安息交市海中，多大秦珍物，珊瑚、琥珀、金碧珠玑、琅玕、郁金、苏合。苏合是和诸香汁煎之，非自然一物也。"⑦ 大秦国的货物也通过别国的商人贩运到中国。

第二节　隋唐时期西北地区的香药贸易

隋朝初年，突厥占据中国北方以漠北为中心的广大地区，并且西控西域

---

① （唐）令狐德棻等：《周书》卷50《异域下·吐谷浑》，中华书局，1971年，第913页。
② （北齐）魏收：《魏书》卷102《西域·波斯国》，中华书局，1974年，第2270～2271页。
③ （北齐）魏收：《魏书》卷102《西域·龟兹国》，中华书局，1974年，第2266页。
④ （北齐）魏收：《魏书》卷102《西域·康国》，中华书局，1974年，第2281页。
⑤ （北齐）魏收：《魏书》卷102《西域·南天竺国》，中华书局，1974年，第2278页。
⑥ （唐）李延寿：《北史》卷97《西域·漕国》，中华书局，1974年，第3239页。
⑦ （唐）姚思廉：《梁书》卷54《诸夷·中天竺国》，中华书局，1973年，第798页。

龟兹、铁勒、伊吾及西域诸族，阻断了丝绸之路中道和北道。而吐谷浑则据有西海、鄯善和且末一带，控制着丝路南道。

突厥是北方地区一个游牧民族，曾与西魏、北周统治集团和亲结盟。隋朝建立后，隋与突厥的关系日趋紧张。突厥贵族想借隋朝初创、立足未稳之机，攫取利益。为了解除北部边患，保护中原地区经济社会发展，隋文帝采纳长孙晟"远交近攻、离强和弱"的建议，对突厥采取军事打击和分化瓦解的措施。隋朝政府在不断派兵北伐的同时，一面故意怠慢突厥东部的沙钵略可汗，一面遣使远交突厥西部的达头可汗，并利用阿波可汗与沙钵略可汗的矛盾，诱使阿波可汗西投达头可汗，终使突厥分裂为东西两部。东突厥依附于隋，而西突厥则占据西域及中亚地区。隋炀帝大业年间，炀帝决心开通西域，而西突厥泥撅处罗可汗却自恃强大，以武力"制胡诸国"，严重地堵塞了丝绸之路。于是，隋廷扶植达头可汗之孙射匮可汗击败了泥撅处罗可汗，隋朝终于疏通了丝绸之路北道和中道。608年（大业四年）十月，隋炀帝派遣大将薛世雄出击伊吾，并在汉旧伊吾城东筑城，名新伊吾。610年（大业六年），隋朝在伊吾置伊吾郡，留兵屯守，招引西域商旅。

吐谷浑与中原王朝在政治、经济、文化方面均有着比较密切的联系。隋文帝在位时期，吐谷浑首领夸吕曾多次侵扰河西、陇右地区。但是，隋朝政府迫于北方突厥的压力，在遣兵反击的同时，更多地采取防御性措施。隋炀帝继位后，社会安定，国力强盛，突厥分裂，吐谷浑问题被提上议事日程。大业初年，鉴于当时"西域诸蕃，多至张掖，与中国交市"的情况，隋炀帝遂令裴矩"掌其事"。矩知"帝方勤远略"，故对"诸商胡至者，矩诱令言其国俗山川险易，撰《西域图记》三卷，入朝奏之"。炀帝闻奏大悦，"每日引矩至御坐，亲问西方之事。矩盛言胡中多诸宝物，吐谷浑易可并吞。帝由是甘心，将通西域，四夷经略，咸以委之"。裴矩受命复往张掖，"引致西蕃，至者十余国"①。609年（大业五年），隋炀帝西巡，车驾将入吐谷浑，武威太守樊子盖"以彼多瘴气，献青木香以御雾露"②。隋军南从金山，北由雪山（指今甘肃武威市南祁连山），东出琵琶峡，西自泥岭，四面出击，攻克伏俟城。吐谷浑王国一度败亡。同年六月，炀帝经大斗拔谷、张掖，到达

---

① （唐）魏征等：《隋书》卷67《裴矩传》，中华书局，1973年，第1578~1580页。
② （唐）魏征等：《隋书》卷63《樊子盖传》，中华书局，1973年，第1490页。

燕支山。"高昌王、伊吾设等，及西蕃胡二十七国，谒于道左。皆令佩金玉，被锦罽，焚香奏乐，歌舞喧噪。"隋军击破吐谷浑，拓地数千里，"诸蕃慑惧，朝贡相续"①。

隋朝国祚虽短，但与西北诸族间的贸易却非常兴盛。在裴矩的招徕下，"西域胡往来相继，所经郡县，疲于迎送"②，而"相率而来朝者三十余国，帝因置西域校尉以应接之"③。西域校尉主要负责同西域各国间的联系及通商事宜。据《隋书》卷83《西域传》记载，当时西域地区国家有：吐谷浑、党项、高昌、康国、安国、石国、女国、焉耆、龟兹、疏勒、于阗、钹汗、吐火罗、挹怛、米国、史国、曹国、何国、乌那曷（今巴里黑）、穆国、波斯、漕国、附国等。615年（大业十一年）正月，隋炀帝大宴百僚。突厥、诃咄、乌那曷、吐火罗、俱虑建、忽论、诃多、沛汗、龟兹、疏勒、于阗、安国、曹国、何国、穆国、伽折等国皆遣使朝贡④，其中许多为西域国家。次年二月，附国、钹汗、挹怛、末国、史国、波斯、漕国和焉耆等国并遣使入贡。⑤《新唐书·西域传》云："隋炀帝时，遣裴矩通西域诸国，独天竺、拂菻不至为恨。"⑥

隋朝政府非常重视同周边各国通商互市，除在丝路沿线专门设立重要机构外，又在缘边各地设置"缘边交市监"，同各国开展贸易活动。最初，炀帝在鸿胪寺下置四方馆于建国门外，以待四方使者。四方馆设使者四名，东夷、西戎、南蛮、北狄使者各一人，"掌其方国及互市事"。后罢黜四方馆，有事则置，量事繁简，临时损益。⑦当时，西域诸国与中国间通过丝绸之路开展了广泛的医药文化交流，域外各国的香药不断传入中国。据《隋书·西域传》记载：康国，隋炀帝大业年间遣使贡方物，其国出产𦡺香、阿薛那香等⑧；龟

---

① （唐）魏征等：《隋书》卷67《裴矩传》，中华书局，1973年，第1580页。
② （宋）司马光：《资治通鉴》卷180《隋纪四》炀帝大业三年十月条，中华书局，1956年，第5635页。
③ （唐）魏征等：《隋书》卷83《西域传》，中华书局，1973年，第1841页。
④ （唐）魏征等：《隋书》卷4《炀帝纪下》，中华书局，1973年，第88页。
⑤ （宋）王钦若等编纂，周勋初等校订：《册府元龟》卷970《外臣部·朝贡第三》，凤凰出版社，2006年，第11227页。
⑥ （宋）欧阳修、宋祁：《新唐书》卷221上《西域上·天竺国》，中华书局，1975年，第6237页。
⑦ （唐）魏征等：《隋书》卷28《百官志下》，中华书局，1973年，第798页。
⑧ （唐）魏征等：《隋书》卷83《西域·康国》，中华书局，1973年，第1849页。

兹,大业年间遣使贡方物,出产胡粉、安息香、雌黄、盐绿等物[①];波斯国,盛产薰陆、郁金、苏合、青木等香,胡椒、荜拨、石蜜、附子、诃黎勒等物。隋炀帝遣云骑尉李昱通使波斯,寻波斯遣使随昱贡方物[②];漕国,大业年间遣使贡方物,出产安息、青木、阿魏、没药、白附子等香药[③]。河西地区是中西交通的必经之地,社会比较安定,国际贸易繁荣,这里不仅移入了许多中原商人,同时也迁入了许多胡商。隋末唐初,凉州安氏即是最著名的胡贾。李轨依靠安修仁为首的西域胡贾,才得以立足并割据凉州。《隋书·食货志》言,北周、隋初,"河西诸郡,或用西域金银之钱,而官不禁"[④]。河西地区通行西域金银之钱,可见当地胡商之多。西域各国商人以河西各郡为据点,沿着丝绸之路到达长安、洛阳,深入内地许多市场。西域各地物品如珠宝、颜料、琉璃、玛瑙、香药等,通过丝绸之路不断传入内地;而中原地区的丝绸、瓷器等,则通过同样的道路运到西域各地,甚至远销地中海沿岸各国。

618年(武德元年),李渊称帝,定都长安,建立唐朝。隋末唐初,中原战乱,无暇西顾,西北地区成为吐蕃、吐谷浑、突厥三方角逐的战场。吐谷浑占据今青海全部和新疆南部地区,并不断侵扰内地和河西地区,直接威胁唐与西域交通;西突厥则控制了高昌、焉耆、龟兹、疏勒、于阗诸国,以及康国、安国、曹国、石国、米国、何国、火寻、戊地和史国等地。西北地区的分裂割据,使当地各族人民深受其害,并严重阻碍了唐朝与中亚、欧洲的商旅往来。恢复西域主权,重开西北商路,成为唐朝政府面临的急迫任务。

河西地区历来被认为是"强兵足食之本"。唐朝在平定陇右薛举、凉州李轨割据政权后,把河西地区作为防御突厥南下和吐蕃东进的重要地带,并锐意开发河西。619年(武德二年),唐朝在河西地区设置凉州总管府,管辖凉、甘、瓜、肃四州。670年(咸亨元年),改为大都督府。675年(上元二年),又改为中都督府。711年(景云二年),唐朝从陇右道分出黄河以西为河西道,并设立节度使。河西道辖地除凉、甘、肃、瓜、沙外,还包括西域广大地区。玄宗开元年间,为防止吐蕃、突厥对河西地区的侵扰,增设朔方、陇右诸节

---

① (唐)魏征等:《隋书》卷83《西域·龟兹国》,中华书局,1973年,第1852页。
② (唐)魏征等:《隋书》卷83《西域·波斯国》,中华书局,1973年,第1857页。
③ (唐)魏征等:《隋书》卷83《西域·漕国》,中华书局,1973年,第1857页。
④ (唐)魏征等:《隋书》卷24《食货志》,中华书局,1973年,第691页。

度使，重新部署边防兵力。河西节度使统领九军二守捉，分布在凉、肃、瓜、沙、会等州，治所在凉州。陇右节度使统领十军三守捉，分布在鄯（治今青海乐都县）、廓（治今青海尖扎县）、洮（治今甘肃临潭县）、河（治今甘肃临夏市）等州，治所在鄯州。742年（天宝元年），改凉州为武威郡，督凉、甘、肃三州。754年（天宝十三年），哥舒翰在黄河九曲一带设置宁边、威胜、金天、武宁、耀武五军，新设各军不在节度使固有兵额之内。屯军平时耕牧，战时出征，许多屯军后来成为当地屯户。州县制度的确立，军备制度的完善，较好地发挥了稳定河陇地区的作用，保证了丝绸之路东段的畅通。

西域地区是中西交通的重要通道。630年（贞观四年），唐灭东突厥，消除了来自北方地区的威胁。同年九月，役属于西突厥的伊吾城主入朝，奉其所属七城来献。唐在其地设置西伊州。据《资治通鉴》卷193记载：

> （唐太宗贞观四年十二月）甲寅，高昌王麴文泰入朝。西域诸国咸欲因文泰遣使入贡，上遣文泰之臣厌怛纥干往迎之。魏征谏曰："昔光武不听西域送侍子，置都护，以为不以蛮夷劳中国。今天下初定，前者文泰之来，劳费已甚，今借使十国入贡，其徒旅不减千人。边民荒耗，将不胜其弊。若听其商贾往来，与边民交市，则可矣，倘以宾客遇之，非中国之利也。"①

632年（贞观六年），唐朝改西伊州为伊州。同年，焉耆国王"龙突骑支始遣使来朝。自隋乱，碛路闭，故西域朝贡皆道高昌。突骑支请开大碛道以便行人，帝许之。高昌怒，大掠其边"②。自隋末以来，从敦煌、玉门经白龙堆沙碛，度罗布泊北至焉耆的大碛路不通，西域诸国到内地朝贡、贸易，皆需通过高昌。而高昌王麴文泰拥掠朝贡诸国，垄断东西交通。焉耆王请重开大碛路，太宗许之。此后，商胡多走大碛路。635年（贞观九年），唐太宗遣军击降自隋末复兴的吐谷浑，扫清了内地通往西域的障碍。

唐初，波斯萨珊王朝日益衰败，这为西突厥的复兴创造了有利条件。约

---

① （宋）司马光：《资治通鉴》卷193《唐纪九》，中华书局，1956年，第6083页。
② （宋）欧阳修、宋祁：《新唐书》卷221上《西域传上》，中华书局，1975年，第6229页。

619年（武德二年），西突厥射匮可汗卒，其弟统叶护可汗立。统叶护可汗"勇而有谋，战辄胜，因并铁勒，下波斯、罽宾（今克什米尔），控弦数十万，徙廷石国（今中亚塔什干）北之千泉（今伏龙芝西），遂霸西域诸国，悉授以颉利发，而命一吐屯监统，以督赋入"[①]。628年（贞观二年），西突厥发生内讧，统叶护可汗被其伯父莫贺咄所杀。莫贺咄自立，号屈利俟毗可汗。但是，国人不服，弩失毕部推泥孰莫贺设为可汗。泥孰不敢受，从康居迎统叶护之子咥力特勤为乙毗钵罗肆叶护可汗。630年（贞观四年），俟毗可汗向唐朝请婚，太宗诏令："突厥方乱，君臣未定，何遽昏为？"于是，西域各国纷纷叛离，俟毗可汗被杀。肆叶护可汗统驭无方，诛杀功臣，人人自危。632年（贞观六年）秋，肆叶护可汗被弩失毕部逐往康居，后忧郁而死。西突厥迎立泥孰，是为咄陆可汗。634年（贞观八年），咄陆可汗病死，其弟同俄设立，号沙钵罗咥利失可汗。他对原西突厥十姓部落重新加以整顿，分其国为十部，每部置一统领，每位统领授其一箭，号为十设，也称十箭。又分十箭为左右厢，各管五箭。左厢号五咄陆部，置五大啜，居碎叶东；右厢号五弩失毕部，置五大俟斤，居碎叶以西。自此五咄陆部与五弩失毕部常各拥可汗，互相对峙。

638年（贞观十二年），突厥再次发生内乱，国人更立欲谷设为乙毗咄陆可汗，与沙钵罗咥利失可汗相对抗。于是，西突厥又一分为二，双方以伊列河（今伊犁河）为界，分地而治。乙毗咄陆可汗建庭于镞曷山（今吉尔吉斯山）西，谓为北庭。639年（贞观十三年），乙毗咄陆可汗迫逐咥利失至拔汗那而死。五弩失毕部立咥利失之子为乙屈利失乙毗可汗。翌年，乙毗可汗卒，五弩失毕部又拥立毕贺咄叶护为乙毗沙钵罗叶护可汗，建庭于睢合水（今中亚楚河）北，谓之南庭。[②]

这一时期，大食开始向东扩张，638年（贞观十二年），大食攻占了波斯首都泰西封（今巴格达东南）。641年（贞观十五年），大食军在尼哈文（Nehavend，今伊朗哈马丹以南一带）摧毁波斯军队。波斯末代主伊嗣俟即耶斯提泽德三

[①]（宋）欧阳修、宋祁：《新唐书》卷215下《突厥传下》，中华书局，1975年，第6056页。

[②]（宋）欧阳修、宋祁：《新唐书》卷215下《突厥传下》，中华书局，1975年，第6058～6059页。

世（Yazidjid Ⅲ）逃往帝国东境木鹿（Meru）。651年（永徽二年），伊嗣俟为大食兵所杀，其子卑路斯逃往吐火罗，后又入长安。波斯萨珊王朝灭亡。大食占领伊朗，其势力推进到东边的呼罗珊。呼罗珊地区成为阿拉伯入侵中亚的基地。

早在640年（贞观十四年），唐太宗遣侯君集率领大军，消灭了西突厥控制下的麴氏高昌王国，并以其地设西昌州（治今新疆吐鲁番市东南高昌古城），旋改称西州。不久，屯守高昌附近浮图城（今新疆吉木萨尔破城子）的西突厥叶护降，又以其地置庭州。同年九月，唐朝设置安西都护府（治西州），统辖伊、西、庭三州。唐太宗在《讨高昌王麴文泰诏》中云："伊吾之右，波斯之东，职贡不绝，商旅相继，琛赍遭其寇攘，道路由其拥塞。"① 安西都护府的设立，为唐朝统一西域和开拓中西交通奠定了基础。唐朝在西域设置的各级政府机构有向朝廷进贡的任务，其中伊州的贡物当中有胡桐律（又作"胡桐泪"，即胡桐树脂，可治"大毒热，腹烦满"等）、阴牙角（即象牙），庭州的贡物中有速霍角（即羚羊角）、阿魏、延胡索等。

644年（贞观十八年），唐命安西都护郭孝恪为西州道行军总管，率军攻破焉耆，执其王突骑支，并以其地为焉耆都督府。647年（贞观二十一年），唐太宗以阿史那社尔为昆山道行军大总管，契苾何力为副总管，率安西都护郭孝恪等，统铁勒十三部十万余人，攻打龟兹。龟兹王诃黎布失毕弃城西奔，退守拨换城（今新疆阿克苏市），后被阿史那社尔擒获。阿史那社尔又派副将军招降于阗。于阗王伏阇信随使者来降，归顺唐朝。同年，迁安西都护府于龟兹，统龟兹、于阗、焉耆、疏勒四镇。② 此后，唐与西域诸国的交通，特别是从敦煌经且末、于阗越葱岭而西的南道，以及出玉门关经西州、龟兹、疏勒越葱岭而西的中道更加顺畅。

与此同时，西突厥内讧不断，乙毗咄陆可汗与叶护可汗争战不已，双方均遣使向唐朝求援。太宗令其相互敦睦，各自罢兵。但是，咄陆可汗不听，遣石国吐屯攻杀叶护可汗，并吞并其地。五弩失毕部遣使唐朝，请求册立新

---

① （宋）宋敏求：《唐大诏令集》卷130《讨高昌王麴文泰诏》，中华书局，2008年，第702页。

② （宋）欧阳修，宋祁：《新唐书》卷221上《西域传上》，中华书局，1975年，第6231～6232页。

可汗。太宗遣使册立乙屈利失乙毗可汗之子为乙毗射匮可汗。射匮可汗在稳定内部后，又率兵攻打咄陆，咄陆部众多怨，遂奔吐火罗。646年（贞观二十年），乙毗射匮可汗遣使贡方物，且请婚，太宗令其割龟兹、于阗、疏勒、朱俱波、葱岭五国为聘礼，但射匮未回报，婚事遂寝。旋阿史那贺鲁反，尽并乙毗射匮可汗所部。

阿史那贺鲁原为乙毗咄陆可汗之叶护，居多逻斯川（今新疆北喀剌额尔齐斯河流域），统处月、处蜜、姑苏（或作哥舒）、歌逻禄、弩失毕五姓之众。自咄陆可汗西奔吐火罗后，贺鲁随即失势，其部众大多离散。648年（贞观二十二年）四月，贺鲁率众数千帐内附，并助唐平定龟兹。次年二月，唐朝在安西都护府下置瑶池都督府，以贺鲁为都督，治莫贺城（今新疆吉木萨尔西北三台）。贺鲁内附后，秘密招抚散亡，部属日众。[①]650年（永徽元年），贺鲁听到唐太宗死讯后，乘机策动西、庭二州叛唐。次年，贺鲁拥众西徙，击败乙毗射匮可汗，兼并其众，建牙于千泉，自号沙钵罗可汗。当时，咄陆五啜、弩失毕五俟斤，以及西域诸国多依附于贺鲁。贺鲁以其子咥运为莫贺咄叶护，入寇庭州，陷金岭（今博格达坂）、蒲类（今巴里坤），杀掠数千人而去。因此，唐朝废安西四镇，并将安西都护府还治西州。后高宗以左武卫大将军梁建方、右骁卫大将军契苾何力为弓月道行军总管，发府兵三万，会同回纥五万骑征讨贺鲁。此役，唐军击溃依附于贺鲁的处月部，斩杀其首领朱邪孤注。653年（永徽四年），唐朝罢瑶池都督府。657年（显庆二年），唐朝擢用苏定方为伊丽道行军大总管，率燕然都护任雅相、左骁卫大将军瀚海都督回纥婆闰等讨伐贺鲁。唐军经过多次激战，以少胜多，大败贺鲁。五弩失毕部和五咄鲁部降唐。苏定方追贺鲁至碎叶水，尽获其众。贺鲁、咥运逃往石国（今塔什干）苏咄城，后被城主伊涅达干俘获，交给唐军。西突厥汗国灭亡。

阿史那贺鲁败亡后，唐朝"裂其地为州县，以处诸部"，以木昆部为匐延都督府，突骑施索葛莫贺部为嗢鹿都督府，突骑施阿利施部为洁山都督府，胡禄屋阙部为盐泊都督府等，并置昆陵、濛池都护府统领。至此，唐朝的西部疆域"西尽波斯，并隶安西都护府"。唐以阿史那弥射为兴昔亡可汗，兼

---

① （宋）欧阳修、宋祁：《新唐书》卷215下《突厥传下》，中华书局，1975年，第6059～6060页。

昆陵都护，领五咄陆部；以阿史那步真为继往绝可汗，兼濛池都护，领五弩失毕部。① 此外，在天山以北、原西突厥属部葛逻禄、沙陀诸部之地，唐朝也设置了一批羁縻府州。由于唐朝的军事力量已及于碎叶地区，从丝绸之路南道或中道越葱岭至中亚，以及经庭州或龟兹至弓月（今新疆伊宁东北）、碎叶一线的丝绸之路都畅通无阻。

662年（龙朔二年）十月，唐高宗诏令阿史那弥射和阿史那步真发兵，从飓海道总管苏海政讨伐龟兹。阿史那步真素与阿史那弥射有怨，故步真密请苏海政矫诏杀害弥射。不久，阿史那步真死。西突厥"十姓无王，附于吐蕃"②。这时，吐蕃人已经驰骋在西域疆场，在安西四镇以及丝绸之路上十分活跃。阿史那都支及李遮匐收其余众，附于势力已伸入西域的吐蕃。据《敦煌吐蕃历史文书》大事纪年记载："及至鼠年（664年），赞普巡临北境。"所谓"北境"，即指于阗到沙州一线。665年（麟德二年），"疏勒、弓月两国引吐蕃之兵以侵于阗"③。弓月属西突厥别种，是一个在草原上经商、传教的部落。670年（咸亨元年），吐蕃攻陷唐西域羁縻十八州，又与于阗合众，袭破龟兹、拨换城。次年，高宗以阿史那都支为左骁卫大将军兼匐延府都督，安抚突厥部众。但是，到高宗仪凤年间，阿史那都支自号十姓可汗。679年（调露元年），阿史那都支和李遮匐联合吐蕃，侵逼安西。吏部侍郎裴行俭以送波斯王子泥涅师（卑路斯之子）回国为名，出其不意平息叛乱。裴行俭擒都支、遮匐，让泥涅师自返其国，并立碑碎叶，记功而返。此时，吐蕃国内政局不稳，无暇顾及西域。西突厥十姓部落又倒向唐朝一边。同年，唐朝再次收复四镇，并以四镇中的碎叶代替焉耆。

686年（垂拱二年），吐蕃占领天山以南之地。唐不得不再次放弃四镇，移安西都护府还于西州。对于西域诸绿洲国家，正如敦煌文书S.1344号《开元户部格》残卷记载，唐朝政府诏敕："诸蕃商胡若有驱赶驼交易，不得入藩。任令边州关津镇戍，严加捉搦。其贯属西、庭、伊等州

---

① （宋）欧阳修、宋祁：《新唐书》卷215下《突厥传下》，中华书局，1975年，第6062～6063页。

② （宋）王溥：《唐会要》卷94《西突厥》，中华书局，1955年，第1695页。

③ （宋）王钦若等编纂，周勋初等校订：《册府元龟》卷995《外臣部·交侵》，凤凰出版社，2006年，第11522页。

府者，验有公文，听与本贯以东来往。"①这个诏敕在开元年间成为户部的一项准则，一直维持到8世纪后半叶。唐对西域胡商的贸易政策比较宽松，只是规定不得与吐蕃进行交易，且往来进入西州、庭州、伊州等必须持有"过所"。唐朝利用"过所"核查往来人口及所携带货物的数量、规格等，借此收缴商税。

武后时期，唐朝对西突厥十姓部落进行了整顿和抚绥。685年（垂拱元年），唐擢升弥射之子元庆为左玉钤卫将军、步真之子斛瑟罗为右玉钤卫将军，各袭其父所领部及可汗名号。西突厥十姓部落得以摆脱吐蕃的控制。692年（长寿元年），武威道行军总管王孝杰、左武威大将军阿史那忠节，率军大破吐蕃，一举夺回四镇，并移安西都护府于龟兹。此后，吐蕃因连年征战，引起内乱。698年（圣历元年），吐蕃赞普迫使钦陵自杀，赞婆等降唐。至此，吐蕃与唐朝在西域的争夺暂时告一段落。

701年（长安元年），吐蕃在西域的势力受到遏制，而西突厥别部突骑施却强大起来。突骑施是西突厥五咄陆部之一，其部长乌质勒原为斛瑟罗属下，号莫贺达干。斛瑟罗用刑严酷，十姓部落不服，而乌质勒有威望，能抚下，故归附者日多。于是，乌质勒置二十都督，各统兵七千，攻陷碎叶川，并徙其牙帐于碎叶，其地"东北与突厥（即后突厥汗国）为邻，西南与诸胡相接，东南至西、庭州。斛瑟罗以部众削弱，自则天时入朝，不敢还蕃，其地并为乌质勒所并"②。702年（长安二年），唐朝在庭州设置北庭都护府，总理天山北路军政。706年（神龙二年），乌质勒死，其长子娑葛袭封，有胜兵三十万。娑葛与其部将阙啜忠节不和，兵部尚书宗楚客受忠节贿赂，欲停止娑葛的统兵权。于是，娑葛杀唐朝使节，败安西副都护牛师奖，攻陷火烧、安西等城，"四镇路绝"③。后来，唐廷听郭元振的申诉，赦免娑葛，并封其为十姓可汗。唐与突骑施重归于好。突骑施在政治上仍臣属于唐朝。在唐玄宗继位前后，突骑施是西州的"邻藩"，在西州8世纪的丝绸之路贸易中占有一席之地。唐廷《敕突厥可汗书》中云："突骑施本非贵种，出自异姓"，

---

① 中国社会科学院历史研究所等：《英藏敦煌文献（汉文佛经以外部分）》（第2卷），四川人民出版社，1990年，第269页。
② （后晋）刘昫等：《旧唐书》卷194下《突厥传下》，中华书局，1975年，第5190页。
③ （后晋）刘昫等：《旧唐书》卷97《郭元振传》，中华书局，1975年，第3048页。

他们一面"诳诱群胡",即得到粟特人的合作;一面"又承国家庇荫,因其荒远遂得苟存"①。

这一时期,阿拉伯帝国开始了第二次对外扩张。704年,屈底波被任命为呼罗珊的总督,开始了对中亚的全面征服。705年,屈底波征服下吐火罗斯坦及其首府巴里黑(Balkh,今阿富汗的巴尔赫);706年至709年,征服粟特(al-Sughd)的布哈拉及其周围地区;710年至712年,又攻克撒马尔罕和西面的花剌子模(即基发);713年至715年,他率领一支远征军,深入药杀河(今锡尔河)各省区,特别是拔汗那(即费尔干纳),在近代以中亚诸汗国著称的地区建立了名义上的穆斯林政权。这些地方自古以来商业发达,且地遏交通孔道,地理位置十分重要。中亚诸国原来信奉佛教或袄教,大食征服中亚地区后,迫使当地人民改信伊斯兰教,加之大食横征暴敛,中亚诸国并不甘于接受大食的统治,他们习惯于接受唐朝的封号,向中国朝贡和进行贸易,而且一直同唐朝维持着关系。

711年(景云二年),唐朝以元庆子阿史那献为"招抚十姓使",次年,又封其为北庭大都护,旋改碛西节度使。714年(开元二年),突骑施发生内讧,娑葛弟遮弩叛归后突厥可汗默啜,并引突厥兵擒杀娑葛。突骑施政权瓦解,十姓大乱。唐朝以阿史那献为西突厥十姓可汗,进驻碎叶。此时,突骑施中的车鼻施部开始崛起,其首领苏禄"颇善绥抚,十姓部落渐归附之,众二十万,遂雄西域之地,寻遣使来朝"②。同年闰三月,唐玄宗敕令:"诸锦、绫、罗、谷、绣、织成绸绢丝、牦牛尾、真珠、金铁,并不得与诸蕃互市,及将入蕃。金铁之物,亦不得将度西北诸关。"③715年(开元三年),唐朝授苏禄为左羽林军大将军、金方道经略大使,并遣侍御史解忠顺持玺书册立其为忠顺可汗。然而苏禄在接受唐朝封号的同时,又遣使"南通吐蕃、东附突厥"④。同年,"吐蕃与大食共立阿了达为(拔汗那)王,发兵攻之,拔汗那王兵败,奔安西求救"。监察御史张孝嵩与都护吕休璟统万人,出龟兹西数千里,下数百城,大败阿了达。孝嵩"传檄诸国,威震西域,大食、康居、大宛、罽宾等八国

---

① (唐)张九龄:《曲江集》卷11《敕突厥可汗书》,《四库全书》集部,上海古籍出版社,1992年,第80页。
② (后晋)刘昫等:《旧唐书》卷194下《突厥传下》,中华书局,1975年,第5191页。
③ (宋)王溥:《唐会要》卷86《关市》,中华书局,1955年,第1581页。
④ (后晋)刘昫等:《旧唐书》卷194下《突厥传下》,中华书局,1975年,第5192页。

皆遣使请降"①。

717年（开元五年）七月，唐玄宗欲遣阿史那献为北藩主，但苏禄拒而不纳。未几，"突骑施、车鼻施勾引大食、吐蕃，拟取四镇，见围钵（拨）换（今新疆阿克苏市）及大石城（今新疆乌什县）"②。718年（开元六年），唐朝鉴于突骑施实力已经取代阿史那献，故封苏禄为"顺国公"。719年（开元七年）十月，又以其为十姓可汗。此后，突骑施成为中亚地区抵御大食东侵的主要力量。同年，焉耆王"龙嬾突死，焉吐拂延立。于是十姓可汗请居碎叶，安西节度使汤嘉惠表以焉耆备四镇。诏焉耆、龟兹、疏勒、于阗征西域贾，各食其征，由北道者轮台征之"③。关于"各食其征"，可能是向西域胡商征收商税，用于合籴军镇将士屯田收入之外所缺之军粮，这样可以免去每年由国都或河西向安西、北庭长途贩运大量布帛。上述诏令征税的焉耆、龟兹、疏勒、于阗四地，属于安西节度使管辖范围，故其所征商税，当用于和籴安西节度使统下镇兵之缺粮。而轮台一地，则属北庭都护府所辖之县，诸史所载甚明。《新唐书·西域传》赞云："开元盛时，税西域商胡以供四镇，出北道者纳赋轮台。地广则费倍，此盛王之鉴也。"④唐朝向西域胡商征收商税，解决了唐朝西域驻军的长途补给问题，稳定了军心，提高了军队战斗力。

724年（开元十二年），苏禄可汗抵御大食倭马亚王朝东侵，在锡尔河取得大胜。729至730年（开元十七年至十八年），苏禄在安国、康国取得胜利，并配合粟特起义，将大食军从阿姆河以东一扫而去。730年（开元十八年），又在康国南夏乌塔尔山大败大食军。734年（开元二十二年），粟特诸国在大食压迫下独立。735年（开元二十三年）十月，唐朝"移隶伊西、北庭都护属四镇节度。突骑施寇北庭及安西拨换城"⑤。为了统一指挥和集中力量对付苏

---

① （宋）司马光：《资治通鉴》卷211《唐纪二十七》，中华书局，1956年，第6713页。
② （宋）王钦若等编，周勋初等校订：《册府元龟》卷992《外臣部·备御》，凤凰出版社，2006年，第11488页。
③ （宋）欧阳修、宋祁：《新唐书》卷221上《西域上·焉耆国》，中华书局，1975年，第6230页。
④ （宋）欧阳修、宋祁：《新唐书》卷221下《西域下·赞》，中华书局，1975年，第6265页。
⑤ （后晋）刘昫等：《旧唐书》卷8《玄宗纪上》，中华书局，1975年，第203页。

禄，唐朝将北庭都护府迁移至安西。此时，商胡在朝贡路上风险很大，绿洲诸国多有劫掠行为。唐玄宗《敕护密国王书》曰："突骑施凶悖，恣其抄掠，卿宜善计，勿令不觉其来。已西商胡，比遭发遣劫掠，道路遂断，远近吁嗟，卿宜还国，必须防禁。"①

苏禄晚年身患风病，抄掠所得不与部下，"其下诸部，心始携贰"。在诸部当中，莫贺达干和都摩度最为强盛，而百姓又分为黑（即自谓苏禄部者）、黄（即自谓娑葛部者）二姓，相互猜忌。738年（开元二十六年）夏，莫贺达干勒兵夜攻苏禄，并杀苏禄。都摩度立苏禄子咄火仙为可汗，以安缉其余众。莫贺达干与都摩度相互攻伐，突骑施势力大为衰落。唐安西都护盖嘉运率兵征讨都摩度，擒获咄火仙。740年（开元二十八年），唐玄宗立莫贺达干为可汗，令统其部众。其后，突骑施黄、黑两姓各立可汗，互相攻伐，势力衰弱，已不能抵御东进的大食。②741年（开元二十九年），唐朝恢复北庭都护府建置，置北庭、安西二节度。安西节度抚绥西域，统辖龟兹、焉耆、于阗、疏勒四镇，治龟兹城；北庭节度防制突骑施、坚昆（黠戛斯），统辖瀚海、天山、伊吾三军，屯伊吾、西州境，治北庭。

突骑施的衰落，改变了丝绸之路贸易的局面。大食人开始支配中亚地区。吐蕃在西域的势力又开始增长，并与唐朝争夺西域地区，双方斗争主要集中在对西域西南的大小勃律的争夺之上，此地几番易手。743年（天宝二年）十月，唐廷诏令"如闻关已西诸国，兴贩往来不绝，虽讬以求利，终交通外蕃，因循颇久，殊非稳便。自今以后，一切禁断，仍委四镇节度使，及路次所由郡县，严加捉搦，不得更有往来"③。唐朝政府严禁出入蕃域的商业贸易活动，并严禁已经进入内地的粟特商人归蕃。

747年（天宝六年），安西副都护高仙芝攻入小勃律，俘其王苏失利之，将吐蕃势力逐出小勃律，于是，"拂菻、大食诸胡七十二国皆震恐，咸归附"④。唐玄宗诏改小勃律为归仁，置归仁军，募千人镇之。750年（天宝九年），安西四镇节度使高仙芝再征朅师，击破大勃律。不过，仅一年以后，高仙芝与

---

① （清）董诰等：《全唐文》卷287《敕护密国王书》，中华书局，1983年，第2910页。
② （后晋）刘昫等：《旧唐书》卷194下《突厥传下》，中华书局，1975年，第5192页。
③ （宋）王溥：《唐会要》卷86《关市》，中华书局，1955年，第1579页。
④ （宋）欧阳修、宋祁：《新唐书》卷221下《西域传下》，中华书局，1975年，第6252页。

大食激战于怛罗斯，高仙芝大败。此后，唐朝势力退出中亚，大食在中亚势力复振。尽管如此，唐朝的安西、北庭都护府辖地并未受到冲击，对中亚地区仍有一定影响。中亚诸国仍不时遣使通贡于唐。

安史之乱爆发后，唐朝驻河陇等地的戍兵相继东调，以平定叛乱。唐廷虽然曾调费尔干纳及河中诸国的兵力，与西域兵一起入长安等地救援，但已元气大伤，而无力经略西域。在此背景下，吐蕃趁机攻陷河西陇右地区，隔绝唐朝与西域间的交通。762年（宝应元年），吐蕃攻陷临洮，夺取秦（治今甘肃秦安县西北）、成（治今甘肃礼县南）、渭（治今甘肃陇西县）等州。763年（广德元年），吐蕃大军进入大震关（今陕西陇县固关镇），占领洮（治今甘肃临潭县）、兰（治今甘肃兰州西）、河（治今甘肃临夏市）、鄯（治今青海乐都区碾伯镇）诸州。唐陇右之地尽陷于吐蕃。764年（广德二年），吐蕃占据凉州。766年（永泰二年），又攻陷甘、肃二州。786年（贞元二年），再克瓜州。吐蕃占领河西地区以后，唐安西、北庭都护府孤悬塞外。790年（贞元二年），吐蕃占据北庭。翌年，又陷西州，整个西域地区为吐蕃所有。随着吐蕃的向北扩张，大批吐蕃人迁居西域地区。据新疆出土的藏文简牍记载，在西域地区活动的吐蕃贵族有没庐氏、属庐氏、那囊氏、昆氏、娘若、娘氏、努布氏、韦氏等古老家族。[①]至于一般的部落组织则为数更多。吐蕃军队凿通西域丝路南道，占领河西走廊、控制湟水流域，其目的除夺取战略制高点、获得更大的生存空间外，就是为了控制丝绸之路，以攫取更多的经济利益。为了确保丝绸之路的畅通无阻，吐蕃军队在西域的于阗、河西的敦煌、湟水流域的鄯州（宗喀）及宗喀通向吐蕃本土要道上的都兰等重要关口都派重兵防守。在吐蕃控制丝路通道的100多年间，吐蕃成为唐与中亚通商的桥梁。在吐蕃统治西域及河西走廊期间，无论是在鄯善、敦煌，还是远至中亚的康国及其他昭武九姓诸国，吐蕃均有从"粟特商路"获得来自中亚的粟特商品或贡品的可能性。

这一时期，大食商人在海上丝绸之路贸易中崭露头角，并渐次成为主要力量。但是，在陆路贸易当中，虽然在8世纪已有大食商队抵达葛逻禄及黠戛斯人地区的报道，却并没有立即出现大食人取代粟特人充当"东西方贸易

---

① 王尧、陈践：《吐蕃简牍综录》，见《王尧藏学文集》（卷3），中国藏学出版社，2012年，第206～209页。

担当者"的局面,而是出现了回鹘队商、于阗队商、契丹队商,以及所谓"中国队商"等在葱岭以东活动的态势。8世纪中叶,突骑施管辖了濛池都督府全部领域。在西突厥灭亡以后,西州回纥兴起以前,突骑施是继西突厥后参与丝绸之路贸易的重要力量,他们一面以"朝贡"和"互市"的形式,进行传统的金帛马驼贸易;另一面在抵挡阿拉伯人东进,保护七河流域及吐火罗一带商路上起到了重要作用。

9世纪初,吐蕃政权日趋衰弱,国内矛盾逐渐激化。唐朝采取远交近攻之策,使其"西迫大食之强,北病回纥之众,东有南诏之防"[①],处于四面受敌之境地。842年(会昌二年),吐蕃赞普朗达摩被杀,王室分裂,属部叛离,边将称雄,相互混战。848年(大中二年),沙州汉族豪强张义潮率沙州各族,驱逐吐蕃守将,占据瓜、沙二州,并遣使长安报捷。接着,张义潮又率军攻占肃、甘、伊等州。851年(大中五年)八月,张义潮遣其兄议谭奉瓜、沙、伊、甘、肃、兰、鄯、河、岷、廓、西等11州地图来献。唐在沙州置归义军,以义潮为节度使。唐宣宗在《收复河湟制》中云:"秦州至陇州以来道路,要置堡栅,与秦州应接,委李玭与刘皋即便度计闻奏。如商旅往来,兴贩货物,任择利润,一切听从,关镇不得邀诘。"[②] 这一政策不但体现了唐朝的对外商业观念,其中"关镇不得邀诘"一语,还透露了来华经营胡商曾受一些不法关镇长官敲诈勒索的信息。这种地方官员的盘剥,甚至引起胡商的反抗。吐蕃在河陇地区的统治瓦解后,活跃在河陇的民族有汉、吐蕃、吐谷浑、羌(主要是党项)、回鹘、嗢末、龙家等。各民族在政治、军事上相互争战,在经济、文化上相互交流,加速了民族融合的步伐。

隋唐时期是中国香药朝贡与贸易史上具有重大意义的时期,随着国家的统一,疆域的扩展,以及"贞观之治"和"开元盛世"的到来,中西交通畅通,香药朝贡贸易频繁,大量域外香药通过陆路和海路输入中国。当时,中亚的康国、安国、石国、米国、曹国、史国、火寻、吐火罗、拔汗那、罽宾、勃律,南亚的天竺国、乌苌国,西亚的波斯、大食等国都曾向唐朝进贡香药。

---

① (宋)王钦若等编纂,周勋初等校订:《册府元龟》卷446《将帅部·生事》,凤凰出版社,2006年,第5033页。

② (清)董诰等:《全唐文》卷79《收复河湟制》,中华书局,1983年,第827页。

621年（武德四年）十月，新罗、高句丽和西域22国，并遣使朝贡。[①]624年（武德七年），康国、吐谷浑及西突厥莫贺咄可汗遣使入贡。[②]翌年八月，"突厥、吐谷浑各请互市，诏皆许之。先是，中国丧乱，民乏耕牛，至是资于戎狄，杂畜被野"[③]。高祖诏许突厥、吐谷浑互市，并且设立专门管理机构，保护西北陆路交通。唐太宗贞观初年，安国使者朝贡，唐太宗厚慰其使曰："西突厥已降，商旅可行矣。"[④]实际上，唐太宗所谓西突厥已降，不过是西突厥与唐朝间建立了正当的朝贡关系而已，还远远谈不上对其进行控制。630年（贞观四年）十二月，高昌王麴文泰入朝。后西域诸国皆欲随文泰使入贡。魏征劝谏太宗说："今天下初定，前者文泰之来，劳费已甚，今借使十国入贡，其徒旅不减千人。边民荒耗，将不胜其弊。若听其商贾往来，与边民交市，则可矣，傥以宾客遇之，非中国之利也。"[⑤]魏征对西域诸国远途朝贡持谨慎态度，认为这是一项劳民伤财之举，而对于正常的民族贸易交往，则主张顺其自然。从中亦可看出，当时西域各国朝贡使团除了与朝廷开展贡赐贸易外，还在沿途与边民进行交易，还有一些商贾则专门从事贸易活动。640年（贞观十四年），唐军平定高昌，建立安西都护府。唐朝与西域诸国的贸易往来趋于频繁。至唐高宗永徽年间，西域诸国朝贡者络绎不绝。657年（显庆二年），苏定方平定西突厥阿史那贺鲁后，于阗以西、波斯以东十六国皆附属于唐，这无疑给西域商贾提供了前所未有之商机。

据初步统计，安史之乱前，西域各国向唐朝贡达174次之多，或使节来贡，或商团进献；唐廷则以丝绸诸物或赐或赠，往来频繁。胡商成分比较复杂，往往难辨其国籍，然就载籍所见，则多为康国、安国、石国、米国、曹国、史国、拔汗那、吐火罗、天竺、罽宾、勃律、波斯和大食等国人。当时，长安是著名的国际贸易都市，有突厥、回纥、昭武九姓、波斯、大食、拂菻诸国的商人，

[①]（宋）王钦若等编纂，周勋初等校订：《册府元龟》卷970《外臣部·朝贡第三》，凤凰出版社，2006年，第11227页。
[②]（宋）王钦若等编纂，周勋初等校订：《册府元龟》卷970《外臣部·朝贡第三》，凤凰出版社，2006年，第11227页。
[③]（宋）司马光：《资治通鉴》卷191《唐纪七》，中华书局，1956年，第5994页。
[④]（宋）欧阳修、宋祁：《新唐书》卷221下《西域下·安国》，中华书局，1975年，第6244页。
[⑤]（宋）司马光：《资治通鉴》卷193《唐纪九》，中华书局，1956年，第6083页。

开设"胡店"和"波斯肆"等，其中就有专门的香行经营香料。河西地区的凉州、甘州、肃州、敦煌等城镇，到处都能见到胡商的足迹。"商胡贩客的贡使化，是汉唐时期习以为常的历史现象。九姓胡与唐帝国的交往，基本上也是通过'贡'与'赐'实现的。在借'贡'行'贾'的条件下，贡品具有二重性，是以礼品为形式的特殊商品。因而，贡品结构曲折地反映了商品结构，经济内涵十分丰富。"① 这种以礼品形式出现的特殊商品中，香药占有重要的分量。唐代，外来香药备受各个消费群体的推崇，但是，因其价格昂贵，只有皇室贵族才能享用得起。在唐朝前期，唐廷主要通过朝贡贸易途径获得外来上等香药。至中唐以后，随着香药消费的增加，域外各国朝贡的香药已远不能满足皇室贵族的需求。于是，唐廷通过宫廷收市，即皇帝派专人直接购买香药等手段，垄断香药贸易。由于官方直接购买，从而大大提高了香药的价格，同时更加刺激了人们对香药的追求。

635年（贞观九年）五月，吐火罗遣使贡方物。②637年（贞观十一年），康国献金桃、银桃，诏令植之于苑囿。③639年（贞观十三年）二月，波斯、康国遣使朝贡。④641年（贞观十五年），天竺国王"尸罗逸多遣使朝贡，帝复遣李义报使，其王复遣使献大珠及郁金香、菩提树"⑤。大约从南北朝时期起，中印之间就有香药朝贡贸易，不过，当时中印陆路贸易权掌握在粟特人手中，而海路贸易权则操控在波斯人手中。如印度产的胡椒在北朝时就被认为是波斯国的特产，直到唐代博物学家段成式在其《酉阳杂俎》中才纠正了这一错误。从641年开始，中印之间直接贸易次数逐年增加，而贸易品则以香药居多。642年（贞观十六年）春正月，吐蕃、于阗、康国、龟兹、吐谷浑、曹国、史国遣使朝贡；四月，俱密国遣使献方物；十一月，末陀国、

---

① 蔡鸿生：《唐代九姓胡与突厥文化》，中华书局，1998年，第46页。
② （宋）王钦若等编纂，周勋初等校订：《册府元龟》卷970《外臣部·朝贡第三》，凤凰出版社，2006年，第11229页。
③ （宋）王钦若等编纂，周勋初等校订：《册府元龟》卷970《外臣部·朝贡第三》，凤凰出版社，2006年，第11229页。
④ （宋）王钦若等编纂，周勋初等校订：《册府元龟》卷970《外臣部·朝贡第三》，凤凰出版社，2006年，第11230页。
⑤ （宋）王钦若等编纂，周勋初等校订：《册府元龟》卷970《外臣部·朝贡第三》，凤凰出版社，2006年，第11230页。（宋）欧阳修、宋祁：《新唐书》卷221上《西域上·天竺国》，中华书局，1975年，第6238页。

乌苌国遣使献方物。乌苌国"自古未通中国，其王达摩因陀诃斯遣使奉表曰：'大福德至尊，一切王中，上乘天宝车，破诸黑暗，譬如帝释能伏阿修罗王，奴宿种善根，得生释种，拜至尊。'因献龙脑香"[1]。龙脑香是南亚诸国向唐朝进贡的常见物品，有时波斯商人也进贡龙脑香，以致于文献中有波斯出产龙脑香的说法。643年（贞观十七年），"拂菻王波多力遣使献赤颇黎、绿颇黎、石绿、金精等物"[2]。颇黎即玻璃之异名。自东周以后，中国已经制作出玻璃，但在唐代，红色和绿色的玻璃仍然被看作宝物。金精是一种带有光泽的美丽的白色宝石。647年（贞观二十一年）正月，龟兹、羊同、石国、吐蕃、波斯、康国和吐谷浑，并遣使贡方物。同年三月，摩伽陀国献菩提树，一名波罗，叶似白杨；康国献黄桃，大如鹅卵，其色如金，亦呼为金桃；伽毗国"献郁金香，叶似麦门冬，九月花开，状如芙蓉，其色紫碧，香闻数十步，华而不实，欲种取根"；罽宾献俱物头花，其花丹白相似，而香远闻；伽失毕国"献泥楼钵罗，叶类荷叶缺圆，其花色碧而药黄，香芳数十步"；泥钵罗献波棱菜、酢菜、胡芹、浑提葱、嗅药等等。[3]郁金香原产于罽宾。上文关于郁金香性状的描述，显然属于鸢尾科的番红花，而非百合科的郁金香，其产地、叶形、花期、香性、栽培，皆与鸢尾科番红花一致。郁金香除供佛外，还可用于酿酒、香衫。另据《太宗实录》云，罽宾国进拘物头花，香闻数里。是月十一日，太宗以各国所贡方物，其草木杂物有异于常者，诏有司详录之。648年（贞观二十二年）正月，吐蕃、吐谷浑、吐火罗、康国、于阗、乌苌、波斯、石国并遣使朝贡。[4]651年（永徽二年）八月，大食国始遣使朝贡。[5]675年（上元二年）正月，"右骁卫大将军龟兹王白素稽献银颇罗、赐帛以答之，

---

[1]（宋）王钦若等编纂，周勋初等校订：《册府元龟》卷970《外臣部·朝贡第三》，凤凰出版社，2006年，第11230页。（宋）欧阳修、宋祁：《新唐书》卷221上《西域上·乌荼国》，中华书局，1975年，第6240页。

[2]（宋）王钦若等编纂，周勋初等校订：《册府元龟》卷970《外臣部·朝贡第三》，凤凰出版社，2006年，第11230页。

[3]（宋）王钦若等编纂，周勋初等校订：《册府元龟》卷970《外臣部·朝贡第三》，凤凰出版社，2006年，第11231页。

[4]（宋）王钦若等编纂，周勋初等校订：《册府元龟》卷970《外臣部·朝贡第三》，凤凰出版社，2006年，第11231页。

[5]（宋）王钦若等编纂，周勋初等校订：《册府元龟》卷970《外臣部·朝贡第三》，凤凰出版社，2006年，第11232页。

拔汗那王献碧颇黎及蛇黄"①。680年（永隆二年）五月，大食国、吐火罗国各遣使献马及方物。②682年（永淳元年）五月，大食、波斯国各遣使贡方物；九月，石国遣使朝贡；十二月，南天竺及于阗国各遣使献方物。③692年（天授三年）三月，东天竺国王摩罗拔摩，西天竺国王尸罗逸多，南天竺国王遮娄其拔罗，北天竺国王那那，中天竺国王地摩西那，龟兹国王延繇拔，同时到唐朝献。④

717年（开元五年）三月，勃律、安国遣使贡献方物；康国王遣使献毛锦青黛。⑤青黛即靛青，是从植物中提取的染料，也是古代中亚妇女常用的化妆品。同年，唐玄宗"以康安国突骑施等贡献多是珍异，谓之曰：'朕所重惟谷，所宝惟贤，不作无益之费，不贵远方之物，故锦绣珠玉，焚于殿庭；车渠玛瑙，总赐蕃国。今之进献，未识朕怀。宜收其情，百中留一。计价酬答，务从优厚，余并却还'"⑥。贡赐贸易是一种官方性质的贸易活动，其贡品除了获得市易价外，还能得到中原王朝皇帝额外的赏赐、加赐。正因如此，西域诸国朝贡的次数越来越频，进奉之物越来越多，导致负责贡物转运的馆驿不堪重负。在此情况下，唐玄宗诏令，对各国贡物"计价酬答，务从优厚"，以不失远人"向化"之心，同时，限制各国进京贡使人数，除部分生活实用品外，"余并却还"。

719年（开元七年）二月，波斯、安国、俱密、康国先后遣使朝贡。安国王笃萨波提遣使上表曰："从此年来，被大食贼每年侵扰，国土不宁。伏乞天恩滋泽，救臣苦难，仍请敕下突骑施，令救臣等。臣即统本国兵马，计会

---

① （宋）王钦若等编纂，周勋初等校订：《册府元龟》卷970《外臣部·朝贡第三》，凤凰出版社，2006年，第11233页。
② （宋）王钦若等编纂，周勋初等校订：《册府元龟》卷970《外臣部·朝贡第三》，凤凰出版社，2006年，第11233页。
③ （宋）王钦若等编纂，周勋初等校订：《册府元龟》卷970《外臣部·朝贡第三》，凤凰出版社，2006年，第11233页。
④ （宋）王钦若等编纂，周勋初等校订：《册府元龟》卷970《外臣部·朝贡第三》，凤凰出版社，2006年，第11233页。
⑤ （宋）王钦若等编纂，周勋初等校订：《册府元龟》卷971《外臣部·朝贡第四》，凤凰出版社，2006年，第11237页。
⑥ （宋）王钦若等编纂，周勋初等校订：《册府元龟》卷168《帝王部·却贡献》，凤凰出版社，2006年，第1868页。

翻破大食。伏乞天恩，依臣所请。今奉献波斯骠二、佛林绣氍毹一、郁金香三十斤、生石蜜一百斤。"①从《唐天宝二年交河郡市估案 A 种残片·药价文书》（大谷 3096）中的记录来看，当时，郁金香的价格是非常高的。大谷 3096 号文书曰："郁金花壹分，上直钱陆拾文，次伍拾文，下肆拾文。"②在佛教经典中，郁金香与缯彩、丝和细豆蔻都被称作是质轻价昂的奢侈品。《根本说一切有部苾刍尼毗奈耶》卷 3 云："云何体轻价重？谓缯彩及丝、郁金香、苏泣迷罗（指细豆蔻）是。"安国一次供奉郁金香 30 斤，分量不轻，价格不低。同一件事，在《册府元龟》卷 971《外臣部·朝贡第四》中则记载为："安国并遣使献方物。"《册府元龟》"朝贡部"在记载突厥、石国、罽宾、波斯、大食诸国所献诸如胡旋女、狮子、橐驼、良马等时，都详细地说明人数、头（匹）数，而对于其他贡品则概言为"方物"。结合《册府元龟》卷 168《帝王部·却贡献》和卷 999《外臣部·请求》来看，在西域诸国所献"方物"中，锦绣珠玉、车渠玛瑙等"无用"之物当占较大比例，似在"却贡"之列，而动、植物香药所占比例也不会太低。同月，俱密国王那罗延上表曰："臣曾祖父叔兄弟等，旧来赤心向大国，今大食来侵，吐火罗及安国、石国、拔汗那国并属大食，臣国内库藏珍宝及部落百姓物，并被大食征税将去。伏望天恩处分大食，令免臣国征税，臣等即得久长守捉大国西门。"③康国王乌勒伽也遣使上表献物，并以大食围城，请求唐朝出兵救援。这一阶段，因大食东侵，"昭武九姓"频繁遣使入贡。同年四月，吐火罗叶护与俱密国并遣使来朝。五月，俱蜜国遣使献胡旋女子及方物。六月，大食国、吐火罗国、康国、南天竺国遣使朝贡。七月，波斯国遣使朝贡。④是年，罽宾"遣使来朝，进天文经一夹，秘药方并蕃药等物"⑤。720 年（开元八年）正月，中天竺国遣使朝贡；二月，

---

① （宋）王钦若等编纂，周勋初等校订：《册府元龟》卷 999《外臣部·请求》，凤凰出版社，2006 年，第 11558 页。
② 王兴伊、段逸山：《新疆出土涉医文书辑校》，上海科学技术出版社，2016 年，第 90～91 页。
③ （宋）王钦若等编纂，周勋初等校订：《册府元龟》卷 999《外臣部·请求》，凤凰出版社，2006 年，第 11558 页。
④ （宋）王钦若等编纂，周勋初等校订：《册府元龟》卷 971《外臣部·朝贡第四》，凤凰出版社，2006 年，第 11238 页。
⑤ （后晋）刘昫：《旧唐书》卷 198《西戎·罽宾》，中华书局，1975 年，第 5309 页。

罽宾国遣使来朝，进《天文经》1夹、《秘要方》及蕃药等物。①724年（开元十二年）三月，大食遣使献马及龙脑香，识匿国王遣使献马及金精；七月，吐火罗国遣使献胡药、乾陀婆罗等三百余品。②而据《新唐书·西域传》记载，在开元、天宝年间，吐火罗"数献马、骡、异药、乾陀婆罗二百品、红碧玻璃"③等物。关于乾陀婆罗（Gandhaphala），薛爱华认为："在印度，许多结香果的，不同品种的树都称作'Gandhaphala'（香果），但是如果我们对'乾陀婆罗'的梵文原文认读不误的话，这里的'乾陀婆罗'应该是指一种外形为水果状的、混合的香药锭剂。"④也就是说乾陀婆罗是一种混合香药。729年（开元十七年）六月，北天竺国三藏沙门僧密多献质汗等药；七月，吐火罗使僧难陀献须那、伽帝、释麦等药；九月，大食遣使来朝，且献方物。⑤质汗（citragandha），即"多种香味"的意思。这种制剂含有桱、木蜜、松脂、甘草、地黄和热血等成分。730年（开元十八年）正月，波斯王子继忽娑来朝，献香药、犀、玉等；四月，米国、石国、突厥各遣使朝贡；五月，吐火罗僧难陀来朝贡，献瑞麦香药等。⑥737年（开元二十五年）四月，东天竺国三藏大德僧达摩战来献胡药、卑斯比支，以及新咒法梵本《杂经论》《持国论》《占星记》和梵本诸方。⑦可见，唐朝与天竺间佛教文化交流的盛行，使得印度僧人较多地承担了朝贡者的角色。740年（开元二十八年）十月，安国遣使献宝床子和鸵鸟卵杯，康国遣使献宝香炉及白玉环、玛瑙、水精眼药瓶子。⑧胡床是魏晋、隋唐间广为

---

① （宋）王钦若等编纂，周勋初等校订：《册府元龟》卷971《外臣部·朝贡第四》，凤凰出版社，2006年，第11238页。
② （宋）王钦若等编纂，周勋初等校订：《册府元龟》卷971《外臣部·朝贡第四》，凤凰出版社，2006年，第11239页。
③ （宋）欧阳修、宋祁：《新唐书》卷221下《西域下·吐火罗》，中华书局，1975年，第6252页。
④ ［美］薛爱华著，吴玉贵译：《撒马尔罕的金桃——唐代舶来品研究》，社会科学文献出版社，2016年，第400页。
⑤ （宋）王钦若等编纂，周勋初等校订：《册府元龟》卷971《外臣部·朝贡第四》，凤凰出版社，2006年，第11240页。
⑥ （宋）王钦若等编纂，周勋初等校订：《册府元龟》卷971《外臣部·朝贡第四》，凤凰出版社，2006年，第11240页。
⑦ （宋）王钦若等编纂，周勋初等校订：《册府元龟》卷971《外臣部·朝贡第四》，凤凰出版社，2006年，第11242页。
⑧ （宋）王钦若等编纂，周勋初等校订：《册府元龟》卷971《外臣部·朝贡第四》，凤凰出版社，2006年，第11242页。

流行的轻便坐具，可以敛折挟挂，随身携带。康国故地在今乌兹别克斯坦撒马尔罕一带，曾一度归唐朝管辖，其贡品既有香炉与药瓶，又有香药与治眼药料。741年（开元二十九年）三月，史国王斯谨提遣其首领勃帝米施，拔汗那王遣首领阿解支达干思伽，并来朝贺正，且献方物；又吐火罗遣使献红颇梨、碧颇梨、生玛瑙、生金精及质汗等药。[①]玛瑙、金精等虽非专门药物，但均可用于药用。

744年（天宝三年）闰二月，拔汗那王阿悉烂达干遣其大首领来献方物；三月，安国王屈底波遣其大首领来朝，并献方物；七月，大食国、康国、史国、西曹国、米国、谢䫻国、吐火罗、突骑施、石国，并遣使献马皮及宝物。[②]746年（天宝五年）闰十月，突骑施、石国、史国、米国、罽宾国，各遣使来朝，献绣舞筵、氍毹、红盐、黑盐、白戎盐、余甘子、质汗、千金藤、琉璃、金银等物。[③]舞筵是一种经过缕绣的织物，可在平台或露天铺设，也可以在演出过程中更换，借以增强舞台效果。唐代宫廷或豪门宴集，伎乐并作，舞台铺设地毯，称为舞筵，其样式有圆形、方形两种。红盐和黑盐，均属"戎盐"。据《隋书·西域传》和《新唐书·西域传》记载，黑盐产于漕国和南天竺，而据《魏书·西域传》记载，伽色尼国（即漕国都城鹤悉那的异译）"土出赤盐"。这两种戎盐皆可入药。748年（天宝七年）正月，勃律归仁国王遣使献金花。[④]

8世纪中叶，亚洲大陆发生了两件大事：其一是文治武功臻于极盛的李唐王朝内外交困，连遭厄运，先是在751年的怛罗斯战役中败给大食，而后国内又爆发了安史之乱，最终导致唐朝的势力逐渐退出西域；其二是黑衣大食灭掉白衣大食，建立阿拔斯王朝，并于762年将其首府移到和平之城——巴格达。黑衣大食定都巴格达，开启了中国与西方通过海上丝绸之路进行香

[①]（宋）王钦若等编纂，周勋初等校订：《册府元龟》卷971《外臣部·朝贡第四》，凤凰出版社，2006年，第11242页。

[②]（宋）王钦若等编纂，周勋初等校订：《册府元龟》卷971《外臣部·朝贡第四》，凤凰出版社，2006年，第11243页。

[③]（宋）王钦若等编纂，周勋初等校订：《册府元龟》卷971《外臣部·朝贡第四》，凤凰出版社，2006年，第11243页。

[④]（宋）王钦若等编纂，周勋初等校订：《册府元龟》卷971《外臣部·朝贡第四》，凤凰出版社，2006年，第11244页。

药贸易的新时代。阿拉伯人沿着以前波斯人的海上航线，转手经营从波斯湾到南中国海的各类香药。

752年（天宝十一年）十二月，黑衣大食谢多诃密遣使来朝。①753年（天宝十二年）三月，罽宾、谢䫻、归仁国，以及黑衣大食并遣使献方物；五月，火寻国遣使献紫麔皮、白生石蜜、黑盐；十二月，护密国、葛逻禄和石国，各遣使献方物。②824年（长庆四年）九月，"波斯大商李苏沙进沉香亭子材，拾遗李汉谏云：'沉香为亭子，不异瑶台、琼室。'上怒，优容之"③。938年（天福三年），于阗国王李圣天遣使者马继荣来贡红蓝、郁金香、氂牛尾等。晋高祖石敬瑭遣供奉官张匡邺等至于阗，册封圣天为大宝于阗国王。④从上可以看出，8世纪上半叶，外国香药通过多种途径进入唐朝境内，吐火罗数次献"异药"，波斯王子亲自献"香药"，迦湿弥罗"间献胡药"，罽宾国献"秘方奇药"。到9世纪，商业贸易渠道有所改变，且海外贸易的正常数量大大低于8世纪，但吐蕃也曾遣使献"杂药"。

唐代西域诸国朝贡贸易表

贡期	国家/地区	贡物/贡量	史料来源
武德二年	罽宾	是年，罽宾国遣使贡宝带、金锁、水精盏、颇黎状如酸枣。	《新唐书》卷221上《西域上·罽宾国》
武德七年	康国 曹国	六月，康国、吐谷浑及西突厥莫贺咄可汗遣使朝贡；七月，康国、曹国并遣使入贡。	《册府元龟》卷970《外臣部·朝贡第三》
武德九年	康国	十一月，康国王屈木友遣使献名马。	《册府元龟》卷970《外臣部·朝贡第三》
贞观元年	何国 康国	五月，何国、康国并遣使朝贡。	《册府元龟》卷970《外臣部·朝贡第三》
贞观八年	石国	十二月，石国、高昌并遣使朝贡。	《册府元龟》卷970《外臣部·朝贡第三》
贞观九年	吐火罗	五月，吐火罗遣使贡方物。是年，康国献狮子。	《册府元龟》卷970《外臣部·朝贡第三》

---

① （宋）王钦若等编纂，周勋初等校订：《册府元龟》卷971《外臣部·朝贡第四》，凤凰出版社，2006年，第11244页。
② （宋）王钦若等编纂，周勋初等校订：《册府元龟》卷971《外臣部·朝贡第四》，凤凰出版社，2006年，第11245页。
③ （后晋）刘昫：《旧唐书》卷17上《敬宗纪》，中华书局，1975年，第512页。
④ （宋）欧阳修：《新五代史》卷74《四夷附录三》，中华书局，1974年，第917页。

续表

贡期	国家/地区	贡物/贡量	史料来源
贞观十一年	罽宾 康国	六月,罽宾国遣使献舍利、名马。是年,康国献金桃、银桃,诏令植之于苑囿。	《册府元龟》卷970《外臣部·朝贡第三》
贞观十二年	安国	十一月,安国遣使贡方物。	《册府元龟》卷970《外臣部·朝贡第三》
贞观十三年	波斯 康国	二月,波斯、康国遣使朝贡。	《册府元龟》卷970《外臣部·朝贡第三》
贞观十四年	罽宾	五月,罽宾国遣使贡方物。	《册府元龟》卷970《外臣部·朝贡第三》
贞观十五年	天竺 何国	天竺国王尸罗逸多遣使朝贡,帝复遣李义报使,其王复遣使献大珠及郁金香、菩提树。是年,何国遣使入朝。	《册府元龟》卷970《外臣部·朝贡第三》;《新唐书》卷221下《西域下·何国》
贞观十六年	康国 曹国 史国 俱密国 末陀国 乌苌国 罽宾	正月,康国、曹国、史国遣使朝贡;四月,俱密国遣使献方物;十一月,末陀国、乌苌国遣使献方物。乌苌国自古未通中国,其王达摩因陀诃斯遣使奉表,因献龙脑香。是年,罽宾国献褥特鼠。	《册府元龟》卷970《外臣部·朝贡第三》;《新唐书》卷221《西域传》;《旧唐书》卷198《西戎传》
贞观十七年	康国 拂菻	正月,康国遣使献方物。是年,拂菻王波多力遣使献赤颇黎、绿颇黎、石绿、金精等物。	《册府元龟》卷970《外臣部·朝贡第三》
贞观十八年	康国 火辞弥	正月,康国、于阗遣使贡方物;三月,火辞弥国遣使献方物。	《册府元龟》卷970《外臣部·朝贡第三》
贞观十九年	吐火罗 康国	正月,吐火罗叶护、于阗、康国遣使来贺,各贡方物。	《册府元龟》卷970《外臣部·朝贡第三》
贞观二十年	石国 俱兰国 天竺	正月,石国遣使朝献;闰三月,俱兰国遣使贡献。是年,天竺国遣使贡献方物。	《册府元龟》卷970《外臣部·朝贡第三》
贞观二十一年	石国 波斯 康国 伽毗国	正月,石国、波斯、康国并遣使贡献方物;三月,摩伽陀国献菩提树,康国献黄桃,伽毗国献郁金香,罽宾献俱物头花,伽失毕国献泥楼钵罗,波斯国献活褥蛇。	《册府元龟》卷970《外臣部·朝贡第三》;《新唐书》卷221上《西域上·摩揭它》
贞观二十二年	吐火罗 康国 乌苌国 罽宾	正月,吐火罗、康国、乌苌、波斯、石国并遣使朝贡;五月,罽宾国遣使贡物。	《册府元龟》卷970《外臣部·朝贡第三》

续表

贡期	国家/地区	贡物/贡量	史料来源
贞观二十三年	安国	二月，西突厥肆叶护可汗、安国王并献方物。	《册府元龟》卷970《外臣部·朝贡第三》
永徽元年	吐火罗	五月，吐火罗国献大鸟，高七尺，其足如驼，有翅而能飞行，夷语呼为驼鸟。	《册府元龟》卷970《外臣部·朝贡第三》
永徽二年	大食 罽宾	八月，大食国始遣使朝贡；十二月，罽宾国遣使献褥池鼠。	《册府元龟》卷970《外臣部·朝贡第三》；《新唐书》卷221下《西域下·大食国》
永徽三年	罽宾 曹国	十月，罽宾、曹国并遣使朝贡。	《册府元龟》卷970《外臣部·朝贡第三》
永徽四年	曹国 罽宾	十一月，曹国、罽宾国并嗣主新立，各遣使朝贡。	《册府元龟》卷970《外臣部·朝贡第三》
永徽五年	罽宾 漕国 康国 吐火罗	四月，罽宾国、曹国、康国、安国、吐火罗国并遣使朝贡。	《册府元龟》卷970《外臣部·朝贡第三》
永徽六年	大石国	六月，大石国、盐莫念并遣使朝贡。	《册府元龟》卷970《外臣部·朝贡第三》
显庆二年	吐火罗	正月，吐火罗国献狮子。	《册府元龟》卷970《外臣部·朝贡第三》
乾封二年	波斯 拂菻	十月，波斯国献方物。是年，拂菻遣使献底也伽，即一种解毒膏药。	《册府元龟》卷970《外臣部·朝贡第三》；《旧唐书·西戎传》
乾封三年	天竺	五天竺皆来朝。	《新唐书》卷221上《西域上·天竺国》
咸亨元年	罽宾	三月，罽宾国献方物。	《册府元龟》卷970《外臣部·朝贡第三》
咸亨二年	拔汗那 吐火罗 波斯	三月，拔汗那遣使贡方物；五月，吐火罗、波斯、康国、罽宾国各遣使来朝，贡其方物。	《册府元龟》卷970《外臣部·朝贡第三》
咸亨三年	南天竺	三月，南天竺国献方物。	《册府元龟》卷970《外臣部·朝贡第三》
上元二年	拔汗那	正月，右骁卫大将军龟兹王白素稽献银颇罗，赐帛以答之，拔汗那王献碧颇黎及蛇黄。	《册府元龟》卷970《外臣部·朝贡第三》
调露元年	康国 拔汗那 护密	十月，康国、拔汗那、护密国各遣使朝贡。	《册府元龟》卷970《外臣部·朝贡第三》
永隆二年	大食 吐火罗	五月，大食国、吐火罗国各遣使献马及方物。	《册府元龟》卷970《外臣部·朝贡第三》

续表

贡期	国家/地区	贡物/贡量	史料来源
永淳元年	大食 波斯 石国 南天竺	五月,大食、波斯国各遣使贡方物;九月,石国遣使朝贡;十二月,南天竺遣使献方物。	《册府元龟》卷970《外臣部·朝贡第三》
天授三年	天竺	三月,东天竺国王摩罗拔摩,西天竺国王尸罗逸多,南天竺国王遮娄其拔罗,北天竺国王那那,中天竺国王地摩西那,并来朝献。	《册府元龟》卷970《外臣部·朝贡第三》;《旧唐书》卷198《西戎传》
长寿元年	罽宾	九月,罽宾国遣使朝贡。	《册府元龟》卷970《外臣部·朝贡第三》
万岁通天二年	安国 勃律国	四月,安国献两头犬;十月,勃律国遣使朝献。	《册府元龟》卷970《外臣部·朝贡第三》
神功元年	葱岭国	二月,葱岭国王遣使贡方物。	《册府元龟》卷970《外臣部·朝贡第三》
大足元年	佛秣	拂秣遣使来朝。	《旧唐书》卷198《西戎·拂秣国》
长安三年	大食	三月,大食国遣使献良马。	《册府元龟》卷970《外臣部·朝贡第三》
神龙二年	波斯	七月,波斯国遣使贡献。	《册府元龟》卷970《外臣部·朝贡第三》
神龙三年	康国	六月,康国王突氏遣使献方物。	《册府元龟》卷970《外臣部·朝贡第三》
景龙二年	波斯	三月,波斯遣使来朝。	《册府元龟》卷970《外臣部·朝贡第三》
景龙四年	南天竺	正月,南天竺遣使来朝。	《册府元龟》卷970《外臣部·朝贡第三》
景云元年	南天竺 谢䫻 罽宾	九月,南天竺国遣使贡方物;十月,谢䫻、罽宾国并遣使贡方物。	《册府元龟》卷970《外臣部·朝贡第三》
景云二年	大食 拂秣	十二月,大食、拂秣国遣使献方物。	《册府元龟》卷970《外臣部·朝贡第三》
先天二年	南天竺	六月,南天竺遣使朝贡。	《册府元龟》卷971《外臣部·朝贡第四》
开元二年	天竺	二月,天竺国使瞿昙惠感来献方物;八月,西天竺国遣使献方物。	《册府元龟》卷971《外臣部·朝贡第四》
开元四年	大食 勃律	七月,大食国黑蜜牟尼苏利漫遣使上表,献金线织袍、宝装玉洒地瓶各一;闰十二月,勃律遣大首领来朝。	《册府元龟》卷971《外臣部·朝贡第四》
开元五年	勃律 安国 康国	三月,勃律、安国遣使献方物,康国王遣使献毛锦青黛;五月,中天竺国遣使来朝,并献方物。	《册府元龟》卷971《外臣部·朝贡第四》

续表

贡期	国家/地区	贡物/贡量	史料来源
开元六年	米国 石国 康国	二月，米国、石国并遣使来朝；四月，米国王遣使献拓壁舞筵及鍮。是年，康国遣使贡献锁子甲、水精杯、玛瑙瓶、鸵鸟卵及越诺之类。	《册府元龟》卷971《外臣部·朝贡第四》
开元七年	波斯 石国 拂菻 安国 俱密 大食 吐火罗 南天竺	正月，波斯、石国、拂菻国遣使朝贡；二月，波斯、安国、俱密、康国先后遣使朝贡。安国王笃萨波提遣使上表并献波斯骡二、佛菻绣氍毹一、郁金香三十斤、生石蜜一百斤；五月，俱蜜国遣使献胡旋女子及方物。六月，大食国、吐火罗国、康国、南天竺国遣使朝贡。是年，罽宾遣使献秘方奇药。	《册府元龟》卷999《外臣部·请求》；《册府元龟》卷971《外臣部·朝贡第四》；《新唐书》卷221《西域传》；《旧唐书》卷198《西戎传》
开元八年	中天竺 罽宾 南天竺 吐火罗 石国 谢䫻	正月，中天竺国遣使来朝；二月，罽宾国遣使来朝，进《天文经》1夹、《秘要方》，并蕃药等物；五月，南天竺，六月，吐火罗，九月，罽宾、谢䫻国，十二月，石国、谢䫻诸国先后遣使入贡。	《册府元龟》卷971《外臣部·朝贡第四》
开元九年	石国 处密国	二月，石国王遣使朝贡，处密国遣使献驼及马。	《册府元龟》卷971《外臣部·朝贡第四》
开元十年	波斯	正月，帝御含元殿受朝贺，诸番国各献方物；十月，波斯国遣使献狮子。	《册府元龟》卷971《外臣部·朝贡第四》
开元十二年	勃律 大食 识匿 吐火罗	二月，勃律遣大首领苏磨罗来贺正；三月，大食遣使献马及龙脑香，识匿国王遣使献马及金精；七月，吐火罗国遣使献胡药、乾陀婆罗等三百余品。	《册府元龟》卷971《外臣部·朝贡第四》；《新唐书》卷221下《西域下·吐火罗》
开元十三年	大食 中天竺	正月，大食遣其将苏黎等十三人并来贺正且献方物；三月，大食国遣使苏黎满等十三人献方物，识匿国献马；七月，中天竺国遣使来朝。	《册府元龟》卷971《外臣部·朝贡第四》
开元十四年	安国 吐火罗 康国	二月，安国遣使献豹；五月，安国遣使献豹和马；十一月，吐火罗遣使来朝，康国遣使献豹及方物。	《册府元龟》卷971《外臣部·朝贡第四》
开元十五年	护密 康国 史国 安国 识匿 米国	四月，护密国王遣米国大首领米忽汗朝献方物；五月，康国、史国献胡旋女子、豹及葡萄酒，安国献马；七月，史国遣使献胡旋女子及豹；十月，识匿国遣使贺正，并献方物；十一月，米国遣使献狮子。	《册府元龟》卷971《外臣部·朝贡第四》；《新唐书·西域传下》

续表

贡期	国家/地区	贡物/贡量	史料来源
开元十七年	米国 护密 北天竺 吐火罗 大食	正月，米国遣使献胡旋女、豹及狮；三月，护密国大首领乌鹘达干来朝；六月，北天竺国三藏沙门僧密多献质汗等药；七月，吐火罗使僧难陀献须那、伽帝、释麦等药；九月，大食遣使来朝，且献方物。	《册府元龟》卷971《外臣部·朝贡第四》
开元十八年	波斯 米国 石国 吐火罗 中天竺	正月，波斯王子继忽婆来朝，献香药、犀、玉等；四月，米国、石国各遣使朝贡；五月，吐火罗僧难陀来朝贡，献瑞麦香药等；十一月，中天竺国遣使朝贡。	《册府元龟》卷971《外臣部·朝贡第四》
开元十九年	中天竺	十月，中天竺国王伊沙伏磨遣其臣大德僧勃达信来朝，且献方物。	《册府元龟》卷971《外臣部·朝贡第四》
开元二十年	波斯	九月，波斯王遣首领潘那密与大德僧及烈贡。	《册府元龟》卷971《外臣部·朝贡第四》
开元二十一年	勃律 石汗那 大食 骨咄	三月，石汗那王遣使献马；闰三月，勃律国王没谨忙遣使来朝；八月，骨咄王遣使如达干来朝；十二月，石汗那王遣使婆延达干，大食国遣首领摩思览达干等来朝。	《册府元龟》卷971《外臣部·朝贡第四》
开元二十三年	吐火罗	九月，吐火罗遣使献方物。	《册府元龟》卷971《外臣部·朝贡第四》
开元二十五年	波斯 东天竺	正月，波斯王子继忽婆来朝；四月，东天竺国三藏大德僧达摩战来献胡药、阜斯比支等及梵本诸方。	《册府元龟》卷971《外臣部·朝贡第四》
开元二十六年	吐火罗	正月，吐火罗国遣大首领伊难如达干罗底睬来献方物。	《册府元龟》卷971《外臣部·朝贡第四》
开元二十八年	骨咄 安国 康国	三月，骨咄国遣使首领博勤达干剌勿来朝；十月，安国遣使献宝床子及鸵鸟卵杯，康国遣使献宝香炉及白玉环、玛瑙、水精眼药瓶子。	《册府元龟》卷971《外臣部·朝贡第四》
开元二十九年	拔汗那 史国 吐火罗 中天竺	正月，拔汗那王遣使献马；三月，史国王斯谨提、拔汗那王并遣使来朝，且献方物，吐火罗遣使献红颇梨、碧颇梨、生玛瑙、生金精及质汗等药，中天竺王子李承恩来朝。	《册府元龟》卷971《外臣部·朝贡第四》
天宝元年	曹国 石国 佛菻 拔悉密	三月，曹国王哥逻仆罗、石国王特勒并遣使献马及方物；五月，拂菻国王遣大德僧来朝；十月，拔悉密可汗使大首领来朝。	《册府元龟》卷971《外臣部·朝贡第四》

续表

贡期	国家/地区	贡物/贡量	史料来源
天宝二年	解苏国 石国	二月，解苏国王阿德悉遣使来朝，且献方物；十二月，石国王特勒遣女婿康国大首领康染颠献方物。	《册府元龟》卷971《外臣部·朝贡第四》
天宝三年	拔汗那 安国 大食 康国 史国 米国	闰二月，拔汗那王阿悉烂达干遣使来献方物；三月，安国王屈底波遣大首领来朝，并献方物；七月，大食国、康国、史国、西曹国、米国、谢䫻、吐火罗、突骑施、石国并遣使献马皮及宝。	《册府元龟》卷971《外臣部·朝贡第四》
天宝四年	谢䫻 吐火罗 波斯 俱诃兰 大食	三月，谢䫻、吐火罗、波斯、俱诃兰国，并遣使献方物，罽宾国遣使献波斯锦舞筵；五月，大食，七月，石国王特勒、安国王屈底波并遣使朝贡，又小勃律遣僧来献。	《册府元龟》卷971《外臣部·朝贡第四》
天宝五年	石国 施拔斯单 史国 米国 罽宾	三月，石国、施拔斯单国王遣使来朝，石国副王伊捺吐屯屈遣使献方物；闰十月，石国、史国、米国、罽宾国各遣使来朝，献绣舞筵、氎毦、余甘子、质汗、千金藤、琉璃、金银等物。	《册府元龟》卷971《外臣部·朝贡第四》；《新唐书》卷221下《西域下·陀拔斯单》
天宝六年	波斯 大食 石国	四月，波斯遣使献玛瑙床；五月，大食国王遣使献豹六，波斯国王遣使献豹四，石国王遣使献马。	《册府元龟》卷971《外臣部·朝贡第四》
天宝七年	归仁国 罽宾	正月，勃律归仁国王遣使献金花；六月，罽宾国、恺怛国并遣使朝贡。	《册府元龟》卷971《外臣部·朝贡第四》
天宝八年	吐火罗 宁远 石国	四月，吐火罗遣使献马；八月，宁远国王子屋磨来朝，石国王子远恩来朝；十一月，宁远国遣使贺正。	《册府元龟》卷971《外臣部·朝贡第四》
天宝九年	康国 安国 波斯	正月，康国王咄褐遣大首领米野门献马十四及方物，安国王屈底波遣使来朝；四月，波斯献大毛绣舞筵、长毛绣舞筵和无孔珍珠。	《册府元龟》卷971《外臣部·朝贡第四》
天宝十年	宁远国 俱密国 波斯 火寻	二月，宁远国奉化王、俱密国王各遣使献马等；九月，波斯、苏利悉单国、火寻国、康国、安国、俱密国并遣使朝贡；宁远国遣使献马。	《册府元龟》卷971《外臣部·朝贡第四》
天宝十一年	归仁国 大食 宁远国	八月，归仁国遣使朝贡；十二月，黑衣大食谢多诃密遣使来朝，宁远国、康国遣使朝贡。	《册府元龟》卷971《外臣部·朝贡第四》

续表

贡期	国家/地区	贡物/贡量	史料来源
天宝十二年	罽宾 谢䫻 归仁 大食 火寻 宁远国 吐火罗	三月，罽宾、谢䫻、归仁、黑衣大食并遣使献方物；四月，黑衣大食遣使来朝；五月，火寻国遣使献紫麞皮、白生石蜜、黑盐；八月，宁远国主、安国、吐火罗并遣使朝贡；十二月，护密国、黑衣大食、葛逻禄及石国，各遣使献方物。	《册府元龟》卷971《外臣部·朝贡第四》
天宝十三年	宁远国 米国 大食 俱位 石汗那	四月，宁远国、米国、突骑施、黑姓可汗及黑衣大食、吐火罗、石汗那、俱位国并遣使来朝；九月，宁远奉化王遣使献胡马及方物；是年，康国遣使朝贡。	《册府元龟》卷971《外臣部·朝贡第四》；《新唐书》卷221下《西域下·俱位》
天宝十四年	康国 火寻 大食	三月，康国副王、火寻国王稍施芬、东曹国王设阿忽并遣使朝贡；七月，黑衣大食遣使贡献。	《册府元龟》卷971《外臣部·朝贡第四》
天宝十五年	大食	七月，黑衣大食遣大酋望二十五人来贡。	《册府元龟》卷971《外臣部·朝贡第四》
至德初年	大食	大食国遣使朝贡。	《册府元龟》卷971《外臣部·朝贡第四》
至德三年	护密	正月，护密国王使大首领罗友闻来朝。	《册府元龟》卷971《外臣部·朝贡第四》
乾元元年	大食 吐火罗 康国 罽宾	五月，黑衣大食酋长闹文等六人朝见；六月，吐火罗叶护使乌利多、康国长史康忠义等来朝见。是年，罽宾国遣使朝贡。	《册府元龟》卷971《外臣部·朝贡第四》；《新唐书》卷221《西域传》
乾元二年	宁远国 安国 波斯	三月，宁远国使乌物、安国使安莫纯瑟来朝；八月，波斯进物使李摩日夜、宁远国使葛等来朝。	《册府元龟》卷971《外臣部·朝贡第四》
宝应元年	大食 宁远国 波斯 火寻	五月，黑衣大食遣使朝贡；六月，宁远、波斯，八月，宁远，九月，波斯各遣使朝贡；十二月，黑衣大食、火寻、宁远、石国并遣使朝贡。	《册府元龟》卷972《外臣部·朝贡第五》
大历四年	大食	正月，黑衣大食遣使朝贡。	《册府元龟》卷972《外臣部·朝贡第五》
大历六年	波斯	九月，波斯国遣使献珍珠、琥珀等。	《册府元龟》卷972《外臣部·朝贡第五》
大历七年	大食 康国	十二月，大食、康国、米国、九姓等，各遣使朝贡。	《册府元龟》卷972《外臣部·朝贡第五》

续表

贡期	国家/地区	贡物/贡量	史料来源
大历九年	大食	七月，黑衣大食遣使来朝。	《册府元龟》卷972《外臣部·朝贡第五》
贞元七年	大食	正月，黑衣大食遣使来朝。	《册府元龟》卷972《外臣部·朝贡第五》
贞元十四年	大食	大食遣使含嵯、乌鸡、沙北三人入朝，皆拜中郎将，赉遣之。	《新唐书》卷221下《西域下·大食》
长庆四年	波斯大商	九月，波斯大商李苏沙进沉香亭子材。	《旧唐书》卷17上《敬宗纪》

从619年（武德二年）罽宾国遣使朝贡开始，直到824年（长庆四年）波斯大商进献沉香为止，西域诸国与唐朝间的贡赐贸易持续了200余年。在这一历史时期，西域诸国通贡次数较多的时间集中在太宗贞观年间（627～649年）、高宗时期（650～683年），以及玄宗开元、天宝年间（712～755年），其中尤以开元、天宝年间最为频繁。这种变化与唐朝的对外政策，以及西域地区的政治形势密切关联。太宗贞观年间和高宗时期，唐朝积极经略西域，并在中亚一带设置羁縻府州。与此同时，大食开始向东扩张，中亚诸小国迫于大食的压力，遣使唐朝，寻求保护。从武后后期至开元初年，屈底波对中亚诸国进行征服战争，故史书当中鲜有中亚诸国向唐朝通贡的记载。开元初年，屈底波死后，阿拉伯帝国的势力开始回撤，而唐朝国力臻于极盛，加之又西灭突骑施，故中亚诸国慕唐朝声威，纷纷遣使通贡。751年（天宝十年），高仙芝在怛逻斯战败后，阿拉伯帝国在中亚占据优势，中亚诸国向唐通贡次数逐年减少。到代宗时期，中亚诸国向唐朝的通贡活动完全停止，而波斯、大食则频繁遣使入贡，尤其是大食与唐朝的香药贸易，在当时中西贸易中占有重要地位。

根据《册府元龟》"外臣部·朝贡"统计，有唐一代，西域诸国向唐朝通贡次数为：康国31次，安国16次，石国20次，米国10次，曹国8次，史国6次，火寻4次，拔汗那（宁远）22次，勃律国（归仁）10次，吐火罗24次，波斯25次，大食31次，罽宾20次，天竺20次，谢䫻6次，护密5次，骨咄、拂菻、俱密国各4次，识匿、石汗那各3次，陀拔斯单、乌苌、俱兰国各2次，俱位、愊怛、何国、末陀提国、火辞弥国、苏利悉单国、解苏国、处密国各1次。参诸新旧《唐书》相关传记，去其重复，相互补正，年代可考者计有：康国32次，安国17次，石国20次，米国10次，曹国8次，史国6次，火寻4次，拔汗那（宁远）22次，勃律国（归仁）11次，吐火罗25次，波斯26次，大食32次，罽宾22次，天竺25次，护密8次，拂菻7次，谢䫻6次，骨咄、俱密国各4次，识匿、石汗那各3次，陀拔斯单、何国、乌苌、俱兰国各2次，俱位、愊怛、末陀提国、解苏国、帆延、章求拔国、苏利悉单国、火辞弥国、处密等国各1次。中亚地区阿姆河以北以康国通贡次数最多，安国、石国、拔汗那国次之。康国都城是中世纪中亚地区的贩运中心，"异方宝货，多聚此国"，加之康国人善商，故其在与唐朝的交往中，处于贡赐贸易前列。阿姆河以南以吐火罗朝贡次数最多。这既有地域远近的关系，也与这些国家在中亚地区的地位有关。西亚的波斯、大食，南亚的天竺，中亚的罽宾等国，或作为海陆贸易之霸主，或作为香药主产区，其通贡次数不亚于粟特胡商。当然，许多朝贡国的贡使，由商人兼任或冒充。朝贡次数的多少并不能代表朝贡国与唐朝关系的密切程度。

"昭武九姓"居住于中亚阿姆河和锡尔河间的泽拉夫善河流域，是以康国为首组成的城邦群体。他们不断地向东扩展，从碎叶川直至内蒙古，到处都有他们的足迹。九姓胡的活动范围既是文化圈，同时也是贸易圈。九姓胡生活聚集的地域，汉魏时期称之为粟弋或粟特，唐代称为窣利或速利，是中亚地区一片东西长、南北狭的绿洲地带。《新唐书·西域传》对康国的来历及其分支记述如下："君姓温，本月支人。始居祁连北昭武城，为突厥（当作"匈奴"）所破，稍南依葱岭，即有其地。枝庶分王，曰安，曰曹，曰石，曰米，曰何，曰火寻，曰戊地，曰史，世谓'九姓'，皆氏昭武。"① 对于这段记载，冯承钧参证其他有关史籍，提出"九姓不必代表九国"的具体解释：九姓之中康、安、曹、石、米、何、史七姓常见载籍著录，"戊地"乃"伐地"之误，即西安国；火寻，《史记》卷123《大宛传》作骊靬，《大唐西域记》作货利习弥伽，《元史》西北地附录作花剌子模。此二国人在唐代未见以国为姓者。综考隋唐诸书与玄奘记传，七姓之外尚有穆国或在九姓之列，余一

---

① （宋）欧阳修、宋祁：《新唐书》卷221下《西域下·康国》，中华书局，1975年，第6243页。

国尚未能确定为何国。①

唐代，粟特地区大小城邦星罗棋布，号称"千城之国"。九姓胡城邦的政制带有显著的附属国的性质。618年（武德元年），西突厥的统叶护可汗建牙于千泉（碎叶附近），九姓胡沦为其属国。659年（显庆四年），唐灭西突厥，在西域地区设置羁縻州府，九姓胡改宗唐朝。709年（神龙三年），大食灭安国。712年（先天元年），大食灭康国。751年（天宝十年），高仙芝在怛逻斯被大食击败后，石国丧失独立，九姓胡又改宗大食。自粟特本土被大食占领后，粟特人继续向东方发展。一些粟特人进入回鹘汗庭，在唐朝与西方各国丝绸之路贸易中扮演着重要角色。

"昭武九姓"素以"善商贾"著称于世，其足迹遍及中亚、西亚和东亚各地，他们在东方的商业活动，继承了古代西域贾胡"以献为名"的传统，乘驼马，渡流沙，自初唐至中唐百余年间入贡不绝。《唐会要·康国》云："习善商贾，争分铢之利。男子二十，即送之他国，来过中夏。利之所在，无所不至。"② 703年（长安三年），崔融上疏说："边徼之地，寇贼为邻，兴胡之旅，岁月相继。"③ 当时，汉人把所有西域商人统称为胡人或胡商，也叫"兴生胡"，包括阿拉伯、波斯、非洲、东罗马帝国和印度半岛诸国人。所谓"兴胡之旅"，就是"兴生胡"组合的商队。他们不但居间从事唐朝与西方世界的贸易，而且还从事唐朝与周边各国的贸易。九姓胡入贡的路线，大体上是发轫中亚两河流域，经碎叶川、热海道、大碛路，入河西走廊，终抵长安。从商业地理着眼，自西徂东，碎叶、高昌、凉州三城，与贡品贩运有最密切的关系。碎叶即素叶水城，也作碎叶城、素叶城，故址在今吉尔吉斯托克马克城西南的阿克-贝西姆（Ak-Beshim），"城周六七里，诸国商胡杂居也"④。商胡犹胡商，是唐人习惯用语。如杜甫《解闷诗》云"商胡离别下扬州"。早在679年（调露元年）时，裴行俭灭十姓可汗阿史那都支后，副将王方翼就改筑碎叶城。高昌是中西贸易之枢纽。640年（贞观十四年），唐朝平定高昌后，丝路贸易更加兴盛，西州成为粟特人在西域地区最重要的贸易聚点之一。西州的粟

---

① 蔡鸿生：《唐代九姓胡与突厥文化》，中华书局，1998年，第2页。
② （宋）王溥：《唐会要》卷99《康国》，中华书局，1955年，第1774页。
③ （后晋）刘昫等：《旧唐书》卷94《崔融传》，中华书局，1975年，第2998页。
④ （唐）玄奘、辩机原著，季羡林等校注：《大唐西域记校注》卷1，中华书局，2000年，第71页。

特人主要从事丝绸之路上的长途贩运贸易,以及西域各绿洲之间的短途贸易,并代表唐王朝与北方游牧民族进行贸易。粟特人的贸易活动对西州乃至整个西域都产生了深远影响。

在《册府元龟》"朝贡"篇中,有许多关于域外诸国进献香药的记录。但是,朝贡的香药在数量或是品类上,不过是当时输入中国的香药的一小部分而已,大部分香药是通过其他贸易途径输入中国的。据《唐六典》记载:"若诸蕃献药物、滋味之属,入境州县与蕃使苞匦封印,付客及使,具其名数牒寺。"① 域外诸国进献的各类物品,先经由入境的地方官府检查、包装、加盖封印后,具实列出贡品的名称、数量,然后上报鸿胪寺,交由蕃使送达朝廷。唐廷对各国贡使予以酬答和赐赠,称为"报赠"。报赠在京由鸿胪寺付给,在地方则由府州支给。由此可知,朝贡与回赐具有互通有无、互利于市的官方贸易性质,是一种特殊的经济交换关系。在各国贡使进献的物品中,药物占了相当大的一部分。此外,西域各国贡使在沿途可以免费食宿,其贡物亦可免纳商税,有时甚至其个人私带的货物也只纳半税。住唐的阿拉伯、波斯商人,在中国各城市都享受法律上的以及宗教上的照顾。如《唐律疏议》卷6《名例·化外人相犯》云:"诸化外人,同类自相犯者,各依本俗法;异类相犯者,以法律论。"

隋唐时期,西域诸国输入中国的物品有动物、植物、矿物、织物、器物和食物等,其中动物、植物香药多达30余种,如兜纳香、安息香、薰陆香、青木香、郁金香、苏合香、肉豆蔻、迷迭香、阿魏、荜拨、沉香、乳香、鸡舌香、降真香、返魂香、无名子、龙脑香、没药、诃黎勒、腽肭脐、胡椒、檀香、苜蓿香、艾蒳香、金颜香、蔷薇水、麒麟竭等。据《新唐书·西域传》记载:中天竺国有"金刚、旃檀、郁金,与大秦、扶南、交趾相贸易"②;乌茶国,又名乌苌国,出产"金、铁、蒲陶、郁金"③;大勃律,在吐蕃西,西临北天竺、

---

① (唐)李林甫等撰,陈仲夫点校:《唐六典》卷18《大理寺鸿胪寺·典客署》,中华书局,1992年,第506页。
② (宋)欧阳修、宋祁:《新唐书》卷221上《西域上·天竺国》,中华书局,1975年,第6237页。
③ (宋)欧阳修、宋祁:《新唐书》卷221上《西域上·乌茶国》,中华书局,1975年,第6240页。

乌苌国，"地宜郁金"①；谢䫻，或曰漕矩，在吐火罗西南，"多郁金、瞿草"②。《旧唐书·西戎传》记载，波斯国产珊瑚、琥珀、车渠、玛瑙、玻璃、琉璃、无食子、香附子、诃黎勒、胡椒、荜拨、石蜜、千年枣等。③事实上，这种记载并不完全可信。如诃黎勒、胡椒、荜拨的产地均在印度，它们之所以被认为是波斯特产，正如夏德所言，从4世纪末到7世纪初，中国历代王朝的史料把交趾半岛、锡兰、印度、大食以及非洲东海岸等地的产品统统称为"波斯货"，说明这些物品是从波斯运到中国的。④

唐末五代著名诗人和药物学家李珣，目睹了外来药物及岭南药材的贸易盛况，著有《海药本草》（已佚）一书，专门收录外来药物。据尚志钧辑本，该书收载药物131种，其中香药类计有：草部类木香、兜纳香、阿魏、荜拨、蒟酱、肉豆蔻、零陵香、迷迭香、艾蒳香、荜澄茄、甘松香、白附子、瓶香等；木部类沉香、熏陆香、乳头香、丁香、降真香、返魂香、蜜香、安息香、龙脑香、菴摩勒、毗梨勒、没药、诃梨勒、胡椒、无食子等；兽部类有腽肭脐。⑤从上可以看出，药材的朝贡贸易以香药为主，这不仅是因为多数朝贡国盛产香药，还因为香药价格昂贵，轻便易运。在朝贡药物当中，不仅有药材原料，还有成品药。

五代时期，西域诸国并没有因为战乱而断绝朝贡。938年（天福三年）三月，"回鹘可汗王仁美进野马、独峰驼、玉辔头、大鹏砂、硇砂、腽肭脐、金刚钻、羚羊角、白貂鼠皮、安西丝、白氎布、氂牛尾、野驼峰等物"⑥。同年九月，"于阗国王李圣文遣使马继荣进玉团、白氎布、氂牛尾、红蓝、郁金、

---

① （宋）欧阳修、宋祁：《新唐书》卷221下《西域下·大勃律》，中华书局，1975年，第6251页。

② （宋）欧阳修、宋祁：《新唐书》卷221下《西域下·谢䫻》，中华书局，1975年，第6253页。

③ （后晋）刘昫：《旧唐书》卷198《西戎·波斯国》，中华书局，1975年，第5312页。

④ ［德］M.F.夏德、［美］W.W.柔克义：《诸蕃志》（译本），彼得堡，1912年，第7页。见［法］费琅编《阿拉伯波斯突厥人东方文献辑注》（上册），耿昇、穆根来译，中华书局，1989年，第16页。

⑤ （五代）李珣原著，尚志钧辑校：《海药本草》，人民卫生出版社，1997年。

⑥ （宋）王钦若等编纂，周勋初等校订：《册府元龟》卷972《外臣部·朝贡第五》，凤凰出版社，2006年，第11256页。

硇砂、大鹏砂、玉装秋辔、鞴鞯鞍轩、手刃"①。945年（开运二年）二月，"回鹘可汗进玉团、狮子、玉鞍、硇砂、红盐、野驼峰、安西白氎、腽肭脐、大鹏砂、羚羊角、氂牛尾、貂鼠等物"②。951年（广顺元年）二月，"西州回鹘遣都督来朝，贡玉大小六团、一团碧琥珀九斤、白氎布一千三百二十九段……玉带一、诸香药称是"③。958年（显德五年），占城"国王因德漫遣使者莆诃散来，贡猛火油八十四瓶、蔷薇水十五瓶，其表以贝多叶书之，以香木为函。猛火油以洒物，得水则出火。蔷薇水，云得自西域，以洒衣，虽敝而香不灭"④。占城国所贡蔷薇水，并不是其本国产物，而是来自阿拉伯地区。

隋唐五代时期，域外诸国进口香药中的大部分仍供宫廷权贵装饰、熏燃之用。据《太平广记》卷236记载，隋炀帝每当除夜，在殿前诸院用沉香木根堆火山数十座，"每一山焚沉香数车。火光暗，则以甲煎沃之，焰起数丈。沉香甲煎之香，旁闻数十里，一夜之中，则用沉香二百余乘，甲煎二百石"⑤。李商隐在《隋宫守岁》一诗中写道——"沉香甲煎为庭燎，玉液琼苏作寿杯"，指的便是此种盛况。唐代，宫廷用香之风愈演愈烈。《新唐书·仪卫上》记载："朝日，殿上设黼扆、蹑席、熏炉、香案。……宰相、两省官对班于香案前，百官班于殿庭左右，巡使二人分涖于钟鼓楼下，先一品班，次二品班，次三品班，次四品班，次五品班。"⑥唐朝统治阶层对香药的滥用已经达到十分惊人的程度，大凡权要富贵之家，或把麝香、乳香、沉香之末和入红粉泥壁，或用文柏、沉香、檀香之木作栋梁，播扬豪侈。唐明皇君臣多有用沉香、檀香、麝香、龙脑香做芳香亭阁的。如杨国忠的"四香阁"，"用沉香为阁，檀香为栏，以麝香、乳香筛土和为泥饰壁"，其奢华程度超

---

① （宋）王钦若等编纂，周勋初等校订：《册府元龟》卷972《外臣部·朝贡第五》，凤凰出版社，2006年，第11256页。
② （宋）王钦若等编纂，周勋初等校订：《册府元龟》卷972《外臣部·朝贡第五》，凤凰出版社，2006年，第11257页。
③ （宋）王钦若等编纂，周勋初等校订：《册府元龟》卷972《外臣部·朝贡第五》，凤凰出版社，2006年，第11257页。
④ （宋）欧阳修：《新五代史》卷74《四夷附录第三》，中华书局，1974年，第922页。
⑤ （宋）李昉等：《太平广记》卷236《奢侈一·隋炀帝》，中华书局，1961年，第1815页。
⑥ （宋）欧阳修、宋祁：《新唐书》卷23上《仪卫上》，中华书局，1975年，第488页。

过皇宫中的沉香亭。^①长安富商王元宝常在寝帐床前置矮童二人,捧七宝博山炉,彻夜焚香。^②张鷟《朝野佥载》卷3记载,宗楚客建一新宅,"皆是文柏为梁,沉香和红粉以泥壁,开门则香气蓬勃"。后宗楚客因罪流配,太平公主至其宅第观看,叹曰:"看他行坐处,我等虚生浪死。"^③用香粉涂壁是唐代贵族装饰房屋的时尚。《朝野佥载》卷6还载,张易之造大堂,"红粉泥壁,文柏帖柱,琉璃沉香为饰"^④。懿宗咸通年间(860~873年),崔安潜向有清誉,后应邀至宰相杨收家中,见客厅"台盘前置香一炉,烟出成楼阁之状。崔别闻一香气,似非烟炉及珠翠所有者"。他四下顾望,不明所以。于是,杨收令人从"厅东间阁子内镂金案上,取一白角楪子,盛一漆毬子,呈崔公曰:'此是罽宾国香。'崔大奇之。……据《太宗实录》云,罽宾国进拘物头花,香闻数里。疑此近是"^⑤。由上可知,不只本土香药已完全融入人们的日常生活中,就是名贵的域外香药人们也熟知其用途,香文化的发展达到了鼎盛时期。

第三节 唐代西北地区的香药贸易市场

　　河西和西域地区历来为东西交通之要道,是汉蕃贸易盛行之地。在西域诸国与中原王朝的朝贡贸易中,商人大多来自突厥、波斯、大食、天竺、罽宾、拂菻,以及中亚等国家和地区。这种贸易虽然不以河西地区为始发地,但是,西域各国、各族贡使频繁地经过河西,促进了当地商品经济的发展和民间贸易的兴起。民族间的互市是河西地区商业贸易的重要内容,而各地手工业产品和其他过境商品的贸易是河西贸易繁荣的标志。当时,凉、甘、沙、肃州、西州诸地都有民族贸易市场,商品种类繁多,商人云集。

　　凉州是河西诸郡首府,也是这一地区最大的商业都会。自三国时期到唐

---

①（五代）王仁裕撰,曾贻芬点校:《开元天宝遗事》卷下《四香阁》,中华书局,2006年,第58页。
②（五代）王仁裕撰,曾贻芬点校:《开元天宝遗事》卷下《床畔香童》,中华书局,2006年,第37页。
③（唐）张鷟、范摅撰,恒鹤、阳羡生校点:《朝野佥载·云溪友议》,上海古籍出版社,2012年,第34页。
④（唐）张鷟、范摅撰,恒鹤、阳羡生校点:《朝野佥载·云溪友议》,上海古籍出版社,2012年,第67页。
⑤（宋）李昉等:《太平广记》卷237《奢侈二·杨收》,中华书局,1961年,第1825页。

朝天宝末年，凉州一直是入华粟特人的大本营之一。粟特商人先将转运的货物贮存在凉州，然后派人到内地和周边地区分销。唐太宗贞观初年，玄奘在路过凉州时曾看到："凉州为河西都会，襟带西蕃、葱右诸国，商旅往来，无有停绝。"①在河西地区的丝绸、珠宝、香药贸易中，胡商无疑起了重要作用。《新唐书·地理志》记载："凉州武威郡，中都督府。土贡：白麦、龙须席、毯、野马革、苁蓉。户二万二千四百六十二，口十二万二百八十一。"②玄宗开元年间，国力强盛，中西交通畅通，商旅络绎不绝。杜佑《通典·食货志》云："南诣荆、襄，北至太原、范阳，西至蜀川、凉府，皆有店肆，以供商旅。远适数千里，不持寸刃。"③自凉州西去的驿道，甘州以西虽多沙碛，乏水草，多风险，然行旅不绝，交通甚盛。《新五代史·吐蕃传》亦云："当唐之盛时，河西、陇右三十三州，凉州最大，土沃物繁而人富乐。"④在天宝年间以前，长安为世界第一国际都市，洛阳、成都次之，其他如太原、荆、扬、幽、广、汴诸州，商业亦盛。凉州地处东西交通要冲，其繁盛仅次于荆、扬，而在幽、广之上。

据《魏书·西域传》"粟特"条记载，凉州是"九姓胡"入贡的必经之地，早在5世纪中期，"其国商人先多诣凉土贩货"。至唐初，流寓凉州的"九姓胡"商旅，聚族而居，盘根错节，尤以安氏一族最著。河西李轨政权的兴衰便与凉州胡人有关。据《资治通鉴》卷186记载："李轨吏部尚书梁硕，有智略，轨常倚之以为谋主。硕见诸胡浸盛，阴劝轨宜加防察，由是与户部尚书安修仁有隙。"⑤修仁兄兴贵，仕长安，表请说轨，轨不听，于是"退与修仁阴结诸胡起兵击轨，轨出战而败，婴城自守"，"兴贵执之以闻，河西悉平"⑥。

唐朝对西域地区的经营与西域诸国的朝贡频度有着密切关系。唐玄宗开

---

① （唐）慧立、彦悰著，孙毓棠等点校：《大慈恩寺三藏法师传》卷1，中华书局，2000年，第11页。
② （宋）欧阳修、宋祁：《新唐书》卷40《地理四》，中华书局，1975年，第1044页。
③ （唐）杜佑撰，王文锦等点校：《通典》卷7《食货七·历代盛衰户口》，中华书局，1988年，第152页。
④ （宋）欧阳修：《新五代史》卷74《四夷附录第三·吐蕃》，中华书局，1974年，第913页。
⑤ （宋）司马光：《资治通鉴》卷186《唐纪二》，中华书局，1956年，第5835页。
⑥ （宋）司马光：《资治通鉴》卷187《唐纪三》，中华书局，1956年，第5855页。

元、天宝年间，西域胡商纷纷到凉州等地经营丝绸、珠宝和香药贸易，他们当中既有来自中亚康、安、曹、石、米、何、史等国的贡使和商人，也有来自波斯、大食、天竺、拂菻等国的使者和僧侣。贡赐贸易在形式上虽属于官方往来，但实际上却是一项以"射利"为目的的经济活动。在各国朝贡使节中，除了正式的使节外，还有商人及其他随员。这些人在往返途中都要进行经济活动。《唐六典》少府军器监卷第22中记载："其紫檀、桐木、檀香、象牙、翡翠、毛黄、婴毛、青虫、真珠、紫矿、水银出广州及安南。赤麖皮、瑟瑟、赤珪、琥珀、白玉、碧玉、金刚钻、盆灌、鍮石、胡桐律、大鹏砂出波斯及凉州。麝香出兰州……"① 凉州本地土产主要有白㲲、龙须席、芎藭和野马革等。上述产自波斯、凉州的物品大多是河西西部塔里木盆地边缘，或是中亚、波斯方面的产物，而并非凉州方面的土产。赤麖皮或许是凉州的产品，胡桐律或产于瓜州。至于其他物品则几乎全都是商贾从西域带到凉州的。而《唐六典》之所以将波斯与凉州作为这些物品的产地，说明编者认为凉州是西域所产奢侈品流通最盛的地区。

元稹在《西凉伎》一诗中写道："吾闻昔日西凉州，人烟扑地桑柘稠。葡萄酒熟恣行乐，红艳青旗朱粉楼。……师子摇光毛彩竖，胡姬醉舞筋骨柔。大宛来献赤汗马，赞普亦奉翠茸裘。"② 诗中不仅反映了当时凉州的繁荣景象，同时也再现了胡汉、蕃汉人民和睦相处、互市交往的一面。岑参在《凉州馆中与诸判官夜集》中写道："凉州七里（一作城）十万家，胡人半解弹琵琶。"③ 这里的十万家或许有所夸大，但足以说明凉州确为市况富盛、人口众多、胡汉杂处的大城。张籍的《凉州词》亦云："边城暮雨雁飞低，芦笋初生渐欲齐。无数铃声遥过碛，应驮白练到安西。"④ 长长的驼队带着白绢行进在广漠的沙漠上，使人不由想起往日丝绸之路的繁荣景象。

安史之乱爆发后，唐朝曾借回纥、大食军队平乱。757年（至德二年），

---

① （唐）李林甫等撰，陈仲夫点校：《唐六典》少府军器监卷第二二，中华书局，1992年，第573页。

② （唐）元稹：《西凉伎》，见《元稹集》卷24，中华书局，1982年，第281页。

③ （唐）岑参：《凉州馆中与诸判官夜集》，见（清）彭定求等编《全唐诗》卷199，中华书局，1960年，第2055页。

④ （唐）张籍：《凉州词三首》，见（清）彭定求等编《全唐诗》卷386，中华书局，1960年，第4357页。

"安西、北庭及拔汗那、大食诸国兵至凉、鄯"①。同年，凉州发生"昭武九姓"胡商作乱事件。河西兵马使盖庭伦与武威九姓商胡安门物等杀节度使周泌，聚众六万，"武威大城之中，小城有七，胡据其五，二城坚守。支度判官崔称与中使刘日新以二城兵攻之，旬有七日，平之"②。胡人俨然成为凉州这座国际性贸易都市的居民构成，他们有自己的武装，有时甚至左右当地局势。《大事记年》第107条云：及至狗年（唐肃宗乾元元年，戊戌，758年），"论·墀桑、思结卜藏悉诺囊等引劲旅至凉州城"③。到764年（广德二年），吐蕃占领凉州后，又有大批吐蕃人入居凉州。凉州地区的居民除了汉人、胡人之外，还有吐蕃人和吐谷浑人。外来移民的增多和利益的冲突，加剧了民族矛盾，同时也加速了民族融合的步伐。文宗太和年间（827～835年），陕州司马王建从军塞上，他发现吐蕃移民已出现汉化的倾向。他在《凉州行》一诗中写道："蕃人旧日不耕犁，相学如今种禾黍。驱羊亦著锦为衣，为惜毡裘防斗时。养蚕缫茧成匹帛，那堪绕帐作旌旗。城头山鸡鸣角角，洛阳家家学（一作教）胡乐。"④实际上，河陇地区胡人的汉化和汉人的胡化是同时展开的。胡人的汉化，是学习汉人的农桑生产，以加强武备；而汉人的胡化，却只是学习胡人的音乐歌舞，作长夜荒淫的宴乐。

甘州（今甘肃张掖市）是河西第二大都市，也是主要粮食产区。从唐太宗贞观年间直至玄宗开元、天宝之际，河西地区胡商麇集，道路相继。大批胡商专程到甘州进行贸易，有些还定居于此。《新唐书·地理志》云："甘州张掖郡，下。土贡：麝香，野马革，冬柰，苟杞宝、叶。户六千二百八十四，口二万二千九十二。"⑤甘州是河西地区重要的粮食贸易中心，东西客商大多在此补充给养。726年（开元十四年），吐蕃大将悉诺逻率蕃兵进入大斗拔谷，焚烧甘州城乡。大斗拔谷即《元和郡县志》卷40陇右道甘州删丹县中的大斗支谷，是河西商队自甘州至凉州间最好的休息地。当时，

---

① （宋）司马光：《资治通鉴》卷219《唐纪三十五》，中华书局，1956年，第7014页。
② （宋）司马光：《资治通鉴》卷219《唐纪三十五》，中华书局，1956年，第7015页。
③ 王尧、陈践：《敦煌本吐蕃历史文书》，见《王尧藏学文集》（卷1），中国藏学出版社，2012年，第210页。
④ （唐）王建：《凉州行》，见（清）彭定求等编《全唐诗》卷298，中华书局，1960年，第3374页。
⑤ （宋）欧阳修、宋祁：《新唐书》卷40《地理四》，中华书局，1975年，第1045页。

吐蕃军队虽然进入该地，但因遭遇大雪，士卒冻死不少，后被迫从积石军西路返回。730年（开元十八年），吐蕃对唐展开和平外交。781年（唐德宗建中二年），吐蕃占领河西地区，大斗拔谷成为吐蕃连接河西与青藏高原的纽带，即物资补给与贸易往来的重要通道。

  肃州也是河西地区的交通枢纽和贸易中心，但较凉、甘、沙稍逊。唐代前期，河西地区商业虽然发达，但依然以过境贸易为主。西域胡商携带大量珍宝到河西求购丝绸，汉商则运送丝绸至河西进行贸易。大批胡商客居河西，促进了河西瓷器、珍宝、药材、粮食和驼马的交易。河陇地区出土的唐三彩、仿罗马金币等，就是当时贸易的明证。岑参的《酒泉太守席上醉后作》云："琵琶长笛曲相合，羌儿胡雏齐唱歌。浑炙犁牛烹野驼，交河美酒归（一作金）叵罗。"[①]在河西重镇这次胡味极浓的酒席上，有胡乐、胡歌、交河美酒。天宝末年，进士鲍防在《杂感》一诗中描述西胡入贡的盛况时写道："汉家海内承平久，万国戎王皆稽首。天马常衔苜蓿花，胡人岁献葡萄酒。"[②]可见，在河西地区的丝绸贸易中，胡商无疑起了重要作用。

  安史之乱前，河西地区政局相对稳定，民族关系比较和睦，农牧业经济获得较大发展，这都为商业贸易的发展创造了条件。首先，粮食贸易是河西地区商业贸易的基础。农业生产技术的进步和粮食产量的提高，为城市居民及过往商旅提供了生活保障。其次，民族贸易是河西地区商业贸易的重要内容。河西地区周边散布着许多游牧部落，他们需要与汉族交换农业产品，如丝绸、布匹、茶叶等；同样，定居的农民也需要来自牧区的马匹、耕牛、药材等。尽管这种交换因需求关系带有明显的不平等性，但其对双方来说是不可或缺的。最后，供给与需求的吻合是河西地区商业繁荣的条件。穿行在万里丝路上的商旅们需要各种农、牧产品补充给养，而农牧产品的生产则满足了交通要道上行旅的需求。正如贝克威斯所指出的：只要有任何贸易存在，无论贸易的实际物品是麝香、丝绸和皮毛等奢侈品，还是诸如粮食、牲畜等生活必需品，都存在着一些不得不解决的至关重要的问题，那就是"商人们"必须

---

① （唐）岑参：《酒泉太守席上醉后作》，见（清）彭定求等编《全唐诗》卷199，中华书局，1960年，第2055页。

② （唐）鲍防：《杂感》，见（清）彭定求等编《全唐诗》卷307，中华书局，1960年，第3485页。

吃饭和睡觉，而且更重要的是，货币无论是在质地上还是在折算上并不是在所有国家都相同。就那些"进贡使团""驻外使臣"以及其他国际事务来说，这些问题同样不得不解决。国际交往关系发展的本身就带来了包括客栈、食杂商、脚夫、钱币兑换人等在内的物资和服务上的需求。由于那些发了财的本地与外国的生意人们自己也要支付掉一笔钱，所以这些生意对供给需求的增加必然会促进那些地方市场。①

安史之乱后，吐蕃占据河西、陇右地区，控制了丝绸之路，并将其作为吐蕃王朝自己的内环贸易线。吐蕃的特产麝香是当时最高级的香药，也是最好的出口商品，从西方欧洲至东方的日本都求之不得。外国商人可以从印度的经纪人手中获得麝香，还可以直接通过陆路转运到其他国家。吐蕃之所以有如此多的麝香以供出口，是因为其在这一时期控制了甘、青、川等大部分麝香产区。这一时期，吐蕃不仅是麝香、金银、牦牛尾、宝石、药物、羊、马等的输出国，而且成为能够从四面接受不同文化、不同物资的强国，其本身在国际贸易中成为坚实的一环。当来自东西南北的商队频繁往来于丝绸之路、唐蕃古道时，刺激了这一地区经济的发展。丝绸之路的贸易无疑是以丝绸、珠宝、香药为主的奢侈品的贸易，但同时也促进了从事输送、贩卖近距离生活必需品诸如衣料、食料、厨房用具及各种小奢侈品的贸易。②在唐蕃之间的朝贡贸易中，吐蕃输入唐朝的有牛、马、羊、羚羊角、牦牛尾等牲畜和各种畜产品，金、银、珠玉、珍宝等奢侈品和高级工艺品，以及麝香、牛黄、黄连、硇砂等药材和土特产品，其中有些物品是吐蕃从西域、中亚、南亚等地交换所得，又转输到中原内地。而唐朝回赠给吐蕃的主要是丝绸。丝绸是中国享誉世界的产品，也是连结和维系古代中国与世界各国人民友谊，促使中国境内各民族走向统一的重要纽带。

沙州（今甘肃敦煌市）地处河西走廊的最西端，是中西交通的门户。自公元前111年（元鼎六年）建郡后，敦煌一直是丝路两关之咽喉，海西三道"总凑于敦煌"。汉晋以降，敦煌逐渐发展成为西控西域的政治中心，以及胡商

---

① ［美］贝克威斯著，关学君译：《西藏与欧亚早期中世纪繁荣——吐蕃王朝经济史初探》，《西藏民族学院学报》，1983年第4期。
② ［日］森安孝夫著，钟美珠、俊谋译：《中亚史中的西藏——吐蕃在世界史中所居地位之展望》，《西藏研究》，1987年第4期。

云集的贸易重镇。唐朝前期，由于西突厥问题的解决和安西四镇的建立，处于丝路要冲的敦煌，城市繁荣，商业兴盛，已发展成为一个国际性商业市场。当时，敦煌是一个"诸胡杂居"之地，主要居民有胡人、汉人、吐谷浑、黠戛斯、朝鲜人和龙族等。敦煌和吐鲁番文书中有许多关于商贾在沙、瓜二州进行贸易的记载。《唐开元二〇年三月瓜州、沙州给石染典过所》及《唐开元二一年正月西州百姓石染典买马契》两件文书，为我们再现了西州商人在瓜、沙两地进行贸易活动的情况。商贾、行人必须持有过所，并经沿途官吏检查，方可通行。过所上要写清人名、年龄、性别、人数、牲口数等。据 P.2005 号《沙州都督府图经残卷》记载，敦煌周围设有州城、清泉、横涧、白亭、长亭、甘草、阶亭、新井、双泉、第五、冷泉、胡桐、东泉、其头、鱼泉、悬泉、无穷、空谷、黄谷等 19 个驿站、邸店。① 此外，唐朝在长安经过河西，前往西域的约 6000 公里丝路上，实行驿馆制度，沿途设置驿站，负责过往官员、客商的食宿，以及牲畜的草料等。驿站周围往往形成商业集散地，也有民办的客店、商铺、手工业作坊等。唐朝政府还在较大的客商聚集地设市，委派市令管理，查禁"违禁品"及征收商税。

河西地区的粮食、药材、手工业品贸易，以及以丝绸、香药为主的过境商品贸易一直比较兴盛，而这些贸易大多是与西域客商进行的。在莫高窟唐代壁画中，有不少胡商牵着骆驼蹒跚前行的场景。如莫高窟第 45 窟壁画中，有运销丝绸的商贾在途中被盗的内容。P.2005 号《沙州都督府图经残卷》还记载着，兴胡泊"东西十九里，南北九里，深五尺。右在州西北一百一十里。其水咸苦，唯泉堪食，商胡从玉门关道往还居止，因以为号"②。兴胡泊旁边的这个地方，显然是胡商进入玉门关后的一处商品集散中心或商业基地。唐代诗人王梵志在描写敦煌商铺时说："兴生市郭儿，从头市内坐。例有百余千，火下三五个。行行皆有铺，铺里有杂货。"③ "兴生"即经商谋利；"市郭儿"指商贾。当时，沙州每天有早、中、晚三次集市，交易活跃，买卖兴隆。中

---

① 参见唐耕耦、陆宏基编《敦煌社会经济文献真迹释录》（第 1 辑），书目文献出版社，1986 年，第 8～12 页。
② 参见唐耕耦、陆宏基编《敦煌社会经济文献真迹释录》（第 1 辑），书目文献出版社，1986 年，第 8 页。
③ （唐）王梵志著，项楚校注：《王梵志诗校注》卷 2，上海古籍出版社，2010 年，第 164 页。

原地区生产的丝绸、茶叶、陶瓷等,首先在此进行带有批发性质的交易,然后再转运到西方各地;而西域各地出产的珠宝、玉石、香药、奇禽异兽及各种畜产品,也在这里进行交易,然后再销往中原及全国各地。在交易过程中,往往以丝绸、粮食作为等价交换物。

在隋末唐初,九姓胡中的石、康两姓,各由首领率领移居伊州和鄯善。据 S.0367 号《唐光启元年(885年)书写沙州伊州地志残卷》云:"隋大业六年,于城东买地置伊吾郡。隋乱,复没于胡。贞观四年,首领石万年率七城来降。我唐始置伊州。宝应中陷吐蕃,大中四年,张议潮收复,因沙州卅户居之。羌龙杂处,约一千三百人。"① 又云:"石城镇,东去沙州一千五百八十里,去上都六千一百里,本汉楼兰国。……隋置鄯善镇。隋乱,其城遂废。贞观中,康国大首领康艳典东来,居此城,胡人随之,因成聚落,亦曰典合城,其城四面皆是沙碛。上元二年改为石城镇,隶沙州。"② 石城镇作为唐朝西通西域及抗击吐蕃北上的重要军镇,自贞观初年归唐,至肃宗上元年间前后陷落,在保护东西交通畅通方面发挥了重要作用。

此外,《唐天宝年代(750年)燉煌郡燉煌县差科簿》记载,敦煌县有粟特人聚落从化乡。③ 池田温先生在《八世纪中叶敦煌的粟特人聚落》一文中,全面系统地介绍了敦煌粟特人聚落从化乡的情况,并认为吐蕃占领敦煌时,敦煌的粟特人聚落基本消亡,其中有势力的人回归了本国,有的散入回鹘势力圈内或其他地方,剩下的一些粟特人后裔则依附于汉人的寺院,结果最终被汉人社会淹没。④ 实际上,786年(贞元二年),吐蕃攻陷敦煌后,废弃乡里建置,作为粟特人聚居的从化乡消失。但是,敦煌地区的粟特人并没有随之大量逃亡,他们被重新编入各个部落当中,活跃在敦煌的各个领域。

---

① 参见唐耕耦、陆宏基编《敦煌社会经济文献真迹释录》(第1辑),书目文献出版社,1986年,第40页。

② 参见唐耕耦、陆宏基编《敦煌社会经济文献真迹释录》(第1辑),书目文献出版社,1986年,第39页。

③ 参见唐耕耦、陆宏基编《敦煌社会经济文献真迹释录》(第1辑),书目文献出版社,1986年,第229页。

④ [日]池田温著,辛德勇译:《八世纪中叶敦煌的粟特人聚落》,见《唐研究论文选集》,中国社会科学出版社,1999年,第3~67页。

吐蕃统治敦煌时期，敦煌地区的经济仍在缓慢发展，而其寺院经济则得到了空前的发展。佛教寺院是使用香药较多的场所之一。在敦煌寺院器物帐中，记载了各种各样的香炉、香囊等，寺院支出账中还记载了很多关于香药的开支。敦煌文书 P.3047《吐蕃占领敦煌时期乾元寺科香帖》，是一件关于敦煌佛教僧团向僧尼科征香药的文书，该文书记载敦煌佛教僧团向僧尼 6 组人员共 125 人（僧 82 人、尼 43 人），科征郁金香、乳头香、旃檀香等三色香药共 6 两。① 郁金香产于伊朗、克什米尔及阿拉伯半岛，乳香产于红海沿岸的索马里、埃塞俄比亚和阿拉伯半岛南部，旃檀香则源自印度。这三种香药都是敦煌地区使用的高级奢侈品，价格非常昂贵，可能是通过市场渠道得到的。姜伯勤先生认为，"此件表明郁金香、乳头香和檀香是敦煌寺院常用之香"②。这次科征仅仅是对敦煌部分僧尼的科征，而且是一种临时性的科征。平时寺院僧尼个人所用香料，有相当一部分可能来自信众有针对性的施舍。

敦煌佛教僧团在法事活动中都要用香汤沐浴。敦煌文书 S.2575《后唐天成四年（929 年）三月六日应管内外都僧统置方等戒坛牓》记载，普光寺设置的方等道场是香坛具戒，要求进入道场的僧尼，"若也违背教文，此令交容不得。甘汤美药，各任于时供承，非食醇醪，切断不令入寺"；"一朝尽暮煮药香汤，以备净戒沐浴"③。敦煌僧尼使用香药一是用于沐浴，其次是作为甘汤美药服用。但是，佛教又防戒僧人过分沉迷于对香品的官能享受和迷恋。P.3777 号、P.3244 号文书《服防修行人迷犯当"断"外中内"五辛"之法药义理文》云："三谓鼻者，戒之于香。男香女香，旃檀薰陆。及诸沉射，一切名香。如是种种，诸多芬馥，幻惑色身，能生贪欲。"④ 尽管如此防范，但佛经传播的调香术还是推动了世俗之人对香品的寻求。

敦煌文书 DX.02882《蒙学字书》药物部第十记载有鳖甲、生姜、人参、胡椒、川芎、穿山甲、陈橘皮、安息香等药材。该书所列药物是敦煌市场上

---

① 参见唐耕耦、陆宏基编《敦煌社会经济文献真迹释录》（第 2 辑），全国图书馆文献缩微复制中心，1990 年，第 401 页。该书将编号弄错作 P.3043 号。
② 参见姜伯勤《敦煌吐鲁番文书与丝绸之路》，文物出版社，1994 年，第 133 页。
③ 参见唐耕耦、陆宏基编《敦煌社会经济文献真迹释录》（第 4 辑），全国图书馆文献缩微复制中心，1990 年，第 134～140 页。
④ 陈祚龙：《云楼佛化劄记》，见《敦煌学圜零拾》（下册），台北商务印书馆，1986 年，第 368 页。

的常见药物，故胡椒、安息香应当是敦煌民众经常使用的香药。敦煌文书 P.3230《金光明最胜王经卷七品第十三》所载"佛家香浴方"云：

> 洗浴之法，当取香药三十二味，可谓：昌蒲（跋者）、牛黄（瞿嚧折娜）、苜蓿香（塞毕力伽）、麝香（莫诃婆迦）、雄黄（末捺眵罗）、合昏树（尸利洒）、白芨（因达啰喝悉哆）、芎劳（阇莫迦）、枸杞根（苫弭）、松脂（室利薛瑟得迦）、桂皮（咄者）、香附子（目萃哆）、沉香（恶揭嚕）、旃檀（栴檀娜）、零陵香（多揭罗）、丁子（索瞿者）、郁金（茶矩么）、婆律膏（曷罗婆）、荜香（捺刺拖）、竹黄（鹭路战娜）、细豆蔻（苏泣迷罗）、甘松（苫弭哆）、藿香（钵坦罗）、茅根香（啰尸喝）、叱脂（萨洛计）、艾蒳（世黎也）、安息香（□□□）、芥子（萨利教跛）、马芹（叶婆你）、龙花鬚（那迦罗萨罗）、白胶（萨折罗婆）、青木（矩瑟佗）皆等分。①

姜伯勤先生认为，在上列 32 种香药中，桂皮、沉香、旃檀、青木、甘松香等，都是印度的特产。这些香药对于敦煌诸寺来说，多从域外或外地输入，而价格亦颇昂贵，以致在吐蕃管辖敦煌时期，寺院当局对诸僧侣采取按人头科纳香品的办法。② 实际上，在上述香药中，苜蓿香、香附子、沉香、旃檀、丁子香、郁金香、婆律膏、细豆蔻、艾蒳香、安息香、青木香等大多来自西域诸国。敦煌研究院藏 955 年至 1002 年间《酒帐》残卷第 6 行记："廿一日，支纳呵梨勒胡酒壹瓮。"呵梨勒即诃梨勒，是使君子科植物诃子（Terminalia chebula Retz.）的成熟果实，原产于波斯或印度，可以入药。早在天宝年间，诃梨勒就被高仙芝带回长安，并被视为珍宝。在归义军时期，敦煌地区已普遍以其入药，虽较珍贵，但并不稀奇。P.3850 号《酉年四月僧神威等牒残卷》云："诃梨勒计纳得一百廿九颗，破用九十四颗，见在卅五颗。"P.3353 号《舍施文》记载："酥一升，充法师乳药；诃梨勒两颗，充俟那。"当时，受戒僧尼皆须出资纳物，其中规定缴纳诃梨勒。S.2575 号《己丑年应管内外都僧统为道场纲色目榜》云："右奉处分，令置受戒道场，应管得戒式叉沙弥尼等，

---

① 参见陈增岳编著《敦煌古医籍校证》，广东科技出版社，2008 年，第 465 页。
② 参见姜伯勤《敦煌吐鲁番文书与丝绸之路》，文物出版社，1994 年，第 131~132 页。

沿法事，准例合有所税。人各麦油壹升，橛两竹，诃梨勒两颗，麻十两……"敦煌文书 S.1733 号《吐蕃管辖时期破历》记："椒一升，草豉三升。草豉半升，椒四合已上味。草豉三升，苁蓉三升。"草豉原产波斯，为调味品。① 敦煌地区的香药基本上都是从西域贩运而来，除了满足当地的需要外，还被贩运到相邻地区出售。

值得注意的是敦煌地区的僧俗民众对香药的使用态度和使用风气。我们从《康秀华写经施入疏》和《炫和尚货卖胡粉历》可以看出，在吐蕃统治敦煌时期，粟特人是外来奢侈品的主要交易者，而敦煌民众则是这些奢侈品的主要消费者，价值 300 石麦粟的四斤胡粉一下就被敦煌民众购买，足见敦煌民众对这些外来奢侈品的追捧。② 而 P.3047 号《吐蕃占领敦煌时期乾元寺科香帖》，则从僧尼群体证实了敦煌民众对波斯、印度香料的青睐。敦煌民众对高级奢侈品的追捧，是政府或者寺院上层推波助澜的结果。尽管这些高级奢侈品价格昂贵，但寺院管理机构还是将其确定为僧尼使用的主体香料，很可能是指定的消费香料。无论是乾元寺科香，还是康秀华施舍胡粉，以及炫和尚货卖胡粉，这些都发生在吐蕃统治敦煌时期，这不得不让我们重新认识吐蕃时期敦煌的社会和对外贸易。③ 根据敦煌文书记载，敦煌"地不产珍，献无奇玩"，就连每年派往京城的贺正使献给皇帝的礼物，大多也都不产于当地。长此以往，敦煌民众和市场对外来物品的过度依赖，逐渐养成了一种接纳多于排斥、兼容并蓄的社会心理和文化现象。寺院僧尼是敦煌社会群体的一部分，寺院向僧尼科征香药，从一个侧面反映了敦煌社会香药消费的普遍化。

敦煌地区设有药房或香药贸易市场。如 P.3126 号书函二通中有："将到马及药物，马并来货更知之。"P.2863 号布施文书中有："红花一斤，荷蘖勒一媒。"④ 敦煌地区的香药一般是队商带来的，但也有西行求法高僧携带来的。《大唐西域求法高僧传·太州玄照法师》记载，玄照法师涉流沙，经积

---

① 参见姜伯勤《敦煌吐鲁番文书与丝绸之路》，文物出版社，1994 年，第 64～65 页。
② 参见郑炳林《〈康秀华写经施入疏〉与〈炫和尚货卖胡粉历〉研究》，见《敦煌吐鲁番研究》第 3 卷，北京大学出版社，1998 年，第 191～208 页。
③ 参见郑炳林《晚唐五代敦煌寺院香料的科征与消费——读〈吐蕃占领敦煌时期乾元寺科香帖〉札记》，《敦煌学辑刊》，2011 年第 2 期。
④ 参见姜伯勤《敦煌吐鲁番文书与丝绸之路》，文物出版社，1994 年，第 141 页。

石,至北印度,过迦毕试国、信度国,到达罗荼国,"蒙王礼敬,安居四载,转历南天。将诸杂药,望归东夏"①。郑炳林检出了归义军时期敦煌有胡人开店卖药的几条记载:S.4652号《辛巳年(981年)十二月十三日周僧正于常住库借贷油物历》云:壬午年二月"十四日酒伍瓮,渠北坐翟胡边买药用。廿二日,酒伍升,吃药用";四月"九日,酒壹瓮,阿柴喑胡边买药用"。翟、阿柴喑皆称胡,说明他们是西域人。这当是西域医家在敦煌从事医药生意或坐堂治病卖药的记录。②

高昌地处丝绸之路中道,是东西交通的重镇,同时也是大宗货物集散地。《旧唐书·焉耆传》云:"自隋末罹乱,碛路遂闭,西域朝贡者皆由高昌。"③《旧唐书·高昌传》亦云:"时西戎诸国来朝贡者,皆途经高昌,文泰后稍壅绝之。"④可见,高昌地理位置之重要。

在传世文献当中,关于高昌国的商业贸易情况记载很少。自20世纪初以来,吐鲁番地区陆续出土了大量属于北朝至隋唐时期的文书和石刻文字资料,特别是属于高昌王国时期的各类官、私文书。这些新材料在一定程度上弥补了传世文献的不足,使我们对这一时期高昌的政治、经济、文化等许多方面的情况有了较为清楚的认识。

隋唐时期,随着疆域的拓展和西域地区的稳定,丝绸之路贸易达到鼎盛阶段,出现了"伊吾之右,波斯以东,职贡不绝,商旅相继"⑤的景象。高昌国主要经营过境贸易,参与者以东西往来之外商为主。从文书记载来看,高昌国的外来客商以索格底亚那地区的粟特人最多。高昌文书中有"商胡""客胡"等词,专指从西域来的商人。巴尔托里德曾经指出:"定居的中亚伊兰人,即粟特人则善于利用突厥帝国的广袤和强大来达到自己的目的。握有丝绸贸易独占权的粟特人的商业利益使得突厥和波斯人的关系破裂,并导致突厥和拜占庭之间使节的往还。与中国的贸易也得到了很大

---

① (唐)义净著,王邦维校注:《大唐西域求法高僧传校注》卷上《太州玄照法师》,中华书局,1988年,第11页。
② 郑炳林:《敦煌归义军史专题研究》,兰州大学出版社,1997年,第527页。
③ (后晋)刘昫等:《旧唐书》卷198《西戎·焉耆》,中华书局,1975年,第5301页。
④ (后晋)刘昫等:《旧唐书》卷198《西戎·高昌》,中华书局,1975年,第5294页。
⑤ (宋)宋敏求:《唐大诏令集》卷130《讨高昌王鞠文泰诏》,中华书局,2008年,第702页。

发展。萨马尔罕的东门被称为'中国门'。粟特人的居留地出现在通向中国内地的所有通道上——从经和阗到罗布泊的新疆南部的南路直到经七河地区的最北路。"[①] 在长期的贸易往来中，以粟特人为主的胡商在丝绸之路上建立了许多商贸据点，并逐渐发展成为聚落。他们通过这些聚落，了解丝路沿线市场行情，建立起一定的商业信誉，贩易东西方不同的商品。高昌王国境内粟特聚落的具体位置，一个可能在高昌城东胡天近旁；另一个可能在文书中提到的"丁谷天"所在的吐峪沟沟口一带。[②] 正是这些粟特人构成了高昌过境贸易的主体。

吐鲁番出土的医药文书，为我们了解唐代西州药材贸易情况提供了丰富的资料。文书《高昌内藏奏得称价钱帐》（73TAM514：2/1—7，2/9—11，2/8），清晰地反映了高昌国时期西域商胡交易的主要商品，以及所缴纳的称价钱帐等。该件文书系为残卷，由11个残片组成4个残卷，共存74行文字，墨书。原纪年缺，仅存月日，从"正月一日"到"十二月廿七日"。文书中记载的香药有香、硇砂、郁金根和石蜜等。

残卷一：

（前略）即日，翟萨畔買香五百七十二斤，鍮石叁拾 ☐（后略）

☐☒。次五日，康夜虔買樂一百肆拾斤，与宁祐惠二人邊（后略）

☐ ☐☐日，康不里界買香二百五十二斤，与康婆何畔陁二人邊☐☐☐☐。次廿二日，曹破延買卤沙五十斤。同四十一斤，与☒那寧☒☐何延陁二人邊得☐文。

☐即日，康烏畔陁買八十七斤，☐☐不吕多二人邊得錢一文。（后略）

射蜜畔陁買香三百六十二斤、卤沙二百卌一斤，与康炎顛二人邊☐錢十五文。（后略）

☒☐買香八百斤、石蜜卅☐斤 ☐（后略）

---

① [苏] V.V.巴尔托里德著，耿世民译：《中亚简史》，新疆人民出版社，1980年，第7页。

② 荣新江：《北朝隋唐粟特人之迁徙及其聚落》，见北京大学中国传统文化研究中心编《国学研究》（第6卷），北京大学出版社，1999年，第27～86页。

□□買香一百七十二斤，与何買二人邊得錢四文。（后略）

□□月四日，康畢迦之買金四兩，与車不吕多邊得錢 □□九十二斤，与康炎延二人邊□□二文。（后略）

残卷三：

起十二月廿七日，康牛何畔陁買香陆百伍拾□斤、卤沙贰百壹斤，与康莫至二人邊得錢贰□壹文。次□有尼屈量香伍拾二斤，得錢壹□ □（后缺）

残卷四：

□□日，安符夜門延買香叁拾斤，与安□夜門遮二人邊得钱捌文。①

朱雷先生最早对这件文书进行了考释，指出文书中所载的商人，昭武九姓胡人占绝对多数，其中康姓16人次，何姓10人次，曹姓6人次，安姓5人次，石、白、车、翟、宁姓等各1人次，表明奏文中的"称价钱"是向在高昌进行贸易活动的商人，主要是向胡商征收的某种商税。所谓"称价钱"，"称"，即"称量"，亦即称量货物之重量，其分别按一定比例征收商税。税率为：香约每40斤纳银钱1文；郁金根每百斤内，最多纳银钱1文；硇砂约每50斤最多纳银钱1文。②《称价钱帐》中买卖的物品有金、银、铜、丝绸、香料、药材、石蜜、鍮石、硇砂和郁金根等，除了丝绸以外，绝大多数是西方的舶来品。金、银、鍮石和硇砂是波斯、粟特的产品，香药主要来自印度，石蜜以波斯产者最佳。这些商品的交易量都比较大，属于批发性质的交易。如翟薩畔一次买香572斤，康夜虔一次卖与宁祐憙药140斤，而一缺名者一次买香达800斤，显然非个人和家庭成员所需。高昌国本身不可能消费这么多的商品，大部分应是运往中原和周边诸族出售。姜伯勤先生又按交易商品之品名、买卖双方之姓名、交易数量，以及所纳之称价钱和税率等进行了统计分析，从其列表来看，香的总交易量为2400斤，硇砂的交易量为926斤，药的交易量为

---

① 参见王兴伊、段逸山编著《新疆出土涉医文书辑校》，上海科学技术出版社，2016年，第64～67页；国家文物局古文献研究室等主编《吐鲁番出土文书》第3册，文物出版社，1981年，第318～325页。

② 朱雷：《麹氏高昌王国的"称价钱"——麹朝税制零拾》，见《朱雷敦煌吐鲁番文书论丛》，上海古籍出版社，2012年，第74～87页。

144斤，郁金根的交易量为87斤，石蜜的交易量为31斤。由于香料、硇砂、药、石蜜、郁金根都可归之为香药的范畴，故其交易总量为3588斤。①姜伯勤先生还指出了敦煌、吐鲁番两地市场上出售的香药与犍陀罗香药市场间的联系，认为犍陀罗的香药市场，经过队商的贩运和求法高僧的携带，连接着高昌等地出售西亚、南亚及中亚香药的市场。②

《高昌内藏奏得称价钱帐》文书虽然残缺，但大体反映了唐代高昌西域商胡香药贸易的规模。在漫长的丝绸之路上，"兴胡""客胡"队商根据贩运能力、市场价格等因素，买进卖出，从事接力式的中继贸易。

《唐天宝二年（743年）交河郡市估案》系池田温（1968年）将大谷文书中的121件文书残片拼缀而成，按池田氏引仁井田陞意见："这批文书是根据唐关市令所规定的每十日立物品上、中、下三等（有时为九等）价格的制度，按市内的'行'归纳整理提交给交河郡都督府的官文书断片。其年代在天宝年间。"池田氏又进一步判定时间当在天宝二年。池田氏还推测，文书中除残存的10个"行"外，其他名称不明的还有四五个行，其中即包括"药材行"。《市估案》所罗列的药物特别多，可以肯定全部药材当在120种以上，保留名称者达60余种。这些药材的来源几乎涵盖了亚洲大部分地区，而以波斯、印度药材为多，甚至东罗马帝国的药材也依稀可见。《唐天宝二年（743年）交河郡市估案A种残片·药价文书》（大谷3076+3039）：

（前缺）
訶梨勒壹颗，上直錢貳文伍分，☒下壹文伍分。
青黛壹两，上直錢拾陆文，☒下拾肆文。
黄丹壹两，上直錢玖文，☒下柒文。（后略）③

安史之乱前，诃黎勒的价格是比较便宜的。安史之乱后，诃黎勒的价格

---

① 姜伯勤：《敦煌吐鲁番文书与丝绸之路》，文物出版社，1994年，第176~179页。
② 姜伯勤：《敦煌吐鲁番与香药之路》，见《季羡林教授八十华诞纪念论文集》（下册），江西人民出版社，1991年，第837~848页。
③ 参见王兴伊、段逸山编著《新疆出土涉医文书辑校》，上海科学技术出版社，2016年，第88~89页。

似乎有了大幅度的上涨。郑炳林先生在《晚唐五代敦煌贸易市场的物价》[①]一文中，关于诃黎勒的价格，引用了 P.2689《年代不明僧义英等唱卖得入支给历》的记载："诃黎勒价六斗八升。"一颗诃黎勒的价格为 6.8 斗麦。而关于麦在敦煌的价格，P.3348 号文书背面《唐天宝四载（745 年）河西豆卢军和籴会计牒》记载："柒拾陆硕柒合小麦斗估三十二文计贰拾四贯三佰贰拾叁文五分。"[②]按上述小麦一斗估价 32 文来算的话，一颗诃黎勒的价格在晚唐五代时期的敦煌为 32×6.8 = 217.6 文。这个价格与天宝二年诃黎勒的上价 2.5 文相比，乃是相差百倍。《唐天宝二年（743 年）交河郡市估案 A 种残片·药价文书》（大谷 3096）：

（前缺）

鞭鞘壹條，上直錢貳文，次壹文五分，▢

鬱金花壹分，上直錢陸拾文，次伍拾文，下肆拾文。

麝香壹分，上直錢壹佰貳拾文，次壹佰壹拾文，下壹佰文。

丁香壹分，上直錢叁拾伍文，次叁拾文，下貳拾伍文。

沉香壹分，上直錢陸拾伍文，次陸拾文，下伍拾文。

白檀香壹兩，上直錢肆拾伍文，次肆拾文，下叁拾伍文。

▢直錢伍拾文，次肆拾伍文，下肆拾文。

▢下肆拾伍文。

（后缺）[③]

这些珍贵的香药均以分为计量单位，且各种香药细分为上、中、下不同质量等次，相应的价格均不相同，这也从一个侧面折射出当时丝绸之路上香药贸易市场的规模和繁荣。

高昌国的贸易契券完全是中原样式，秉承了汉晋法制文化的传统，而贸易货币则以银钱为主，以适应丝绸之路国际贸易的需要，利于和中亚、西亚

[①] 郑炳林：《晚唐五代敦煌贸易市场的物价》，《敦煌研究》，1997 年第 3 期。

[②] 参见王仲荦《金泥玉屑丛考》卷 6《燉煌物价考》，中华书局，1998 年，第 191 页。

[③] 参见王兴伊、段逸山编著《新疆出土涉医文书辑校》，上海科学技术出版社，2016 年，第 90～91 页。

胡商进行交易。根据《隋书·食货志》记载，北周、隋初，"河西诸郡，或用西域金银之钱，而官不禁"①。当时，拜占廷的金币和波斯萨珊王朝的银币都是国际标准货币。高昌时期直至唐初，吐鲁番地区的支付手段是钱、帛兼行，即银钱与铜钱并用，在涉及胡人的市马贸易，以及涉及胡商的丝绸、香药和玉石等贸易中，广泛使用银钱。到唐玄宗开元时期，银钱表面上从流通中消失。

《唐西州官府药香准估计钱帐》（大谷3099）记载：

（前缺）

桂心壹拾两，=别准估 ▢

荜拨壹拾两，=别壹伯壹拾文。計壹仟壹伯文。

青木香拾两，=别准估叁拾伍文。計叁伯伍拾文。

紫雪拾两，=别准估壹拾玖文。計壹伯玖拾文。

硇沙伍两，=别准估贰拾文。計壹伯文。

蔔酢三勝，=别准估肆文。計壹拾贰文。

（后缺）②

此件文书系残卷，前、后缺，现存6行文字，纸背钤有官印，整理者录名为"药香等购入价格文书"，以为性质同"时价市估案"，似为西州官府购入香药的计帐。文中的"="为重文符号，即"两"。

高昌王国曾采取一系列政策措施，加强对各类商业贸易的管理。荣新江先生认为，高昌王国曾经建立起一整套供奉客使的制度，包括迎接、安排客馆住宿、招待供食，到最后送行等。6世纪末，高昌官府接待的有北部突厥各部、东部伊吾、南部吐谷浑和西方粟特何国的使者。③高昌国还置有邮驿，以迎接各地客使。《续高僧传·玄奘传》记载，玄奘"在凉州讲扬经论，华夷士庶，盛集归崇，商客通传，预闻蕃域。高昌王麴文泰特信佛经，复承奘

---

① （唐）魏征等：《隋书》卷24《食货志》，中华书局，1973年，第691页。

② 参见王兴伊、段逸山编著《新疆出土涉医文书辑校》，上海科学技术出版社，2016年，第120～121页。

③ 荣新江：《高昌王国与中西交通》，《欧亚学刊》，2000年第2辑，第73～83页。

告将遊西鄙,恒置邮驲,境次相迎……"①学界通过对吐鲁番出土资料的研究,确知麴氏高昌中央行政部门有9个,即吏部、库部、仓部、主客、民部、兵部、祀部、屯田和都官,其中主客职掌外国事务,具体工作包括为客使安排住宿,提供食物等生活所需(诸件供物帐的记载),以及代表政府迎来送往(阚氏高昌的送使文书)等。各国客使在高昌逗留期间,住在官府提供的客馆中,由中央和地方政府的官员负责传达王令,由百姓或寺院使人充当役人,准备和运送食物或其他东西给客使,而承担此项杂役的往往是著籍高昌、熟悉客使语言的粟特人。有的账目还表明,高昌国对待不同级别的客人按不同的等级对待。客使常被分成上、中、下三等,供应的食品也不一样。高昌官府供应客使立有专门账目,每半个月核算一次。高昌国给来往客使、商人安排住所,提供食宿及买卖场所等,成为事实上的贸易组织者。不过,高昌官府通过向商人征收商税获取利益。松田寿男先生在论及绿洲社会的特征时指出:"多数孤立的绿洲,以贸易之线相互连接了起来,而这种线在沙漠中所留下来的痕迹便是队商路。与天山南北的绿洲群分别相连的两条队商路,不久在西部与帕米尔以西的商业网连结了起来,及于伊朗和印度,在东部则到达中原和蒙古。这样一来,绿洲本身也就起了变化,即它不仅给农业社会增加了贸易的因素,而且还使之呈现出中转市场的性质,并起到了队商驿站的作用。"②

高昌地区汇聚了众多外地客商,有来自中原地区的汉客、吴客,有来自西域地区的客胡、商胡,还有来自周边各游牧部落的零散商人。这些商人中部分是行商,他们远道贩易来到高昌;有些是坐商,长期驻留在高昌,甚至著籍此地。"商人的活动,往往是在某地买得特产,再到高昌出售,同时买进他认为可以赚钱的货物,再到其他地区出卖,这比单纯带上钱币来高昌购货贩易;要多赚一倍的钱。"③在众多参与丝路贸易的外国商人中,粟特商人是最主要的商品转运商,他们从撒马尔罕经高昌、河西走廊进入

---

① (唐)道宣撰,郭绍林点校:《续高僧传》卷4《译经篇四·唐京师大慈恩寺释玄奘传》,中华书局,2014年,第98页。
② [日]松田寿男著,陈俊谋译:《古代天山历史地理学研究》,中央民族学院出版社,1987年,第4页。
③ 朱雷:《麴氏高昌王国的"称价钱"——麴朝税制零拾》,见《朱雷敦煌吐鲁番文书论丛》,上海古籍出版社,2012年,第74~87页。

中国内地，在漫长的丝绸之路上建立起许多贸易据点和定居聚落，并通过这些据点和聚落获取贸易信息、储藏货物，开始自己的贩运活动。高昌地区就是一个粟特人的重要聚集地。麴氏高昌时期的《高昌曹莫门陁等名籍》（64TAM31，图壹，359）中，记载了大量的粟特人姓氏，其中曹氏33人、何氏7人、安氏2人、康氏2人、穆氏1人、伽那贪旱1人（可能是突厥人）、未知名1人，奴3人，共计50人。难以确定他们是否是"客胡"，但从官府将他们登记下来这一点推测，他们可能是刚刚来到高昌的粟特移民，家眷也可能随之而来。①朱雷先生精辟地指出，高昌实为货物集散地，"一些商胡从西面来到高昌，不再远行，就把货物在当地卖掉。而另一些胡商不须再回故乡，或到货物产地收购，只须在高昌就可成批收购，再运到其它地区出售。这样，既免去了商人长途跋涉的辛苦，还有利于他们能迅速地进行多次贩易，以获厚利"②。高昌国虽然向外来客使、商胡提供食宿，但是，除了少数官方派遣的客使外，大部分商人是要自掏腰包的，对客馆的经营也是高昌国从丝路贸易中获取收益的一个重要途径。此外，高昌国的各个社会阶层都或多或少地参与了丝路贸易，王室成员和政府高官有能力消费一些奢侈品；百姓和僧尼从市场上买到的日常用品既有本地产品，也有来自周边或者更远的中原、中亚各地的产品，他们是部分丝路商品的生产者和消费者。

高昌市场上的商品十分丰富，既有本地特产的叠布、葡萄酒，也有来自中原的织锦及西域的矿石和香药等。大宗贸易以外来商品为主，而本地商品则缺乏竞争力。商人们长途贩易的商品都是以奢侈品为主，这是由商人希望获得最大限度的经济利益的追求决定的。在中古时期，交通工具的发展尚不能适应低廉与笨重物品的交换。当时，在国际贸易中占首要地位的，就是价值高、体积小、重量中等、便于携带的商品。而商品的价格主要决定于进口货物的稀缺性，稀缺性则随着距离而增长，故运输路途越长，获利的希望就越大。就商品的流向来看，中原地区输出的主要是丝织品，是经过加工，包含一定制作工艺的制成品。而由西向东贩运的商品大部分属于原材料，包括

---

① 参见荣新江《高昌王国与中西交通》，《欧亚学刊》，2000年第2辑，第73~83页。
② 朱雷：《麴氏高昌王国的"称价钱"——麴朝税制零拾》，见《朱雷敦煌吐鲁番文书论丛》，上海古籍出版社，2012年，第74~87页。

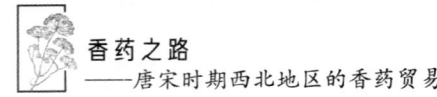
香药之路
——唐宋时期西北地区的香药贸易

各类矿石、香药等。这些商品多以其原有形态出售，只有到达最终消费者手中时，才根据需要进行加工，或入药，或造像。可以肯定地说，无论高昌当地的商品在市场上占据多大位置，高昌王国的贸易市场首先是丝路商品的汇聚地，这是它发挥的最主要的功能。

第四章 宋代西北地区的香药贸易

宋代，西北地区的政治形势发生了深刻变化，各民族间经过长期的较量与重组，出现了多民族政权并存的局面。吐蕃王朝崩溃后，吐蕃诸部基本形成了上部阿里三围、中部卫藏四翼和下部朵康六岗①三大藏区。在朵康地区，先有凉州六谷蕃部横亘于河西走廊丝路要冲，继有青唐唃厮啰政权占据青海道和唐蕃古道。此外，回鹘在西域和河西走廊西部建立喀喇汗朝和甘州政权。河西丝绸之路和青海道基本控制在吐蕃和回鹘手中。11世纪初，随着党项的崛起和西夏的建立，传统的中西贸易通道灵州道和丝绸之路被阻断，大食、于阗、高昌和龟兹诸国商旅纷纷改走青海道。唃厮啰在中西贸易中的作用日渐突显。正如《宋史·夏国传》所云："西若天竺、于阗、回鹘、大食、高昌、龟兹、拂林等国，虽介辽、夏之间，筐篚亦至，屡勤馆人。党项、吐蕃唃厮啰董毡瞎征诸部，夏国兵力之所必争者也，宋之威德亦暨其地，又间获其助焉。"②安定吐蕃，抗击西夏，疏通丝绸之路，成为北宋时期的一项基本国策。

第一节 唃厮啰与丝绸之路贸易

唐末以来，吐蕃部落遍布河陇各地，在东起陇山之首，西至阳关以西，

---

① 朵康六岗地处河湟地区，其中朵康（又称多康）又分为朵堆（朵甘或朵甘思）与朵麦两部分。朵麦在元代称朵思麻或脱思麻，明代称安多。安多藏区大体包括今四川西北部、甘肃南部、河西走廊东段部分地区，以及青海除玉树以外的全部藏族居住区。

② （元）脱脱等：《宋史》卷485《夏国传》，中华书局，1977年，第13981页。

均有其部落族帐居住。据《邵氏闻见录》卷13记载："土蕃在唐最盛,至本朝始衰。今河湟、邈川(今青海乐都县)、青唐(今青海西宁市)、洮(今甘肃临潭县)、岷(今甘肃岷县),以至阶(今甘肃武都市)、利、文(今甘肃文县)、政、绵州、威、茂、黎、雅州夷人,皆其遗种也。独唃厮啰一族最盛,虽西夏亦畏之。朝廷封西平王,用为藩翰。陕西州县特置驿,谓之唃家位,岁贡奉不绝。"[1]宋朝初年,吐蕃诸部主要分布在秦、凤、泾、原、仪、渭、兰、熙、河、洮、岷、叠、宕、阶、成、文、湟、鄯、廓等州以及德顺军、通远军、积石军乃至凉州、河西地区。当时,今青海全部、甘肃大部和陕西一部为吐蕃聚居或蕃汉杂居地区,其中河西地区是蕃、汉、回鹘杂居之地;洮河、大夏河及青海湟水流域是蕃族聚居区;陕北银、夏、绥、宥、静五州为党项平夏部之地,而在麟(今陕西神木县)、府(今陕西府谷县)、丰(今陕西府谷县北)、灵各州也有党项散居。

11世纪初,散居在湟水流域及熙、河地区的吐蕃人逐渐形成了以宗哥(今青海平安区)李立遵、邈川(即湟州,今青海乐都区)温逋奇和河州耸昌厮均为首的地方部落集团,他们招抚族人,各自为政,互相攻伐。

唃厮啰,本名欺南陵温篯逋,系吐蕃赞普之苗裔,生于高昌磨榆国(磨榆或译玛域,在今西藏阿里地区与印辖克什米尔接壤处)。后河州羌酋何郎业贤客居高昌,"见厮啰貌奇伟,挈以归,置鄯心城(今甘肃临夏境内),而大姓耸昌厮均又以厮啰居移公城(又称一公城,今甘肃夏河县甘加乡),欲于河州立文法"[2]。唃厮啰的到来,为宗哥部落联盟的形成和发展带来了契机。不久,宗哥僧李立遵和邈川大酋温逋奇,又"略取厮啰如廓州,尊立之",欲以唃厮啰名义号令诸部。唃厮啰成为宗哥族首领后,河陇地区吐蕃诸部纷纷归附,"部族寖强"[3]。

1014年(大中祥符七年),唃厮啰迁王城于宗哥,并以李立遵为论逋(即宰相)。李立遵"持权自任""凌轹边部"[4],不得民心。不久,唃厮啰摆脱李立遵的控制,率部前往邈川,投靠温逋奇,并以温逋奇为论逋。1032年(明

---

[1] (宋)邵伯温撰,李剑雄等点校:《邵氏闻见录》卷13,中华书局,1983年,第144页。
[2] (元)脱脱等:《宋史》卷492《外国八·吐蕃》,中华书局,1977年,第14160页。
[3] (元)脱脱等:《宋史》卷492《外国八·吐蕃》,中华书局,1977年,第14160页。
[4] (宋)李焘:《续资治通鉴长编》卷85,中华书局,2004年,第1949~1950页。

道元年），宋廷授唃厮啰为宁远大将军、爱州团练使，授温逋奇为归化将军。后来，温逋奇发动政变，阴谋取代唃厮啰，但结果事败被杀。1034年（景祐元年），唃厮啰迁都青唐城。

唃厮啰迁居青唐后，一面利用地利之便发展商业经济，另一面则积极扩充势力。《东都事略》卷129《附录七》"西蕃"条载："元昊取西凉府，而唃厮啰并厮铎督之众十余万，回纥亦以数万归焉，其势遂强于诸羌。"由于凉州六谷蕃部、甘州回鹘之遗民争相逃到青唐，故唃厮啰势力迅速壮大。为了稳定和巩固政权，防止异己势力再度反叛，唃厮啰亲自镇守青唐城，而以其妻乔氏率部守厉精城（今青海西宁市西多巴镇）。当时，唃厮啰政权辖区以河湟流域为中心，东至秦州，北临西夏，西逾青海，南界蛮夷，大致包括宋代的湟、鄯、廓、熙、河、洮、岷、迭、岩州等地。

北宋初期，宋代统治者在"华夷秩序"传统观念的影响下，尤为重视域外国家或地区的朝贡。当时，西北地区各少数民族及中亚、西亚等地国家或政权与宋朝的贸易往来，并没有因为政治分裂和军事对峙而有所影响，相反，不论是在和平年代还是在战争岁月，均通过各种途经开展经济、文化交流。在宋朝统治者的积极招徕和鼓励下，大食、于阗、回鹘、喀喇汗朝等国贡使、商人络绎于途，以乳香为主的香药朝贡贸易获得较快发展。唃厮啰通过贡赐贸易、榷场贸易和中转贸易，既获得了大量紧缺物资，增强了自身经济实力，同时又为西域及中、西亚商贾到内地贸易提供了便利，促进了中西商品流通，有利于国际经济的交流和发展。

从1011年（大中祥符四年）起，宗哥族开始护送甘州、西域使节入宋。唃厮啰政权建立后，首先保护甘州回鹘贡使经河湟地区入宋，接着又恢复了在4~5世纪繁盛一时的吐谷浑路。据《宋史·回鹘传》记载："先是，甘州数与夏州接战，夜落纥贡奉多为夏州钞夺。及宗哥族感悦朝廷恩化，乃遣人援送其使，故频年得至京师。"[①]宗哥族在援送甘州使节入宋方面发挥了重要作用。1012年（大中祥符五年），唃厮啰欲娶甘州可汗女为妻，因无聘礼，遭到拒绝。于是，唃厮啰封闭青海道，双方断绝往来。到甘州回鹘可汗夜落隔归化时，为疏通青海道，遂与唃厮啰联姻。俟后，甘州回鹘大多经由青海

---

① （元）脱脱等：《宋史》卷490《外国六·回鹘》，中华书局，1977年，第14116页。

香药之路
——唐宋时期西北地区的香药贸易

道前往宋朝。1015年（大中祥符八年），甘州回鹘请求宋廷抚慰宗哥族，并将宗哥路（即青海道）开辟为贡奉路。同年九月，宋朝为打通河西和西域诸国到宋的朝贡路线，派曹玮经营秦州。

西夏攻占凉州后，河西地区战乱不休，道路不通。1019年（天禧三年），大食国遣使蒲麻勿陁婆离、副使蒲加心等，"繇沙州，涉夏国，抵秦州"入贡。宋廷恐被西夏抄掠，"乃诏自今取海路繇广州至京师"①。翌年三月，宋朝打通了从秦州至河州、青海而达西域的通道。此路由罗布泊东南入柴达木盆地，沿青海湖北岸东行，到达西宁，再循湟水谷地到陇南，经关中平原达开封。同时，从柴达木盆地南缘经松潘地区，东入四川盆地，沿长江可达我国东南一带。此后，宋廷诏令"西凉府、回鹘自今贡奉并由秦州路"②。1023年（天圣元年），"入内内侍省副都知周文质言：'沙州大食国进奉到阙。体问大食国人使，自泛海至广州。令取沙州路入贡，经历赵德明地分，至渭州。伏虑今后只于此路出入。喻使人今后只自广州路入贡，更不得于西番出入，仍乞向西州军不得放过。'从之"③。从中可以看出，在天圣元年前，大食使者还可从河西沙州经党项地界，东到汴京，向宋廷朝贡。但是，北宋政府为了保护使者、商旅的安全，遏制西夏势力的发展，禁止大食使者、商旅经过西夏境内。自宋仁宗下诏后，阿拉伯等中亚、西亚贡使多经海路来华，但陆路交通并未完全断绝。1036年（景祐三年），天竺僧人就曾经大食入宋。《西夏纪》载："天竺入贡，东行经六月至大食国，又二月至西州（今新疆吐鲁番东南），又一二月至夏州。"④1042年（庆历二年）五月二十二日，"唃厮啰贡马、乳香、硇沙、银枪、铁甲、铜印、银装交椅"⑤。1050年（皇祐二年）十二月十五日，唃厮啰遣使贡献方物。⑥1059年（嘉祐四年）十二月七日，唃厮啰再次遣使贡方物。唃厮啰与宋朝的朝贡贸易非常频繁。

北宋时期，在以乳香为主的香药朝贡贸易中，陆上丝绸之路涌现出一批繁荣的香药中转贸易市场。青唐城不仅是唃厮啰政权的政治、经济和文化中

---

① （元）脱脱等：《宋史》卷490《外国六·大食》，中华书局，1977年，第14121页。
② （清）徐松：《宋会要辑稿》方域二一之二三，中华书局，1997年，第7672页。
③ （清）徐松：《宋会要辑稿》蕃夷七之二二，中华书局，1997年，第7850页。
④ 戴锡章：《西夏纪》卷6，宁夏人民出版社，1988年，第152～153页。
⑤ （清）徐松：《宋会要辑稿》蕃夷七之二六，中华书局，1997年，第7852页。
⑥ （清）徐松：《宋会要辑稿》蕃夷七之二八，中华书局，1997年，第7853页。

心,同时也是一座国际性的商业贸易市场,各地商贾云集。李远在《青唐录》中记述了当时青唐城的城市布局和商贾情况:

> (青唐城)城枕湟水之南,广二十里,傍开大门,中有隔城,以门通之,为东西二城。伪主居西城门,设谯楼二重,谯楼后设中门,复设仪门。门之东契丹公主所居;楼西为绝级,西夏公主所居也。过仪门北二百余步为大殿,楹栋皆绘。王殿基高八九尺,去座丈余矣。……傍设金冶佛像,高数十尺,饰以真珠,覆以羽盖。……西城无虑数千家,东城惟陷羌人及陷羌人之子孙,夏国降羌,于阗回纥贾贩之人数百家居之。城西有青唐水,注宗河。东西平原建佛祠,广五六里,缭以周垣,屋至千余楹。为大像,以黄金涂其身,又为浮屠十二级以护之。阿里骨敛民作是像,民始离心。①

当时,在青唐城中聚居有于阗、龟兹、回鹘、西夏诸国的伪公主、商贾、使人等,而"城中之屋舍居半"为僧舍。《宋史·吐蕃传》云:"厮啰居鄯州(即青唐城),西有临谷城(即历精城)通青海,高昌诸国商人皆趋鄯州贸卖,以故富强。"②临谷城、历精城、林金城均为同名异写,即今西宁市西多巴镇。《青唐录》还云:

> 自青唐而行四十里,至林金城,城去青海,善马三日可到。……海西北皆平衍无垄断。其人遂善薮草以牧,以射猎为生,多不粒食。北至有铁堠,高丈余,羌云:"此以识界"。自铁堠西皆黄沙无人居,西行逾两月,即入回纥、于阗界。③

甘州是河西走廊第二大镇,也是一个回鹘、吐蕃、汉族等多民族杂居之地。

---

① (宋)李远:《青唐录》,见《古今遊记丛钞》卷13《甘肃省》(第3册),中华书局,1936年,第2页。

② (元)脱脱等:《宋史》卷492《外国八·吐蕃》,中华书局,1977年,第14161~14162页。

③ (宋)李远:《青唐录》,见《古今遊记丛钞》卷13《甘肃省》(第3册),中华书局,1936年,第3页。

河湟路西行至西宁后，由西宁西北上，从扁都口越祁连山可到甘州。西夏攻占凉州后，甘州回鹘使节只能从甘州越扁都口，经河湟路至宋。甘州回鹘是西北地区从事贸易活动最为活跃的民族之一。当时，不仅从西域方面来的玉石、香药及各类宝货等集中在甘州，而且回鹘商人还从四面八方带来各种货物和金银。《续资治通鉴长编》卷68云："时京城金银价贵，上以问权三司使丁谓，谓言为西戎回鹘所市入蕃。"[1] 回鹘购入内地金银后又将其带入吐蕃地区贸易，故造成北宋京城金价昂贵。从上也可以看出，回鹘及西域诸国通过吐蕃的贸易量是巨大的。尽管我们无法算出大食、喀喇汗朝、于阗等国家和地区对蕃贸易当中的份额，但其比例肯定不低。

1065年（治平二年）冬，唃厮啰卒后，其子董毡、瞎毡、磨毡角与安康君李氏分领青唐、邈川、洮、河部众。《宋史·吐蕃传》记载："厮啰地既分，董毡最强，独有河北之地，其国大抵吐蕃遗俗也。怀恩惠，重财货，无正朔。市易用五谷、乳香、硇沙、氆毹、马牛以代钱帛。"[2] 唃厮啰的商品经济并不发达，交换大多采用以物易物的方式。据估计，农牧产品是唃厮啰自己所产，但乳香、硇沙不产于河湟地区，而来自于塔里木盆地以西。董毡在位时期，唃厮啰与宋朝的关系一直比较密切，"元昊之乱，仁宗赖其牵制。梁氏之篡，神宗藉其征讨，世效忠力，非诸蕃之比"[3]。董毡对西夏的牵制，减少了西夏对宋朝西北边境的侵扰，有利于宋朝西北边境地区的稳定。后来，"河州、武胜军诸族寖骄，闭于阗诸国朝贡道，击夺般次"[4]。宋廷诏边将问罪，董毡遣使奉贡入谢。

西域诸国地处丝绸之路要道。当时，高昌回鹘王国、于阗王国和喀喇汗王朝都积极与宋朝、辽朝建立政治和经济贸易联系，把维持丝路东段道路的畅通当作对外政策的重要任务，尤其是喀喇汗王朝在11世纪初归并于阗以后，疏通了丝路南道去河西地区和北宋的通道，并与辽朝保持着频繁的贸易往来。

---

[1]（宋）李焘：《续资治通鉴长编》卷68，中华书局，2004年，第1521页。
[2]（元）脱脱等：《宋史》卷492《外国八·吐蕃》，中华书局，1977年，第14163页。
[3]（宋）苏辙著，陈宏天等点校：《苏辙集》之《栾城集》卷41《论西事状》，中华书局，1990年，第721页。
[4]（元）脱脱等：《宋史》卷492《外国八·吐蕃》，中华书局，1977年，第14163～14164页。

从1063年（嘉祐八年）起，于阗商人执西域诸国向宋朝贡贸易之牛耳。随着喀喇汗朝与于阗间"百年战争"的结束和于阗的伊斯兰化，大量喀喇汗朝和于阗的穆斯林商人，到青唐城或通过青海道到宋朝进行贸易。据《宋史》记载，从1009年（大中祥符二年）至1063年（嘉祐八年）的54年间，仅有1025年（天圣三年）"于阗来贡"①；但是，从1063年直到北宋灭亡，于阗则频繁遣使入贡，有时甚至一岁两次。《宋史·于阗传》云：

> 于阗国，自汉至唐，皆入贡中国，安、史之乱，绝不复至。……熙宁以来，远不逾一二岁，近则岁再至。所贡珠玉、珊瑚、翡翠、象牙、乳香、木香、琥珀、花蕊布、硇砂、龙盐、西锦、玉鞦辔马、腽肭脐、金星石、水银、安息鸡舌香，有所持无表章，每赐以晕锦旋襴衣、金带、器币，宰相则盘毬云锦夹襴。②

在于阗、回鹘向宋朝的贡物中，大多并非当地物产，至少乳香、安息香、鸡舌香、木香、阿魏、龙涎香、腽肭脐、西锦、珊瑚、琥珀等明显系中亚、西亚和南亚诸国所产。

唃厮啰向宋朝的贡物主要有马匹、牦牛、犏牛、虎皮、豹皮、水獭皮、蕃呢、茸褐、羊毛、羚羊角、麝香、藏红花、木香、藏药、珍珠、乳香、象牙、玉石等。这些物品有的是本地土特产品，有的则是与西域诸国商人交换所得。西域各国商人从唃厮啰处易得中原的<u>丝绸</u>、<u>茶叶</u>等商品。在<u>丝绸之路</u>贸易兴盛之际，西北民族贸易充当着国际居间转手贸易的中介环节，而当丝路国际贸易衰落或中断时，它又发挥着补充东西方商品交换的作用。

熙河之役前，宋与吐蕃的贸易中心在秦州，但北宋政府已有将贸易机构转入吐蕃腹地的设想。《旧五代史·王思同传》载："秦州与吐蕃接境，蕃部多违法度。臣设法招怀，沿边置寨四十余所，控其要害。每蕃人互市，饮食之界上，令纳器械。"③宋初，秦州的夕阳镇、渭河之北为吐蕃诸部居地，

---

① （元）脱脱等：《宋史》卷9《仁宗本纪》，中华书局，1977年，第181页。
② （元）脱脱等：《宋史》卷490《外国六·于阗》，中华书局，1977年，第14106～14108页。
③ （宋）薛居正等：《旧五代史》卷65《王思同传》，中华书局，1976年，第868页。

被称为北秦州,部族繁多,居民有数十万之众。宋真宗时,宋朝的西北疆域又受到西夏的蚕食,秦州再次被瓜分,"西狄既剖分为二,其右乃西戎之东偏,为夏贼之境,其左乃西戎之西偏,秦、泾、仪、渭之西北诸戎是也"①。1038年(宝元元年),西夏建国后,北宋原秦凤路、六盘山以北地区皆为西夏所有,而北宋的势力范围局限于陇山、六盘山以东以南地区。宋仁宗康定年间,秦州一度成为唃厮啰和西域诸国商人的歇息之地,也是蕃货集散的主要场所。1042年(庆历二年)二月,宋仁宗诏秦州"自今唃厮啰及外国进奉人并约定人数,令赴阙。其所进方物,以本城军士传送之,勿令自雇佣人"②。此诏书明确规定,唃厮啰和西域各国贡使必须在秦州接受检验,并约定赴京人数,其贡品由秦州派差役转运,朝贡使团不得擅自雇佣人力。北宋政府还曾诏令,在秦州西永宁寨建官屋50间,给唃厮啰收贮财物,但后因韩琦反对没有实施。

1072年(熙宁五年)三月,王韶曾言:"沿边州郡,惟秦凤一路与西蕃诸国连接,蕃中货物四流,而归于我者,岁不知几百千万,而商旅之利尽归民间。欲于本路置市易司,借官钱为本,稍笼商贾之利,即一岁之入,亦不下一二十万贯。"③熙、河、秦州一带蕃商云集,民族民间贸易非常兴盛。由于北宋政府对香药实行禁榷制度,大批滞留在熙、河、秦州一带的大食和西域诸国商人只能在当地与蕃、汉人民进行交易。这些禁榷物品除少部分被当地寺院、贵族富室等作为香料和药材消耗外,大部分最终通过朝贡或走私等渠道流入内地。对北宋政府来说,这一方面造成税收损失,另一方面则扰乱了市场秩序。1073年(熙宁六年)三月,宋廷诏提点秦凤等路刑狱张穆之与熙州官吏制定市易条约。同年六月,宋廷徙秦州茶场于熙州,以便新附诸羌市易。七月,又置河州折博务,令制置解盐司仿熙州东、南、西盐交引,召商旅入中。八月,宋军先后占领熙、河、洮、岷、叠、宕六州。宋朝与唃厮啰的关系开始恶化。唃厮啰首领董毡一面派大将鬼章率部东入熙、河,抗击宋军;一面努力争取外援,与西夏解仇结好。王韶既定熙、河,其"首领青宜结鬼章寇河州踏白城,景思立死焉。帝命边臣招来之"。宋朝看到董毡与

---

① (宋)李焘:《续资治通鉴长编》卷44,中华书局,2004年,第947页。
② (宋)李焘:《续资治通鉴长编》卷135,中华书局,2004年,第3220页。
③ (清)徐松:《宋会要辑稿》食货三七之一四,中华书局,1997年,第5455页。

西夏结好，对自己不利，便不得不作出让步，希望与董毡改善关系。董毡再三权衡利弊，与宋重归于好。1075年（熙宁八年）二月，宋朝在秦州、永兴军、凤翔府诸地置市易司，各司例召牙人，招徕商旅。1077年（熙宁十年）十一月，宋廷以西蕃邈川首领董毡、都首领青宜结鬼章为廓州刺史、阿里骨为松州刺史。同年十二月十二日，"西蕃邈川首领董毡进珍珠、乳香、象牙、玉石、马。诏依例估价，特回赐银、䌽及添赐钱，仍赐对衣、金腰带、银器、衣着、茶等，仍加功臣、食邑，移镇"①。北宋在熙、河地区置州军、动甲兵、开营田、擅山泽、专障管，对吐蕃诸部恩威并举。

自熙河开边后，熙州成为西北诸族贡使进入宋朝的门户，同时也是西域各国商人荟集之地。1078年（元丰元年）十二月二十五日，宋神宗诏令：

> 熙河路经略司指挥熙州，自今于阗国入贡，唯赏〔赉〕国王表及方物，听赴阙，毋过五十人，驴马头口准此。余勿解发，止令熙州、秦州安泊，差人主管买卖。婉顺开谕，除乳香以无用不许进奉及挟带上京并诸处货易外，其余物并依常进贡博买。②

1079年（元丰二年）十月十三日，"熙河路经略司言：'于阗国来贡方物而无国主表章，法不当纳，已谕使去。'诏如坚欲贡，可听之"③。宋廷严格限制于阗国朝贡人数，禁止乳香进京及在内地买卖。于阗贡使只能在熙州、秦州等蕃部地区与诸族商贩进行交易。1080年（元丰三年）十月，"熙州奏：'于阗国进奉船〔般〕次至南川寨，称有乳香、杂物等十万余斤，以有违朝旨，未敢发。'诏乳香并约回"④。南川寨位于熙州以南20里处。于阗与宋朝的这次乳香贸易未能成功，其进奉使只能在熙州地区与其他商人进行交易。据张舜民《画墁集补遗》卷3《墓志铭·游公墓志铭》载："西破洮州后，如于阗、大食、拂䔉、邈黎等贡奉般次，道常不绝。朝庭惮于供赉，抑留于熙河，限二岁一进。"唃厮啰与大食及西域诸国间存在着广泛的贸易联系，但

---

① （清）徐松：《宋会要辑稿》蕃夷六之一三，中华书局，1997年，第7825页。
② （清）徐松：《宋会要辑稿》蕃夷七之三五，中华书局，1997年，第7857页。
③ （清）徐松：《宋会要辑稿》蕃夷四之一六，中华书局，1997年，第7721页。
④ （宋）李焘：《续资治通鉴长编》卷309，中华书局，2004年，第7506页。

香药之路
——唐宋时期西北地区的香药贸易

是,这种贸易只是西域诸国与宋朝间以贡赐贸易为主的丝路贸易中的一环。寄住在青唐城、熙州和秦州等蕃部地区的西域诸国贡使、商人,他们所从事的主要是各种奢侈品的过境贸易,除了对吐蕃所产麝香、药材等土特产品外,对其畜牧业产品的兴趣不大。同样,吐蕃诸部除了寺院、贵族之外,对西域商人所带来的玉石、珠宝、香药等奢侈品的需求也是有限的。但是,从民族经济学的角度言之,寄住在吐蕃地区的西域商贾需要住所、食物和衣物,甚至需要人力、马匹,以转运货物。此外,宋朝的限贡政策又迫使西域各国商人不得不为自己的货物找到买家,这些都为吐蕃诸部与西域诸国商人间的商品交换提供了可能。

在陆上丝绸之路以香药为主的朝贡贸易中,于阗和回鹘商队无疑担当了主要角色。当时,西域诸国派出的所谓贡使,实际上大部分是于阗和回鹘商人,正因为许多于阗商人打着官方旗号,不断前来进行乳香等朝贡贸易,宋神宗才诏令唯赍国王表及方物的贡使方可赴阙,并限制赴阙贡使人数。在敦煌出土的伯希和回鹘文书中,也反映了当时于阗、回鹘商人在陆上丝绸之路香药贸易中的活跃程度。如 P.3046 号文书背面有商业文书,言及麝香、绢、银器、毛织物等商品,估计为 10~11 世纪前半期的文书。[①]

北宋在开发熙、河、兰、会等州的过程中,逐渐形成了许多新的贸易点,其中既有以州军治所为中心的大的商品物资集散地,也有在诸多堡寨、镇中进行的小规模的民间贸易,呈现出边区贸易所具有的显著特色。市场上流通的有军需物品、各地区各民族的土特产品和各种奢侈品。北宋政府多在一些州军中设立折博务和市易务来进行物货交易。

当时,唃厮啰与于阗、回鹘、大食、拂菻等西域诸国的入贡路线有二:一是自青唐城经湟州,循宗河(今湟水支流南川河)而下,出京玉关(今甘肃兰州西北),过西关堡(在京玉关东),到达兰州,再从兰州东出会宁关(今甘肃靖远县西北黄河岸旁),过石门关(即汉萧关故地,在今宁夏固原市西北),后出木峡关(据《元和郡县志》记载,在今甘肃镇原县西南),到达渭州;或由木峡关入原州,过泾州和邠州,到达长安。二是自青唐城经廓州,渡黄河,出河州凤林关,循玛尔巴山东向,过通远军古渭寨(今甘肃陇西县),到伏羌县,

---

① 姜伯勤:《敦煌吐鲁番文书与丝绸之路》,文物出版社,1994 年,第 267 页。

再经三阳寨(今甘肃天水市西北),达秦州城,然后出大震关(今陕西陇县西北),到达长安。

这一时期,在茶马贸易的刺激下,西夏自凉州沿庄浪河至兰州的贸易也逐渐频繁起来。据《续资治通鉴长编》卷335记载,1083年(元丰六年)五月,西夏"犯兰州,破西关,杀管勾、左侍禁韦定,并掳略和雇运粮于阗人并橐驼。诏赠定文思使,依永乐例推恩,所掳略于阗人畜,令制置司优恤之"①。当时,兰州附近有不少受雇于北宋政府运送粮食的于阗人。到宋哲宗元祐年间,于阗人通过湟水流域将雅州名山茶转运到于阗。"雅州之名山自兰州入邈川,至于于阗。兴元之大竹自阶州入欧家,自河州入水波。洋州之西乡茶自河州入水波,至于赛音隆和。"②据《宋会要辑稿》食货茶法杂录的记载,流通于熙、河、兰、会、秦诸州的茶叶,全部产自雅州名山县。宋朝政府的严厉统制,以及官营市易司、茶场等的设置,反映了边境贸易为适应熙河经营之发展而出现的新情况。

1086年(元祐元年)正月,董毡遣人入贡。闰二月,"董毡等贡乳香,及温溪心贡犏牛,合回赐,诏并增二分赐之"③。同年,董毡卒,其养子阿里骨篡位。1087年(元祐二年)三月,为了转移国内矛盾,同时,也为了收复被宋朝攻占的熙、河诸州,阿里骨遣鬼章攻克洮州,并围攻河州南川寨。宋廷出兵7万余人,由奉议郎游师雄率领入熙河。八月,宋军大破蕃军,鬼章被俘,谴居秦州。

北宋后期,西域诸国通过青海道与宋朝的朝贡贸易达到鼎盛阶段。据《宋史·游师雄传》记载:宋朝自收复洮州之后,"于阗、大食、佛林、邈黎诸国皆惧,悉遣使入贡。朝廷令熙河限其二岁一进。师雄曰:'如此,非所以来远人也'"④。因西域贡使太多,汉、蕃商人间的走私贸易异常活跃,故宋廷不得不采取限制措施。宋人李复曾来往于熙河沿边,目睹走私贸易之盛行,故将其所见奏报朝廷,要求朝廷设置榷场,企图将民间走私纳入官方榷场贸易的轨道。他在《乞置榷场》疏中说:

---

① (宋)李焘:《续资治通鉴长编》卷335,中华书局,2004年,第8071页。
② (宋)李焘:《续资治通鉴长编》卷381,中华书局,2004年,第9274页。
③ (清)徐松:《宋会要辑稿》蕃夷六之一九,中华书局,1997年,第7828页。
④ (元)脱脱等:《宋史》卷332《游师雄传》,中华书局,1977年,第10690页。

香药之路
——唐宋时期西北地区的香药贸易

　　臣窃见回纥、于阗、卢甘等国人尝赍蕃货，以中国交易为利，来称入贡，出熙河路。朝廷察知其情，故限之以年，依到本路先后之次，发遣赴阙，而来者不已，守待发遣，有留滞在本路十余年者。其所赍蕃货，散入诸路，多是禁物，民间私相交易，远商物货厚利，尽归于牙侩。①

所谓"禁物"，当指以乳香为主的各种香药和珠宝等。由此可知，当时走私物品种类繁多，数量较大，包括金银珠宝、药材香料、农副产品和手工业品等。

北宋政府对西域贡使进行严格的限制政策，并对民间私市贸易予以禁止。但吐蕃、西域商贾与汉商之间的走私贸易始终"无由禁止"，且私贩不绝。据《续资治通鉴长编》卷299记载，1079年（元丰二年）七月：

　　经制熙河路边防财用李宪言："卢甘、丁吴、于阗、西蕃旧以麝香、水银、硃砂、牛黄、真珠、生金、犀玉、珊瑚、茸褐、驼褐、三雅褐、花蕊布、兜罗绵、碙砂、阿魏、木香、安息香、黄连、氂牛尾、狨毛、羚羊角、竹牛角、红绿皮交市，而博买牙人与蕃部私交易，由小路入秦州，避免商税打扑。乞诏秦、熙、河、岷州、通远军五市易务，募博买牙人，引致蕃货赴市易务中卖，如敢私市，许人告，每估钱一千，官给赏钱二千，如此则招来远人，可以牢笼遗利，资助边计。"从之。②

《宋史·食货志》亦云："蕃贾与牙侩私市，其货皆由他路避税入秦州。乃令秦熙河岷州、通远军五市易司，募牙侩引蕃货赴市易务中贾，私市者许纠告，赏倍所告之数。"③ 在上述诸多物品中，畜产品牦牛尾、狨毛、羚羊角、竹牛角、红绿皮，矿产品水银、银、铜、碙砂、硝石、矾石，以及土特产品麝香、

---

① （宋）李复：《潏水集》卷1《乞置榷场》，文渊阁四库全书影印本，台湾商务印书馆，1986年，第5页。
② （宋）李焘：《续资治通鉴长编》卷299，中华书局，2004年，第7272页。
③ （元）脱脱等：《宋史》卷186《食货下八·市易》，中华书局，1977年，第4552页。

牛黄、黄连、駞褐、三雅褐等主要来自吐蕃诸部,而安息香、木香、琥珀、玉石、翡翠、珊瑚、珍珠、金器、象牙及花蕊布则来自大食、天竺和于阗等国。

在宋代香药朝贡贸易中,西域贡使除了代表其国家与宋朝政府进行官方贸易外,还往往私自携带很多香药私货,进行买卖活动。这种香药买卖活动,虽然是香药朝贡贸易的衍生物,但可以看作是香药朝贡贸易的一种补充。宋神宗熙宁年间,于阗"地产乳香,来辄群负,私与商贾牟利;不售,则归诸外府得善贾,故其来益多"①。一些贡使还在赴阙途中与押伴官进行香药等货物的交易。熙宁末年,伴随着西域诸国的频繁入贡,秦州和熙州一跃成为国际性的贸易市场。1078年(元丰元年)后,宋朝虽然限制于阗的朝贡,但却允许于阗、龟兹等国商人在熙州和秦州等吐蕃居住区进行自由贸易。

1089年(元祐四年)十月三日,"尚书省言:'于阗国进奉人到阙,不得过一百日。'从之"②。1091年(元祐六年)七月,"熙河兰岷路经略安抚司言:'于阗国进奉人三番见在界首,内打厮蛮③冷移四唱厮巴一番,已准朝旨特许解发外,今来两番进奉人,缘已有间岁,许解发指挥,欲只令熙、秦州买卖讫,约回本蕃。'从之"④。随着于阗的伊斯兰化和大量于阗贡使、商人来华,秦州和熙州地区成为广大穆斯林与吐蕃人进行贸易的重要场所。宋朝的限贡政策促使这一贸易向深层次发展。此外,河西回鹘商人也来秦州经商,致使其"多缘互市家秦、陇间"⑤。1094年(绍圣元年)三月八日,唃厮啰首领阿里骨遣人贡献方物。翌年十一月二十七日,阿里骨再次遣人入贡。1096年(绍圣三年)五月七日,枢密院言:"熙河兰岷路经略司先次解发赴阙,仍权许不限人畜数目,其余见在熙州进奉般次,令接续蕃次解发,内不预赴阙,只就本处买卖,还本国者,亦听。仍自今于阗每二年一次,许赍本国蕃王表章赴阙,进奉如止来熙、秦州买卖,即不限岁月,事毕遣还。"⑥丝绸之路贸

---

① (元)脱脱等:《宋史》卷490《外国六·于阗》,中华书局,1977年,第14108页。
② (清)徐松:《宋会要辑稿》蕃夷七之四十,中华书局,1997年,第7859页。
③ "打厮蛮"即《长春真人西游记》中的"铺速满",西方文献中的"Bussurman",即回教徒之意。11世纪末,伊斯兰教已传入新疆塔里木河流域,故于阗出使宋朝的使臣中有回教徒。
④ (清)徐松:《宋会要辑稿》蕃夷四之一八,中华书局,1997年,第7722页。
⑤ (宋)李焘:《续资治通鉴长编》卷111,中华书局,2004年,第2584页。
⑥ (清)徐松:《宋会要辑稿》蕃夷七之四一,中华书局,1997年,第7860页。

易向西北地区的渗透，已经融入到宋代西北地区的区域经济当中。

吐蕃诸部在与宋朝和西域诸国的商贸活动中大多采取以物易物的交换方式。1078年（元丰元年）四月，提举成都府等路茶场李稷说："蕃部无钱，止以米及银、绢、杂物卖钱买茶，乞许以茶博易银、米等物，立限半年易钱。"①吐蕃人手头虽然无钱，但在对外贸易活动中还是有货币观念的，在一些国际性的城镇市场和主要贸易区，金属货币仍是商品交换的媒介。如1070年（熙宁三年），王韶提议在西北缘边设市易司，以官钱为本，与诸蕃市易。同年，王韶置秦凤市易司于古渭寨。李若愚等认为，王韶在缘边设市易司，聚集大量物资，这会引起吐蕃民众的戒备和觊觎之心。王安石则说："今蕃户富者，往往蓄缗钱二三十万，彼尚不畏劫夺，岂朝廷威灵，乃至衰弱如此？"②可见，当时吐蕃富商大户多蓄缗钱。此外，北宋政府每年因买马而流入吐蕃地区的宋钱也有50余万贯，这些都足以说明金属货币在吐蕃商业贸易中的地位。

唃厮啰政权一方面对西域各国使团、商队实行保护政策，派军队护送其商队出入境；另一方面则对过境商队征收高额税款，以增加税收。当时，唃厮啰对到青唐城贸易的西域客商，"货到每十橐驼税一"。西夏对过境商旅也征收"十而指一"的税额，但不同的是西夏"必得其最上品者"为税，而吐蕃则十中任纳其一即可。③同期，宋朝的商税一般也为十分之一左右，其抽税的标准，可能是货物本身，也可能是折钱。④尽管税收苛重，旅途艰难，但是，西域各国商人仍络绎不绝。唃厮啰政权向过往商旅征收商税以增加收入，而商人们携带的商品在这里大量交换，给河湟地区市场带来了空前的繁荣。

1096年（绍圣三年），阿里骨卒，瞎征继立。1099年（元符二年）七月，宋哲宗命王愍、王赡为将，率军自河州出发，西取青唐。同月，王赡夺取邈川。瞎征自青唐城来降。九月，王赡军至青唐，遂以邈川为湟州，青唐为鄯

---

① （清）徐松：《宋会要辑稿》食货三〇之一四，中华书局，1997年，第5325页。
② （元）脱脱等：《宋史》卷186《食货下八》，中华书局，1977年，第4548页。
③ （宋）洪皓：《松漠纪闻》卷1，文渊阁四库全书影印本，台湾商务印书馆，1986年，第696页。
④ 参见葛金芳《两宋东南沿海地区海洋发展路向论略》，《湖北大学学报》，2003年第5期。

州。宋朝在收复湟、鄯、廓州后，又移买马司于湟州，进一步扩大与吐蕃各部的贸易，使"部族甚众，商贾通行"①的湟州，成为新的贸易中心。当时，不仅西域各国商人云集吐蕃各主要城镇，而且大批汉商也深入蕃地与西域商人进行贸易。宋人李复奏云："远人怀久客心情，平民陷冒禁之法，利赢无极，尽归于牙侩，往来无已。"他请求在湟州"别置蕃市，以居来者"②。这些"平民""牙侩"实际上就是深入吐蕃居地的汉族商人。张舜民在《画墁录》中记载："西域诸蕃处、中国以至夏、契丹交驰，罔不在邻郭，今青唐是也；货到每十橐驼税一，如是积六十年宝货不赀。唯真珠、翡翠以柜，金、玉、犀、象埋之土中。"③

北宋末年，朝政日非，宋朝与吐蕃间的茶马互市难以为继。1127年（建炎元年），成都府路转运判官赵开上言，直陈榷茶、买马五害，请罢川茶官榷，复行通商之法。于是，宋廷变茶息为茶税，改"榷茶制"为"茶引制"，允许商人认引纳款，按规定数量进行贸易。南宋初年，马政废驰，私贩公行，官营茶马贸易进一步衰落，而民族民间贸易更趋活跃。1129年（建炎三年）三月，"宰臣进呈张浚奏，大食国遣使进奉珠玉宝贝等物，已至熙州，上宣谕曰：'大观、宣和间，茶马之政废。川茶不以博马，惟市珠玉，故马政废缺，武备不修，致胡虏乱华，危弱之甚。今若复指数十万缗，贸易无用珠玉，昌若惜财以养战士，宜以礼赠赂而谢遣之"④。当时，大食、西域诸国仍通过熙河路向宋朝进贡珠玉、香药等物，而宋朝政府则汲取教训，认为珠玉为无用之物，故对其使臣"以礼赠赂而谢遣之"。1131年（绍兴元年），金军占领西宁州。1136年（绍兴六年），西夏出兵夺取西宁。西夏占领河湟地区后，沿用宋、金旧制，设西宁州（治今青海西宁市）、乐州（治今青海乐都区）、廓州、积石州（治今青海贵德县，实际上仍属于金朝所有）。西宁州辖地约当今青海西宁市区、湟源、湟中、大通、互助、平安县及海北藏族自治州。1143年（绍兴十三年），金朝攻陷北方，西北茶马互市全面停止。宋朝将茶马互市中心

---

① （清）徐松：《宋会要辑稿》职官四三之七八，中华书局，1997年，第3312页。
② （宋）李复：《潏水集》卷1，文渊阁四库全书影印本，台湾商务印书馆，1986年，第5页。
③ （宋）张舜民：《画墁录·青唐宝货》，四库全书本，上海古籍出版社，1987年，第174页。
④ （清）徐松：《宋会要辑稿》蕃夷四之九三，中华书局，1997年，第7760页。

转移到四川雅安一带，茶叶的贸易则集中到成都府。吐蕃商人除直接与宋朝进行茶马贸易外，临洮、岷、叠、岩等州的部分蕃商还到四川腹地进行茶马交易。1154年（绍兴二十四年），宋朝恢复了四川黎州（今四川汉源县北）、雅州（今四川雅安市）、碉门（在今四川天全县）、灵犀砦（在今四川宝兴县）的易马场。易马场虽然以买马为主要任务，但并非只单一地进行马贸易，因为"蕃部出汉买卖，非只将马一色兴贩，亦有将到金、银、斛斗、水银、麝香、茸褐、牛羊之类博买茶货转贩入蕃"①。易马场实际上起到了榷场的作用。正如宋人张载所言："勘会陕西一路，射入之饶，商市之富，自来亦赖戎夷博易之便。"②

第二节　宋朝与西域诸国的香药朝贡贸易

北宋初期，在宋、辽、夏长期对峙的格局下，宋朝统治者积极招徕域外国家朝贡，以期达到"壮朝廷之威灵，耸外夷之观听"③的目的。太宗、真宗两朝，北伐屡次失利，国家遭受屈辱，为了稳定统治，广招域外诸国前来朝贡，以致出现"二圣（指宋太祖、宋太宗）已来，四夷朝贡曾无虚岁"④的景象。在为数众多的朝贡使团中，不乏借朝贡之名而来的各地商贾。987年（雍熙四年）五月，宋朝收复燕云十六州的战争失败后，宋太宗便"遣内侍八人，赍敕书、金帛，分四纲，各往海南诸蕃国勾招进奉，博买香药、犀牙、真珠、龙脑。每纲赍空名诏书三道，于所至处赐之"⑤。1004年（景德元年），契丹大举南侵。宋真宗御驾亲征，重挫辽军。但是，真宗却以胜求和，与契丹订立"澶渊之盟"。此后，为转移国内视听，真宗与王钦若等导演了一场"天书屡降"的闹剧，并举行泰山封禅大典和祭祀汾阴后土大礼。同时，为增添这些庆典活动的盛势，积极招徕域外国家朝贡，且

---

① （清）徐松：《宋会要辑稿》职官四三之五八，中华书局，1997年，第3302页。
② （宋）张载：《张载集》之《文集佚存·泾原路经略司论边事状》，中华书局，1978年，第362页。
③ （宋）徐兢：《宣和奉使高丽图经·序》，商务印书馆，1937年，第1页。
④ （清）徐松：《宋会要辑稿》蕃夷七之二〇，中华书局，1997年，第7849页。
⑤ （清）徐松辑，刘琳等校点：《宋会要辑稿》职官四四《市舶司》，上海古籍出版社，2014年，第4204页。

赏赐无度。据《宋史·外国传》和《宋会要辑稿·蕃夷》等记载，宋代先后来华朝贡的国家有26个，朝贡次数共达302次，其中大食52次，于阗（喀喇汗朝）34次，龟兹26次。宋廷对贡品的种类名目、贡使的来华路线等并无明确规定。一般言之，西域诸国贡使抵达秦州辖境后，由当地政府派人护送至京师；阿拉伯国家在北宋时期由陆、海两路来华，南宋时期则多由海路进奉，其贡品包括各种动物、珠宝、玉料及玉制品、香药、药物、织锦、皮毛、武器等。宋朝政府对贡物除"估价酬值"外，还常对朝贡国国王、贡使进行额外的"给赐""加赐"等。

宋代，玉门关以外的广大西域地区仍处于四分五裂的状态。具体言之，天山东部地区有高昌国和龟兹国，天山以西地区则有喀喇汗王朝。而天山南路诸国，除与喀喇汗朝鼎足而立的李氏于阗外，大多则已融入到诸色回鹘之中。北宋与西域诸国间除了有政治上的往来外，在经济上始终保持着朝贡贸易关系。此外，大食和天竺是香药的主产地和输出国，他们与宋朝间维持着频繁的贸易关系。当时，大食帝国虽然四分五裂，在政治上长期处于不稳定状态，但大食商人却在世界各地保持着极高的活跃度。

1. 大食。北宋建立后，三佛齐、占城诸国开始朝贡。随后，域外诸国纷至沓来，香药朝贡贸易渐趋频繁。据《宋史·大食传》记载：

> 乾德四年，僧行勤遊西域，因赐其王（即大食国王）书以招怀之。开宝元年，遣使来朝贡。四年，又贡方物，以其使李诃末为怀化将军，特以金花五色绫纸写官告以赐。……六年，遣使来贡方物。七年，国王诃黎佛又遣使不啰海，九年，又遣使蒲希密，皆以方物来贡。①

当时，大食国部属众多，名称各异，有勿巡、陁婆离、俞庐和地、麻离拔国（又名麻啰跋）等，然皆以大食自称。麻离拔国产乳香、龙涎、真珠、犀角、象牙、珊瑚、木香、没药、血竭、阿魏、苏合油、没石子、蔷薇水等货②，而勿巡所贡有龙脑香、兜罗锦、蕃花簟等。从968年（开宝元年）到1168年（乾道四

---

① （元）脱脱等：《宋史》卷490《外国六·大食国》，中华书局，1977年，第14118页。
② （宋）周去非著，杨武泉校注：《岭外代答校注》卷3《外国门下》，中华书局，1999年，第99页。

香药之路
——唐宋时期西北地区的香药贸易

年)的201年间,大食向宋朝入贡52次,其中国王诃黎佛(即哈里发)遣使2次,阿弥遣使1次,大食国来贡或遣使来贡29次,层檀国3次,麻罗跋国2次,勿巡国2次,俞庐和地国1次,陁婆离1次,其他还有蕃客、舶主等以个人名义来贡。若将北宋、南宋分别来计,北宋时期大食进贡共达48次,而南宋时期大食进贡仅有4次。这些记载虽不完备,但足以看出宋代尤其是北宋时期海外朝贡贸易之繁荣。

北宋时期,大食无疑是海上丝绸之路香药贸易中的重要角色。同时,在陆上丝绸之路乳香等贸易中大食同样是一个重要角色。9世纪以后,阿拔斯王朝开始衰落,各地纷纷独立,"有国千余所,知名者特数国耳",而大食者,"诸国之总名也"①。但是,在整个宋代,两河流域地区社会比较安定,城市繁荣,商业发达。据《诸蕃志》卷上记载:"其国雄壮,其地广袤。民俗侈丽,甲于诸蕃。……土地所出,真珠、象牙、犀角、乳香、龙涎、木香、丁香、肉豆蔻、安息香、芦荟、没药、血碣、阿魏、腽肭脐、鹏砂、琉璃、玻瓈、砗磲、珊瑚树、猫儿睛、栀子花、蔷薇水、没石子、黄蜡、织金软锦、驼毛布、兜罗锦、异缎等。"②当然,这些物品并非都产于大食,有些东西来自佛萊、东非,甚至天竺。

977年(太平兴国二年),大食遣使蒲思那、副使摩诃末、判官蒲啰等来贡方物。宋太宗诏赐其使袭衣、器币等。984年(雍熙元年),大食"国人花茶来献花锦、越诺、拣香、白龙脑、白沙糖、蔷薇水、琉璃器"③。995年(至道元年),大食国舶主蒲押陁黎赍蒲希密表来贡,引见崇政殿。太宗问其山泽所出,蒲押陁黎对曰,"惟犀象香药"④。999年(咸平二年)闰三月,大食"遣蒲押提黎来贡象牙四株,拣香二百斤,千年枣、白沙糖、葡萄各一琉璃瓶,蔷薇水四十瓶,贺皇帝登位"⑤。1011年(大中祥符四年),宋真宗

---

① (宋)周去非著,杨武泉校注:《岭外代答校注》卷3《外国门下》,中华书局,1999年,第99页。
② (宋)赵汝适著,杨博文校释:《诸蕃志校释》卷上《志国·大食国》,中华书局,2000年,第89～90页。
③ (元)脱脱等:《宋史》卷490《外国六·大食国》,中华书局,1977年,第14118页。
④ (元)脱脱等:《宋史》卷490《外国六·大食国》,中华书局,1977年,第14119～14120页。
⑤ (清)徐松:《宋会要辑稿》蕃夷四之九一,中华书局,1997年,第7759页。

祀汾阴，大食"遣归德将军陁罗离进瓶香、象牙、琥珀、无名异、绣丝、红丝、碧黄绵、细越诺、红驼毛、间金线壁衣、碧白琉璃酒器、蔷薇水、千年枣等。诏令陪位，礼成，并赐冠带服物"①。同年，勿巡国舶主蒲加心贡瓶香、象牙。从中可以看出，大食国进贡的主要物品有拣香（乳香之上品）、瓶香（乳香之次品）、龙脑香、蔷薇水、象牙、琥珀、千年枣、白沙糖、越诺、花锦、绣丝、琉璃器、驼毛等。1019年（天禧三年），大食国遣使蒲麻勿陁婆离、副使蒲加心等入贡。《宋史·大食传》云：

> 先是，其入贡路繇沙州，涉夏国，抵秦州。乾兴初，赵德明请道其国中，不许。至天圣元年来贡，恐为西人钞略，乃诏自今取海路繇广州至京师。②

1023年（天圣元年）十一月，入内内侍省副都知周文质言：

> 沙州、大食国遣使进奉至阙。缘大食国北〔比〕来皆汎海由广州入朝，今取沙州入京，经历夏州境内，方至渭州。伏虑自今大食止于此路出入。望申旧制，不得于西蕃出入。③

从上面两条史料可以看出，在宋仁宗天圣元年以前，有些大食商人从陆上丝绸之路经沙州，历夏州，下渭州，或过秦州，东达宋都汴京，从事乳香等奢侈品贸易。为遏制西夏势力发展，保护西域商旅安全，宋廷禁止大食商队经过西夏境内。周文质提到的所谓"旧制"，大概是指这个规定。然而，1023年（天圣元年），大食商队又经夏州前来朝贡。大食国地域辽阔，属国较多，居于沿海地区者多从海路来华，而居于中亚内陆地区者则惯行传统的丝路古道。虽然北宋政府要求大食商人"不得于西蕃出入"，而要"取海路繇广州至京师"，但是，大食商队依然不断地从陆上丝绸之路入贡宋朝。

1070年（熙宁三年）十二月二十四日，大食国遣使奉表，贡珊瑚、金装

---

① （元）脱脱等：《宋史》卷490《外国六·大食国》，中华书局，1977年。第14121页。
② （元）脱脱等：《宋史》卷490《外国六·大食国》，中华书局，1977年，第14121页。
③ （清）徐松：《宋会要辑稿》蕃夷四之九一，中华书局，1997年，第7759页。

香药之路
——唐宋时期西北地区的香药贸易

山子笔格、龙脑、真乳香、象牙、水晶、琉璃器、锦罽、药物。①1072年（熙宁五年）四月五日，大食勿巡国遣使辛毗陁罗奉表，贡真珠、通犀、龙脑、乳香、珊瑚、笔格、琉璃、水精器、龙涎香、蔷薇水、五味子、千年枣、猛火油、白鹦鹉、越诺布、花蕊布、兜罗绵毯、锦襈蕃花蕈等。②1073年（熙宁六年）七月三日，大食国陁婆离国遣使蒲麻勿等来贡真珠、玻璃、金饰寿带、连镮罃、臂钩念珠、龙脑、乳香、象牙、千年枣、琉璃器、药物。③同年十二月十六日，"大食俞庐和地国遣蒲啰诜来贡乳香等，诏香依广州价回赐钱二千九百贯，别赐银二千两"④。大食输入的各种香药在宋朝享有美誉，而西北地区产的麝香、大黄等同样受到大食人的喜爱。丝绸之路贸易是奢侈品的贸易。奢侈品是一种超出人们生存与发展需要的，具有独特、稀缺、珍奇等特点的消费品，其受众是少数富有人群。但是，香药作为香料，可以说是奢侈品之一种，它超出了人们的生存需求；而作为药物，又与人们的生活和生存密切相关。物以稀为贵，香药的稀缺性和需求量使其成为等价交换物和社会财富的一部分。此外，由于香药在佛教寺院和道观的大量使用，人们又将其赋予文化内涵，成为一种文化符号。

北宋后期到南宋初年，一些大食贡使、商贾仍然通过陆路向宋朝入贡。1096年（绍圣三年）十月十五日，熙河兰岷路经略安抚使司言：

> 大食国进奉般次迷令马斤等赉到表章。缘近奉旨，于阗国已发般次，未到熙州者，表章进奉物，令本司于熙州军资库寄纳。今者大食国乞赴阙进贡，合取朝廷指挥。诏依于阗已降指挥。⑤

1129年（建炎三年）三月七日，宰臣在进呈张浚奏议中也指出：

> 大食国遣使进奉珠玉宝贝等物，已至熙州。⑥

---

① （清）徐松：《宋会要辑稿》蕃夷七之三二，中华书局，1997年，第7855页。
② （清）徐松：《宋会要辑稿》蕃夷七之三二，中华书局，1997年，第7855页。
③ （清）徐松：《宋会要辑稿》蕃夷七之三三，中华书局，1997年，第7856页。
④ （清）徐松：《宋会要辑稿》蕃夷四之九二，中华书局，1997年，第7759页。
⑤ （清）徐松：《宋会要辑稿》蕃夷七之四二，中华书局，1997年，第7860页。
⑥ （清）徐松：《宋会要辑稿》蕃夷四之九三，中华书局，1997年，第7760页。

在中国古代史籍中，有关大食商队经由陆路进行乳香等朝贡贸易的记载不多，至于那些来往于陆上丝路的为数众多的非朝贡贸易大食商队，由于史籍记载的缺失，更加无法窥知。但我们有理由相信，至少在北宋时期，大食商队是一支活跃在陆上丝绸之路的重要力量。

2. 天竺国。旧名身毒，亦名摩伽陀、婆罗门。宋代，中国与印度间的交通仍有海、陆两条通道。据《宋史·天竺传》记载，965年（乾德三年），沧州僧道圆从西域返还。道圆自后汉天福年间西行求法，在途费时12年，住五印度6年，后经于阗回国。宋太祖召问其所历山川道里，道圆一一能记。次年，僧行勤等157人上言，愿至西域求佛法。宋廷"以其所历甘、沙、伊、肃等州，焉耆、龟兹、于阗、割禄等国，又历布路沙、加湿弥罗等国，并诏谕其国令人引导之。开宝后，天竺僧持梵夹来献者不绝"①。当时，甘、沙、伊、肃诸州似乎还在宋朝的控制之下，而焉耆、龟兹诸地已属西域番国，布路沙、加湿弥罗则在五印度境内。中印两国僧人经常通过西域贡道往来于中印之间，时人对西去天竺的路线还是比较熟悉的。

972年（开宝五年）四月，西天竺僧苏葛陀来献舍利一、水晶器及文殊花。975年（开宝八年）冬，东印度王子穰结说啰来朝贡。②980年（太平兴国五年）五月，"中天竺国僧啰护啰来献香药万七千斤，具〔贝〕多叶梵经一轴"③。宋太宗雍熙年间，"卫州僧辞澣自西域还，与胡僧密坦罗奉北印度王及金刚坐王那烂陀书来。又有婆罗门僧永世与波斯外道阿里烟同至京师"。永世自云："其国东行经六月至大食国，又二月至西州，又三月至夏州。"④当时，天竺僧人多从陆路经夏州到中原内地。据《辽史·圣宗本纪》记载，1001年（统和十九年）正月，"回鹘进梵僧名医"⑤。天竺僧医还通过西域、夏州或漠北草原，深入辽朝。1024年（天圣二年）九月，西印度僧爱贤、智信护等来献梵经，各赐紫方袍、束帛。1036年（景祐三年）正月，天竺僧善称等9人贡

---

① （元）脱脱等：《宋史》卷490《外国六·天竺国》，中华书局，1977年，第14103～14104页。

② （元）脱脱等：《宋史》卷490《外国六·天竺国》，中华书局，1977年，第14104页。

③ （清）徐松：《宋会要辑稿》蕃夷四之八九，中华书局，1997年，第7758页。

④ （元）脱脱等：《宋史》卷490《外国六·天竺国》，中华书局，1977年，第14105页。

⑤ （元）脱脱等：《辽史》卷14《圣宗纪五》，中华书局，1974年，第156页。

梵经、佛骨及铜牙菩萨像。总体来看，中印间佛教文化交流频繁，印度僧侣所贡多为经卷、佛像、舍利，而进贡香药者不多。南宋时期，国力转衰，西北失据，西域道被蒙古、党项、契丹等族所阻，中原与印度交通不便，故联系极少。

3. 佛菻。《大唐西域记》作"拂懔"，《慧超往五天竺传》作"拂临"。对于拂菻一词的来源，至今众说纷纭，认识尚不统一。根据多数学者的观点，佛菻是隋朝以来中国史籍中对东罗马帝国及其所属西亚地中海沿岸一带的称谓。《宋史·外国传》中的佛菻当指塞尔柱突厥人统治下的小亚细亚一带。

《隋书·裴矩传》所录《西域图记序》中，记述了丝绸之路北道的具体走向："从伊吾，经蒲类海铁勒部，突厥可汗庭，渡北流河水，至拂菻国，达于西海。"《宋史·佛菻传》云：佛菻国"东自西大食及于阗、回纥、青唐，乃抵中国"①。1081年（元丰四年）十月，佛菻国大首领你厮都令厮孟判经西大食、于阗、回纥、青唐城，向宋朝贡献鞍、马、刀、剑和珠。②从拂菻国贡使你厮都令厮孟判的行程看，唃厮啰所居青唐一带是中西交通的重要通途。

4. 邈黎。现代汉语音译作"木剌夷国"，原义为迷途者，是亦思马因人的别称。北宋末年迁至波斯。1089年（元祐四年），邈黎国"般次冷移、四抹粟迷等赍于阗国黑汗王并本国王表章来。有司以其国未尝入贡，请视于阗条式，从之"③。

5. 高昌回鹘。又称西州回鹘、北庭回鹘。高昌回鹘是回鹘西迁后在西域地区建立的重要政权，其辖地东过哈密与西夏相邻，西过拜城与喀喇汗朝相接，南抵塔克拉玛干沙漠，北至古尔班通古特沙漠，东北接辽国，地处丝绸之路北道中枢，东西中转贸易发达。高昌回鹘与契丹关系比较密切，但与北宋交往较少，乳香等香药的贡赐贸易不多。

962年（建隆三年）四月，"西州回鹘阿都督等四十二人以方物来贡"④，双方正式确立贡赐贸易关系。965年（乾德三年）十一月，西州回鹘可汗遣僧

---

① （元）脱脱等：《宋史》卷490《外国六·佛菻国》，中华书局，1977年，第14124页。
② （宋）李焘：《续资治通鉴长编》卷317，中华书局，2004年，第7661～7662页。
③ （元）脱脱等：《宋史》卷489《外国五·邈黎国》，中华书局，1977年，第14087～14088页。
④ （元）脱脱等：《宋史》卷490《外国六·高昌国》，中华书局，1977年，第14110页。

人法渊贡献佛牙、琉璃器、琥珀盏。①981年（太平兴国六年）五月，宋太宗派遣供奉官王延德、殿前承旨白勋出使高昌。王延德在其所献"行程"中云："高昌即西州也。其地南距于阗，西南距大食、波斯，西距西天步路涉、雪山、葱岭，皆数千里。"②983年（太平兴国八年），高昌回鹘遣使安鹘卢入贡。984年（雍熙元年）四月，"西州回鹘与婆罗门僧永世、波斯外道阿里烟同入贡"③。《山堂考索》云："是年，西州、龟兹遣使来贡，自是可汗王、克韩皆遣使贡良玉、名马、橐驼、大尾白羊、乳香等物。"④

1004年（景德元年）秋，宋真宗"诏：'闻西京〔州〕回鹘人有久住京师者，无得私买蕃部系禁香药。违者，论其罪。'时三司言：'回纥等有犯，即断兵〔决〕。'真宗曰：'外蕃远来贡奉，不知中国条法，若深加刑辟，恐失怀远之道。'遂令先具罪状以闻"⑤。由于宋朝对乳香等香药的市场需求量较大，回鹘等国使人、商贾来宋经营香药者很多，私买私卖行为时有发生，以至于与宋朝的乳香禁榷制度发生冲突。但是，宋真宗对此并未断然采取制止措施，而是视其情节具体定夺。这可能有以下三方面原因：一是宋朝对乳香的需求量很大；二是回鹘向宋朝贡献的物品以玉料、牲畜为大宗，乳香不产于回鹘，且贡量不大，不会对香药市场造成大的冲击；三是在宋、辽对峙的背景下，党项的崛起及对灵州的占领，使宋朝东西两面受敌，急需外援以缓解压力。1041年（康定二年）十一月十五日，回鹘北亭可汗奉表贡玉、乳香、硇砂、名马。⑥北亭可汗所在不详，"亭"疑为"廷"，北廷是高昌之夏都。

回鹘商队中有甘州回鹘人、沙州回鹘人、高昌回鹘人和龟兹回鹘人。宋徽宗宣和年间，回鹘商人"间因入贡散而之陕西诸州，公为贸易，至留久不归。朝廷虑其习知边事，且往来皆经夏国，于播传非便，乃立法禁之"⑦。在宋夏

---

① （元）脱脱等：《宋史》卷490《外国六·高昌国》，中华书局，1977年，第14110页。
② （元）脱脱等：《宋史》卷490《外国六·高昌国》，中华书局，1977年，第14111页。
③ （元）脱脱等：《宋史》卷490《外国六·回鹘》，中华书局，1977年，第14114页。
④ （清）徐松：《宋会要辑稿》蕃夷七之一一，中华书局，1997年，第7854页。
⑤ （清）徐松：《宋会要辑稿》蕃夷四之三，中华书局，1997年，第7715页。
⑥ （清）徐松：《宋会要辑稿》蕃夷七之二六，中华书局，1997年，第7852页。
⑦ （元）脱脱等：《宋史》卷490《外国六·回鹘》，中华书局，1977年，第14117～14118页。

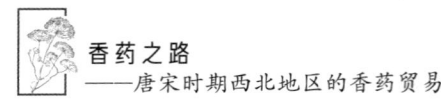

矛盾的制约下,为了防止边防信息流入西夏,宋朝立法禁止回鹘商人在陕西诸州久留不归,或途径西夏。

北宋时期,辽朝国势较强,西域诸国与其保持着较密切的往来,也有乳香等朝贡贸易关系。例如,高昌回鹘在"契丹时,三年一次朝贡,进献玉、珠、乳香、斜合、黑皮、褐里丝等。亦有互市,其国主亲与北主评价"①。此外,龟兹、于阗诸国与辽朝间也保持着频繁的香药朝贡贸易。《契丹国志》卷21《诸小国贡进物件》记载:

> 高昌国、龟兹国、于阗国、大食国、小食国、甘州、沙州、凉州,已上诸国三年一次遣使,约四百余人,至契丹贡献。玉、珠、犀、乳香、琥珀、玛瑙器、宾铁兵器、斜合黑皮、褐黑丝、门得丝、怕里呵、硇沙、褐里丝,已上皆细毛织成,以二丈为匹。契丹回赐,至少亦不下四十万贯。②

由于回鹘商人前往辽朝者很多,故辽在上京汉城中专设"回鹘营",供回鹘商人居住。为了招徕西方商旅,辽朝还在高昌附近设置榷务,允许商贩"任便往来买卖"。

洪皓曾经出使金国,被拘押长达15年,直至1143年(绍兴十三年)回归。他在《松漠纪闻》中记载了当时回鹘商人的情况:

> 回鹘,自唐末浸微,本朝盛时有入居秦川为熟户者,女真破陕,悉徙之燕山。甘、凉、瓜、沙旧皆有族帐,后悉羁縻于西夏,唯居四郡外地者颇自为国,有君长。土多瑟瑟珠玉。……药有腽肭脐、硇砂。香有乳香、安息、笃耨,善造宾铁刀剑、乌金银器,多为商贾于燕。载以橐驼过夏地,夏人率十而指一,必得其最上品者,贾人苦之。后以物美恶杂贮毛连中,然所征亦不赀。其来浸熟,始厚

---

① (宋)叶隆礼撰,贾敬颜等点校:《契丹国志》卷26《诸蕃记·高昌国》,中华书局,2014年,第275页。
② (宋)叶隆礼撰,贾敬颜等点校:《契丹国志》卷21《外国贡进礼物·诸小国贡进物件》,中华书局,2014年,第230~231页。

赂税吏，密识其中下品，俾指之，尤能别珍宝。蕃汉为市者，非其人为侩，则不能售价。①

实际上，腽肭脐、乳香、安息香等并不产于回鹘，回鹘商人不过从事中转贸易而已。硇砂，一名北庭砂，又名气砂，始载于《唐本草》，为不常用中药。李时珍云："硇砂性毒。服之使人硇乱，故曰硇砂。狄人以当盐食。"苏恭曰："硇砂出西戎，形如牙硝，光净者良。"②硇砂产于河西、河东、陕西诸地，但以出于北庭（即吐鲁番）者为贵。回鹘是继粟特之后，丝绸之路陆路贸易的主要担当者和中介商，其活动范围遍及辽、金、宋、夏、吐蕃各地，贩运的商品既有本地土特产品，也有外来的香药等舶来品。

6. 甘州回鹘。9世纪40年代，甘州回鹘迁居河西走廊，初依附于吐蕃，后归附归义军。9世纪后期，甘州回鹘逐渐强大起来，并攻占甘州，摆脱归义军的统治。1028年（天圣六年），西夏攻破甘州，回鹘可汗自杀。不久，甘州回鹘复国，旋又被西夏所灭。甘州回鹘地处丝绸之路的咽喉要地，与宋朝保持着较为频繁的乳香等朝贡贸易。

961年（建隆二年），北宋王朝建立后，甘州回鹘即遣使朝贡。964年（乾德二年），回鹘遣使贡玉百团、琥珀40斤，以及氂牛尾、貂鼠等。翌年，回鹘再次遣使赵党誓等47人贡团玉、琥珀、红白氂牛尾等。③《山堂考索》云："十二月壬辰，回鹘可汗景琼遣使贡物，自是甘州回鹘贡良马、美玉、珊瑚、琥珀之类不绝。"④977年（太平兴国二年）冬，宋廷派遣殿直张璨诏谕甘州、沙州回鹘可汗，并赐以器币，招致名马、美玉，以备车骑琮璜之用。980年（太平兴国五年），甘州、沙州回鹘可汗夜落纥密礼遏遣使裴溢的等四人，贡献橐驼、名马、珊瑚和琥珀。⑤甘州回鹘试图通过与宋朝的贡赐关系，取得宋廷的支持，以对抗辽朝和西夏。而北宋政府

---

① （宋）洪皓：《松漠纪闻》，见李澍田主编《长白丛书》（初集），吉林文史出版社，1986年，第15页。
② （明）李时珍著，王育杰整理：《本草纲目》金石部卷11《金石之五·硇砂》，人民卫生出版社，1999年，第527页。
③ （元）脱脱等：《宋史》卷490《外国六·回鹘》，中华书局，1977年，第14114页。
④ （清）徐松：《宋会要辑稿》蕃夷七之一，中华书局，1997年，第7840页。
⑤ （元）脱脱等：《宋史》卷490《外国六·回鹘》，中华书局，1977年，第14114页。

香药之路
——唐宋时期西北地区的香药贸易

则试图利用甘州回鹘来牵制辽和西夏，故积极支持甘州回鹘。1004年（景德元年）闰九月，"甘州回鹘遣使来贡方物。时有诏禁蕃部私买系禁香药，回鹘有违禁者，三司请即论决。上曰：'绝域远来，未知国法，骤加刑辟，恐失绥远之道。'乃令先具罪状以闻"①。1008年（大中祥符元年），夏州军主万子等率部进犯回鹘。回鹘设伏要路，奋起反击，大败夏军，将其杀戮殆尽。同年四月，甘州回鹘可汗夜落纥遣使来贡。宋真宗赐予夜落纥之母宝物公主黄金器，赐夜落纥香药、金带。十一月，夜落纥、宝物公主及没孤公主、宰相娑温遣使姚进等12人来贡宝货、药、橐驼、名马。②宋廷封夜落纥为特进、忠顺保德可汗王。1010年（大中祥符三年），甘州回鹘又遣宰相左温、枢密使何居錄越、翟符守荣等来贡。③同年十二月，宝物公主上书言："近被病始愈，国中不产香药及小儿药、冷病药，望赐之。"④甘州回鹘向宋朝的贡品中有香药和药，宋朝的回赐品中也有香药和药。甘州回鹘不可能将回赐的香药带回甘州，而是作为等价交换物用来易换丝绸等生活用品。1011年（大中祥符四年）三月，"甘州回鹘、蒲端、三麻兰、勿巡、蒲婆罗、大食国、吐蕃诸族，并遣使来贡"⑤。在此之前，甘州回鹘与党项族频频交战，其供奉多为夏州党项族劫掠。此后，在青唐宗哥族的护送下，甘州回鹘贡使年年得至京师。

1016年（大中祥符九年）十二月，"甘州回鹘夜落隔归化及宝物公主、宰相索温守贵等遣使都督翟福等来贡马及玉、香药。赐衣冠、器币、缗钱有差"⑥。次年三月，宋朝封夜落隔归化为怀宁顺化可汗王，赐袭衣、金带、器币等。1018年（天禧二年）二月，夜落隔归化遣都督安信等入贡。⑦1020年（天禧四年）三月九日，夜落隔归化再次遣使来贡方物。同月二十一日，宋廷"令甘州回纥进奉，自今并于秦州路出入"⑧。1023年（天圣元年）五月，甘州

---
① （宋）李焘：《续资治通鉴长编》卷57，中华书局，2004年，第1261页。
② （元）脱脱等：《宋史》卷490《外国六·回鹘》，中华书局，1977年，第14115～14116页。（清）徐松：《宋会要辑稿》蕃夷四之四，中华书局，1997年，第7715页。
③ （元）脱脱等：《宋史》卷490《外国六·回鹘》，中华书局，1977年，第14116页。
④ （清）徐松：《宋会要辑稿》蕃夷四之五，中华书局，1997年，第7716页。
⑤ （宋）李焘：《续资治通鉴长编》卷75，中华书局，2004年，第1712页。
⑥ （清）徐松：《宋会要辑稿》蕃夷四之七，中华书局，1997年，第7717页。
⑦ （清）徐松：《宋会要辑稿》蕃夷四之八，中华书局，1997年，第7717页。
⑧ （清）徐松：《宋会要辑稿》蕃夷四之八，中华书局，1997年，第7717页。

回鹘夜落隔通顺遣使阿葛之、王文贵来贡方物。①次年六月，又遣使贡马、胡锦、白氎。1025 年（天圣三年）三月十三日，甘州回鹘可汗来贡乳香、硇砂、琥珀、白玉和马。旋回鹘僧贡马。宋真宗诏令秦州，今后凡蕃僧进贡，一律禁绝，不得遣发。②同年四月，甘州回鹘"可汗王、公主及宰相撒温讹进马、乳香。赐银器、金带、衣著、晕锦旋襕有差"③。1027 年（天圣五年）八月二十五日，甘州可汗王宝国夜落隔遣使贡乳香、硇砂。1028 年（天圣六年）二月十五日，宝国夜落隔遣使副督都贡玉、琥珀、乳香。④同年，西夏攻取甘州。此后，甘州回鹘中断了向宋朝的进贡。

7. 龟兹回鹘。又称西州回鹘、西州龟兹，是漠北回鹘汗国奔溃后西迁的一支，其地大约东至青海湖西南，西及东部天山附近，北至沙州，南到昆仑山脉，约当今新疆东南部、青海西北部和甘肃西部部分地区。《宋史·龟兹传》云："龟兹本回鹘别种。……国城有市井而无钱货，以花蕊布博易。有米麦瓜果。西至大食国行六十日，东至夏州九十日。"⑤据程溯洛先生研究，龟兹地区市场上的流通手段实以货币为主，而以物易物为次。⑥龟兹回鹘在政体上虽归高昌回鹘节制，但在对外贸易中却独自向宋朝朝贡。

976 年（太平兴国元年）五月，"西州龟兹遣使易难与婆罗门波斯外道来贡"⑦。984 年（雍熙元年），西州、龟兹回鹘各遣使贡良玉、名马、橐驼、大尾白羊、乳香等物。⑧1010 年（大中祥符三年），"龟兹国王可汗遣使李延福、副使安福、监使翟进来进香药、花蕊布、名马、独峰驼、大尾羊、玉鞍勒、琥珀、鍮石等"⑨。而《宋会要辑稿》的记载则更为详细：

大中祥符三年闰二月，国王可汗遣使李延胜、副使安福等贡乳

---

① （元）脱脱等：《宋史》卷 490《外国六·回鹘》，中华书局，1977 年，第 14117 页。
② （清）徐松：《宋会要辑稿》蕃夷七之二三，中华书局，1997 年，第 7851 页。
③ （元）脱脱等：《宋史》卷 490《外国六·回鹘》，中华书局，1977 年，第 14117 页。
④ （清）徐松：《宋会要辑稿》蕃夷七之二三，中华书局，1997 年，第 7851 页。
⑤ （元）脱脱等：《宋史》卷 490《外国六·龟兹》，中华书局，1977 年，第 14123 页。
⑥ 程溯洛：《〈宋史·龟兹传〉补正——兼论高昌回鹘王国中的双王制》，《历史研究》1987 年第 3 期。
⑦ （清）徐松：《宋会要辑稿》蕃夷四之一三，中华书局，1997 年，第 7720 页。
⑧ （清）徐松：《宋会要辑稿》蕃夷七之一一，中华书局，1997 年，第 7845 页。
⑨ （元）脱脱等：《宋史》卷 490《外国六·回鹘》，中华书局，1977 年，第 14116 页。

香二百四十九斤，花蕊布二疋，硇砂三百七十一斤，独峰橐驼一，大尾白羊十五。李延胜贡马十疋，玉鞍勒，金玉二百一十二斤；李安福贡琥珀四十斤，瑜石十二斤；监使翟进贡乳香六十九斤，瑜石二斤，胡黄连十四斤；判官曹信贡乳香七十六斤；都监杨嘉贡乳香三十九斤；僧智圆贡琥珀四十五斤，瑜石四十六斤。[①]

文中贡使除李延福和李延庆不同外，李安福显然系安福之误。在宋代香药朝贡贸易中，域外贡使除了代表其国家与宋朝政府进行官方交易之外，往往个人携带很多香药私货，进行私觌贸易活动。这种香药私觌贸易虽然是香药朝贡贸易中衍生的私人性质的贸易，但可以看作是对香药朝贡贸易的一种补充。

1013年（大中祥符六年）十一月，龟兹国尅韩王派遣李延庆等36人来朝，贡玉60团、橐驼、名马、弓箭、鞍勒、香药等。1017年（天禧元年）四月，尅韩王智海遣使张复延贡玉、马、香药等。1024年（天圣二年）三月十七日，龟兹王智海等贡独峰驼五、香药、杂物。[②]同年四月，智海又遣使贡橐驼、马、玉、乳香。[③]1030年（天圣八年）十一月十五日，龟兹国遣使李延庆贡玉带、真珠、花蕊布、乳香、硇砂、马匹、独峰驼、大尾羊等。[④]1031年（天圣九年）正月十八日，龟兹国王智海复遣使李延庆等贡硇砂、乳香、名马。[⑤]1037年（景祐四年）正月九日，龟兹国遣使李延贵贡花蕊布葛、乳香、硇砂、独峰驼、玉、马。[⑥]从宋真宗天圣二年到宋仁宗景祐四年，龟兹回鹘先后遣使朝贡8次，几乎每次都有乳香。宋神宗熙宁年间以后，龟兹频繁受到高昌侵扰，局势维艰，对宋朝的官方进贡逐渐减少。

1071年（熙宁四年），龟兹回鹘派遣李延庆、曹福入贡。1072年（熙宁五年）二月二日，"大回鹘龟兹可汗王遣使卢大明、督都奉表，贡玉、象牙、

---

① （清）徐松：《宋会要辑稿》蕃夷四之一四，中华书局，1997年，第7720页。
② （清）徐松：《宋会要辑稿》蕃夷七之二二，中华书局，1997年，第7850页。
③ （清）徐松：《宋会要辑稿》蕃夷四之一五，中华书局，1997年，第7721页。
④ （清）徐松：《宋会要辑稿》蕃夷七之二四，中华书局，1997年，第7851页。
⑤ （清）徐松：《宋会要辑稿》蕃夷七之二四，中华书局，1997年，第7851页。
⑥ （清）徐松：《宋会要辑稿》蕃夷七之二五，中华书局，1997年，第7852页。

翡翠、乳香、花蕊布、宿绫、硇砂、铁甲、皮团牌、马、刀剑"①。此后，直到1096年（绍圣三年），龟兹"使大首领阿连撒罗等三人以表章及玉佛至洮西"。然而，宋熙河路经略使"以其罕通使，请令于熙、秦州博买，而估所赍物价答赐遣还"②。11世纪中后期，龟兹西境经常受到喀喇汗朝的侵扰，而天山北麓和天山南麓的焉耆盆地以东地区，又属高昌回鹘辖地，在这种形势下，龟兹回鹘只能向塔里木盆地东南缘的且末、若羌及其以东地区发展。

龟兹回鹘与宋朝间的朝贡贸易活动非常频繁。从976年（太平兴国元年）到1096年（绍圣三年）的120年间，龟兹回鹘先后向宋朝贡26次，其中明确记载有乳香、象牙等来贡者达10次。这说明龟兹作为丝绸之路北道的中枢要地，其乳香等香药的中转贸易还是比较兴盛的。

8. 于阗。于阗位于丝绸之路南道，塔里木盆地南缘，西南抵葱岭，南连吐蕃诸部，西北通喀喇汗朝。该地气候温和，土壤肥沃，农产品丰富，玉石驰名中外，在古代东西方文化交流中占有重要地位。

961年（建隆二年）十二月四日，于阗王李圣天遣使贡玉圭一枚，盛以玉匣。宋太祖厚赐其使，双方恢复了五代后期业已中断的朝贡关系。次年，于阗与喀喇汗朝间爆发战争，这场战争持续了60多年。966年（乾德四年），李圣天遣其子德从来贡方物。969年（开宝二年），于阗遣使直末山来贡，旋复派善名贡阿魏子。于阗国先后派出以僧侣、官员及王室成员为主的使团前来朝贡，进一步拉近了双方的关系。1006年（景德三年），喀喇汗朝攻占于阗。1009年（大中祥符二年），喀喇汗朝玉素甫·卡迪尔汗开始以于阗的名义遣使宋朝。《宋史·于阗传》记载："大中祥符二年，其国（于阗）黑韩王（即喀喇汗朝大汗）遣回鹘罗厮温等以方物来贡。"③1024年（天圣二年），喀喇汗朝彻底征服于阗。在喀喇汗朝的统治下，于阗逐渐皈依伊斯兰教，但具有相对的独立性。于阗继续与宋朝进行频繁的乳香、玉石等贡赐贸易。当时，于阗"地产乳香，来辄群负，私与商贾牟利；不售，则归诸外府得善价，故其来益多"④。于阗作为丝绸之路南道东西方中转贸易枢纽，

---

① （清）徐松：《宋会要辑稿》蕃夷七之三二，中华书局，1997年，第7855页。
② （元）脱脱等：《宋史》卷490《外国六·龟兹》，中华书局，1977年，第14123页。
③ （元）脱脱等：《宋史》卷490《外国六·于阗国》，中华书局，1977年，第14107页。
④ （元）脱脱等：《宋史》卷490《外国六·于阗国》，中华书局，1977年，第14108页。

乳香、阿魏等香药的中转贸易非常兴盛，以至于宋人把来自大食的乳香作为于阗的特产方物。

9. 喀喇汗朝。又称"黑韩""大石""阿萨兰回鹘"等，是古代西域回鹘人建立的政权。在喀喇汗朝占领于阗以前，史书当中很少提到喀喇汗朝与北宋的贡赐贸易活动。1009年（大中祥符二年），喀喇汗朝黑韩王遣回鹘罗厮温等向宋朝贡献方物，并与宋朝建立贡赐贸易关系。1025年（天圣三年）十二月，于阗国黑韩王"遣使罗面于多、副使金三、监使安多、都监赵多来朝，贡玉鞍辔、白玉带、胡锦、独峰橐驼、乳香、硇砂"①。从宋仁宗天圣三年起，喀喇汗朝统治下的于阗与宋朝的朝贡贸易非常频繁。但是，由于认识方面的原因，在宋人的记述当中，一般将喀喇汗朝的贡纳与前于阗国混为一谈。实际上，喀喇汗朝和于阗是两个同时并存的政权，双方在疆域范围、语言、习俗、宗教信仰诸方面都有明显不同。喀喇汗朝攻灭于阗后，于阗国作为独立性政权的历史已不复存在。因此，《宋史》所谓的于阗国进贡，实可认为是喀喇汗朝所主导。喀喇汗朝地跨葱岭东西、天山南北，势力强盛，对推动丝路贸易起了重要作用。

1063年（嘉祐八年）八月，喀喇汗朝遣使罗撒温贡献方物。同年十一月，宋朝还应其来使请求，赐封其国王为特进、归忠保顺䃼鳞黑韩王。当时，由青唐族做向导，喀喇汗朝频繁前往宋朝朝贡。《宋史·于阗传》云：

熙宁以来，远不踰一二岁，近则岁再至。所贡珠玉、珊瑚、翡翠、象牙、乳香、木香、琥珀、花蕊布、硇砂、龙盐、西锦、玉鞦辔马、腽肭脐、金星石、水银、安息鸡舌香，有所持无表章，每赐以晕锦旋襕衣、金带、器币，宰相则盘毬云锦夹襕。②

《宋会要辑稿》蕃夷七记载：

（宋神宗）熙宁四年二月十四日，于阗国黑汗王遣大首领翟进奉表，贡珠玉、珊瑚、翡翠、象牙、乳香、木香、琥珀、花蕊布、硇砂、

---

① （元）脱脱等：《宋史》卷490《外国六·于阗国》，中华书局，1977年，第14108页。
② （元）脱脱等：《宋史》卷490《外国六·于阗国》，中华书局，1977年，第14108页。

龙盐、药物、铁甲、马。①

1072年（熙宁五年）十二月二十六日，于阗国黑韩王遣使奉表，贡玉、胡锦、玉鞦、鞍辔马、乳香、木香、腽肭脐、金星石、花蕊布。②1074年（熙宁七年）二月三日，于阗国遣使阿丹一难奉表贡玉、乳香、水银、安悉香、龙盐、琥珀、金星石等。③1077年（熙宁十年）四月八日，于阗国黑汗王遣使罗阿厮难撒温奉金表，贡玉石、胡锦、鞍辔马、乳香、木香、翡翠、琥珀、安悉香、龙盐、鸡舌香、胡黄连等。④同年十月三日，"客省言：'于阗国进奉使罗阿厮难撒温等有乳香三万一千余斤，为钱四万四千余贯，乞减价三千贯卖于官库。'从之"⑤。

北宋初期，西域贡使、商人借宋朝政府招徕朝贡之机，无论有无表章，纷纷涌入京城。于阗对北宋的乳香朝贡数量巨大，打破了其与宋朝间的贸易平衡。1078年（元丰元年）十二月二十五日，宋神宗诏令："熙河路经略司指挥熙州，自今于阗国入贡，惟赍国王表及方物听赴阙，毋过五十人，驴马头口准此。"⑥从这条诏令中可以看出，因许多于阗商人打着官方旗号，不断前来进行乳香等朝贡贸易，故神宗诏令唯赍国王表及方物者方可赴阙，并限制赴阙贡使人数。但是，1079年（元丰二年）十月十三日，于阗国遣使贡方物，却无国王表章。宋廷诏令："如坚欲奉贡，可听之。"1080年（元丰三年）正月二十七日，于阗国大首领阿令颠颡温等来贡方物。三月二十六日，神宗诏令于阗国进奉使所卖乳香，偿以现钱；其乳香所过之处，若官吏失察，则令转运司劾罪。同年十月九日，"熙州奏：'于阗国进奉般次至南川寨，称有乳香、杂物等十万余斤，以有违朝旨，未敢解发。'诏乳香约回"⑦。沈括在《梦溪笔谈》中谈到当时宋军的辎重运输时说："若

---

① （清）徐松：《宋会要辑稿》蕃夷七之三二，中华书局，1997年，第7855页。
② （清）徐松：《宋会要辑稿》蕃夷七之三三，中华书局，1997年，第7856页。
③ （清）徐松：《宋会要辑稿》蕃夷七之三三，中华书局，1997年，第7856页。
④ （清）徐松：《宋会要辑稿》蕃夷七之三三，中华书局，1997年，第7856页。
⑤ （清）徐松：《宋会要辑稿》蕃夷四之一六，中华书局，1997年，第7721页。
⑥ （清）徐松：《宋会要辑稿》蕃夷四之一六，中华书局，1997年，第7721页。（宋）李焘：《续资治通鉴长编》卷295，中华书局，2004年，第7190页。
⑦ （清）徐松：《宋会要辑稿》蕃夷四之一六，中华书局，1997年，第7721页。

以畜乘运之，则驼负三石，马、骡一石五斗，驴一石。"① 每头骆驼的载重量是三石，大约相当于 360 斤左右。如果折中计算，每头骆驼负重 300 斤左右，那么，于阗进奉使进贡的 31000 余斤乳香，大概需要上百头骆驼运输，而 10 万余斤乳香、杂物，大概需要 300 余头骆驼运输。可以想见，在丝绸之路浩瀚的大漠中，伴随着阵阵驼铃声，规模浩大的满载乳香的商人或贡使驼队络绎于途。

据《宋史·于阗传》记载，1083 年（元丰六年）五月，西夏"犯兰州，破西关，杀管勾、左侍禁韦定，并掳略和雇运粮于阗人并橐驼"②。这里的于阗即指喀喇汗朝。在宋夏激战的背景下，西夏禁止喀喇汗朝贡使通过夏境向宋朝进贡。到宋哲宗元祐年间，因为阗国进奉使贡期不定，故哲宗令熙、河间准其每年朝见一次。1087 年（元祐二年），宋哲宗"诏立回赐于阗国信分物法。岁遣贡使虽多，止一加赐。又命于阗国使以表章至，则间岁听一入贡，余令于熙、秦州贸易"③。1089 年（元祐四年）四月五日，于阗国遣使入贡。同年五月二十八日，于阗国贡使李养星阿点魏哥贡进方物。④ 宋哲宗绍圣年间，知秦州游师雄上书朝廷："于阗、大食、佛菻等国贡奉，般次踵至，有司惮于供赉，抑留边方，限二岁一进。外夷慕义，万里而至，此非所以来远人也。"⑤ 哲宗采纳了游师雄的建议。此后至宣和年间，宋廷对西域诸国的朝贡次数略有放宽，但随着北宋王朝的衰落，昔日之景象难以再显。

10. 归义军。848 年（大中二年），张义潮乘吐蕃内乱，率领州内各族人民，推翻吐蕃的统治，自立为沙州刺史。851 年（大中五年），张义潮率部归唐。唐宣宗诏建沙州为归义军，命张义潮为归义军节度使，领河、沙、甘、肃、伊、西等州观察、营田处置使。905 年（天祐二年），张承奉继任归义军节度使后，自称白衣天子，号西汉金山国，但国势衰微，实力不振。914 年（乾化四年），张承奉死，长史曹义金取消帝号，自立为归义军节度使。此后，沙州归义军

---

① （宋）沈括著，金良年点校：《梦溪笔谈》卷 11《官政一》，中华书局，2015 年，第 115 页。
② （宋）李焘：《续资治通鉴长编》卷 335，中华书局，2004 年，第 8071 页。
③ （元）脱脱等：《宋史》卷 119《礼二十二》，中华书局，1977 年，第 2813 页。
④ （清）徐松：《宋会要辑稿》蕃夷七之四〇，中华书局，1997 年，第 7859 页。
⑤ （元）脱脱等：《宋史》卷 490《外国六·于阗国》，中华书局，1977 年，第 14109 页。

政权落入曹氏家族之手。义金卒，其子元忠嗣立。北宋时期，归义军曹氏政权奉宋朝为正朔，并多次遣使宋朝，希望得到其承认，直至1036年（景祐三年）被西夏吞并为止。归义军政权据有瓜、沙二州敦煌一带，扼守丝绸之路咽喉要道。西域诸国物产多经敦煌转销内地和邻近诸族，故归义军对宋朝的朝贡贸易中乳香等香药占有一定份量。

据《宋会要辑稿》蕃夷五"瓜沙二州"条记载，980年（太平兴国五年），曹元忠卒，"三月，其子延禄遣使裴溢的、名似四人来贡玉圭、玉碗、玉榼、波斯宝毡、安西细毡、茸褐、斜褐、毛罗、金星礜等"[①]。同年闰三月二十六日，"甘、沙州回鹘遣使裴溢的、名似等来贡橐驼、名马、珊瑚、琥珀、良玉"[②]。从贡期、贡使来判断，上述两次朝贡应为同一事。据《续资治通鉴长编》卷21记载，"三月"当为"闰三月"之误，脱"闰"字。995年（至道元年）五月，延禄再次遣使贡方物，并乞赐生药、臈茶、弓箭、佛经等。1002年（咸平五年）八月，"权归义节度兵马留后曹宗寿遣牙校阴会迁入贡"[③]。在曹宗寿统治时期，鉴于宋朝国力不振，无暇西顾，除继续保持与宋朝的朝贡关系外，还强化了与辽朝的往来，以免受其攻击。1004年（景德元年）五月二十四日，归义军节度使曹宗寿遣使朝宋。[④]1006年（景德三年），曹宗寿遣使辽朝，贡献大食马及美玉等。曹宗寿和好邻邦、兼事宋辽的外交路线，有利于中西经济、文化交往，瓜州地区一度出现"道路清谧，行旅如流"的景况。1007年（景德四年）五月，"宗寿遣瓜、沙州节度上司孔目官阴会迁等三十五人诣阙，贡玉团、玉印、乳香、硇砂、橐驼、名马。诏赐锦袍、金带、器币，酬其直。仍降敕书示谕，所乞药物、金箔量赐之"[⑤]。宋真宗大中祥符末年，曹宗寿卒，其子曹贤顺继位。他在强化与宋、辽通使关系之上，更加注重同辽的关系。1023年（天圣元年）九月十九日，沙州、大食国遣使翟来著等贡方物。同年闰九月二十二日，"归义军节度使曹贤顺贡乳香、硇砂、玉"[⑥]。《宋史·沙州传》亦云："至

---

① （清）徐松：《宋会要辑稿》蕃夷五之一，中华书局，1997年，第7767页。
② （清）徐松：《宋会要辑稿》蕃夷七之一〇，中华书局，1997年，第7844页。
③ （清）徐松：《宋会要辑稿》蕃夷五之二，中华书局，1997年，第7767页。
④ （清）徐松：《宋会要辑稿》蕃夷七之一五，中华书局，1997年，第7847页。
⑤ （清）徐松：《宋会要辑稿》蕃夷五之三，中华书局，1997年，第7768页。
⑥ （清）徐松：《宋会要辑稿》蕃夷七之二二，中华书局，1997年，第7850页。

天圣初，遣使来谢，贡乳香、硇砂、玉团。自景祐至皇祐中（1034～1053年），凡七贡方物。"①1030年（天圣八年）十一月十五日，沙州再次遣使贡玉、玉版、黑玉、玉鞦辔、真珠、乳香、硇砂、黄矾、花蕊布、白褐马等。②1036年（景祐三年），西夏崛起，先后攻陷瓜、沙、肃州，尽有河西之地。曹氏在敦煌的统治宣告结束。

西夏攻取瓜州、沙州后，沙州回鹘势力并未消亡。1037年（景祐四年）正月，沙州遣使副杨骨盖靡是贡玉、牛黄、綦子、褐绿黑皮、花蕊布、琥珀、乳香、硇砂、梧桐律、黄矾、名马。③据《宋会要辑稿》蕃夷五记载：

> 景祐四年六月，沙州大使杨骨盖（即杨骨盖靡是）、副使翟延顺入贡。康定元年四月，沙州遣人入贡方物。二年二月，沙州遣大使安谔支、副使李吉入贡。庆历二年二月，沙州北亭可汗王遣大使密、副使张进零、和延进，大使曹都都，大使翟入贡。皇祐二年四月，沙州符骨笃末似婆温等来贡玉。十月，沙州遣人来贡方物。④

自1039年（宝元二年）起，元昊开始对宋朝发动进攻。同时，西夏的强大特别是西夏对河西地区的占领，切断了辽国与河西吐蕃及沙州回鹘间的联系，也使辽朝感到忧虑不安。1040年（康定元年），宋大理寺丞石延年建言，联络瓜州、沙州回鹘，"使犄角兴师以分贼（西夏）势"。1044年（庆历四年），契丹国主率部亲征西夏。后元昊谢罪请和。辽朝还通过联姻关系，送女妻于唃厮啰首领董毡，"数遣使由回鹘路至河湟间，与唃厮啰约举兵取河西，河西谓夏国也，欲徙董毡凉州，与之相近"⑤。宋朝也先后派遣左侍禁鲁经、屯田员外郎刘涣到青唐与唃厮啰进行接触。在宋、辽、夏、唃厮啰争战过程中，甘州回鹘仍是一支可以借助的重要力量。

---

① （元）脱脱等：《宋史》卷490《外国六·沙州》，中华书局，1977年，第14124页。
② （清）徐松：《宋会要辑稿》蕃夷七之二四，中华书局，1997年，第7851页。
③ （清）徐松：《宋会要辑稿》蕃夷七之二五，中华书局，1997年，第7852页。
④ （清）徐松：《宋会要辑稿》蕃夷五之三，中华书局，1997年，第7768页。
⑤ （宋）李焘：《续资治通鉴长编》卷188，中华书局，2004年，第4527页。

宋代西域诸国香药朝贡贸易表

贡期	国家/地区	贡物/贡量	史料出处
乾德二年	甘州回鹘	甘州回鹘遣使贡玉百团、琥珀四十斤、氂牛尾、貂鼠等。	《宋史·回鹘传》
乾德三年	高昌回鹘 甘州回鹘	十一月,西州回鹘可汗遣僧法渊贡献佛牙、琉璃器、琥珀盏。是年,回鹘遣使赵党誓等四十七人贡团玉、琥珀、红白氂牛尾等。	《宋史·高昌传》《宋史·回鹘传》
开宝元年	大食 天竺	二月二十二日,大食国遣使贡方物。是年,大食遣使来朝贡。开宝年间,天竺僧持梵夹来献者不绝。	《宋会要辑稿》蕃夷七之三;《宋史·大食传》;《宋史·天竺传》
开宝二年	于阗	于阗遣使直末山来贡。善名复至,贡阿魏子。	《宋史·于阗传》
开宝四年	大食	大食国遣使贡方物。	《宋史·大食传》
开宝六年	大食	大食国遣使贡方物。	《宋史·大食传》
开宝七年	大食	大食国王诃黎佛遣使不啰海贡方物。十一月二十九日,大食国遣使贡方物。	《宋史·大食传》;《宋会要辑稿》蕃夷七之四
开宝八年	大食 天竺	三月,大食贡方物。冬,东印度王子穰结说啰来朝贡。	《玉海》《宋史·天竺传》
开宝九年	大食	大食遣使蒲希密来贡方物。四月三十日,大食国王珂黎拂遣使菁希密来贡方物。	《宋史·大食传》;《宋会要辑稿》蕃夷七之五
太平兴国二年	大食	大食遣使蒲思那、副使摩诃末、判官蒲啰等贡方物。诏赐其使袭衣、器币。	《宋史·大食传》
太平兴国四年	大食	大食复派朝贡使者。	《宋史·大食传》
太平兴国五年	甘州回鹘 归义军 天竺	甘、沙州回鹘可汗夜落纥密礼遏遣使裴溢的等四人,以橐驼、名马、珊瑚、琥珀来献。闰三月二十六日,甘、沙州回鹘遣使裴溢的、名似等来贡橐驼、名马、珊瑚、琥珀、良玉。五月,中天竺国僧啰护哩来献香药万七千斤,贝多叶梵经一轴。	《宋史·回鹘传》;《宋会要辑稿》蕃夷七之一〇、蕃夷四之八九;《宋朝事实》卷12《仪注二》
雍熙元年	大食 高昌回鹘 龟兹	大食国人花茶来献花锦、越诺、拣香、白龙脑、白沙糖、蔷薇水、琉璃器。四月,西州回鹘与婆罗门僧永世、波斯外道阿里烟同入贡。是年,西州、龟兹遣使来贡,自是可汗王、克韩皆遣使贡良玉、名马、橐驼、大尾白羊、乳香等物。	《宋史·大食传》;《宋史·回鹘传》;《宋会要辑稿》蕃夷七之一一

续表

贡期	国家/地区	贡物/贡量	史料出处
淳化四年	大食	大食遣其副酋长李亚勿来贡。其国舶主蒲希密至南海,以老病不能诣阙,乃以方物附亚勿来献,有象牙五十株,乳香一千八百斤,都爹一琉璃瓶,无名异一块,蔷薇水百瓶等。	《宋史·大食传》
淳化五年	大食	三月十日,大食国舶主蒲希密以方物来贡。是年四月,大食入贡。	《宋会要辑稿》蕃夷七之一三
至道元年	大食	大食国舶主蒲押陁黎赍蒲希密表来献白龙脑一百两,腽肭脐五十对,龙盐一银合,眼药二十小琉璃瓶,蔷薇水二十琉璃瓶、乳香山子一坐、蕃锦二段、驼毛褥面三段、白越诺三段等。	《宋史·大食传》;《宋会要辑稿》蕃夷七之一三
至道三年	大食	二月,大食与宾同陇国使来献。三月二十日,大食、宾同陇国各遣使朝贡。	《宋史·大食传》;《宋会要辑稿》蕃夷七之一三
咸平二年	大食	闰三月,遣蒲押提黎来贡象牙四株,拣香二百斤,千年枣、白沙糖、葡萄各一琉璃瓶,蔷薇水四十瓶。六月二十七日,大食蕃客蒲押提黎遣其判官文戍来贡。	《宋会要辑稿》蕃夷四之九一、蕃夷七之一四
咸平三年	大食	大食舶主陁婆离遣使穆吉鼻来贡。	《宋史·大食传》
咸平四年	大食	是年,大食入贡。	《玉海》卷154
咸平六年	大食 西天竺	六月,大食国王阿弥遣使婆罗钦三摩泥等来贡方物。九月五日,大食贡方物。十二月,西天竺贡方物。	《宋史·大食传》;《宋会要辑稿》蕃夷七之一五
景德元年	大食	大食遣使来贡。秋,蕃客蒲加心至。	《宋史·大食传》
景德四年	大食 归义军	五月八日,大食、占城遣使来贡。五月,曹宗寿遣瓜、沙州节度上司孔目官阴会迁等三十五人诣阙,贡玉团、玉印、乳香、硇砂、橐驼、名马。诏赐锦袍、金带、器币,酬其直。	《宋会要辑稿》蕃夷七之一六、蕃夷五之三
大中祥符元年	大食 甘州回鹘	真宗车驾东封,舶主陁婆离持方物至泰山。又舶主李亚勿遣使麻勿来献玉圭。十一月,甘州回鹘夜落纥宝物公主及没孤公主、宰相娑温遣使姚进等贡宝货、药、橐驼、名马。	《宋史·大食传》;《宋史·回鹘传》;《宋会要辑稿》蕃夷四之四

续表

贡期	国家/地区	贡物/贡量	史料出处
大中祥符三年	龟兹	闰二月,龟兹国王可汗遣使李延胜、副使安福等贡乳香二百四十九斤,硇砂三百七十一斤。监使瞿进贡乳香六十九斤,瑜石二斤,胡黄连十四斤;判官曹信贡乳香七十六斤;都监杨嘉贡乳香三十九斤。	《宋会要辑稿》蕃夷四之一四;《宋朝事实》卷12《仪注二》
大中祥符四年	大食 勿巡国 甘州回鹘	真宗祀汾阴,大食遣归德将军陁罗离进瓶香、象牙、琥珀、无名异、绣丝、红丝、碧黄绵、细越诺、蔷薇水、千年枣等。勿巡国舶主蒲加心贡瓶香、象牙。三月,甘州回鹘、大食国、吐蕃诸族,并遣使来贡。	《宋史·大食传》;《续资治通鉴长编》卷75
大中祥符六年	龟兹回鹘	十一月二十七日,龟兹国剋韩王遣李延庆等三十六人来朝,贡玉六十团、橐驼、名马、弓箭、鞍勒、香药等。	《宋会要辑稿》蕃夷四之一五
大中祥符九年	大食 甘州回鹘	十一月,大食蕃客啖沙蒲黎以金钱、银钱各千文来贡。十二月九日,甘州回鹘夜落隔归化及宝物公主、宰相索温守贵等遣使都督瞿福等来贡马及玉、香药,赐衣冠、器币、缗钱有差。	《宋会要辑稿》蕃夷四之九一、蕃夷四之七
天禧元年	龟兹回鹘	四月,龟兹赵韩王智海遣使张复延贡玉及马、香药等。	《宋会要辑稿》蕃夷四之一五
天禧三年	大食	五月二日,大食国遣使蒲麻勿陁婆离、副使蒲加心来贡。	《宋史·大食传》
天圣元年	大食 归义军	九月十九日,沙州、大食国遣使瞿来著等贡方物。闰九月二十二日,归义军节度使曹贤顺贡乳香、硇砂、玉。	《宋会要辑稿》蕃夷七之二二
天圣二年	龟兹回鹘	三月十七日,龟兹国王智海等贡独峰驼五、香药、杂物。四月,可汗王智海遣使贡橐驼、马、玉、乳香。	《宋会要辑稿》蕃夷七之二二、蕃夷四之一五
天圣三年	甘州回鹘 喀喇汗朝	三月十三日,甘州可汗来贡乳香、硇砂、琥珀、白玉、马。四月,甘州回鹘可汗王、公主及宰相撒温讹进马、乳香。十二月,于阗黑韩王遣使罗面于多、副使金三、监使安多、都监赵多来朝,贡玉鞍辔、白玉带、胡锦、独峰橐驼、乳香、硇砂。	《宋会要辑稿》蕃夷七之二三;《宋史·回鹘传》;《宋史·于阗传》

续表

贡期	国家/地区	贡物/贡量	史料出处
天圣五年	甘州回鹘	八月二十五日，甘州可汗王宝国夜落隔遣使贡乳香、硇砂。	《宋会要辑稿》蕃夷七之二三
天圣六年	甘州回鹘	二月十五日，甘州可汗王宝国夜落隔遣使副督都贡玉、琥珀、乳香。	《宋会要辑稿》蕃夷七之二三
天圣八年	龟兹归义军	十一月十五日，龟兹国遣使李延庆贡玉带、真珠、玉越斧、团牌、花蕊布、金镀铁甲、乳香、硇砂、马、独峰驼、大尾羊等；沙州遣使贡玉、玉版、黑玉、玉鞦辔、真珠、乳香、硇砂、黄矾、花蕊布、白褐马等。	《宋会要辑稿》蕃夷七之二四
天圣九年	龟兹	正月十八日，龟兹国王智海遣使李延庆等贡硇砂、乳香、名马。	《宋会要辑稿》蕃夷七之二四
景祐四年	龟兹 沙州	正月九日，龟兹国遣使李延贵贡花蕊布葛、乳香、硇砂、玉、独峰驼、马；沙州遣使副骨杨盖靡是贡玉、牛黄、綦子、褐绿黑皮、花蕊布、琥珀、乳香、硇砂、梧桐律、黄矾等。	《宋会要辑稿》蕃夷七之二五
康定二年	高昌回鹘	十一月十五日，回鹘北亭可汗奉表贡玉、乳香、硇砂、名马。	《宋会要辑稿》蕃夷七之二六
至和二年	大食	十月二十六日，大食国首领来贡方物。	《宋会要辑稿》蕃夷七之二九
嘉祐元年	大食	四月，大食国首领蒲沙乙入贡方物。	《宋会要辑稿》蕃夷四之九二
嘉祐五年	大食	正月二十八日，大食国首领蒲沙乙来贡方物。	《宋会要辑稿》蕃夷七之三〇
熙宁三年	大食	十二月二十四日，大食国遣使奉表，来贡珊瑚、金装山子笔格、龙脑、真乳香、象牙、水晶、琉璃器、锦罽、药物。	《宋会要辑稿》蕃夷七之三二
熙宁四年	喀喇汗朝 层檀国	二月十四日，于阗国黑汗王遣大首领翟进奉表，贡珠玉、珊瑚、翡翠、象牙、乳香、木香、琥珀、花蕊布、硇砂、龙盐、药物、铁甲、马。七月五日，层檀国遣使层加尼、防援官那萨奉表，贡真珠，龙脑、乳香、琉璃器、白、黑龙涎香、猛火油、药物。	《宋会要辑稿》蕃夷七之三二；《续资治通鉴长编》卷225

续表

贡期	国家/地区	贡物/贡量	史料出处
熙宁五年	龟兹 勿巡国 喀喇汗朝	二月二日，大回鹘龟兹可汗王遣使卢大明、督都奉表，贡玉、象牙、翡翠、乳香、花蕊布、宿绫、硇砂、铁甲、皮团牌、马、刀剑。四月五日，大食勿巡国遣使辛毗陀罗奉表，贡真珠、通犀、龙脑、乳香、珊瑚、笔格、琉璃、水精器、龙涎香、蔷薇水、五味子、千年枣、猛火油等。十二月二十六日，于阗国黑韩王遣使奉表，贡玉、胡锦、玉鞦、鞍辔马、乳香、木香、腽肭脐、金星石、花蕊布。	《宋会要辑稿》蕃夷七之三二；《续资治通鉴长编》卷234；《宋会要辑稿》蕃夷七之三三
熙宁六年	大食 陁婆离 俞庐和地	七月三日，大食国、陁婆离国遣使蒲麻勿等来贡真珠、玻璃、金饰寿带、连镮辔、臂钩念珠、龙脑、乳香、象牙、千年枣、琉璃器、药物。十月五日，大食陁婆离慈进奉都蕃首保顺郎将蒲陁婆离慈表男麻勿将贡物，乞赐将军之名。十二月十六日，大食俞庐和地国遣蒲啰诜来贡乳香等。	《宋会要辑稿》蕃夷七之三三、蕃夷四之九二
熙宁七年	喀喇汗朝	二月三日，于阗国遣使阿丹一难奉表，贡玉、乳香、水银、安悉香、龙盐、琥珀等。	《宋会要辑稿》蕃夷七之三三
熙宁十年	喀喇汗朝	四月八日，于阗国黑汗王遣使罗阿厮难撒温奉金表，贡玉、胡锦、鞍辔马、乳香、木香、翡翠、琥珀、安悉香、龙盐、鸡舌香、胡黄连等。十月三日，于阗国进奉使罗阿厮难撒温等有乳香三万一千余斤，为钱四万四千余贯，乞减价三千贯卖于官库。	《宋会要辑稿》蕃夷七之三三、蕃夷四之一六
元丰三年	喀喇汗朝	三月二十六日，诏于阗国进奉使所卖乳香，偿以见钱，其乳香所过，官吏失察，令转运司劾罪。十月九日，熙州奏："于阗国进奉般次至南川寨，称有乳香、杂物等十万余斤，以有违朝旨，未敢解发。"诏乳香约回。	《宋会要辑稿》蕃夷四之一六

续表

贡期	国家/地区	贡物/贡量	史料出处
元丰四年	大食层檀国佛菻	六月二十三日，广南东路经略司言："大食层檀国保顺郎将层伽尼请备礼物，诣阙谢恩。"诏宜多给舟，令赴阙。冬十月己未，佛菻国贡鞍、马、刀、剑、珠。	《宋会要辑稿》蕃夷七之三六；《续资治通鉴长编》卷317
元丰六年	层檀国	正月十三日，层檀国贡方物。	《宋会要辑稿》蕃夷七之三七
元丰七年	大食	四月二日，大食国贡方物。	《宋会要辑稿》蕃夷七之三八
元丰八年	大食	十二月二十一日，大食国遣人入贡。	《宋会要辑稿》蕃夷七之三八
元祐三年	麻啰拔国	十一月二十五日，大食麻啰拔国遣人入贡。	《宋会要辑稿》蕃夷七之三九
元祐四年	麻啰拔国	十一月二十五日，大食麻啰拔进贡方物。十一月辛卯，大食麻啰拔国进奉锦布、象牙、琉璃等物，蕃、唐章表二道。	《宋会要辑稿》蕃夷七之四〇；《续资治通鉴长编》卷435
元祐六年	佛菻	十二月二十一日，佛菻国遣使入贡。	《宋会要辑稿》蕃夷七之四一
绍圣三年	大食	十月十五日，大食国进奉般次迷令马斤等赍到表章，乞经熙州赴阙进贡。	《宋会要辑稿》蕃夷七之四二
元符二年	大食	二月二十一日，大食国遣使入贡。	《宋会要辑稿》蕃夷七之四三
政和六年	大食	六月二十七日，大食遣使入贡。	《宋会要辑稿》蕃夷四之九三
建炎三年	大食	三月七日，宰臣进呈张浚奏："大食国遣使进奉珠玉、宝贝等物，已至熙州。"诏张浚不得受，量度支赐以答远人之意。是年，大食遣使奉宝玉珠贝入贡。	《宋会要辑稿》蕃夷四之九三；《宋史·大食传》
绍兴元年	大食	十一月，大食使臣蒲亚里进贡大象牙二百零九株，大犀三十五株。	《宋会要辑稿》蕃夷四之九三

西域诸国向宋朝进贡的物品可以分为动物、皮毛、布匹、珠宝、玉石、香药、药材、武器和其他几类。动物类有马、大尾羊、橐驼（独峰驼）、象、狮子、

犀牛，皮毛类有牛尾、毛褐、白褐、褐绿黑皮、貂鼠皮，布匹类有花蕊布、白氎布、越诺布、胡锦、西锦、宿绫，珠宝类有琥珀、象牙、珊瑚、真珠、翡翠，玉石类有各色玉料和玉制品，香药类以乳香为大宗，尚有木香、鸡舌香、安息香、龙脑香、龙涎香、腽肭脐、阿魏、蔷薇水，药材类有硇砂、梧桐律、金星石、牛黄、龙盐、胡黄连、黄礬、五味子，武器类有刀、剑、弓箭、铁甲，其他还有鍮石、梵经、水晶、琉璃器、念珠等。而宋朝回赐的物品主要有银币、铜钱、绢帛、茶叶和衣冠等。

从自然地理环境来看，西域各国地处丝路孔道，绿洲面积不大，而城镇人口较多，需要商业来供养，故其过境贸易相对发达。为了获取丝绸之路商业贸易利益，增加财税收入，各国大都实行重商政策，竭力保护客商，鼓励并参与丝路商业贸易。

当时，甘州回鹘、高昌回鹘、于阗及喀喇汗朝等西域各国与宋朝保持着经常的政治、经济往来。这些少数民族或政权的使者、商人，将当地土特产品和各种外来香药运入内地，然后用宋廷赏赐的钱币，在内地采购自己需要的茶叶、纺织品及其他手工业品，再运回原地销售，有的则长期在内地从事各种贸易活动，甚至定居西北各地，这对于各民族间互通有无和民族融合具有一定的积极作用。在朝贡贸易当中，由于乳香等香药利润巨大，各少数民族政权的使臣往往选择乳香作为贡品。如果考虑到当时存在的民间胡商香药贸易因素，可以说，北宋时期陆上丝绸之路香药贸易的规模，在某种程度上甚至超过唐代，只是与海上丝绸之路香药贸易的繁荣相比，略显逊色而已。在西北地区传统的茶马贸易中出现乳香这种非西北物产，这不能不说是宋朝与西北少数民族经济、文化交流中的一个新的特色。

北宋政府对香药实行官营专卖制度。早在964年（乾德二年）八月，宋廷就在京师和建安军、汉阳军、蕲口设置榷货务，开始榷茶。971年（开宝四年），宋廷在广州设立市舶司，掌管海上对外贸易事务，后又于杭州（今浙江杭州市）、明州（今浙江宁波市）置司。香药是市舶司的大宗贸易，也是朝廷经费的主要来源。977年（太平兴国二年），宋朝在平定岭南及交趾、海南诸国后，三佛齐、勃泥、占城诸国连年入贡，犀象、香药之物充牣府库，故在京师设置香药榷易院，隶属于太府寺，命张逊为香药库使。太府寺"置卿、少卿各一人，丞、主簿各二人。卿掌邦国财货之政令，及库藏、出纳、商税、平准、贸易之事，少卿为之贰，丞参领之"①。太府寺下辖官司众多，与香药有关的有香药库、左藏东西库、内藏库、都商税务、都提举市易司、和剂局和惠民局等，其中香药库"掌出纳外国贡献及市舶香药、宝石之事"②。

　　传统的香药朝贡引发大规模的香药贸易，并直接影响到宋朝与周边各民族的关系及宋人的经济社会生活。从宋太宗太平兴国二年到真宗大中祥符二年，榷货务承担香药的买卖、抽解等事务。996年（至道二年）十一月，宋太宗诏"榷货务博卖香药收钱帛，每月收十次送纳"③。1004年（景德元年）闰九月，宋真宗诏"榷货务所卖紫赤矿、香药，令依市寔价出卖，不得亏官"④。到1009年（大中祥符二年）二月，宋真宗诏令香药榷易院并入榷货务，并扩大其经营范围，各地榷货务从京城支取乳香，然后分赴京东等路，委转运司均分于部下州军出卖。同年八月，又诏令榷货务，"客便纳金银、钱帛、粮草，合支香药、象牙者，于香药库拨请还客。年额五十万，不得于榷货务课利衷折。各具增亏比较申奏"⑤。据《宋会要辑稿》食货十五至十七的资料统计，宋神宗熙宁年间，北宋政府在全国各地设置的榷货务（场）约有1760个。这些榷货务（场）都是销售乳香等香药的重要机构，从而形成了全国范围内星罗棋布的销售网络。

　　北宋初期，市舶司抽买并纲运到京城的香药，以及西域、海外诸国贡献的香药，统归太府寺属下的香药库掌管。1007年（景德四年）三月，宋真宗诏令杭、明、广州市舶司，凡犀、牙、珠、玉到京，"并纳内藏，拣退者纳香药库。诸州香药，亦以细色纳内藏，次者纳香药库。如香药库收细色香药供内，每季计度支拨"⑥。这些香药除了供宫廷享用外，大部分用来出售。太府寺所属机构除香药库主管香药业外，还有编估局、打套局和寄桩库。"编

---

① （元）脱脱等：《宋史》卷165《职官五·太府寺》，中华书局，1977年，第3906页。
② （元）脱脱等：《宋史》卷165《职官五·太府寺》，中华书局，1977年，第3908页。
③ （清）徐松辑，刘琳等校点：《宋会要辑稿》食货五五《榷货务》，上海古籍出版社，2014年，第7263页。
④ （清）徐松辑，刘琳等校点：《宋会要辑稿》食货五五《榷货务》，上海古籍出版社，2014年，第7264页。
⑤ （清）徐松辑，刘琳等校点：《宋会要辑稿》食货五五《榷货务》，上海古籍出版社，2014年，第7264页。
⑥ （清）徐松辑，刘琳等校点：《宋会要辑稿》食货五二《内香药库》，上海古籍出版社，2014年，第7172页。

估局、打套局，二局系拣选市舶香药杂物等第，会其直以待贸易。寄桩库，掌发卖香药、匹帛，拘其直归于左藏南库。"① 香药在出售之前，由专门的编估局、打套局负责编估品搭，打套包装，然后方可出售。乳香由京师及各地的榷货务等机构直接销售，而其他香药则转手批发给商人销售经营。

榷货务是宋代重要的财经机构，"掌受商人便钱、给券，及入中茶盐，出卖香药、象货之类"②。为了增加财政收入，宋廷将香药列入"禁榷"和"博买"的范围，以便加价出售，获取高额垄断利润。"禁榷"是由国家专买专卖，不许民间私自交易。"博买"就是市舶司代表政府，按时价收买部分利润空间大的舶货，再送榷易院加价出售，以牟取更多利益。如市舶司"每遇蕃船回舶，乳香到岸，尽数博买，不得容令私卖"。据《宋会要辑稿》职官四四记载：

> 太平兴国初，京师置榷易院，乃诏诸蕃国香药宝货至广州、交趾、泉州、两浙，非出于官库者，不得私相市易。后又诏："民间药石之具恐或致阙，自今惟珠贝、瑇瑁、犀牙、宾铁、鳖皮、珊瑚、玛瑙、乳香禁榷外，他药官市之余，听市货与民。"③

禁榷之物有八，即瑇瑁、犀角、象牙、镔铁、鳖皮、珊瑚、玛瑙、乳香，而通行香药、药物有木香、沉香、龙脑、檀香、丁香、荜拨、荜澄茄、诃子、豆蔻、没药、煎香、阿魏、安息香、黄熟香、降真香、胡椒等37种。西域诸国所贡香药以乳香为大宗而乳香在禁榷之列。当时，人们使用的主要是天然香料，但在宋代文献中习惯称香料为"香"或"香药"。宋人之所以称香料为"香药"，是因为绝大部分香料既可入香，又可入药。宋代的香药除少部分为我国本土出产外，绝大部分来自于东南亚、印度和阿拉伯等地。

宋朝政府除了直接销售乳香等香药外，还有相当一部分香药是采用间接销售即批发的形式来进行的。香药批发主要有直接批发给商人、沿边入中折博

---

① （元）脱脱等：《宋史》卷165《职官五》，中华书局，1977年，第3909页。
② （清）徐松辑，刘琳等校点：《宋会要辑稿》食货五五《榷货务》，上海古籍出版社，2014年，第7263页。
③ （清）徐松辑，刘琳等校点：《宋会要辑稿》职官四四《市舶司》，上海古籍出版社，2014年，第4203页。

支付香药、市籴粮草折博支付香药或香药钞等形式。这样，政府成为全国最大的香药批发商，而香药销售环节则由商人来完成。官府在将自身变为一个最大的商人的同时，又把数量众多的普通商贾变为供其驱使的零售商或伙计。

北宋时期，西北地区战事频发，军费开支成为政府财政的沉重负担，而乳香等香药深受当地少数民族青睐，故宋廷直接将乳香等运到前线交换粮草。"国初辇运香、药、茶、帛、犀、象、金、银等物赴陕西变易粮草，岁计率不下二百四十万贯。"[1]尤其是在真宗、仁宗时期，为了解决边境地区军队粮草问题，政府积极鼓励商人和其他人赴沿边入中粮草，而香药则是入中粮草的主要折博支付品之一，这成为政府间接销售即批发香药的一种特殊形式。由于不同时期香药等折博支付物品所占比例有所不同，故而出现了所谓"三分法"[2]、"三说法"[3]和"四说法"[4]。1002年（咸平五年），三司使王嗣宗始立河北入中三分法："以十分茶价，四分给香药，三分犀象，三分茶引。六年，又改支六分香药、犀象，四分茶引。景德二年，许人入中钱帛金银，谓之'三说'。"[5]1005年（景德二年），河北折中又改为"给八分缗钱，二分象牙、香药"，而且"广信、安肃、北平粟麦，悉以香药博籴"[6]。至1022年（乾兴元年），改支茶引30%，东南现钱25%，香药45%。[7]王安石曾说："茶法本亦不善，须挟见钱、香药等乃能售，盖见钱、香药等已足办边籴。"[8]在很长时期内，香药支付是西北地区"粮草入中"中仅次于现钱的

---

[1]（宋）李焘：《续资治通鉴长编》卷471，中华书局，2004年，第11237页。
[2] 沈括《梦溪笔谈》卷12《官政二》记载，咸平五年，香药占40%，犀象占30%，茶引占30%；咸平六年，香药、犀象占60%，茶引占40%。而据《宋会要辑稿》食货三六之五记载，到景德二年，缗钱占80%，象牙、香药占20%。
[3] 沈括《梦溪笔谈》卷12《官政二》记载，乾兴元年，茶引占30%，东南现钱占25%，香药占45%。而据《宋会要辑稿》食货三六之二九记载，庆历中，现钱占30%，香药、象牙占30%，茶引占40%。
[4] 据《九朝编年备要》卷13《十二月行四说法》记载，庆历八年，现钱占30%，香药、象牙占15%，盐占15%，茶引占40%。
[5]（宋）沈括著，金良年点校：《梦溪笔谈》卷12《官政二》，中华书局，2015年，第124页。
[6]（清）徐松辑，刘琳等校点：《宋会要辑稿》食货三六《榷易》，上海古籍出版社，2014年，第6787页。
[7]（宋）沈括著，金良年点校：《梦溪笔谈》卷12《官政二》，中华书局，2015年，第124页。
[8]（宋）李焘：《续资治通鉴长编》卷220，中华书局，2004年，第5349页。

支付方式。宋仁宗天圣以后，"象犀、珠玉、香药、宝货充牣府库，尝斥其余以易金帛、刍粟，县官用度实有助焉。而官市货数，视淳化则微有所损。皇祐中，总岁入象犀、珠玉、香药之类，其数五十三万有余。至治平中，又增十万"①。可见，香药、犀象、珠玉数量之多。1048年（庆历八年）十二月，宋仁宗"诏三司：'河北沿边州军客人入中粮草，改行四税之法。每以一百贯为率，在京支钱三十贯，香药、象牙十五贯，在外支盐十贯，茶四十贯'"②。（案：总计四项不足100贯之数，疑有脱字。）这表明，偿付商人交引时往往是几种物品搭配支与，其中就有香药、象牙。宋神宗时，户部曾请求："乳香民间所用，乞依旧条给长引，许商贩。其诸路卖官香，亦用旧法。"③1120年（宣和二年），北宋政府还曾以香药钞、度牒等"付河北籴便司广行收籴，以备储蓄"④。在外来名贵香药中，乳香与龙涎香、龙脑香和安息香相比，价格相对低廉，而药用价值较高，用途颇为广泛，故深受社会中下层人民喜爱。乳香最初是作为香料使用的，主要用于世俗和宗教生活，后来逐渐转为以药用为主。正因如此，有关乳香的政策变化引起社会各阶层的关注，而不像其他香药那样，影响面只限于统治阶级和贵族阶层。除了上述出卖、交换的方式外，榷货务有时还直接把香药卖给商人。如1023年（天圣元年）二月，"令客旅于在京榷货务入纳见钱十千，共筭请二十千香药、象牙，取便将于在京或外处州军贩卖"⑤。

在大量域外香药传入中国的同时，中国出产的药材也不断运往西方各国。据《宋会要辑稿》记载，宋代大食商人经市舶司外运的中国药材有近60种，包括人参、茯苓、川芎、附子、黄连、大黄、生姜、肉桂等47种植物药和朱砂、雄黄等矿物药。

1127年（建炎元年），北宋灭亡，宋室南迁，定都临安（今浙江杭州市）。

---

① （元）脱脱等：《宋史》卷186《食货下八·互市舶法》，中华书局，1977年，第4559页。
② （宋）李焘：《续资治通鉴长编》卷165，中华书局，2004年，第3976页。
③ （宋）李焘：《续资治通鉴长编》卷335，中华书局，2004年，第8075页。
④ （清）徐松辑，刘琳等校点：《宋会要辑稿》食货四〇《市籴粮草二》，上海古籍出版社，2014年，第6881页。
⑤ （清）徐松辑，刘琳等校点：《宋会要辑稿》食货三六《榷易》，上海古籍出版社，2014年，第6794页。

南宋偏安江南，长期与金对峙，军费开支浩大，加上官僚机构庞大，政府财政困难。在这种情况下，香药贸易便发挥了关键作用。宋高宗曾谕及臣僚说："市舶之利最厚，若措置合宜，所得动以百万计，岂不胜取之于民！"[①]高宗末年，市舶年收入达200万贯。当时，香药是国家的支柱性产业之一，它与盐、茶、酒、矾一样属于国家垄断性产业。《宋史·食货志》云："宋之经费，茶、盐、礬之外，惟香之为利博，故以官为市焉。"[②]据《宝庆四明志》卷6记载，当时，从海外贩运来的香料有30多种，其中就有沉香、丁香、龙涎香、苏合香、檀香、金颜香、安息香、木香、乳香、降真香、麝香、脑子、白笃耨、黑笃耨、蔷薇水、白豆蔻、没药、胡椒、阿魏等。[③]这些香药主要供宫廷贵族和官僚士大夫享用。宫廷中的各种礼仪、祭典活动，以及日常生活中都要消耗大量的香药，而大臣们所使用的香药也不计其数。此外，民间对香药的需求量也很大，还出现了专门贩卖香药的香铺、香肆。《东京梦华录》卷2记载："御街一直南去，过州桥，两边皆居民。街东车家炭，张家酒店，次则王楼山洞梅花包子、李家香铺、曹婆婆肉饼、李四分茶。……御廊西即鹿家包子。余皆羹店、分茶、酒店、香药铺、居民。"[④]很多时候，香药铺与香铺一样，不但卖香药，也调香、制香。从事香药买卖的人还有属于自己的特色服装："其士农工商诸行百户衣装，各有本色，不敢越外。谓如香铺裹香人，即顶帽披背；质库掌事，即着皂衫角带不顶帽之类。"[⑤]由此可见，在宋代，不论是国家计划指导还是民间自主经营，香药市场异常繁荣，并向专门化方向发展。

第三节 西夏对香药之路的经营

西夏是以党项族为主建立的民族政权。唐末，拓跋思恭占据夏州，统领银、夏、绥、宥、静五州之地，建立夏州政权。宋初，李彝兴遣使朝宋。夏州政

[①] （清）徐松辑，刘琳等校点：《宋会要辑稿》职官四四《市舶司》，上海古籍出版社，2014年，第4213页。

[②] （元）脱脱等：《宋史》卷185《食货下七·香附》，中华书局，1977年，第4537页。

[③] （宋）胡榘修，罗濬纂：《宝庆四明志》卷6《色细》，文渊阁四库全书，上海人民出版社，1999年。

[④] （宋）孟元老撰，李士彪注：《东京梦华录》卷2，山东友谊出版社，2001年，第15页。

[⑤] （宋）孟元老撰，李士彪注：《东京梦华录》卷5，山东友谊出版社，2001年，第47页。

权在名义上臣服于宋，却是一个具有地方性和民族性双重性质的政权。

西夏地处宋、辽、金、唃厮啰、回鹘各国之间，扼守丝绸之路要冲，具有南北交会、贯通东西的地缘优势，可以直接与西域、中原地区进行贸易往来，还可以通过收取过往商旅商税，坐收渔人之利。李继迁攻占灵州前，夏州作为丝绸之路上的商贸重镇，西域贡使、商旅多经此地前往中原地区，并在西夏境内进行交易。自李继迁攻取灵州、西凉府（今甘肃武威市）后，灵州、凉州重又成为东西贸易通道和商贸中心。但是，在整个北宋时期，宋夏间战争不断，河西走廊贸易通道时断时续，西域诸国与宋朝的贸易随着宋夏关系的好坏而起伏不定。北宋灭亡后，南宋偏安江南，基本上退出了丝绸之路陆路贸易，西域诸国经西夏与金朝的贸易日渐突出。

西夏的对外贸易以榷场贸易为主，以朝贡贸易与和市贸易为辅，同时还参与东西方中转贸易，呈现出多元发展格局。西夏通过与宋朝的中继贸易，将获得的丝绸、茶叶等商品转卖给西域各国；同时，又将从西域诸国获得的香药、珠玉以及土特产品等，转销到宋、辽、金朝。

榷场贸易是宋辽夏金时期隶属于不同政权的地区间进行经济交流的重要途径，它是通过在边地州军设置榷场，并在政府官员严格管理、兜揽承交、评定货色等级、征收商税等条件下进行商品交换的。宋辽夏金政权都曾在各自的边界设立榷场，与缘边邻国或邻族进行物品交易。可以说，榷场贸易是各民族政权顺应经济发展要求和人民生活需要建立的一种特殊的商品交易模式。《金史·食货志》云："榷场，与敌国互市之所也。皆设场官，严厉禁，广屋宇以通二国之货，岁之所获亦大有助于经用焉。"[1]西夏与宋朝的关系虽不同于辽、金，受宋朝的册封并频繁遣使入贡，但恰如司马光所说，谅祚之所以遣使称臣奉贡者，"一则利于每岁所赐金帛二十余万，二则利于入京贩易，三则欲朝廷不为之备也"[2]。

李继迁之前，党项人居住在银州和夏州以北的千里不毛之地，只能用池盐与边民交易谷、麦、羊、马及畜产品。982年（太平兴国七年），李继捧率族人朝宋，并留居京师，而其弟李继迁叛逃，率数十人奔入地斤泽（今内蒙古鄂尔多斯市伊金霍洛旗南部）。985年（雍熙二年）二月，李继迁在夏州起

第四章　宋代西北地区的香药贸易

---

[1]（元）脱脱等：《金史》卷50《食货五·榷场》，中华书局，1975年，第1113页。
[2]（宋）李焘：《续资治通鉴长编》卷206，中华书局，2004年，第5009页。

兵，诱杀夏州都巡检曹光实，攻克银州。翌年，辽以义成公主嫁给继迁，并册封其为夏国王。998年（咸平元年）春，李继迁上表归顺，真宗授其夏州刺史、定难军节度使、夏银绥宥静等州观察处置押蕃落等使。1002年（咸平五年）三月，李继迁"大集蕃部，攻陷灵州，以为西平府"①，并迁都于此。此后，西夏在灵州、夏州党项人屯聚的赤沙川、骆驼口等地设置榷场。灵州是丝绸之路上的重镇，自唐末吐蕃占据陇右地区以后，西域各国使者、商贾、僧人多经甘州、凉州、灵州至长安。夏州北出，经天德军可达贝加尔湖，自唐末吐蕃占据河西以后，回鹘使节常过夏州南下至长安。

1004年（景德元年）正月，李继迁死，其子李德明继位。李德明继位之初，积极改善与宋朝的关系，宋夏间大体保持着友好交往。《宋史·食货志》云：

> 西夏自景德四年，于保安军（今陕西志丹县）置榷场，以缯帛、罗绮易驼马、牛羊、玉、毡毯、甘草，以香药、瓷漆器、姜桂等物易蜜蜡、麝脐、毛褐、羱羚角、硇砂、柴胡、苁蓉、红花、翎毛，非官市者听与民交易，入贡至京者纵其为市。②

在宋夏战争爆发前，保安军榷场是双方唯一正式的贸易场地。西夏从北宋进口的货物有缯帛、罗绮、香药、瓷器、漆器等，它们大多是供统治阶层享用的奢侈品，而西夏向北宋出口的除了驼、马、牛、羊、毡、毯、药材等土特产品外，还有从西域诸国购买、转手卖给宋朝的玉石、安息香、檀香、番红花、腽肭脐、硇砂、琥珀等。香药是宋朝与西夏间官方贸易的重要物品，同时也是民间互市的重要货物。在西夏向宋朝的贡品中有安息香、硇砂、琥珀等，在双方榷场贸易中香药的交易量列在瓷漆器之前，姜、桂、椒也赫然在列。西夏出产的药材种类较多，质量较好，对外输出量较大。例如：麝脐（即麝香）可以入药或作香料；苁蓉可作药材且营养价值高；蜜蜡（琥珀的一种）是制作蜡烛精品的原料。此外，甘草、红花、柴胡、大黄、枸杞都是非常重要的中药材。榷场内有宋、夏两国的税吏，他们根据本国税收政策，分别向

---

① （元）脱脱等：《宋史》卷485《外国一·夏国上》，中华书局，1977年，第13988页。
② （元）脱脱等：《宋史》卷186《食货下八·互市舶法》，中华书局，1977年，第4563页。

本国商人征收交易税。商人在纳税、交牙钱、领取证明文件后，方能交易。从上文还可看出，宋夏间不仅通过榷场互通有无，而且宋廷还允许西夏贡使在京师自由贸易。李德明每年派人在边界地区与宋人进行交易，并且规定按交易数量的多少给以赏罚，有时还会杀死贸易不力的使者。

宋夏间除了官办性质的榷场外，在边境地区还有一些临时私设的榷场。据《续资治通鉴长编》卷72记载：

> （真宗大中祥符二年十一月乙卯）河东缘边安抚司言："麟、府州民多赍轻货，于夏州界擅立榷场贸易。望许人捕捉，立赏罚以惩劝之。"上曰："闻彼歧路艰险，私相贸易，其数非多，宜令但准前诏，量加觉察可也。"①

宋朝边臣认为，麟、府州民私自携带货物，擅自在夏州边界地区设立榷场，与边民进行交易，这有违朝廷禁令，希望朝廷严加处置，予以禁绝。但是，宋真宗认为，私设榷场规模不大，交易数量有限，重申禁令，稍加约束便可，对其采取默许的态度。

宋夏间的榷场贸易常因政治和战争因素而停止或恢复。1015年（大中祥符八年）十一月，西夏于石州（今山西离石县）的浊轮谷筑堡建榷场，招诱商旅。真宗诏缘边安抚使予以禁止。1017年（天禧元年）三月，夏人在延州卖马，然后直接易物而归，且蕃商所易多为禁物。因此，宋廷"禁延州民与夏州牙将互市违禁物者"②。1034年（景祐元年），元昊率兵攻打环庆路，杀掠黎民百姓。翌年，元昊又率众攻打唃厮啰，夺取瓜、沙、肃三州。1038年（宝元元年），西夏建国后，宋真宗诏令停止与西夏间的互市贸易。据《宋史·食货志》记载：

> 天圣中，陕西榷场二、并代路亦请置场和市，许之。及元昊反，即诏陕西、河东绝其互市，废保安军榷场；后又禁陕西并边主兵官

---

① （宋）李焘：《续资治通鉴长编》卷72，中华书局，2004年，第1640页。
② （清）徐松辑，刘琳等校点：《宋会要辑稿》食货三八《互市》，上海古籍出版社，2014年，第6842页。

与属羌交易。久之，元昊请臣，数遣使求复互市。庆历六年，复为置场于保安、镇戎二军。继言驱马羊至，无放牧之地，为徙保安军榷场于顺宁寨。既而蕃商卒无至者。①

元昊称帝后，宋廷削夺其封爵，废止榷场贸易，并出兵征讨。而元昊则踌躇满志，继续趋兵向南，深入宋朝腹地。此后，宋、夏在三川口（今陕西延安西北）、好水川（今宁夏隆德县北）、定川寨（今宁夏固原市西北）发生三次大战。经过反复较量，宋军指挥失当，疲于奔命，多次败北。西夏因"赐遗、互市久不通，饮无茶，衣帛贵，国内疲困，思纳款"②。1044年（庆历四年），宋夏间经过残酷的战争和艰苦的谈判，最终达成妥协，订立盟约。宋廷承认西夏的实际地位，并同意重新开设榷场。1046年（庆历六年），宋朝在保安军和镇戎军的高平砦（今宁夏固原市）设置榷场，用纺织品及其他手工业品换取西夏的马、牛、羊、骆驼等牲畜，以及各种畜产品和药材。后来，西夏商人驱赶牲畜到榷场，因没有临时放牧之地，故迁保安军榷场至顺宁寨（今陕西志丹县顺宁镇）。但是，由于顺宁寨榷场离西夏边界太远，后"蕃商卒无至者"。在宋夏间长达数千里的边界上，只设保安军和镇戎军两个榷场，实在太少。西夏曾多次请求增设榷场，但均遭到宋廷的拒绝。

元昊死后，其幼子谅祚嗣位，母后没藏氏和母舅没藏讹庞当政。国相没藏讹庞侵耕宋地，使宋夏关系再度趋于紧张。《宋史·食货志》云：

（嘉祐二年二月）西人侵耕屈野河地，知并州庞籍谓："非绝其互市，则内侵不已。且闻出兀藏讹庞之谋，若互市不通，其国必归罪讹庞，年岁间，然后可与计议。"从之。初，第禁陕西四路私与西人贸易，未几，乃悉绝之。③

宋夏间因耕地问题发生冲突，宋朝先禁绝陕西四路私市贸易，继之又停

---

① （元）脱脱等：《宋史》卷186《食货下八·互市舶法》，中华书局，1977年，第4563页。
② （宋）李焘：《续资治通鉴长编》卷138，中华书局，2004年，第3330页。
③ （元）脱脱等：《宋史》卷186《食货下八·互市舶法》，中华书局，1977年，第4563~4564页。

止榷场贸易。自讹庞侵耕屈野河地，宋夏间公私市贩尽绝。直到1063年（嘉祐八年）十一月，"谅祚移文陕西经略使，请置榷场，复通互市，英宗许之"①。

西夏虽然有自己的农业和手工业，但是，本国生产的产品远远不能满足本民族的需要，特别是茶、绢二物，更是其极为缺乏的生活必需品。榷场贸易可以满足其基本生活需求，特别是对茶叶和丝绸的需要。1044年（庆历四年），知制诰田况言：

> 近闻西界再遣人赴阙，必是重有邀求。朝廷前许茶五万斤，如闻朝论欲与大斤，臣计之，乃是二十余万斤。……臣在延州见王正伦伴送元昊使人，缘路巧意钩索贼情，乃云本界西北连接诸蕃，以茶数斤，可以博羊一口。今既许于保安、镇戎军置榷场，惟茶最为所欲之物，彼若岁得二十余万斤，则榷场更无以博易，此不得不悔也。②

这一方面说明茶叶已成为各民族的生活必需品，具有非常强的购买力；另一方面也说明从事茶叶转手倒卖，可以获得比较高的利润。

宋室南迁后，西夏与金朝间也设有榷场。1141年（夏仁宗大庆二年），应夏仁宗请求，金熙宗在云中西北过腰带上石楞坡、天德、云内、银瓮诸处置场互市。这些地方原是夏辽榷场贸易场所，夏金在原有基础上，恢复和扩大了贸易。同时，夏金还在兰州、保安、绥德三处开设榷场。在这些榷场中交易的除了生活必需品外，还有来自内地和西域的丝绸、香药等奢侈品。

贡赐贸易是榷场贸易的重要补充。西夏向宋朝的贡品中除了马、牛、橐驼、羊、药材外，还有来自西域地区的安息香、香炉、琥珀、硇砂、玉石、金精石等。962年（建隆三年）四月，定难军节度使李彝兴向宋贡马300匹。983年（太平兴国八年）三月，李继迁遣人至麟州贡马、橐驼等物。994年（淳化五年）七月，李继迁又遣牙校贡马。1007年（景德四年），李德明遣使朝贡，并"请使至京市所需物，从之"③。1011年（大中祥符四年）二月，李德明遣使入贡。

---

① （清）吴广成撰，龚世俊等校证：《西夏书事校证》卷20，甘肃文化出版社，1995年，第239页。
② （宋）李焘：《续资治通鉴长编》卷149，中华书局，2004年，第3613~3614页。
③ （元）脱脱等：《宋史》卷485《外国一·夏国上》，中华书局，1977年，第13990页。

翌年正月，李德明再次入贡。西夏贡使沿途易物，颇为扰民。真宗诏所在有司严加约束。1014年（大中祥符七年）十一月，"鄜延路钤辖张继能言：'赵德明进奉人挟带私物，规免市征，望行条约。'上曰：'戎人远来，获利无几，第如旧制可也'"①。宋真宗对西夏贡使的私觌行为采取宽容态度。自从李德明归附宋朝以后，"来使蕃汉之人，入京师贾贩，憧憧道路，百货所归，获中国之利，充于窟穴，贼因其事力，乃兴兵为乱"②。范仲淹在《答赵元昊书》中亦云，自李德明以后，宋夏间"朝聘之使，往来如家，牛马驼羊之产，金银缯帛之货，交受其利，不可胜纪。塞坦之下，逾三十年，有耕无战，禾黍云合，甲胄尘委，养生葬死，各终天年，使蕃汉之民，为尧舜之俗，此真宗皇帝之至化，亦先大王之大功也"③。

贡赐贸易作为官方性质的经济活动，一方面补充了宋朝军队对马匹的需求，另一方面也满足了西夏贵族阶层对奢侈品的需要。1035年（景祐二年）十一月，元昊遣使入贡。元昊虽反，但每年仍遣使至京师，其使者出入民间无禁。④1044年（庆历四年）十二月，元昊遣使丁弩关、聿则等贺正旦。1046年（庆历六年）正月十八日，西夏遣使贺正旦，并"以钱银博买物色，比前数多"⑤。同年四月九日，"夏国遣使贡大石样金渡〔镀〕黑银花鞍辔、金渡〔镀〕黑银花香炉合、御马、长进马、橐驼。自是岁来贡"⑥。据龚鼎臣《东原录》记载：

> （嘉祐七年）贺正旦，西人大首领祖儒嵬名聿正、副首领枢铭靳允中，祖儒、枢铭，乃西夏之官称，大者，姓嵬，名聿正，其所贸易，约八万贯。安息香、玉、金精石之类，以估价贱，却将回。其余硇砂、琥珀、甘草之类，虽贱亦售。尽置罗帛之旧，价例太高，皆由所管

---

① （宋）李焘：《续资治通鉴长编》卷83，中华书局，2004年，第1902页。
② （宋）李焘：《续资治通鉴长编》卷139，中华书局，2004年，第3351页。
③ （宋）吕祖谦编，齐治平点校：《宋文鉴》卷113《书·答赵元昊书》，中华书局，1992年，第1574页。
④ （元）脱脱等：《宋史》卷315《韩亿传》，中华书局，1977年，第10299页。
⑤ （清）徐松辑，刘琳等校点：《宋会要辑稿》食货三八《互市》，上海古籍出版社，2014年，第6842页。
⑥ （清）徐松辑，刘琳等校点：《宋会要辑稿》蕃夷七《朝贡》，上海古籍出版社，2014年，第9952页。

内臣并行人抬压价例，亏损远人。其人至贺旦节，即不带安息香之类来，只及六万贯。①

安息香产于中亚古安息国，即阿拉伯半岛及伊朗高原一带，价格昂贵；硇砂产于波斯、阿拉伯半岛、非洲及东南亚火山分布区，龟兹、高昌亦有产；琥珀主要产于罽宾、大秦和波斯，而阿拉伯人销往中国的琥珀大半来自波罗的海。可见，西夏也在从事香药转口贸易，不过，这次转手交易因宋朝主管内臣压低价格而未能成交。1063年（嘉祐八年）正月，西夏谅祚遣使献方物。1072年（熙宁五年）七月，西夏再贡方物。1086年（元祐元年）十二月，西夏遣使贺正旦。西夏"使人入京，赐予、贸易得绢帛五万余匹，归，鬻之民，匹值五六千。再以他物计之，一使所获不下三十万缗，故以进奉为利"②。贡赐贸易尽管非等价交换，却反映了当时民族贸易形式的多样化。

宋夏间除了榷场、贡赐贸易外，还有和市贸易和私市贸易。和市贸易经当地政府认可，有固定的贸易场所，属于合法交易范围。由于规模较小，其目的主要是为了满足边地人民的日常生活需求，宋朝政府将其定为低于榷场一级。私市贸易是汉、党项、吐蕃诸族间经济交流的重要内容，也是宋代禁榷制度的必然产物。宋朝政府对茶、盐、乳香等的垄断经营，直接导致边境地区私贩公行。

1026年（天圣四年）二月，宋朝"置西界和市场"③。此后，又在河东路和陕西路缘边地带的重要堡栅，陆续开设了许多边民贸易市场。如久良津、银星、虾麻、白豹、折姜、浊轮谷、顺宁砦、金汤、赤沙川、橐驼口、吴堡等地均有和市。另外，并州（今山西太原市）、代州（今山西忻州市）、绥州（今陕西绥德县）、石州（今山西离石县）、秦州、环州（今甘肃庆阳市）、兰州（今甘肃兰州市）、麟州西（今陕西神木县）诸地也设有和市。和市的运作方式基本沿用了双方熟悉的榷场贸易规则。

1067年（治平四年），"河东经略司言，西界乞通和市。自夏人攻庆州

---

① （宋）龚鼎臣：《东原录》，见《丛书集成初编》，中华书局，1985年，第21~22页。
② （清）吴广成撰，龚世俊等校证：《西夏书事校证》卷27，甘肃文化出版社，1995年，第315页。
③ （元）脱脱等：《宋史》卷9《仁宗纪一》，中华书局，1977年，第181页。

大顺城，诏罢岁赐，严禁边民无得私相贸易。至是，上章谢罪，乃复许之。后二年，令泾原熟户及河东、陕西边民勿与通市。又二年，因回使议立和市，而私贩不能止，遂申诏诸路禁绝。既而河东转运司请罢吴堡，于宁星和市如旧"①。宋夏间的和市贸易常因战争而废立，但民间的私市活动却屡禁不绝。私市贸易的盛行反过来对和市贸易造成冲击，影响政府的财税收入。北宋缘边熟户与西夏境内的蕃部联系紧密，他们在宋夏间的私市贸易活动中起了重要作用。1069年（熙宁二年）七月二十五日，泾原路经略使蔡挺上书言："乞朝廷严行禁止熟户与西人私相博买，仍乞差提点刑狱朝臣、武臣分路沿边州军按举。"②1071年（熙宁四年）十月十九日，宋神宗诏令：

> 近虽令陕西、河东诸路止绝蕃汉百姓不得与西贼交易，访闻止是去冬及今春出兵之际略能断绝。自后肆意往来，所在无复禁止。昨于三月中，有大顺城管下蕃部数持生绢、白布、杂色罗锦、被褥、腊茶等物至西界辣浪和市，复于地名黑山岭与首领岁美泥咩、匕悖讹等交易，博过青盐、乳香、羊货不少。况近方令回使，议立和市，苟私贩不绝，必无成就之理。及未通和之间，使贼有以窥测我意，深为不便。可申明累降指挥，再下逐路经略司遵守施行。③

从中可以看出，在辣浪、黑山岭诸地私市贸易中，沿边蕃部输往西夏的物品有生绢、白布、杂色罗锦、被褥和腊茶等，而换回的则有青盐、乳香和羊货。乳香是仅次于青盐的输入品。这些物品大多属于禁榷物资。生绢、罗锦和腊茶并不产于吐蕃，而吐蕃诸部也不是青盐、乳香、羊货的主要消费者。在宋夏贸易中，沿边吐蕃熟户凭借语言优势，利用亲族关系，充当了中间商的角色。

1071年（熙宁四年），文彦博在其《奏西夏誓诏书》中言：

---

① （元）脱脱等：《宋史》卷186《食货下八·互市舶法》，中华书局，1977年，第4564页。

② （清）徐松辑，刘琳等校点：《宋会要辑稿》食货三八《互市》，上海古籍出版社，2014年，第6843页。

③ （清）徐松辑，刘琳等校点：《宋会要辑稿》食货三八《互市》，上海古籍出版社，2014年，第6843页。

> 自来蕃汉客旅博易往还之处，相度置立和市。须至两界首开置市场，差官监辖。番汉客旅除违禁物色外，令取便交相转易，官中止量收汉人税钱，西界自收番客税利。①

这份奏折明确告诉我们，和市贸易是官方主导下的有限贸易，而非民间自发性质。宋朝政府严禁将青盐、香药等违禁品带入市场，而其他商品则可在场内交相转易。由于和市大多在军事要塞和边防重镇，人员往来复杂，管理难度较大，容易引发民族冲突，故具有季节性和临时性，时开时闭，规模有限。

据《宋史·食货志》记载，宋夏双方在榷场、贡赐以及和市贸易中交换的商品种类很多，包括丝织品、陶瓷器、牲畜、皮毛制品、药材、矿产类等。西夏输出的有马、羊、牛、犬、橐驼、毡毯、毛褐、裘衣、翎毛、沙狐皮、麝脐（即麝香）、安息香、番红花、羱羚角（即羖羊角）、蜜蜡、甘草、枸杞、大黄、柴胡、苁蓉、青盐、白盐、硇砂、玉料等。而北宋输出的有缯帛、罗绮、白布、茶叶、瓷器、漆器、玉器、宝镜、金银制品、乳香、药品、姜、椒、蜜、桂等。宋朝进口的西夏物品中，以马、牛、羊、青白盐和皮毛制品为大宗，药材、香药次之；宋朝出口到西夏的丝绸、瓷器、香药、药品、金银器等除了满足西夏贵族上层的需要外，有些还转口售往西域、中亚诸国。

11世纪初，西夏攻取河西走廊，占据丝绸之路主动脉，这对陆上丝路贸易以及西北民族关系都产生了重大影响。在西夏时期，陆上丝绸之路基本畅通，西夏还开辟了自兴庆府（今宁夏银川市）通往宋、辽、金的驿道，对大食、西州商人提供贸易保护。北宋灭亡后，西夏与西域诸国间的交往逐渐减少。

唐末五代，曹氏据有沙州，回鹘占据甘州，而六谷蕃部则盘踞凉州，丝绸之路河西段被重重阻隔，西域贡使、商旅大多改行灵州道。9世纪后半叶至10世纪，在丝绸之路东段、中段交通网络中，灵州作为贸易中转地和货物集散地，起着连接东西、沟通南北的作用。大食、回鹘、于阗诸国，以及归义

---

① （宋）文彦博著，申利校注：《文彦博集校注》卷19《奏议·奏西夏誓诏事》，中华书局，2016年，第653页。

军政权等大多通过灵州道与北宋进行贸易往来。《宋史·宋琪传》云："灵武路自通远军（即环州，今甘肃庆阳市环县）入青冈峡（今甘肃环县洪德乡环江河道上）五百里，皆蕃部熟户。向来使人、商旅经由，并在部族安泊，所求赂遗无几，谓之'打当'，亦如汉界逆旅之家宿食之直也。"①此路从长安出发，经邠州、宁州，北至庆州，沿马岭水上至方渠，再经青冈峡或土桥子，北涉旱海（沙漠）或经水路到灵州，然后渡黄河入腾格里沙漠，至今甘肃民勤，过白亭河，到达凉州。当时，在灵州城对岸的黄河西岸聚居着咩逋族（密本族），贺兰山东侧以迄北部居住着大小梁族（凉族），而灵州的南面及原、泾、环、渭、秦等地则散布着吐蕃诸部。灵州道是西域诸国贡使前往中原地区的重要通道。该道沿途堡寨林立，军城交错，虽时有贼马侵袭，但在宋初还是牢牢地掌控在宋军手中。沿路蕃部熟户开设旅馆，赚取财货，商业贸易极盛。相较于其他几条道路，灵州道路程较短，行于川谷地带，便于通行。

此外，由于北宋都城在开封，有些西域使节、商旅并不走环县、长安，而改经夏州、绥州，到达开封。如高昌回鹘向宋入贡，始终循王延德所走之路，即从伊州东行，经居延海，度乌兰布和沙漠和毛乌素沙地，到达夏州的路线。于阗国贡使"盖其来入中国，道涉流沙，逾三日程无水火，独挈其水而行"②。

宋初，西域各国贡使常常经过西夏到宋朝朝贡，他们在途中或者归途与西夏进行贸易。969年（开宝二年）十一月，"回鹘、于阗皆遣使来贡方物。回鹘使者道由灵州，交易于市，知州段思恭遣吏市硇砂，吏与使者争直忿竞，思恭释吏不问，械系使者数日始貰之"。这直接造成"自是数年，回鹘不复入贡"③的局面。回鹘、于阗诸国商人将西域各地的香药、珠宝、玉石等贸易于西夏，然后再由西夏使臣、商人转运至中原地区。同样的道理，中原地区的丝绸、茶叶、瓷器等商品，也大量通过西夏商人贩运到回鹘商人手中。回鹘与西夏正是通过这种方式不断地发生贸易关系。不过，这种贸易形式往往受到政治和利益关系的影响，毕竟西夏不是西域诸国通往中原的唯一途径。段思恭与回鹘使

---

① （元）脱脱等：《宋史》卷264《宋琪传》，中华书局，1977年，第9130页。
② （宋）蔡绦、曾敏行撰，李梦生、朱杰人校点：《铁围山丛谈·独醒杂志》，上海古籍出版社，2012年，第66页。
③ （宋）李焘：《续资治通鉴长编》卷10，中华书局，2004年，第235页。

者的贸易纠纷，导致此后十余年间，于阗、高昌回鹘、瓜州归义军政权很少道经灵州向宋朝入贡。983年（太平兴国八年），"塔坦国（即鞑靼或达怛）遣使唐特墨与高昌国使安骨卢俱入贡。骨卢复道夏州以还。特墨请道灵州，且言其国王欲观山川迂直，择便路入贡，诏许之"①。塔坦国和高昌国的使节经夏州入贡，而在其回程中，高昌国的使者依旧从夏州道旧路返回，而塔坦国使者则尝试从灵州道返回，其目的是在两条道路中选择一条更加便捷的道路，以便今后入贡。984年（雍熙元年）四月，高昌回鹘与婆罗门（即中天竺）僧人永世、波斯外道阿里烟同至京师入贡。关于他们所经路线，永世自云："其国东行经六月至大食国，又二月至西州，又三月至夏州。"②从980年（太平兴国五年）至996年（至道二年），灵州道作为官方入贡通道及重要商道步入繁荣时期。从996年（至道二年）至1002年（咸平五年），随着西夏的兴起，灵州道成为宋朝重要的军事孔道和草粮要道。

1002年（咸平五年），西夏攻占灵州后，宋朝通往河西的道路以镇戎军为枢纽。"镇戎军为泾（今甘肃泾川县）、原（今甘肃镇原县）、仪（今甘肃华亭县）、渭（今甘肃平凉市）北面扞蔽，又为环（今甘肃环县）、庆、原、渭、仪、秦（今甘肃天水市）熟户所依，正当回鹘、西凉六谷、咩逋（密本）、贱遇（伽裕勒）、马臧梁家诸族之路。"③当时，自河西经兰州、秦州蕃部地区至长安的路线尚未开通，西域行旅大多自凉州经会州、镇戎军，到达长安。同时，自灵州沿清水河谷地南下，在固原以北的石门关（今宁夏固原市黄铎堡平夏故城址）界可入丝绸之路，东去长安或西至凉州。

李继迁在巩固了对灵州的统治后，便开始向西扩张，迫切地想控制丝绸之路。但是，六谷蕃部占据凉州，横于当道，成为其向西扩张的严重障碍。后来，李继迁不顾艰险，屡次西征，不惜将性命、鲜血抛洒于此。李德明承袭其父既定方针，继续与六谷蕃部交兵十余年，最终夺取凉州，并以凉州为基地，攻取河西各地。1028年（天圣六年），西夏攻占甘州。1032年（明道元年），元昊再破凉州。1036年（景祐三年），西夏进攻回鹘，占领瓜、沙（今甘肃敦煌县西）、肃（今甘肃酒泉市）诸州，其疆域"东尽黄河，西

---

① （宋）李焘：《续资治通鉴长编》卷24，中华书局，2004年，第566页。
② （元）脱脱等：《宋史》卷490《外国六·天竺》，中华书局，1977年，第14105页。
③ （宋）李焘：《续资治通鉴长编》卷50，中华书局，2004年，第1090～1091页。

界玉门，南接萧关，北控大漠，地方万余里"①。西夏占领河西地区后，控制了丝绸之路陆路贸易，获取了大量经济利益，经济社会得到长足发展，政治和军事势力不断增强。此后，西夏"控制伊西，平吞漠北，从此用兵中原，无后顾忧矣"②。

西夏在河西地区设置凉、甘、肃、瓜、沙五州。凉州是丝路重镇，西夏升其为西凉府，地位仅次于兴庆府。镌于西夏天祐民安五年的《凉州重修护国寺感应塔碑》（今藏甘肃省武威市博物馆）汉文碑铭曰："大夏开国，奄有西土，凉为辅郡，亦已百载。"百载之言虽虚，辅郡之称属实。西夏又升甘州为镇夷郡（州），肃州为番和郡（州），兼理军民，镇抚西陲。此外，在军事上，西夏在居延故城、庄浪河流域、西凉府、甘州和瓜州各地先后设立了黑水镇燕（驻兀剌海城，今甘肃山丹县北）、卓啰和南（在庄浪河与祁连山间）、右厢朝顺（治西凉府）、甘州甘肃（治甘州）和瓜州西平（治瓜州）监军司，控制河西和回鹘贸易通道。

与此同时，宋朝派遣曹玮经营秦州，重开西域诸国经兰州、河州、熙州至秦州的朝贡路线。1020年（天禧四年）三月，宋朝重新打通了秦州路，真宗诏命"西凉府回鹘自今贡奉，并由秦州路"③。西域各国贡使从凉州、甘州出湟河河岸，经兰州、熙州等地至秦州，再沿渭河河岸东行，到达长安。宋初，在很长一段时间里，大食诸国贡使是经过陆路入贡的，并且，"大食国每入贡，路由沙州西界以抵秦亭（今甘肃天水市清水县东北）"④。但是，西域各国商旅在沿途不时遭到夏人"劫掠"，其生命财产得不到保障。1023年（天圣元年），宋仁宗"诏自今取海路繇广州至京师"⑤。自从宋仁宗下诏后，阿拉伯等中亚、西亚商旅多经海路来华，但是，丝绸之路陆上往来并未彻底终止。1036年（景祐三年），天竺僧善称等9人入宋，贡献梵经、佛骨及铜牙菩萨像。后善称

---

① （清）吴广成撰，龚世俊等校证：《西夏书事校证》卷12，甘肃文化出版社，1995年，第145页。
② （清）吴广成撰，龚世俊等校证：《西夏书事校证》卷12，甘肃文化出版社，1995年，第140页。
③ （清）徐松辑，刘琳等校点：《宋会要辑稿》方域二一《边州》，上海古籍出版社，2014年，第9709页。
④ （宋）李焘：《续资治通鉴长编》卷101，中华书局，2004年，第2342页。
⑤ （元）脱脱等：《宋史》卷490《外国六·大食国》，中华书局，1977年，第14121页。

等人还经夏州时，元昊将他们留于驿馆，求贝叶梵经不得，遂将其羁留。从此，西域贡僧遂绝。《马可波罗行记》中提到，唐古忒（即西夏）"诸州之山中并产大黄甚富，商人来此购买，贩售世界，居民恃土产果实为活"①。元朝初年，西夏大黄行销世界各地，可知在此之前，中亚、西亚商人已同西夏有着较为密切的商贸往来。

当西夏占据河西地区，控制东西交通要道后，自河西至长安的东西贸易主流，便以西夏为媒介，经由河西、西夏、东北到达辽国。据《契丹国志》卷21《诸小国贡进物件》记载："高昌国、龟兹国、于阗国、大食国、小食国、甘州、沙州、凉州，已上诸国三年一次遣使，约四百余人，至契丹贡献。"②这些朝贡均属官方贸易性质。此外，估计还有不少私人性质的贸易。《辽史·属国表》记载：1041年（辽兴宗重熙十年）十一月，"回鹘遣使来贡"③；1043年（重熙十二年）六月，"回鹘遣使来贡"④；1049年（重熙十八年）三月，"高昌国遣使来贡"⑤；1051年（重熙二十年）二月，"吐蕃遣使来贡"⑥等。在西域诸国对辽的朝贡贸易当中，回鹘贡使、商贾显得最为活跃。洪皓在《松漠纪闻》中记载，回鹘商贾"载以橐驼过夏地，夏人率十而指一，必得其最上品者，贾人苦之。后以物美恶杂贮毛连中，然所征亦不赀"⑦。这些回鹘商贾是经西夏到达辽国的，其贩易物品有腽肭脐、乳香、安息香、硇砂等。

《辽史·地理志一》"上京道"条云，上京"南门之东回鹘营，回鹘商贩留居上京，置营居之"⑧。回鹘在上京临潢府（今内蒙古赤峰市巴林左旗郊外）设有贸易场所。他们自西域进入河西地方后，再从黑城或凉州东至西夏，

第四章　宋代西北地区的香药贸易

---

① ［意］马可波罗著，冯承钧译：《马可波罗行纪》，上海书店出版社，1999年，第125页。
② （宋）叶隆礼撰，贾敬颜等点校：《契丹国志》卷21《外国贡进礼物·诸小国贡进物件》，中华书局，2014年，第230页。
③ （元）脱脱等：《辽史》卷70《表第八·属国表》，中华书局，1974年，第1160页。
④ （元）脱脱等：《辽史》卷70《表第八·属国表》，中华书局，1974年，第1161页。
⑤ （元）脱脱等：《辽史》卷70《表第八·属国表》，中华书局，1974年，第1164页。
⑥ （元）脱脱等：《辽史》卷70《表第八·属国表》，中华书局，1974年，第1164页。
⑦ （宋）洪皓：《松漠纪闻》，见李澍田主编《长白丛书》（初集），吉林文史出版社，1986年，第15页。
⑧ （元）脱脱等：《辽史》卷37《地理志一》，中华书局，1974年，第441页。

然后横穿鄂尔多斯,到达辽的天德军。《辽史·地理志五》"西京道"条云:"河清军(治今内蒙古鄂尔多斯市东胜市东北)。西夏归辽,开直路以趋上京。重熙十二年建城,号河清军。"① 西夏向辽称臣后,开辟了自兴庆府到达辽上京临潢府的"直路"。《隆平集》卷20记载,西夏自李德明攻陷甘州、拔西凉府后,"其地东西二十五驿,南北十驿,自河以东,北十有二驿,而达契丹之境"②。清人张鉴在《西夏纪事本末》卷首上所附《西夏地形图》中,详细地列出了自灵州至契丹界的十二驿名称:马练驿、吃啰驿、启哆驿、卒李驿、瓦井驿、布袋驿、连袋驿、陌井驿、乳井驿、咩逋驿、梁陵驿、横水驿。③ 这可能就是《辽史·地理志五》"西京道"条所说的直达路线即"直路"。此路自兴庆府向东到怀州,在横城渡过黄河,然后向东北穿过鄂尔多斯,到达辽国的清河军。西夏自李继迁附辽抗宋以后,每年都要派遣使节携带大量贡品入辽。

在夏、金对峙时期,回鹘商人除了走居延路外,还取道河西走廊,经兴庆府到达金朝。他们贩运的商品与辽代基本相同,除了兜罗棉、毛氍、狨锦、注丝、熟绫、斜褐等土特产品外,还有腽肭脐、乳香、安息香、檀香、阿魏、没药、硇砂等外来物品。

一般认为,自唐代中叶以后,陆上丝绸之路开始衰落,尤其是进入宋代,因宋、辽、夏长期对峙,故中原通往西域的交通道路受阻。如宋仁宗时御史中丞贾昌朝曾上疏云:"今四夷荡然与中国通,在北则臣契丹,其西则臣元昊,二国合从,有掎角中国之势。借使以岁币羁縻之,臣恐不能胜算。"④ 蔡絛在《铁围山丛谈》卷5中也说:"国朝西北有二敌,南有交趾,故九夷八蛮,罕所通道。太宗时,灵武受围,因诏西域若大食诸使,是后可由海道来"⑤。实际上,在西夏统治时期,陆上丝绸之路不但不像我们所想象的那样遭到破坏,

---

① (元)脱脱等:《辽史》卷41《地理志五》,中华书局,1974年,第515页。
② (宋)曾巩撰,王瑞来校证:《隆平集校证》卷20《夷狄·夏国》,中华书局,2012年,第603页。
③ (清)张鉴撰,龚世俊等校点:《西夏纪事本末》卷首上,甘肃文化出版社,1998年,第12~13页附图。
④ (元)脱脱等:《宋史》卷285《贾昌朝传》,中华书局,1977年,第9616页。
⑤ (宋)蔡絛、曾敏行撰,李梦生、朱杰人校点:《铁围山丛谈·独醒杂志》,上海古籍出版社,2012年,第63页。

而且在宋、夏对峙的大背景下，西夏统治者非常重视丝绸之路，并利用地处"贸易华戎"的有利地位，积极从事西域诸国与中原王朝间的转手贸易。不过，由于西夏与北宋间在政治、军事上的长期对峙与冲突，不可避免地阻碍了丝绸之路的畅通。宋室南迁后，金朝攻占北宋陕西五路。1136年（绍兴六年），西夏又攻取金的西宁州、乐州。翌年，金朝正式将上述二州连同积石州、廓州割让给西夏。至此，西夏控制了青海路。金军占据陕西后，西夏与南宋隔绝，这就决定了西夏在经济上不得不依赖于金国。当时，随着海上丝绸之路的繁荣，大食诸国往往通过海路与南宋进行贸易，而西夏经济基础相对薄弱，经济结构比较单一，无法与南宋相颉颃。尽管如此，西夏政府仍然采取一些优惠政策，吸引大食、回鹘等国商人到西夏进行贸易。

西夏与喀喇汗朝间的关系比较密切。元昊攻占甘州，征服瓜州、沙州回鹘后，其西境与喀喇汗朝控制下的于阗相邻。1082年（元丰五年），西夏西南都统昂星嵬名济给宋朝泾原总管刘昌祚书说："夏国提封一万里，带甲数十万，南有于阗作我欢邻，北有大燕为我强援，若乘间伺便，角力竞斗，虽十年岂得休哉！"①这显然是夸诞之词。但是，西夏与喀喇汗朝间有贸易往来，双方的关系是比较融洽的。1083年（元丰六年）五月，"西贼犯兰州，破西关，虏略和雇运粮于阗人并橐驼。诏：'虏略于阗人畜，令制置司优恤之'"②。此后，西夏与喀喇汗朝的关系开始恶化。1093年（元祐八年），喀喇汗朝向宋廷请求伐夏，宋廷未允。1097年（绍圣四年），喀喇汗朝遣兵进攻甘、沙、肃三州，双方关系进一步恶化。

回鹘商人在西夏的对外贸易活动中曾起到非常重要的作用。当时，回鹘语已成为西夏与周边民族商业贸易活动中的交际语。西夏境内有一种叫作"回鹘通译"的专门职业，在《天盛改旧新定律令》卷5《计二门》中将其与医人、向导、渠主、商人、黑检主、船主、井匠等并列。③1153年（夏仁宗天盛五年）五月，"畏吾儿国（指回鹘）来献。畏吾儿居伊州外，见夏国日盛，遣使献

---

① （元）脱脱等：《宋史》卷486《外国二·西夏下》，中华书局，1977年，第14013页。
② （清）徐松辑，刘琳等校点：《宋会要辑稿》蕃夷四《于阗》，上海古籍出版社，2014年，第9776页。
③ 史金波、聂鸿音、白滨译注：《天盛改旧新定律令》卷5《计二门》，法律出版社，2000年，第224页。

方物"①。这说明西夏与回鹘间除了一般的商业贸易外，还存在着某种意义上的通贡关系。当然，这不过是一种变相的贸易而已。

西夏与大食间有着密切的贸易往来。夏仁宗天盛年间制定并颁布的《天盛改旧新定律令》，比较全面地反映了西夏的社会历史、民族关系、宗教文化，以及对外关系等多方面内容，为我们研究西夏与丝绸之路的关系提供了珍贵的资料。《天盛改旧新定律令》卷7《敕禁门》中对西夏与大食、回鹘之间的贸易有专门规定：

> 向他国使人及商人等已出者出卖敕禁物时，其中属大食、西州国等为使人、商人，已卖敕禁物，已过敌界，则按去敌界卖敕禁物法判断。已起行，他人捕举告者当减一等，未起行则当减二等，举告赏亦按已起行、未起行得举告赏法获得。大食、西州国等使人、商人，是客人给予罚罪，按不等已给价□当还给。此外其余国使人、商人来者，买物已转交，则与已过敌界同样判断。若按买卖法价格已言定，物现未转交者，当比未起行罪减一等。
>
> 大食、西州国等买卖者，骑驮载时死亡，及所卖物甚多，驮不足，说需守护用弓箭时，当告局分处，按前文所载法比较，当买多少，不归时此方所需粮食当允许卖，起行则所需粮食多少当取，不允超额运走。若违律无有谕文，随意买卖，超额运走时，按卖敕禁法判断。②

权禁制度作为国家干预、控制社会经济生活的基本手段，是社会经济发展与国家专制主义矛盾运动的结果。但是，在特殊历史条件下，敌对政权间实行物资禁榷，可以维护本国基本经济利益，削弱对方实力，并有效控制战时物资。西夏国内对盐、铁、酒实行榷卖，而对外贸易的禁榷物则更多，包括钱币、兵器、牛、马、橐驼、铠甲、粮食、金、银、铁等，既不许国内向

---

① （清）吴广成撰，龚世俊等校证：《西夏书事校证》卷36，甘肃文化出版社，1995年，第421页。
② 史金波、聂鸿音、白滨译注：《天盛改旧新定律令》卷7《敕禁门》，法律出版社，2000年，第284~285页。

外国人出售，也不许至敌界货卖。《天盛改旧新定律令》是天盛年间由旧的法令修改而成，其中的大食即阿拉伯帝国，西州指高昌回鹘王国。从律令的上述内容来看，西夏与周边各民族政权的商业往来中，大食和高昌回鹘占有特别重要的地位。西夏给予西州回鹘、大食使者和商人一系列优惠政策，即在特殊情况下可供给其驮物牲畜、粮食、弓箭等敕禁物；违法购买敕禁物品时的处罚也较别国使者、商人为轻。西夏和西州回鹘出于共同维护丝路贸易的需要，相互配合，建立起比较密切的政治关系，以及正常、互惠的贸易渠道。对处在更远的喀喇汗王朝，西夏也曾一度采取和平共处的政策。不过，由于西夏对过境商贾征收十分之一的商税，西域各国商贾被迫绕道青唐或取道海路。西夏抽取过往商贾十分之一的实物税，除了自己消费外，主要用以倒卖，转手获取高额利润。

当时，海路贸易异常繁荣，大食诸国往往通过海路与南宋进行贸易。但是，西夏仍然采取一些优惠政策以吸引大食、回鹘诸国商人。《天盛改旧新定律令》卷19《畜利限门》云："大食之骆驼数依所成幼仔交纳。……大食之骆驼毛绒、酥不须交纳，牧者持之。"[①] 凡是来自"大食之骆驼"都要按照数量交税，对于幼仔，要根据其成活的数量来决定税额，而对于大食骆驼的毛绒及酥，则不必缴税。这反映了西夏政府对大食贸易的重视，同时说明西夏对大食的优惠政策收到了成效，有不少大食商人到西夏进行贸易。通过贸易，大食的不少物产传入西夏。在西夏文—汉文对照词语集《番汉合时掌中珠》中，收集词语700余条，内容涉及西夏社会的各个方面，列举了不少外来物品，其中有产于阿拉伯地区的乳香、沉香、珊瑚、琉璃、琥珀、玛瑙等。[②]《天盛改旧新定律令》卷17《物离库门》详细规定了西夏官府对财物的出入库管理办法，其中"和生药"列举了近231种香药和药材，比较常见者有：一等因蛆虫不食，不减耗：珊瑚、玛瑙、玳瑁、香象牙、珍珠、甲香；一等蛆虫不食应耗减，一斤可耗减一两：礬石、硇砂、沉香、琥珀、乳香、檀香、骐麟竭、没药、宿香、苏香、麝香、香脂、木香、芍药、细辛、龙脑、丁香、阿魏、莳萝、

---

① 史金波、聂鸿音、白滨译注：《天盛改旧新定律令》卷19《畜利限门》，法律出版社，2000年，第577～578页。

② （西夏）骨勒茂才著，黄振华、聂鸿音、史金波整理：《番汉合时掌中珠》，宁夏人民出版社，1989年，第296、255、298、278、266、281页。

零陵香、荜豆；一等蛆虫食之不耗减：犀角、羚羊角；一等蛆虫食之耗减，一斤耗减二两：甘松、白豆蔻、肉豆蔻、白附子、附子、五味子等。[①]这些香药和药材几乎包括了当时阿拉伯地区、中国内地、西域诸国，以及吐蕃诸部的所有香药、药材品种。尽管我们对这些香药的具体用途不太清楚，但参诸同一时期的宋朝，除了用以转售、榷卖、和药之外，可能还用于宗教祭祀和日常焚香。如西夏有医人院和制药司。

西夏对西方各国商旅一方面采取掠夺与重税政策，阻碍丝绸之路贸易的发展；另一方面又采取一系列的优惠政策，鼓励与保护来往使者和商旅，这看起来自相矛盾。但是，如果我们把这一问题置于宋、夏矛盾的大背景下来考量，一切都变得简单明了。为了遏制西夏势力的发展，北宋与甘州回鹘、唃厮啰及于阗结成联盟，并要求大食商贾改行海路，不要经过西夏。为了打破这个联盟，西夏对回鹘商旅征收重税，并掠夺西域贡使，阻断丝路贡道。北宋和西夏都希望丝绸之路能够畅通无阻，但是，经济利益有时必须服从政治斗争。当然，政治对经济的影响只是局部、短暂的现象，只能对经济的发展起促进和阻碍作用，而不能改变经济发展的必然趋势。西域诸国贡使、商旅经过西夏与宋、辽、金的贸易从来就没有停止过，至于西方商旅最终舍弃陆路而改走海路的问题，这与唐代中叶以后海上丝绸之路的兴起，以及与宋朝的海外贸易政策密切相关。总之，西夏的对外贸易政策是在长期的对外交往中形成的，是其与辽、宋、金诸政权间力量对比消长变化的产物。西夏是东西方中转贸易中重要的一环。

[①] 史金波、聂鸿音、白滨译注：《天盛改旧新定律令》卷17《物离库门》，法律出版社，2000年，第550～552页。

第五章　唐宋时期香药消费和应用

自古以来，香药、香材被广泛应用于饮食、医疗、香薰、辟秽、建筑、美容等许多方面，成为人们日常生活和临床医疗不可或缺的重要本草门类。先秦时期的辛香类调料主要有椒（花椒）、姜、桂、芥酱（用芥子捣制的酱）等，品种不多，应用不普遍。汉至南北朝时期，丝绸之路开通后，西域地区的食用香料如胡芹、胡荽、荜拨、胡椒、马芹（孜然）等陆续传入中国，调味香料的品种开始丰富起来。到唐宋时期，随着外来香药的增多和人们生活水平的逐步提高，香药的使用越来越广泛，涉及饮食、医药、建筑、宗教活动等诸多方面，食砌香点香茶、调服香药、衣物熏香、佩戴香囊、沐浴香汤、香事仪式普及民间，品香闻香成为时尚。中医学运用其中药理论研究香药，并将香药广泛地应用于临床。

此外，唐宋时期，中国佛教步入鼎盛阶段，佛教与印度文化为中国寺庙带来大量新的香药，从高昌、敦煌到青唐城再到中国内地，礼佛、浴佛、盥洗、净身都需要大量的香药，许多使用香药和焚香的习俗已融入当地人民的生活当中。在唐人的社会生活中，香药具有重要的象征意义和实用价值。在朝廷举行的各种仪式中，在庙宇寺观的各类活动中，在人们日常生活的方方面面，都离不开焚香和香药。"唐朝上层社会的男男女女都生活在香云缭绕的环境之中。他们的身上散发着香味，浴缸中加了香料，而衣服上则挂着香囊。庭院住宅内，幽香扑鼻；公堂衙门里，芳香袭人；至于庙宇寺观，就更是香烟袅袅，香气弥漫的所在了。"[①] 香药与香文化对中国社会文化的多元构成举足

---

①［美］薛爱华著，吴玉贵译：《撒马尔罕的金桃——唐代舶来品研究》，社会科学文献出版社，2016年，第391页。

轻重。宋代，统治者重文抑武，社会风气奢靡，对香药的需求和消费不断扩大，上至皇亲贵族，下至公卿大夫，均对香药痴迷成风。同时，随着市场经济的发展和商业城镇的兴起，社会下层对香药的需求日增。香药业成为宋朝国民经济的支柱性产业之一。

第一节　香药在社会生活中的应用

一、香料、香茶和香酒

（一）香料

我国的香食文化源远流长，香羹、香饮、香膳从古延续至今。从文献记载来看，从上古时代起，中国人就非常重视饮食生活，即使在铁器还不发达，日常烹调只依靠陶器的时代，就已经创造出多种烹调方法。夏商以后，人们已不满足于各种食物的自然味道，开始在饮食中加入椒、葱、姜等呈味物质。《诗经·周颂·载芟》云："有椒其馨。"《荀子·礼论》亦云："椒兰芳苾，所以养鼻也。"《楚辞·招魂》"大苦咸酸，辛甘行些"中的辛味，实际上包含着香气成分。辛味是一种具有特殊刺激性与芳香气息的味道。在中国古代，一般指葱、姜、蒜、花椒、桂皮、韭菜、芫荽、香菜等蔬菜的味道，而非今天所言辣椒当中的辣味。从西周到西汉，在熟食技术方面，仍然限于烤、煮、蒸三种途径，各种冷食尤其是酿造品较为发达。在膳食来源方面，各种野生的动物、植物，经过选择、栽培、饲养，成为人们的主要食品。《尚书·周书·洪范》有五味配五行的说法。此后，酸、甘、苦、辛、咸一直是中国烹饪关注的基本味。《礼记·礼运》篇说："五味、六和、十二食，还相为质也。"五味指酸、苦、辛、咸、甘。六和指酸、苦、辛、咸，调以滑、甘。据《周礼》和《礼记》记载，当时，人们可用于调味的辛辣芳香类调料有花椒、桂皮、生姜、蘘荷、茱萸、芍、葱、芥、蓼等。姜在周秦两汉调料中占有重要的地位，被称为"和之美者"。春秋战国时期，随着园圃业的发展，香料品种逐渐增多。花椒在战国时期已屡次出现。汉代，胡芹、胡荽、荜拨、胡椒、马芹、砂仁、豆蔻等域外药食两用香料的传入，改变了人们以葱、姜、蒜等为主的调味方式，实现了饮食调味多样化。汉武帝以后，来自西方、南方的食物逐渐增多，饮食结构发生较大变化。在长沙马王堆汉墓中出土了茱萸、姜和桂皮。桂皮即肉桂，是我国特产，后来西传波斯、阿拉伯地区。汉灵帝好胡服、胡饭、胡笛、胡舞等，京城贵戚，竞相为之。南北朝时期，许多外来风味的食物传入中原地区。北魏贾思勰《齐民要术》卷8《蒸缹法第七十七·胡炮肉法》云："肥白羊肉——生始周年者，杀，则生缕切如细叶，脂亦切。著浑豉、盐、擘葱白、薑、椒、荜拨、胡椒，令调适。净洗羊肚，翻之。以切肉脂内于肚中，以向满为限，缝合。作浪中坑，火烧使赤，却灰火。内肚著坑中，还以灰火覆之，于上更燃火，炊一石米顷，便熟。香美异常，非煮、炙之例。"①"缹"有时即煮，通常指小火慢煮；有时与"炖"同；有时则指"炒"。该书同卷"蒸猪头法"云："取生猪头，去其骨，煮一沸，刀细切，水中治之。以清酒、盐、肉，蒸，皆口调和。熟，以干薑、椒著上食之。"②"胡炮肉法"和"蒸猪头法"就用到多种本土和外来香料。

李唐起自西陲，历事周隋，不唯政制多袭前代之旧，一切文物亦复不间华夷，兼收并蓄。西域胡食，中亚佳味，通过丝绸之路汇集长安。唐朝开元、天宝之际，"天下升平，而玄宗以声色犬马为羁縻诸王之策，重以蕃将大盛，异族久居长安者多，于是长安胡化盛极一时，此种胡化大率为西域风之好尚：服饰、饮食、宫室、乐舞、绘画，竞事纷泊；其极社会各方面，隐约皆有所化，好之者盖不仅帝王及一二贵戚达官已也"③。关于长安胡姬酒肆兼营胡食之事，张旭在《赠酒店胡姬》一诗中写道："胡姬春酒店，弦管夜锵锵。红毹铺新月，貂裘坐薄霜。玉盘初鲙鲤，金鼎正烹羊。上客无劳散，听歌乐世娘。"④胡姬酒肆的经营者有粟特人，也有波斯人。唐代，河西地区的"饮食胡风"比内地更加浓厚。在敦煌社会经济文书中，敦煌有40多家酒户和酒店，其中中亚粟特人康姓、安姓和石姓等所开酒店占到一半多。⑤凉州不仅酒肆林立，而且有当垆酒女"伴客"喝酒。胡姬酒肆不仅出售异域美食，还供应美味胡食。

---

① (后魏)贾思勰著，缪启愉校释：《齐民要术校释》卷8《蒸缹法第七十七·胡炮肉法》，农业出版社，1982年，第479~480页。
② (后魏)贾思勰著，缪启愉校释：《齐民要术校释》卷8《蒸缹法第七十七·蒸猪头法》，农业出版社，1982年，第480页。
③ 向达：《唐代长安与西域文明》，河北教育出版社，2001年，第42页。
④ (唐)张旭：《赠酒店胡姬》，见(清)彭定求等编《全唐诗》卷117，中华书局，1960年，第1181页。
⑤ 高启安：《唐五代敦煌饮食文化研究》，民族出版社，2004年，第419~420页。

在这种社会风气下，"太常乐尚胡曲，贵人御馔，尽供胡食，士女皆竟衣胡服"①。所谓胡食者，即胡饼、麨饦（油煎饼）、毕罗等。自张骞通西域后，胡饼传入中国。胡饼的形状与今日的烧饼相类似，在南北朝隋唐时期皆被视为面点中的美味。毕罗一语源自波斯语，一般认为它是一种以面粉作皮，包有馅心，经蒸或烤制而成的食品。唐人喜欢在食物中添加胡椒、姜等辛香香料。敦煌文献反映，白面做细粮，像胡饼、烧饼及其他用来招待客人的精美食品。如P.4906《年代不明某寺诸色破用历》有"白面肆斗造胡饼""白面壹斗伍升，造胡饼；白面伍升造奠饼；白面壹斗造没饦"等。

  胡椒和荜拨是唐人饮食中贵重的调味品。苏敬《新修本草》云，胡椒"生西戎，形如鼠李子。调食用之，味甚辛美，而芳香不及蜀椒"②。可见，胡椒用于调食是广为唐人所知之事实。段成式《酉阳杂俎》卷18记载，唐人在制作胡盘肉食时亦喜欢用胡椒调味。"胡椒出摩伽陁国，呼为昧履支。……形似汉椒，至辛辣。六月采，今人作胡盘肉食皆用之。"③此外，唐人在胡饼中还夹有胡椒，"时豪家食次，起羊肉一斤，层布于巨胡饼，隔中以椒豉，润以酥，入炉迫之，候肉熟食之，呼为'古楼子'"④。唐代，食物配伍所用香料不限于胡椒、姜、桂皮和葱，而是呈现出多样化。荜拨作为香辛调料，早在晋人嵇含的《南方草木状》中就已提及："蒟酱，荜茇也。生于番国者大而紫，谓之荜茇；生于番禺者小而青，谓之蒟焉。可以调食，故谓之酱焉。"⑤李时珍《本草纲目·草部》引苏恭语曰："荜拨生波斯国。丛生，茎叶似蒟酱，其子紧细，味辛烈于蒟酱。胡人将来，入食味用也。"⑥苏恭指出，荜拨与蒟酱不同，其味辛烈于蒟酱。胡椒与荜拨在唐代主要是作为香辛味的调料而知名。

---

  ①（后晋）刘昫：《旧唐书》卷45《舆服志》，中华书局，1975年，第1985页。
  ②（唐）苏敬等撰，尚志钧辑校：《唐·新修本草》（辑复本），安徽科学技术出版社，1981年，第359页。
  ③（唐）段成式：《酉阳杂俎》卷18《广动植之三·木篇》，见《钦定四库全书荟要》，吉林出版集团有限责任公司，2005年，第396页。
  ④（宋）王谠：《唐语林》卷6，中华书局，1958年，第207页。
  ⑤（晋）嵇含：《南方草木状》卷上《草类·蒟酱》，广东科技出版社，2009年，第15页。
  ⑥（明）李时珍著，王育杰整理：《本草纲目》草部卷14《草之三·荜茇》，人民卫生出版社，1999年，第713页。

鸡舌香在唐代烹调中的应用虽不像现代西方那样广泛，但是，唐代有一种"浸在丁香中的"精制的肉片，这种肉片应该是放在调入鸡舌香的汤汁中腌制成的。① 可见，唐人饮食用香日益丰富、精致。敦煌文书 P.2609《俗务要名林》中，列有几十种菜蔬和调味品，其中有芥、荜拨、姜、椒、兰香、香柔、蘘荷、蒜、韭、葱、芸等。此外，在敦煌地区发现的药膳方剂中，有些方剂使用外来香药。如 P.3541 号文书："酥一升，充乳药"；P.2863 号文书："呵梨勒一课，充乳药"；P.3353Va 号文书："酥一升，充法师乳药；呵梨勒两颗，充俟纳"等。"乳药"可能是一种加了奶制品和香药的药膳。

同时，香药因具有特殊功效，故有人将其直接服食。据《开元天宝遗事》卷上《助情花》记载："明皇正宠妃子，不视朝政，安禄山初承圣睐，因进助情花香百粒，大小如粳米，而色红。每当寝处之际，则含香一粒，助情发兴，筋力不倦。帝祕之曰：'此亦汉之慎卹胶也。'"② 而宁王娇贵，极为奢侈，"每与宾客议论，先含嚼沉麝，方启口发谈，香气喷于席上"③。

宋代，对外交通发达，物质文化交流频繁，香药品种更加丰富，香药利用向多元化方向发展。考诸宋代饮食类文献，其饮食比前代更多了香与辣。林洪在《山家清供》中详细叙述了胡椒、莳萝、茴香等香料的用法，更有将木香以及许多香花经过加工作为菜肴的描述。如《山家清供》中提到用梅花与檀香制作的"梅花汤饼"④，用芙蓉花、胡椒、姜和豆腐制成的"雪霞羹"⑤，用莳萝、茴香、姜、椒等制成的"满山香"⑥，等等。由此可见，当时人们食用芳香食物的风气已很盛行。

在世界范围内，调味料和香辛料的使用，存在欧洲调味品圈、阿拉伯辛香料圈、印度咖喱圈等。阿拉伯人自古以来擅长种植、制作、使用香药。如龙涎香被阿拉伯人调制成香膏，用于化妆品和烹调；乳香常被用于肉汤、菜

---

① ［美］薛爱华著，吴玉贵译：《撒马尔罕的金桃——唐代舶来品研究》，社会科学文献出版社，2016年，第426页。
② （五代）王仁裕撰，曾贻芬点校：《开元天宝遗事》卷上《助情花》，中华书局，2006年，第21页。
③ （五代）王仁裕撰，曾贻芬点校：《开元天宝遗事》卷下《嚼麝之谈》，中华书局，2006年，第57页。
④ （宋）林洪：《山家清供》卷上《梅花汤饼》，中国商业出版社，1985年，第6页。
⑤ （宋）林洪：《山家清供》卷下《雪霞羹》，中国商业出版社，1985年，第18页。
⑥ （宋）林洪：《山家清供》卷下《满山香》，中国商业出版社，1985年，第18～19页。

肴和布丁中，亦为制作"沙乌马"（一种肉食）的调料之一；藏红花被用在米食中，或被用作鸡、鱼类食品的调味品；小豆蔻是阿拉伯咖啡中必不可少的原料；安息香更是被广泛用于阿拉伯人几乎所有的饭菜甚至酸奶、凉菜中。印度人喜欢在食物中添加阿魏和其他香药。印度西海岸的胡椒是印度人最爱用的调料之一，著名的咖喱粉即是由胡椒、姜黄等调制而成的一种黄色粉末状的香辣调料。

宋代市面上销售的以香药为佐料加工的各色食品很多，如香药灌肠、五香熏鹌鹑、腽肭脐酒、沉香水、五香豆等等。高档茶叶要"微以龙脑和膏"来熏焙；"臣庶之家皆仿为之"的宫廷苏合香酒，要用十五种香药来浸泡。元人忽思慧在其所著《饮膳正要》中，记载了许多用阿拉伯香药调制食物的方法，如用阿魏的根来腌制羊肉，据说味道十分鲜美。李时珍《本草纲目》记载：番红花，"出西番回回地面及天方国，即彼地红蓝花也。元时以入食馔用"[①]。番红花并非红蓝花，但元代番红花入食馔绝非虚言。

（二）香茶

中国古代饮茶习俗的出现，不晚于西汉。顾炎武曾说："自秦人取蜀而后，始有茗饮之事。"当时，茶叶主产区在西南地区，到东汉时期，渐次扩散到东南一带。不过，据《世说新语》《齐民要术》等记载，在魏晋以前，茶叶好像都未经加工，而是用鲜叶制成"茗汁"，甚至用来煮成"茗粥"。隋唐以后，饮茶之风盛行，于是有了茶叶加工技术。陆羽在《茶经》中论说了茶的起源、制茶工具、制茶方法、饮茶用具、煮茶方法、饮茶习俗和茶事图像等十个方面，全面总结了前代茶学成果，且对后世影响很大。香花香草因其芳香无毒，古人或将其直接冲泡饮用，或将其与其他香料配伍制成香茶，以桂花、丁香、檀香等泡制成冷喝的渴水，以香料、香草煮成热饮的熟水，都是中国古人的创造。

香茶是我国主要茶品之一，既有鲜花的芳香，又有茶叶原有的醇厚滋味，可以提神醒脑。陆羽在《茶经》卷下中云："饮有粗茶、散茶、末茶、饼茶者。乃斫、乃熬、乃炀、乃舂贮于瓶缶之中，以汤沃焉，谓之庵茶。或用葱、姜、枣、桔皮、茱萸、薄荷之等，煮之百沸，或扬令滑，或煮去沫，斯沟渠

[①]（明）李时珍著，王育杰整理：《本草纲目》草部卷15《草之四·番红花》，人民卫生出版社，1999年，第795页。

间弃水耳,而习俗不已。"①不过,这种以香料入茶同煮的饮茶方法,在诸多茶典中是受到批评的。陆羽就不赞成这种方法,他把这种茶比作"沟渠间"的"弃水"。正因如此,香料佐茶与其在调味、酿酒中的应用相比,其功效要逊色许多。

据文献记载,香茶始于隋而盛于宋。李时珍《本草纲目》卷34引杜宝《大业录》云,隋有寿禅师妙医术,作五香饮以济人。沉香饮、檀香饮、丁香饮、泽兰饮、甘松饮,皆以香为主,更加别药,有味而止渴,兼补益人也。②宋人蔡襄在《茶录》中,最早记载了用香药制茶的方法:"茶有真香。而入贡者微以龙脑和膏,欲助其香。建安民间试茶皆不入香,恐夺其真。若烹点之际,又杂珍果香草,其夺益甚。正当不用。"③当时,为了增加茶叶的香味,有人"微以龙脑和膏",但是,这种做法损害了茶叶本有的清香,因此蔡襄不主张用龙脑香和茶膏。寇宗奭在《本草衍义》卷14中亦云,龙脑香,"此物大通利关膈热塞,其清香为百药之先。……然非常服之药,独行则势弱,佐使则有功。于茶亦相宜,多则掩茶气味,万物中香无出其右者"④。在《香谱》《香录》等香药文献中,均有关于制作香茶的零星记载,如有用茉莉、甘草等香花香草与茶叶配制而成的香茶,还有用沉香、片脑、白檀末等香药与上等高茶配制而成的香茶等。《本草纲目》云:"末利原出波斯,移植南海,今滇、广人栽莳之。……女人穿为首饰,或合面脂。亦可熏茶,或蒸取液以代蔷薇水。"⑤宋代,人们制作香茶所用的香料主要有桂花、菊花、梅花、茉莉、龙脑、麝香、檀香和缩砂等。

明代以后,关于香茶及其制作方法的记载逐渐增多。邝璠的《便民图纂》、高濂的《遵生八笺》和宋诩的《竹屿山房杂部》等饮食起居类文献中,都有不少关于香茶制作方法的记载。如《便民图纂》记载了"法煎香茶""脑麝

---

① (唐)陆羽著,志文注译:《茶经》卷下《茶之饮》,三秦出版社,2005年,第35页。
② (明)李时珍著,王育杰整理:《本草纲目》木部卷34《木之一香木类三十五种·檀香》,人民卫生出版社,1999年,第1601页。
③ (宋)蔡襄等著,唐晓云整理校点:《茶录》(外十种),上海书店出版社,2015年,第12页。
④ (宋)寇宗奭:《本草衍义》卷14,人民卫生出版社,1990年,第91页。
⑤ (明)李时珍著,王育杰整理:《本草纲目》草部卷14《草之三芳草类五十六种·茉莉》,人民卫生出版社,1999年,第732页。

香茶""百花香茶""天香汤（茶）""宿砂汤（茶）""熟梅汤（茶）"和"香橙汤（茶）"等的制作方法。①大体言之，薰制香茶的方法是将适量的香料与茶叶放在密封的容器中，一般窨三天以上，窨的时间越长，香味就越浓。窨制茶叶的香料主要有香味较浓厚的龙脑、麝香、茉莉、桂花、素馨、橘花、玫瑰、辛夷和薄荷等。在缩砂汤、熟梅汤和香橙汤中，以缩砂、熟梅和香橙作为主料，以香附子、檀香、生姜等香料作为附料。用特定的配制方法作出的香汤（茶），其外观、口感、质量与功效都堪称一绝。

（三）香酒

香酒是中国先民们的创造，具有香甜醇厚、清香馥郁、治病养生的功效，古人用以祭祀祖先、神明，或用以相互馈赠。中国酿制香酒的历史可以追溯到夏商时期。甲骨文中就有"鬯其酒"的记载。《周礼·春官》云："鬯人掌共秬鬯而饰之。"《礼记·曲礼下》亦云："凡挚，天子鬯。"班固在《白虎通·考点》中解释说："鬯者，以百草之香，郁金合而酿之成为鬯。"即以郁金与黑黍等酿造而成的一种色黄而香的酒，它是商周时期用作敬神和赏赐的珍品。后来人们一直将郁金称为"鬯草"，意为制作香酒的草，而酿酒的人则被称为"鬯人"。此后，在《楚辞》《博物志》《齐民要术》《唐本草》《嘉祐本草》等本草、起居和农业类文献中，都有关于酿造香酒的零散记载，而《酒经》《酒谱》和《酒史》等酒类专著中的记载则更为翔实。

周代以后，随着人们对芳香类植物认识的加深，除了郁金以外，桂、白芷、菖蒲、菊花、牛膝、花椒等芳香类植物，都被用来酿制香酒，添加到酿酒的原料中。屈原在《楚辞·九歌》中云："蕙肴蒸兮兰籍，奠桂酒兮椒浆。"桂酒、椒浆就是用桂和椒浸泡在酒中而成的香酒。《汉书·礼乐制》中更有"牲茧栗，粢盛香，尊桂酒，宾八乡"之说。颜师古注引应劭曰："桂酒，切桂置酒中也。"②桂花具有特殊的香气，可供观赏，也可作香料。当时，桂酒已成为祭祀与款待宾客的美酒。汉代，胡椒、芫荽、茉莉、檀香、安息香、苏合香等域外香药的传入，丰富了人们的养生与饮食生活，增加了香酒的品种。根据文献记载，古人用来酿制香酒的香药种类很多，可以归纳为以下几

---

① （明）邝璠：《便民图纂》卷14《制造类上》，《中国古代版画丛刊》明万历年间刊本，中华书局，1959年。

② （汉）班固：《汉书》卷22《礼乐制》，中华书局，1962年，第1052~1053页。

类：一是具有理气作用的木香、茉莉花；二是具有温里作用的丁香、胡椒、高良姜；三是具有和胃作用的砂仁、檀香；四是具有开窍作用的菖蒲、安息香、苏合香和樟脑。其他可用以酿制香酒的芳香原料还有麝香、乳香、沉香、豆蔻、芸香、香茅、白芷、芫荽、杜衡、青蒿、松香、樟木、川芎、牛膝、白术、当归、麦门冬等。

从文献记载来看，从商代到南北朝时期，人们酿制香酒的方式是将香料直接投入酒中。西晋张华《博物志》记载："胡椒酒法：以好春酒五升；乾薑一两，胡椒七十枚，皆捣末；好美安石榴五枚，押取汁。皆以薑、椒末，及安石榴汁，悉内著酒中，火暖取温。亦可冷饮，亦可热饮之。……若欲增薑、椒亦可；若嫌多，欲减亦可。欲多作者，当以此为率。若饮不尽，可停数日。此胡人所谓荜拨酒也。"① 此酒法用到了具有温里活血作用的乾薑和长胡椒，还特别加入了安石榴汁，使该酒喝起来香甜可口。贾思勰《齐民要术》卷7记载，"作和酒法：酒一斗；胡椒六十枚，乾薑一分，鸡舌香一分，荜拨六枚，下簁，绢囊盛，内酒中。一宿，蜜一升和之"②。这种胡椒、荜拨所制之酒，不仅味美，而且具有温中下气之功效。直到唐代，胡椒酒仍很流行。

唐代的药酒制造种类较多，且颇具特色。孙思邈的《备急千金药方》卷第7《风毒脚气》设有"酒醴"专节，记载了十余种药酒的配方，并说明了这些药酒的酿制方法。唐代知名的酒是波斯人酿造的"三勒浆酒"。李肇在《唐国史补》卷下中云："又有三勒浆类酒，法出波斯。三勒者，谓菴摩勒、毗梨勒、诃梨勒。"③ 诃黎勒在印度和大食等地均被认为是能包治百病的良药；菴摩勒在唐代是西域诸国向唐朝皇帝所贡之长生药品；而毗梨勒则作浆服用，可使白发变黑，青春永驻。此三种珍贵香药所造之酒，自然驰名于世。唐五代时期，敦煌地区酿造的酒种类很多，有麦酒、粟酒、葡萄酒、青酒、白酒和胡酒等。胡酒之名见于敦煌文书 S.3836 号《杂抄》中，它可能是指添加了诃梨勒等香药酿造的药酒。当时，敦煌地区的酿酒业中已经使用蒸馏器造酒。胡酒是药酒还是用蒸馏器酿造的高纯度白酒，尚不能肯定，但它肯定是

---

① （后魏）贾思勰著，缪启愉校释：《齐民要术校释》卷7《笨麴并酒第六十六》，农业出版社，1982年，第394页。

② （后魏）贾思勰著，缪启愉校释：《齐民要术校释》卷7《笨麴并酒第六十六》，农业出版社，1982年，第395页。

③ （唐）李肇：《唐国史补》卷下，上海古籍出版社，1979年，第60页。

粟特人酿造的。① 此外，郁金香（番红花）常被用作酿酒的香药。李白在《客中行》中写道：“兰陵美酒郁金香，玉椀盛来琥珀光。”② 兰陵美酒香味浓郁，呈现琥珀光泽。

在阿拉伯人的日常生活中，香药更是必不可少的常用品，化妆、护肤、调味、防腐，处处可见香药的应用。《诸蕃志》卷上记载，大食人"民食专仰米谷，好嗜细面蒸羊，贫者食鱼菜果实，皆甜无酸，取蒲萄汁为酒，或用糖煮香药为思酥酒，又用蜜和香药作眉思打华酒，其酒大煖"③。无论是波斯的"三勒浆酒"，还是大食的"思酥酒"和"眉思打华酒"，唐宋时期的人们对波斯、大食的酿酒方法是比较熟悉的。

到了宋代，随着酿酒业的发展，出现了许多关于酒类的专门著作，著名者有苏轼的《东坡酒经》、朱肱的《北山酒经》、李保的《续北山酒经》、林洪的《新丰酒法》和范成大的《桂海酒志》等。宋人日常饮酒，还是以黄酒、配制酒和果酒为主，至于高浓度的蒸馏酒，限于制作工艺和技术条件，尚未普及。当时，中外物质文化交流频繁，大量域外香药不断传入中国，香药品种丰富，数量较大，豆蔻、良姜、砂仁、木香、乳香等域外香料开始走进普通百姓的生活。同时，由于酿造技术的提高，制作香酒方法的多样，出现了芫荽酒、茉莉酒、豆蔻酒、木香酒等香酒。据《梦溪笔谈》记载，太尉王文正公气羸多病。宋真宗面赐苏合香药酒一瓶，令其空腹饮之，可以和气血，辟外邪。苏合香酒的制作方法：每酒一斗，加入苏合香丸一两同煮。自此，臣庶之家皆仿效之，此方盛行于时。此外，古人在酿酒过程中还发明了添加香料制成的酒曲。

二、面脂、香熏和香材

（一）面脂、面膏

东晋时期，葛洪在《肘后备急方》卷 6 中，记载了许多治疗面部疾病和增白的面药方，其中所用药物大多为中药草，如细辛、干姜、椒、白芷、甘草、

---

① 郑炳林：《唐五代敦煌医学酿酒建筑业中的粟特人》，《西北第二民族学院学报》，1994 年第 4 期。
② （唐）李白：《客中行》，见（清）彭定求等编《全唐诗》卷 181，中华书局，1960 年，第 1842 页。
③ （宋）赵汝适著，杨博文校释：《诸蕃志校释》卷上《志国·大食》，中华书局，2000 年，第 89～90 页。

半夏、茯苓、芎䓖、真珠屑、白附子、鹿角尖、羊脂、狗脂等。在其"头不光泽，腊泽饰发方"中，用到了青木香、零陵香、甘松香和胡粉等香药。[①]

唐代，美容护肤药品种类繁多，有兰膏、面脂、口脂、降雪、紫雪、腊脂、澡豆、香饵脂膏等十余种。孙思邈在《千金翼方》卷5《妇人面药第五》中，记载了面脂、面膏、面药、悦泽面方、澡豆方和手膏方等39首，其中使用香药较多的有：

面脂主要及皯黯黑䵟，凡是面上之病，悉皆主之方：

丁香十分	零陵香	桃仁去皮	土瓜根	白蔹
白及	栀子花	沉香	防风	当归
辛夷	麝香研	芎䓖	商陆各三两	白芷
萎蕤	兔丝子	甘松香	藿香各十五分	蜀水花
青木香各二两	茯苓十四分	木兰皮	藁本	白僵蚕各二两半
冬瓜仁四两	鹅脂	羊髓各一升半	羊肾脂一升	猪胰六具
清酒五升	生猪肪脂三大升			

面膏方：

杜衡	防风	藁本	细辛	白附子
白芷	当归	木兰皮	白术	独活
萎蕤	天雄	茯苓	玉屑各一两	菟丝子
防己	商陆	栀子花	橘皮一云橘仁	白蔹
人参各三两	甘松香	青木香	藿香	零陵香
丁香各二两	麝香半两	白犬脂	牛髓各一升	羊胰三具
牡蛎熬，一云杜若		白鹅脂无鹅脂以羊髓代之		

令人面水白净澡豆方：

白蘚皮	白僵蚕	白附子	鹰矢白	白芷
芎䓖	白术	甘松香	白檀香	麝香
丁香各三两	桂心六两	瓜子一两	猪胰三具	白梅三七枚
冬瓜仁五合	面三升	鸡子白七枚	青木香一方用藁本	

[①]（晋）葛洪撰，汪剑等整理：《肘后备急方》卷6《治面疱发秃身臭心昏鄙丑方第四十九》，中国中医药出版社，2016年，第142～148页。

杏仁_{三十枚，去皮，尖}①

在各种面药方的药物配伍中，大多会用到香药，其中有丁香、木香、零陵香、沉香、麝香、甘松香、白檀香、青木香、密陀僧、胡粉、香附子等，而用的最多的是丁香、零陵香、麝香、青木香、胡粉、香附子和密陀僧。

此外，孙思邈在《备急千金要方》卷第6《七窍病》中，记载了各种洗手、洗面、澡豆方81首。其中，"治面黑不净，澡豆洗手面方"中有甘松香、木香、麝香、白檀香、丁子香等；"澡豆，治手干燥少润腻方"中有零陵香、丁香、麝香等；"令黑者皆白，老者皆少方"中有青木香、麝香等；"治面上皱黑方"中有丁香、零陵香、沉香、麝香等。② 王焘在《外台秘要》卷第32中，记载面脂、面膏、手膏、口脂、头膏、澡豆等方200多首，其中的"面膏面脂兼疗面病方"所用香药计有丁香、零陵香、沉香、麝香、栀子花、青木香、甘松香、白附子、密陀僧、白檀香、鸡舌香、胡粉、附子、珊瑚等。③ 可见，香药在人们日常生活中应用之广泛。

当时，美容药品常被当作高档礼品赏赐或赠送。《全唐文》中收录了许多大臣对皇帝赐口脂面药的谢书。如张九龄的《谢赐香药面脂表》云："赐臣裛衣香、面脂，及小通中散等药。……雕奁忽开，珠囊暂解，兰薰异气，玉润凝脂。药自天来，不假淮王之术，香宜风度，如传荀令之衣。"④ 刘禹锡的《谢敕书赐腊日口脂等表》云："赐臣及将士腊日口脂、香药、红雪等。……特降玺书，重加灵药，润之膏液，袭以兰芳。"⑤ 有些面脂手膏通过赏赐流入市场，成为人们争相购买的商品，史称"面脂手膏，衣香澡豆，仕人贵胜，

---

① （唐）孙思邈撰，鲁兆麟等点校：《千金翼方》卷5《妇人一·妇人面药第五》，辽宁科学技术出版社，1997年，第56～59页。
② （唐）孙思邈撰，鲁兆麟等点校：《备急千金药方》卷第6《七窍病》，辽宁科学技术出版社，1997年，第109～114页。
③ （唐）王焘：《外台秘要》卷第32《面部面脂药头膏发鬓衣香澡豆等三十四门》，人民卫生出版社，1955年，第870～901页。
④ 张九龄：《谢赐香药面脂表》，见（清）董诰等编《全唐文》卷288，中华书局，1983年，第2924页。
⑤ （唐）刘禹锡：《谢敕书赐腊日口脂等表》，见（清）董诰等编《全唐文》卷602，中华书局，1983年，第6082页。

皆是所要"①。美容药品在唐代上层社会中的需求量很大，美容化妆已成为社会时尚。

敦煌文书绝大部分属于佛经写本，中医药文书也是其重要组成部分。敦煌医药文书的内容涉及僧医、藏医和道医诸方面，其最大特色是以香药组药成方。在敦煌医药文书的1024首处方中，使用香药种类达40余种，其中就有许多面脂、面膏、洗发、香衣方。

  P.3378《杂疗病药方》
  羊髓面脂，久用香悦甚良方：丁香三分，麝香三分（别研，绵裹煎膏，绞讫更内香，煎十数沸除之），香附子三分，青木香三分，白附子三分，芎䓖四分，辛夷仁三分，菱蕤三分，白芷三分，甘松香二分，零陵三分，藿香二分，白僵蚕二分，白蜡八分，羊髓三升，桃仁脂三合，猪脂七合，熊白三合，酥三合，上切。诸药绵裹，以清酒七合，水七合和渍一宿，并内脂中暖火煎，水尽绞去滓。别研麝香，绵裹于膏中，煎十数沸，绵滤度，以杨木提搅使光，用之如法。②

此羊髓面脂方基本上以中药材为主，所用香药仅有丁香、麝香、青木香和甘松香几味，当是由中原地区传到敦煌地区的美容护肤医方。

  P.3930《头、目、产病方书》
  麝香水：洗面上黑䵟，麝香水研涂之即差。
  又方：密陀僧磨涂之即差。③

苏恭《唐本草》云，密陀僧，又名密陀、没多，"出波斯国，形似黄龙齿而坚重，亦有白色者，作理石文"。密陀僧可治面上黑䵟，面膏药多用之。

---

① （唐）孙思邈撰，鲁兆麟等点校：《千金翼方》卷5《妇人一·妇人面药第五》，辽宁科学技术出版社，1997年，第56页。
② 参见丛春雨《敦煌中医药精萃发微》，中医古籍出版社，2000年，第299页。
③ 参见丛春雨《敦煌中医药精萃发微》，中医古籍出版社，2000年，第303页。

S.4329《美容方书》

面膏方：玉屑一两，白芷一两，白蚕一两，白蜜一两，薰陆香三两，辛夷一两，白附子三两，土瓜根一两□。①

（二）佩香

唐宋时期，香药除了用于饮食、酿酒和美容护肤之外，还大量用于佩带、焚香、熏香和建材等方面。

先秦时期，人们喜欢在身上佩戴香囊，以达到香身、祛虫、辟秽的作用。《山海经》载有熏草、郁金、茅香等7种香草，"佩之，可以已厉〔疠〕"。汉代，帝王身旁常置有香药。《史记·礼书》记载，天子"侧载臭茝，所以养鼻也"。《史记索隐》引刘氏云："侧，特也。臭，香也。茝，香草也。" 1973年，在长沙马王堆1号汉墓中，出土了4个锦绣香囊、6个素绢香囊，还有香枕和整枝茅香。这些香囊、香枕里面装有茅香、桂皮、花椒、高良姜、杜蘅、辛夷、藁本、佩兰、干姜等香料。② 香囊不仅可以用来佩戴，还可以悬挂在帏帐内或车里。

唐代，佩香、熏香之风愈加盛行，几乎成为一种时尚。当时，随着外来香药的增多和人们观念的变化，所用香药的品种也随之发生变化，并且赋予其不同的文化内涵。王焘的《外台秘要》卷第13中，有一种治鬼魅精魅的"吃力迦丸方"，该香丸用吃力迦（即白术）、麝香、诃黎勒皮、香附子、沉香、青木香、丁子香、安息香、白檀香、荜拨、犀角、薰陆香、苏合香、龙脑香等15味香药制成，据说这种香丸用袋子装好后佩戴在胸前，可以驱鬼辟邪。③这么多名贵香药集聚在一起，佩戴在胸前，可以说香气四溢，即便不能祛鬼神，至少也可驱蚊虫。苏鹗在《杜阳杂编》卷下中记载，同昌公主乘坐的七宝步辇，"四面缀五色香囊，囊中贮辟寒香、辟邪香、瑞麟香、金凤香。此香异国所献也，仍杂以龙脑金屑。……每一出游，则芬馥满路，晶荧照灼，观者眩惑其目"④。

---

① 参见丛春雨《敦煌中医药精萃发微》，中医古籍出版社，2000年，第303页。
② 李经纬、林昭庚：《中国医学通史》（古代卷），人民卫生出版社，2000年，第119页。
③（唐）王焘：《外台秘要》卷第13《骨蒸傅尸鬼疰鬼魅二十六门》，人民卫生出版社，1955年，第367页。
④（唐）李濬、苏鹗、冯翔子：《松窗杂录·杜阳杂编·桂苑丛谈》，见《中国文学参考资料丛书》，中华书局，1958年，第55页。

五色香囊里装着各种名贵香药，芬芳远飘，令人回目，可谓"宝马雕车香满路"。不过，这种用香习气过于奢侈，远超出实际需要，成为一种夸耀的个人行为。总之，唐代的佩香不再局限于本土芳香植物，而是较多采用外来香药，佩香的品质有了很大的提高。对于唐人而言，佩香的意义不单是一种传统的生活习惯，更成为一种身份地位的象征。

宋代是中国香文化的高峰时期，佩香名目繁多，用料各别，制作方法互异，其种类有软香、香珠、拂手香和香囊等。拂手香多制成花形香饼，窨干穿穴线，悬于胸前。据《春明退朝录》卷下记载，宋初，越王钱尚文供奉之物"又有香囊、酒瓮诸什器，莫能悉数"①。蔡絛在《铁围山丛谈》卷5中云，1114年（政和四年），宋徽宗开始独揽朝纲，检察大内诸司局，将奉宸库并入内藏库，并将所藏香药分赐给大臣和近侍，其中有龙涎香两块。时"诸大珰争取一饼（古龙涎香），可直百缗，金玉穴而以青丝贯之，佩于颈，时于衣领间摩挲以相示，坐此遂作佩香焉。今佩香因古龙涎始也"②。南宋时期，皇亲国戚入宫中，"妇女上轼车，皆用二小鬟持香球在旁，而袖中又自持两小香球。车驰过，香烟如云，数里不绝，尘土皆香"③。贵妇出游，必携香球，车辆驰过，香烟如云。陈敬的《陈氏香谱》卷3《佩熏诸香》中，收录"笃耨佩香""梅蕊香""荀令十里香"等佩带、薰衣、裹衣香方共44首，从中可以窥知宋代佩香之大概。④

（三）焚香

焚香源于古人在"燎炭取暖"之余，间或在炉内放入松柏、树枝、茅草等芳香型植物，以趋灭室内蚊虫及消除秽气。正如《周礼》所说："除蠹物，以莽草熏之。"春秋战国时期，熏香是贵族的专利，而并非人人都可以享用。《庄子·让王篇》云："越人熏之以艾。"《韩非子·外储说左》云："熏以桂椒。"秦汉时期，焚香日益普遍化，无论在祭祀、奠仪活动中，还是在贵族士大夫的日常生活中，焚香逐渐演变成为一种礼仪习俗和生活方式。在焚香方法上，

---

① （宋）宋敏求等撰，尚成等校点：《春明退朝录》（外四种），上海古籍出版社，2012年，第30页。
② （宋）蔡絛、曾敏行撰，李梦生、朱杰人校点：《铁围山丛谈·独醒杂志》，上海古籍出版社，2012年，第64页。
③ （宋）陆游撰，杨立英校注：《老学庵笔记》卷1，三秦出版社，2003年，第14页。
④ （宋）陈敬：《陈氏香谱》卷3《佩熏诸香》，见刘幼生编校《香学汇典》，三晋出版社，2014年，第291～302页。

改变了过去直接燃烧香料的做法，用燃烧的木炭熏烤香料，并出现了博山炉等香具。关于西汉时期的熏香情况，从考古文物和文献记载可以窥知：在长沙马王堆1号汉墓中，出土了陶熏炉和竹薰笼，在陶熏炉炉盘内盛有茅香、高良姜和藁本等香药。公元前98年（天汉三年），"月氏国贡神香。后长安大疫，宫人得疾者，便烧之，病即差。百里之间闻香气，积九月而香不灭"①。东汉时期，西域地区的苏合香已经传入中土。但是，由于苏合香价格昂贵，仅限皇室及部分贵族阶层享用。东晋葛洪在《抱朴子·内篇》中说，苏合香、郁金香的价格可与美玉相比，"人鼻无不乐香，故流黄、郁金、芝兰、苏合、玄膳、索胶、江蓠、揭车、春蕙、秋兰，价同琼瑶"。苏合香既可用于薰衣、薰帐，还可用于尸体防腐。南北朝时期，佛教兴盛，烧香、熏香是佛教文化的重要组成部分。

佛教传入中国之路，也是一条香药及香文化传入之路。佛教兴起之初，十分推崇香药，其后两千余年间，用香风习不改，且愈演愈烈，以至于出现有佛寺处必有香烟，居士之家必设香案宝鼎之景象。《翻译名义集·众香篇三十四》云："香为佛事，如大论云，天竺国热，又以身臭故，以香涂身，供养诸佛及僧。"熏香、焚香在佛教寺院香药消费中占据很大部分。在《佛说陀罗尼集经》卷3中，记载了对佛的21种供养方法，可归纳概括为香水、烧香、杂色幡、燃灯、饭食五种。燃灯、供香是供佛的基本内容。《大日经》中则有六种供养，即水、涂香、花、烧香、饮食、灯明香等。在《行法肝叶抄》中，以六种供养象征六波罗蜜：水代表布施波罗蜜，涂香代表持戒波罗蜜，花代表忍辱波罗蜜，烧香代表精进波罗蜜，饮食代表禅定波罗蜜，灯代表般若波罗蜜。此外，在佛教密教中，依三部、五部区别，所用香药也有所不同。据《苏悉地羯罗经》卷上《分别烧香品》记载，供养佛部、莲花部、金刚部等圣众的香各有区别，中央佛部（毗卢遮那佛，法界体性智）供沉香，东方金刚部（阿閦佛，大圆镜智）供丁香，南方宝部（宝生佛，平等性智）供龙脑香，西方莲花部（阿弥陀佛，妙观察智）供白檀香，北方羯摩部（不空成就佛，成所作智）供薰陆香（乳香）。龙脑香、乾陀啰娑、娑折啰娑、薰陆香、安息香、娑落翅、室唎吠瑟吒迦等香，称为七胶香，为最胜最上者，

---

① （宋）洪刍：《香谱》卷下《异香二》，见刘幼生编校《香学汇典》，三晋出版社，2014年，第52页。

以此和合而烧之，可通用于佛部、金刚部、莲华部之息灾、增益、降伏等三种法，共为九种法。以香供养佛、菩萨的常见方法是烧香、涂香和抹香。供佛之外，供养经典也需要香。据《法华传记》卷10《十种供养记九》记载，鸠摩罗什说，若要供养《法华经》，须依经说，略备十种供具：一花、二香、三璎珞、四抹香、五涂香、六烧香、七幡盖、八衣服、九伎乐、十合掌也，其中香就占了四种。

隋唐时期是中国佛教史上的鼎盛时期，上至皇帝，下至黎民，或利用，或迷信，大都推重佛教。唐朝盛行在新近逝世先皇忌日行香的习俗，每年赐给寺院大量衣钵、香药等物，以便行香设斋。唐代宗大历年间，代宗崇敬释氏，每年春天用百品香和银粉涂饰佛室。在佛教的礼拜仪式和重大法事活动中，每年都要消费大量的香药。1987年，在唐代法门寺地宫遗址中，出土了大量精美的香具和珍贵的香药，其中香具有香囊、香炉、香盒、香案和手炉等，香药计有11块，共重1701克。同时出土的《衣物账》碑铭记载，唐懿宗供养"乳头香山二枚，重三斤；檀香山二枚，重五斤二两；丁香山二枚，重一斤二两；沈香山二枚，重四斤二两"。这些都是唐代帝王崇佛的明证，同时说明寺院是皇宫以外最大的香药消费场所。自古以来，佛教提倡在打坐、诵经等修持功课中使用薰香，以营造芳香庄重的修炼环境。据《梦粱录》卷3记载，每年农历四月十五日僧人结夏后，安居禅教律寺院，受信众供养，不敢起单外游。"自结制后，佛殿起楞严会，每日晨夕，各寺僧行持诵经咒，燃点巨烛，焚爇大香。"[①] 印度佛教所用的香药主要有沉香、檀香、龙脑和茅香等。沉香闻之令人身心沉静；檀香清凉使人消除困顿。在佛教文化的濡染下，中国人对沉香和檀香情有独钟。

在西北地区，藏族人民很早就有焚烧松枝驱除污秽或供奉神灵的习俗，即"煨桑"。煨桑是人们在屋前、路边燃上一堆柏枝和香草，并不断地向出征者、狩猎者身上洒水，意为用烟和水驱除各种污秽之气。此外，生活在高原上的人们，习惯在星光灿烂的月夜，把衣服、被褥等用品晾挂在室外，白天则点燃芳香类植物或矿物，烟熏房屋或居处，以达到消毒、除味、避邪、祛虫蚊的效果。据文献记载，7世纪前后，吐蕃赞普松赞干布派遣吞弥·桑布扎等人

---

① （南宋）吴自牧：《梦粱录》卷3《僧寺结制》，商务印书馆，1939年，第19页。

到印度学习佛法。吞弥·桑布扎回到吐蕃后，将印度的熏香技术引入吐蕃，并根据当地的地域特点，利用本地特有药草，发明了藏香（藏语音"贝"）。继吞弥·桑布扎后，宇妥·元丹贡布、第玛·格西丹增平措、莲花生大师、雅龙格巴大师等进一步改进藏香，使其从原料、配方、制作工艺、品种和效用等方面更加多样化。8世纪中叶，印度佛学大师莲花生到吐蕃传经授教，其足迹涉及山南、日喀则、阿里、拉萨等地。相传，莲花生大师看到当地僧侣和百姓喜欢焚香，就利用自身知识及在域外所见技术，结合当地民间的寺庙制香技艺，配制了多种藏香，如敏珠林寺、桑耶寺、哲蚌寺和布达拉宫等贡佛用香和寺庙生活用香。这些经典的藏香配方虽历经沧桑，但其中的一些品种仍流传至今，并得到后来学者的继承和发扬，如目前的环宇香、八宝香、敏珠林香、康珠藏香等。宇妥·元丹贡布在《四部医典》中，详尽地记载了各种香熏疗法。《四部医典》记载药物1000余种，其中有关香熏疗法的常用药物有30多种，如沉香、甘松、檀香、肉桂、硇砂、麝香、木香、藏红花、冰片、琥珀、唐古拉特青兰、藏菖蒲、藏蔻、烈香杜鹃花、松香等。藏红花、藏菖蒲、藏蔻、唐古拉特青兰等为藏药所独有。

传统藏香的原料以柏木为主，再加入藏红花、雪莲、甘松、檀香、苏合香、沉香、麝香、丁香、肉蔻、没药、当归、艾叶、松胶等。由于藏香所用香药种类、分量不同，其功效、香味自然有别。这些香药有的出自西藏本土，有的则来自周边邻国。如檀香来自印度，苏合香油出于地中海地区，没药源自索马里等。藏香作为藏区信教群众敬神、拜佛的必备信物，信众常用燃香这一方式表达对诸神和佛祖的虔诚信仰，并希冀诸神降福于他们。这种焚香祭祀活动经过长期演变，变得日益丰富和相对规范，并融于佛教仪轨，形成了独具藏地色彩的完整体系。

印度丰富的天然香药，浓厚的佛教文化，以及独特的香药文化，对周边地区吐蕃、突厥、回鹘乃至对中国内地都产生了深远影响。佛教传入西北地区后，与当地的少数民族文化相互融合，形成了各具地域特色的民族文化，其中包括香药文化。如佛教传入吐蕃以后，佛苯之间经过长期的碰撞、融合，形成了藏传佛教以煨桑、香供为特色的祭祀文化。正是对香药以及香文化的共同认知，使佛教文化与西北少数民族文化得以沟通与交融，并使藏传佛教文化成为沟通、凝聚西北少数民族的一个独特文化体系。

（四）熏香

魏晋南北朝时期，香药品种更加丰富，用香风气盛于两汉，傅粉薰衣成为名士的标志。《颜氏家训》卷3《勉学》云，梁朝全盛之时，贵游子弟，多无学术，并且"无不熏衣剃面，傅粉施朱"①。葛洪在《肘后备急方》中，记载了"六味熏衣香方"：

> 沈香一片，麝香一两，苏合香，蜜涂微火炙，少令变色。白胶香一两，捣沉香令破如大豆粒，丁香一两，亦别捣，令作三两段，捣余香讫，蜜和为炷，烧之。若熏衣著半两许，又藿香一两，佳。②

六味香药分别是沉香、麝香、苏合香、白胶香、丁香和藿香。这六味香药的组方与做法，奠定了后世各种熏衣香方的基本组方。

隋唐五代时期，合香制作技术更加成熟，香熏在宫廷中十分盛行。初唐卢照邻的《长安古意》就云："双燕双飞绕画梁，罗帷翠被郁金香。"诗句描绘了当时用郁金香薰翠被的画面。这一时期，人们对外来香药的认知逐渐加深，熏衣香方的制作有了较大进展。孙思邈在《备急千金要方》卷6《七窍病》中，记载熏衣香方3首、湿香方2首、裛衣香方3首：

熏衣香方：

鸡骨煎香	零陵香	丁香	青桂皮	青木香
枫香	郁金香_{各三两}	熏陆香	甲香	苏合香
甘松香_{各二两}	沉水香_{五两}	雀头香	藿香	白檀香
安息香	艾蒳香_{各一两}	麝香_{半两}		

又方：

沉香　　煎香_{各五两}　　雀头香　　藿香　　丁子香_{各一两}

上五味，治下筛，内麝香末半两，以粗罗之。临熏衣时，蜜和用。

---

① （南北朝）颜之推撰，夏家善等注释：《颜氏家训》卷3《勉学》，天津古籍出版社，1995年，第61页。
② （晋）葛洪撰，汪剑等整理：《肘后备急方》卷6《治面疱发秃身臭心昏鄙丑方第四十九》，中国中医药出版社，2016年，第149页。

又方：

兜娄婆香　　　熏陆香　　　沉香　　　檀香　　　煎香
甘松香　　　　零陵香　　　藿香各一两　丁香十八株　枣肉八两
苜蓿香二两

湿香方：

沉香二斤七两九铢　甘松　　　檀香　　　雀头香一作藿香
甲香　　　　　　麝香二两九铢　丁香　　　薰陆香三两六铢
零陵香　　　　　鸡骨煎香各三两九铢

又方：

沉香三两　　　麝香各一两半　零陵香　　　煎香　　　甲香三铢
甘松香各六铢　丁子香各半两　熏陆香　　　檀香三铢　藿香

裹衣香方：

藿香各四两　　茅香各三两　　零陵香　　　丁子香一两　甘松香
苜蓿香二两

又方：

零陵香二两　　藿香　　　　苜蓿香　　　甘松香　　　白檀香
沉水香　　　　煎香各一两

又方：

藿香四两　　　丁香四枚　　甘松香　　　麝香　　　　沉香
煎香①

从上可以看出外来香药在熏衣香方中的配伍情况。

此外，宋思邈在《千金翼方》卷第5《妇人一·熏衣浥衣香第六》中，记载了熏衣、浥衣香方6首，具体包括熏衣香方1首，浥衣香方2首，香体方2首（口服用），香粉方1首。② 王焘的《外台秘要》卷32中，载有"熏衣湿香方"5首，"裹衣干香方"5首，其中所用香料绝大部分为外来香药，计有沉香、麝香、

---

① （唐）孙思邈撰，鲁兆麟主校：《备急千金药方》卷6《七窍病》，辽宁科学技术出版社，1997年，第99页。
② （唐）孙思邈撰，鲁兆麟主校：《千金翼方》卷第5《妇人一·熏衣浥衣香第六》，辽宁科学技术出版社，1997年，第59～60页。

零陵香、薰陆香、丁子香、甲香、甘松香、檀香、苏合香、艾蒳香、青木香、苜蓿香、雀头香、郁金香等。①唐代的香匠们不仅研制出各种熏衣、裛衣香方，还注意从香药的燥湿粗细把握成品的质量。熏衣湿香方是将香药捣碎后，用蜜调和，然后放在熏笼中焚烧。裛衣香，也作浥衣香，又称"干香方"，是将香料捣好后，不加蜂蜜，制成干香，用绵或绢裹好，放在衣箱或佩戴在身上，让香味自然地沾上衣服。裛衣与熏衣相比，方法简便实用，把捣好的干香用绵裹好放在衣箱中即可。唐代的熏衣、裛衣香方达十余种，使用香药更多达数十种，每种香方配料不尽相同，足见唐代熏衣香方之丰富，熏衣风气之盛行。

在熏衣香方和裛衣香方中，檀香、薰陆香和苜蓿香是最常见的外来香药。此外，郁金香常被用于薰被、薰衣和薰毯诸方面。据《旧唐书·宣宗本纪》记载："旧时人主所行，黄门先以龙脑、郁金藉地，上悉命去之。"②在唐宣宗以前，皇帝行幸时，先以龙脑、郁金铺地，直到宣宗时，才废止了这种习俗。花蕊夫人在《宫词》中描绘了皇帝临幸时，红绣毯上撒满龙脑香、郁金香的奢华场面："今宵驾幸池头宿，排比椒房得煖无？……安排诸院接行廊，外槛周回十里强。青锦地衣红绣毯，尽铺龙脑郁金香。"③此外，唐代诗人王绩在《过汉故城》中，记载了皇宫中晨起宝鼎食、夜洒郁金香的奢侈生活。"大汉昔未定，强秦犹擅场。中原逐鹿罢，高祖郁龙骧。经始谋帝坐，兹焉壮未央。……翡翠明珠帐，鸳鸯白玉堂。清晨宝鼎食，闲夜郁金香。天马来东道，佳人倾北方。"④诗中虽托名为汉朝，然郁金香实未见于西汉时期之著作中，且作者是唐初人，其所叙当为唐宫中事。宫廷大内，巨宅深院之中，无不香烟缭绕；勋戚达官，公主贵妇身上，更是香气袭人。贵族王侯之家虽然没有皇室的气派，把郁金香洒在地上，但是他们用郁金香薰被、薰衣，则是普遍现象。

958年（显德五年），占城"国王因德漫遣使者莆诃散来，贡猛火油八十四瓶、

---

① （唐）王焘：《外台秘要》卷32《面部面脂药头膏发鬓衣香澡豆等三十四门》，人民卫生出版社，1955年，第899~901页。

② （后晋）刘昫：《旧唐书》卷18下《宣宗本纪》，中华书局，1975年，第645页。

③ （唐）花蕊夫人：《宫词》，见（清）彭定求等编《全唐诗》卷798，中华书局，1960年，第8975页。

④ （唐）王绩：《过汉故城》，见（清）彭定求等编《全唐诗》卷37，中华书局，1960年，第486页。

蔷薇水十五瓶,其表以贝多叶书之,以香木为函。猛火油以洒物,得水则出火。蔷薇水,云得自西域,以洒衣,虽敝而香不灭"①。大食蔷薇水等制剂的输入,直接导致了中药制剂中多种花露剂的出现。

敦煌文书 S.4329 号《香药方》中计有熏衣方二、面脂方三、面膏方二、洗面散方一、面散方一、口腔清洁剂及生发方各一,其中熏衣香方用到的香药有沉香、甲香、丁香、麝香、甘松香、薰陆香、白檀香、苓陵香、青檀香等。

S.4329《香药方》

熏衣香方:

沉香一斤,甲香九两,丁香九两,麝香一两,甘松香一两,熏陆香一两,白檀香一两。右件七味俦碎,□□承接为半和合相着,蜜和之。

裛衣香方:

苓陵香□两,吴藿六两,甘松四两,霍香四□,青檀香三两,沉香三两,□件裹一捣生丝袋盛之。②

宋代,外来香药数量的增多,广大平民生活水平的提高,以及香药知识的积淀和官僚贵族阶层香药消费的影响,共同促进了城市平民阶层对香药的消费,无论在饮食、医疗、美容、建筑,还是在各种庆典仪式、宗教活动、节日习俗中,香药都成为不可缺少的消费品。香药消费在宋代城市平民社会生活中占有重要地位。

当时,随着香药业的发展,人们的消费观念发生了很大变化。顺应这种变化,社会上出现了许多香药本草专著和方书,其中最具代表性的有《嘉祐本草》《本草图经》《证类本草》《太平圣惠方》和《太平惠民合剂局方》等。宋代医家十分重视香药,在各种医方中普遍使用香药,并有直接以香药命名的药方,如"苏合香丸""安息香丸""木香散"等。宋代以前的香方大多为熏衣香方和香体方,而宋代医书记载的香方种类更加多样,有芬积香、衙香、清远香、降真香等香品香方。如《太平惠民合剂局方》卷10录有芬积香、衙香、

---

① (宋)欧阳修:《新五代史》卷74《四夷附录第三》,中华书局,1974年,第922页。
② 参见姜伯勤《敦煌吐鲁番文书与丝绸之路》,文物出版社,1994年,第134页。

降真香和清远香香方4首。洪刍的《香谱》中，收录了熏衣香、帐中香、牙香、印香、梅花香、衣香、供佛湿香、公蕊香、窨酒龙脑丸、球子香、香饼和香粉等香方，其中有熏衣香方2首，以及介绍熏衣方法的"熏香法"1首。陈敬的《陈氏香谱》中，将香方明确分为印篆、凝和、佩熏、涂傅等四类，并将各种香方按类别收录，其中有"熏衣香方"9首。

香药贸易是宋代经济活动中的一大奇观，它在丰富中医药药材品种，满足人们生活需求的同时，也助长了奢靡之风。据《宋史·礼志》记载，凡宫廷大宴，"殿上陈锦绣帷帘，垂香毯，设银香兽前槛内"①。至于宫廷祭祀所费香药则更多。早在梁武帝时，南郊、明堂用沉香，北郊用上和香。用名贵沉香祭天亘古未见。1098年（元符元年），左司员外郎曾旼言，此前先按何佟之议，在南郊、明堂用沉香，北郊用上和香，北极星官、天皇大帝而下皆用湿香。后应曾旼之请，众星之位，亦各设香。②可见祭祀用香之广，消费数目之巨大。此外，据《宋史·仪卫志二》记载，在宫中导从中有女冠二人，"紫衣，执香炉、香盘"；奉龙脑盒二人，"衣绯销金袍，并高脚幞头"③。宫中导从始设于五代汉乾祐年间。宋代，随着外来香药数量的增加，用香逐渐平民化和普遍化，熏香不再是皇室宗亲和富商大户的专利，名臣雅士在品茶、读书、聚会时都喜欢焚香。在宋真宗时，名臣梅询"性喜焚香。其在官所，每晨起将视事，必焚香两炉，以公服罩之，撮其袖以出，坐定撒开两袖，郁然满室浓香"④。神宗时，旷代廉吏赵抃也喜欢焚香。《燕闲录》云："赵清献公昼之所为，夜必焚香以告天，不敢告者，不敢为也。"⑤

（五）香材

香药和香材还被用于建筑和家具制作。汉代的"椒房"就以香屑和泥涂壁。唐朝统治阶层对香药的滥用，已经达到惊人的程度，大凡权要富贵之家，或把麝香、乳香、沉香之末和入红粉泥壁，或用文柏、沉香、檀香之木作栋梁。如唐中宗时，宰相宗楚客新造一宅，以文柏为梁，以沉香和红粉泥壁，开门

---

① （元）脱脱等：《宋史》卷113《礼十六·宴飨》，中华书局，1977年，第2683页。
② （元）脱脱等：《宋史》卷98《礼一·吉礼一》，中华书局，1977年，第2429页。
③ （元）脱脱等：《宋史》卷144《仪卫二·宫中导从》，中华书局，1977年，第3385～3386页。
④ （宋）欧阳修撰，林青校注：《归田录》卷2，三秦出版社，2003年，第131页。
⑤ （明）陆深：《燕闲录》，中华书局，1985年，第4页。

则香气蓬勃。①据《新唐书·李白传》记载，唐玄宗在宫内建有沉香亭，"帝坐沉香子亭，意有所感，欲得（李）白为乐章，召入，而白已醉"②。杨国忠的"四香阁"，更是"用沉香为阁，檀香为栏，以麝香、乳香筛土和为泥饰壁"，其奢华程度超过了沉香亭。③唐代宗在位时期，宰相元载"造芸辉堂于私第。芸辉香草名也，出于阗国，其香洁白如玉，入土不朽烂，舂之为屑，以涂其壁，故号芸辉，而更以沉香为梁栋，金银为户牖，内设悬黎屏风紫绡帐"④。元载的私宅芸辉堂，以沉香为梁，芸香涂壁，富丽堂皇。由此可见，唐代外来香药在熏香、建筑这两个方面耗费极大。帝王将相竞相奢侈，而富商大户也毫不逊色。陶谷在《清异录》卷下《居室门》中记载，长安富室王元宝"起高阁，以银镂三棱屏风代篱落，密置香槽，〔香〕自花镂中出，号含熏阁"。当时，外来名贵香药虽大量输入中国，但就整个社会需求而言却是杯水车薪。

自晚唐五代，中国虽无以沉香木或檀香木直接制作的芳香建筑，但并不妨碍古人用更炫技性的手法展示更生动的芳香建筑。时尚虽变，但炫耀之心不变。南宋时期，赵梅石的"沉香连三暖阁"，"窗户皆镂花，其下替板亦镂花者。下用抽替，打篆香于内，香雾芬郁，终日不绝"⑤。南宋在焚香和建筑的紧密结合上，其趣味性比唐代直接用香木建造房屋更胜一筹。

唐宋时期，中国家具制作进入崭新时代，其用材间用香木。唐玄宗时，曾在亲仁坊给宠臣安禄山建造了一所豪宅，并赐给其各种贵重的家用物件，其中就有帖白檀床二张。《资治通鉴》卷216载其事云："（天宝十载）上命有司为安禄山治第于亲仁坊，敕令但穷壮丽，不限财力。既成，具幄帟器皿，充牣其中，有帖白檀床二，皆长丈，阔六尺……"⑥据《旧唐书·懿宗本纪》

---

① （唐）张鷟、范摅撰，恒鹤、阳羡生校点：《朝野佥载·云溪友议》卷3，上海古籍出版社，2012年，第34页。
② （宋）欧阳修、宋祁：《新唐书》卷202《文艺中·李白》，中华书局，1975年，第5763页。
③ （五代）王仁裕撰，曾贻芬点校：《开元天宝遗事》卷下《四香阁》，中华书局，2006年，第58页。
④ （宋）李昉等：《太平广记》卷237《芸辉堂》，中华书局，1961年，第1821页。
⑤ （宋）周密撰，王根林校点：《癸辛杂识·黑漆船》，上海古籍出版社，2012年，第111～112页。
⑥ （宋）司马光：《资治通鉴》卷216《唐纪三十二》，中华书局，1956年，第6902页。

记载，871年（咸通十二年）五月，"上幸安国寺，赐讲经僧沉香高座"①。《资治通鉴》卷252亦云，唐懿宗"幸安国寺，赐僧重谦、僧澈〔彻〕沈檀讲座二，各高两丈。设万人斋"②。以沉香、檀香为讲座，且高两丈，实属罕见。此外，乳香还用于制漆业。

第二节　香药在医疗卫生方面的应用

香药对人体的作用主要表现在生理、心理和外部环境几个方面。在生理上，香药具有滋阴、健脾、补气、补血等功效，能对人的神经系统和心脑血管系统产生影响；在心理上，香药的芳香气味能将人带入一种轻松愉悦的氛围，从而达到怡养身心的目的；在外部环境上，人们通过熏香、焚香，可以驱邪辟秽、杀虫消菌，净化空气，以有助于身心健康。

《神农本草经》是我国现存最早的中医学著作，也是秦汉时期众多医家搜集、总结、整理当时药物学经验成果的专著。然自魏晋以后，草石不分，虫兽不辨，且所主治，互有得失。梁代陶弘景的《名医别录》是继《神农本草经》以后，具有重要本草文献学价值的著作。该书收录了汉代至魏晋时期历代名医在《神农本草经》中增附的资料，是这一时期临床用药经验的总结和集大成之作。原书已佚。尚志钧先生从吐鲁番出土的《神农本草经集注》残卷、敦煌出土的《新修本草》残卷，以及《千金翼方》等书中，共辑出药物700余种，并依吐鲁番出土的《神农本草经集注》进行了校勘、整理。《名医别录》记载的药物绝大部分是中国本土产的植物类药草，外来香药品种不多，数量有限，主要有苏合香、沉香、薰陆香、鸡舌香、龙脑香等。据《名医别录》云：苏合香，味甘，性温，无毒，主辟恶，温疟，蛊毒，痫痓，不梦等症；③沉香、薰陆、鸡舌香，性微温，治风水毒肿，可去恶气；④麝香，无毒，治诸

---

① （后晋）刘昫等：《旧唐书》卷19上《懿宗本纪》，第678页。
② （宋）司马光：《资治通鉴》卷252《唐纪六十八》，中华书局，1956年，第8162页。
③ （梁）陶弘景集，尚志军辑校：《名医别录》（辑校本），人民卫生出版社，1986年，第45页。
④ （梁）陶弘景集，尚志军辑校：《名医别录》（辑校本），人民卫生出版社，1986年，第64页。

凶邪鬼气，心腹暴痛胀急，妇人难产，以及风毒，堕胎；①龙脑香及膏香，味辛苦，微寒，无毒，主治心腹邪气，风湿积聚，以及耳聋、明目。②

孙思邈的《备急千金要方》是唐代一部大型的医学方书。全书收载宏富，内容赅博，不仅收录了大量中医药文献中的药方，还吸收了一些外来医学的内容，其中包括许多香药香方，反映了隋唐时期中医学的发展状况，在中国医学史上占有重要地位。

在《备急千金要方》中，与香药有关的医方有："生发膏方"，以丁香、甘松香、零陵香、吴藿香等25味药配伍组方，主生发；③"五香枳实汤"，由青木香、麝香、鸡舌香、熏陆香、沉香、枳实等14味香药组成，主治小儿风热，疮痒等症；④"五香连翘汤"，由青木香、沉香、熏陆香、丁香（《外台秘要》作"鸡舌香"）、麝香等12味香药组方，主治一切恶核、瘰疬、痈疽、恶肿；⑤"五香散方"，由甲香、犀角、薰陆香、丁香、青木香、沉香等16味药组成，治疗江南毒气、恶核、肿胀、生疮等。⑥

《新修本草》是我国最早的药典，也是世界上第一部国家药典，计有正文20卷，目录1卷，药图25卷，图经7卷，共计53卷。该书是在陶弘景的《本草经集注》基础上，征天下郡县所出药物，经增补、删削而成，新增药物中收录了许多经试用有效的外来香药，如龙脑、安息香、阿魏、郁金、诃梨勒、胡椒等。《新修本草》成书不久，很快传播到西北地区。1899年，在敦煌石窟中发现了《新修本草》手抄卷子本。《新修本草》云：阿魏，味辛，无毒，主杀小虫，去臭气，破症积，下恶气；⑦沉香、薰陆香、鸡舌香、藿香、詹糖香、

---

① （梁）陶弘景集，尚志军辑校：《名医别录》（辑校本），人民卫生出版社，1986年，第72页。
② （梁）陶弘景集，尚志军辑校：《名医别录》（辑校本），人民卫生出版社，1986年，第160页。
③ （唐）孙思邈撰，鲁兆麟主校：《备急千金要方》卷第13《心脏·头面风第八》，辽宁科学技术出版社，1997年，第210页。
④ （唐）孙思邈撰，鲁兆麟主校：《备急千金要方》卷第5《少小婴孺方·痈疽瘰疬第八》，辽宁科学技术出版社，1997年，第80页。
⑤ （唐）孙思邈撰，鲁兆麟主校：《备急千金要方》卷第22《疔肿痈疽·痈疽第二》，辽宁科学技术出版社，1997年，第332～333页。
⑥ （唐）孙思邈撰，鲁兆麟主校：《备急千金要方》卷第25《备急·蛇毒第二》，辽宁科学技术出版社，1997年，第383页。
⑦ （唐）苏敬等撰，尚志钧辑校：《唐·新修本草》（辑复本），安徽科学技术出版社，1981年，第245页。

枫香，性均微温，悉疗风水毒肿，去恶气；薰陆、詹糖去伏尸，鸡舌、藿香疗霍乱；①苏合香，味甘，无毒，主辟恶，温疟，痫痓，蛊毒，不梦；②安息香，味辛，无毒，主心腹恶气鬼疰；③龙脑香及膏香，味辛，微寒，无毒，主心腹邪气，风湿积聚，耳聋、明目；④庵摩勒，味苦，无毒，主风虚热气；⑤毗梨勒，味苦，无毒，功用与庵摩勒同；⑥诃梨勒，味苦，无毒，主冷气，心腹胀满，下宿物；⑦紫真檀木，味咸，微寒，主恶毒、风毒；⑧麝香，味辛，无毒，主辟恶气，温疟，蛊毒，痫痓，心腹暴痛，妇人难产。⑨

此外，《外台秘要》卷第13有"崔氏疗鬼气辟邪恶阿魏药安息香方"，所用药物有阿魏、安息香、枣和牛乳。⑩同卷还有"五香丸方"，其主要成分为青木香、犀角、羚羊角、沉香、薰陆香、丁香和麝香，主治瘟疫、恶气热毒等。⑪《外台秘要》卷36中有"刘氏疗小儿天行头痛壮热方"，以青木香、白檀香配伍组方。⑫

罗振玉先生曾说："本草之学，自《唐本草》行而《隐居之集注》微，《证

---

① （唐）苏敬等撰，尚志钧辑校：《唐·新修本草》（辑复本），安徽科学技术出版社，1981年版，第313页。
② （唐）苏敬等撰，尚志钧辑校：《唐·新修本草》（辑复本），安徽科学技术出版社，1981年，第321页。
③ （唐）苏敬等撰，尚志钧辑校：《唐·新修本草》（辑复本），安徽科学技术出版社，1981年，第338页。
④ （唐）苏敬等撰，尚志钧辑校：《唐·新修本草》（辑复本），安徽科学技术出版社，1981年，第338页。
⑤ （唐）苏敬等撰，尚志钧辑校：《唐·新修本草》（辑复本），安徽科学技术出版社，1981年，第339页。
⑥ （唐）苏敬等撰，尚志钧辑校：《唐·新修本草》（辑复本），安徽科学技术出版社，1981年，第339页。
⑦ （唐）苏敬等撰，尚志钧辑校：《唐·新修本草》（辑复本），安徽科学技术出版社，1981年，第358页。
⑧ （唐）苏敬等撰，尚志钧辑校：《唐·新修本草》（辑复本），安徽科学技术出版社，1981年，第359页。
⑨ （唐）苏敬等撰，尚志钧辑校：《唐·新修本草》（辑复本），安徽科学技术出版社，1981年，第363页。
⑩ （唐）王焘：《外台秘要》卷第13《骨蒸传尸鬼疰鬼魅二十六门》，人民卫生出版社1955年，第366页。
⑪ （唐）王焘：《外台秘要》卷第13《骨蒸传尸鬼疰鬼魅二十六门》，人民卫生出版社，1955年，第367页。
⑫ （唐）王焘：《外台秘要》卷第36《小儿诸疾下五十门》，人民卫生出版社，1955年，第1003页。

类本草》行而《唐本草》微,逮明李时珍《纲目》行,《证类本草》亦仅存旧椠,隐居之书则佚者久矣。"《本草纲目》记载的梵语释名药物多达65种,其中有郁金香(梵名荼矩摩)、藿香(《金光明经》谓之钵怛罗香、《楞严经》云兜娄婆香)、甘松香(梵名苦弥哆)、余甘子(梵名庵摩勒、摩勒落迦果)、檀香(梵名旃檀)、阿魏(《涅槃经》称央匮)、龙脑香(《金光明经》谓之羯婆罗香)、沉香(梵名阿迦卢香)、乳香(梵名天泽香、多伽罗香、杜噜香)、安息香(梵名拙贝罗香)、苏合香(梵名咄噜瑟剑)、荜拨(摩伽陀国称荜拨梨,佛林国称阿梨诃陀)、香附子(《金光明经》谓月萃哆)、豆蔻(《金光明经》谓之苏乞迷罗细)、肉豆蔻(梵名迦拘勒)、茅香(《金光明经》作温尸罗)、怀香(梵名兜娄婆香)、枫香脂(《金光明经》谓之须萨折罗婆香)、麝香(梵名莫诃婆伽)等。

《本草纲目》集诸家之说,辨析药物疑误,阐述药性理论,揭示用药要点,多有发明。安息香有开窍辟秽、行气活血的功效,常用来治疗心腹疼痛、中风昏厥、猝然昏迷、血晕等病症。沉香温中降气,暖肾纳气,治上热下寒、气逆喘急、大肠虚闭、小便气淋,去恶气,主霍乱。乳香微温无毒,行气活血,有良好的止痛作用,主风水毒肿,去恶气伏尸,瘾疹痒毒,亦可香口辟臭。没药散血消肿,定痛生肌。血竭化瘀止痛,收敛疮口,主治心腹卒痛、内伤血聚。以上诸药皆被用作活血散瘀、消肿定痛之用。檀香消风热肿毒,治中恶鬼气,可止心腹痛、霍乱肾气痛。道家谓檀香为浴香。用白檀香涂身,能消除一切热恼。麝香能辟恶气、瘴毒,可除百病,治一切恶气及惊怖恍惚。龙脑香微寒无毒,主消食,下恶气,散胀满,香人口,对服饰的防虫、防蛀、防潮具有独特的效果。降真香辛温无毒,止血定痛,消肿生肌,烧香第一。小儿带之,辟邪恶气。甘松香甘温无毒,解毒散肿,理元气,去气郁,每日焚烧甘松,可治痨病。迷迭香性平不温,烧之令人衣香,辟蚊蚋,去恶气。艾蒳香全草入药,可发汗祛痰,治疗胸腹疼痛、食伤、霍乱、中暑等。阿魏辟瘟治疟,主霍乱,去臭气,破癥积,下恶气。焚烧兜纳香可辟远近恶气,壮胆安神,还可与茅香、柳枝煎汤浴小儿。

芳香性植物散发出的香气令人愉悦,具有杀菌、抗病毒作用。中国传统医药史上的卫生防疫方法大多选择上述香药组方,以悬佩法、熏烤法、烧燃法等驱蚊祛虫、消除瘴气、防治瘟疫,保护人们健康。

此外，庵摩勒清热利咽、润肺化痰、生津止渴，经常服食，可延年长生。诃黎勒能治众病，延年益寿，波斯人常将其带在船上，预防疾病发作。四出游行的僧人和长途跋涉的商人，大多随身携带诃黎勒，以备不时之需。荜拨是解毒药中的重要成分，对于胃冷、腰肾冷、脏腑虚冷等有很好的疗效。番红花祛瘀生新，活血通经，主治心忧郁积、气闷不散，久服令人心喜。

敦煌、吐鲁番医学吸收、融合中外多个民族、多种宗教的医学内容，涉及理论、诊断、本草、方剂、针灸、临床、养生保健等诸多方面，反映了古代中医药学、印度医学、于阗医学、粟特医学、波斯医学、藏族医学在这一地区的传播和交流盛况。丝绸之路孕育了敦煌文化、吐鲁番文化，而独特的文化背景又赋予敦煌医学、吐鲁番医学特有的文化内涵。下面以丛春雨主编的《敦煌中医药全书》①、马继兴等辑校的《敦煌医药文献辑校》②和王兴伊、段逸山编著的《新疆出土涉医文书辑校》③为本，举要说明敦煌、吐鲁番地区医方中的外来香药成分。

敦煌文书中的医方残卷有30余卷，共录方1024首，其中有的题有书名，有的为唐人选录署名医家的医方，而大多医方则不知书名与撰者。在敦煌医方残卷中，许多医方将梵文香药与中药材配伍组方，体现出汉唐时期多民族医药文化在敦煌医药中的交流与融合。

P.3378《杂疗病药方》，首全尾缺，中间有部分缺文，现存医方25首。该药方中的"疗风冷热不调方""三黄汤""桃柳枝汤""疗人腹冷痛不止方"等均含有诃黎勒。诃黎勒专治冷气，疗心腹胀满，兼有除烦治水、调中止呕、生津止渴等作用。在"三黄汤"中加入消食下气的诃黎勒，当是用印度药物将中医药方改进的结果，也说明敦煌是中、印医药文化的交汇之地。P.3378《杂疗病药方》中的"疗发落方"，以诃梨勒、毗梨勒、阿摩罗三物和醋、浆（米泔汁）相煎，去滓洗头。诃梨勒苦温无毒，主治胸膈结气、消痰下气，可黑髭发；毗梨勒苦寒无毒，暖肠腹，去冷气，亦可作浆染须发；阿摩罗（即庵摩勒），气味甘寒无毒，主治风虚热气，取子压油，和油涂头，可黑发去痒。P.3731《杂证方书》中的"疗一切鬼注尸注冷注，卒中恶方"，即"五香方"，以麝香、

---

① 丛春雨：《敦煌中医药全书》，中医古籍出版社，1994年。
② 马继兴等：《敦煌医药文献辑校》，江苏古籍出版社，1998年。
③ 王兴伊、段逸山：《新疆出土涉医文书辑校》，上海科学技术出版社，2016年。

□〔沉〕香、丁香、薰陆、青木香、诃梨勒、豆蔻、牛黄、雄黄、犀角与中药桃仁、升麻、当归、大黄、甘草、槟榔、鬼箭、巴豆、光明沙、桔梗配伍。方中以"五香"即麝香、沉香、丁香、薰陆、青木香芳香辟秽，开通心窍为君药，而犀角、牛黄、雄黄、光明砂清心开窍，豁痰醒脑；诃梨勒滋阴生津，祛邪之中兼有扶正补虚之效。全方突出芳香开窍、行气化浊、解毒祛瘀之效。P.5435《杂证方书》中的"抵圣散"方，以青木香、郁金香、麝香、芎劳、桂心、槟榔、甘草、麻仁、巴豆、羌活、人参等15味药相配伍。青木香、槟榔行气散结；郁金香理气活络，消积导滞；麝香活血通经，荡涤积滞。P.2882《杂证方书》中的"加减调中理肾汤"方，由荜拨、青木香、诃梨勒皮、槟榔、桔梗、茯苓、枳壳、大黄8味药组成。青木香引气导滞，荜拨、诃梨勒皮暖肾涩精。荜拨与诃梨勒，在唐代医籍中都用于治疗"冷气"和兼具"消食"之功能，故在该敦煌医方中被放到一起，用于"治一切冷气，吃食不消化却吐出"等症。P.3930《头、目、产病方书》中的"治人卒不得醒，昏迷无觉知者方"，以龙脑香、犀角配伍，研磨服用，故称"龙脑犀角粉"。龙脑辛苦微温，无毒，主治心腹邪气，疗喉痹脑通，犀角清心开窍。P.3930《头、目、产病方书》中的"羊肉阿魏荜茇饮"方，以精羊肉为君药，佐荜拨末、阿魏，再加热麨团、干粳米饭食之，可补中益气，温中散寒，消食除痞。

新疆出土涉医文书以医学类文书为多。本草类文书有四种：一是残缺比较严重，仅存药物名称或与药物名称相关的数字的文书；二是流传到新疆地区的中医本草学著作残卷；三是药价文书；四是胡语文书中有关药物学的记载。

大谷3526《美味药》残片，该方有诃梨勒和羖羊乳等3味药组成。大谷10508《阿魏治聋方》残片，涉及药物残存"阿魏"1味，主治耳。旅1523-7-73《心痛方》残片，涉及药物有庵摩罗、栢木、檀香、缚兰达等。大谷1074《解毒药方》残片，该件文书所载至少包含4首药方，其中有雄黄、郁金香、肥多罗、香附子等。72TAM153：34《旃独杏枣汤方》残片，有白旃皮、独活、杏仁、大枣等组成。大谷1392《毕钵根方》残片，涉及药物有荜拨根、阿魏、石须卢等。大谷3537《诃梨勒方》残片，有诃梨勒。

吐鲁番医方文书中涉及的药物包罗万象，除了吐鲁番本地及相邻地区的特色药材以外，还有来自中原、中亚和南亚地区的各种药材，其中有波斯的白石蜜、阿魏，天竺的荜拨、檀香、庵摩罗等。在很多医方中，其药物配伍将西域药材与中原药材共同组方。

宋朝历代皇帝大都重视医药事业，除了颁布关于医药卫生的诏令外，还组织人力，征集、修订、编撰大型药物学和方剂学著作。在宋代官方编纂的大型方书中，有大量方剂伍用香药。《太平圣惠方》中以香药命名的方剂达120首。1057年（嘉祐二年），宋仁宗诏光禄卿直秘阁掌禹锡、尚书祠部郎中秘阁校理林忆等，同诸医官重修本草，谓之《嘉祐补注本草》，其书虽有校补，但无大的发明。后仁宗又诏令天下郡县，图上所产药物，命太常博士苏颂撰成《图经本草》。此书考证详明，但图文互异，或有图无说，或说是图非。到宋徽宗政和年间，医官通直郎寇宗奭的《本草衍义》，以补注、图经二书为主，参考事实、核其情理，援引辩证，发明良多。此外官方药局所编《太平惠民和剂局方》中，以香药命名的成药配方不下60余种，如龙脑天麻煎、龙脑芎犀圆、乳香没药圆、乳香宣经圆、没药降圣丹、安息香圆、苏合香圆、青木香圆、麝香苏合香圆、腽肭脐圆、麝香鹿茸圆、沉香鹿茸圆、沉香荜澄茄散、龙脑鸡苏圆、诃黎勒圆、丁香豆蔻散、没药降圣丹、丁香散、木香汤、檀香汤等。

关于各种香药的性味和用途，寇宗奭在《本草衍义》中云：零陵香，"至枯干犹香，入药绝可用"；①沉香木，主治风水毒肿，去恶气，今医家用以保和卫气，作上品药；②丁香，治胃寒及脾胃冷气不和；③龙脑香，"此物大通利关膈热塞，其清香为百药之先"，对成人、小儿风涎闭壅及暴得惊热有显著作用；④菴摩勒，能解金石之毒；⑤没药，大概通滞血，打扑损疼痛，以酒化服；⑥诃黎勒，其物味苦，泄气，气虚人宜服；⑦腽肭脐，治脐腹积冷，脾肾劳极，少精。⑧此后，在许国桢的《御药院方》中，治筋骨损伤多以乳香、没药为主。如《治疮肿折伤门》中，治疗诸疮肿硬疼痛及脓溃肌肉腐烂的"乳香膏"方，由南乳香、没药、松脂和血竭9味药组成；⑨《治杂病门》中，治一切伤折，磋跌㿉肿，疼痛不可忍者的"乳香消毒散"方，由乳香、没药、白敛、

---

① （宋）寇宗奭：《本草衍义》卷10，人民卫生出版社，1990年，第66页。
② （宋）寇宗奭：《本草衍义》卷13，人民卫生出版社，1990年，第82页。
③ （宋）寇宗奭：《本草衍义》卷13，人民卫生出版社，1990年，第82页。
④ （宋）寇宗奭：《本草衍义》卷14，人民卫生出版社，1990年，第91页。
⑤ （宋）寇宗奭：《本草衍义》卷14，人民卫生出版社，1990年，第91页。
⑥ （宋）寇宗奭：《本草衍义》卷14，人民卫生出版社，1990年，第91页。
⑦ （宋）寇宗奭：《本草衍义》卷15，人民卫生出版社，1990年，第97页。
⑧ （宋）寇宗奭：《本草衍义》卷16，人民卫生出版社，1990年，第109页。
⑨ （元）许国桢编撰，王淑民等校点：《御药院方》卷10《治疮肿折伤门》，人民卫生出版社，1992年，第198页。

血竭等10味药组成。①此外,《御药院方》中还有许多含有香药的方剂,如"龙麝紫芝煎""龙脑安神丸""龙脑清膈汤""木香枳实丸""荜澄茄丸""阿魏丸""乳香没药丸""没药乳香散""诃黎勒散"等。

香药的输入虽然丰富了我国的药学内容,但同时也造成香药使用过度、滥用之弊。医生临证处方不辨寒热,动辄使用香药以投其所好,从而形成滥用香药的风气。故至元代朱丹溪起而反对,他在《局方发挥》中痛斥宋代官修的制剂规范《和剂局方》滥用辛香燥烈之品,强调要辨证使用香药。

藏医学具有悠久的历史,它是藏族人民长期在青藏高原上与疾病斗争的经验总结。在敦煌古藏文文献中发现了 P.T.1057 号《藏医杂疗方》和两份《藏医灸方》。《藏医杂疗方》记载了36个药方(含偏方),其中的"治喉病方"使用了龙胆、阿魏和景天三味药;"治牙病方"则用到荜拨和白胡椒;而"治软疲方"则以景天、龙胆、丁香、甘松和阿魏等香药煎熬而成。②藏族医学著作《四部医典》中的药物配方,大量采用当地的动物、植物入药,同时兼用外来香药,有着鲜明的藏民族特色。如《甘露精要八支秘诀续第三卷》第2章《朗症疗法》中,所用香药有阿魏、荜拨、安息香、甘松香、藏红花、青木香和诃子等。"阿魏干姜红盐光明盐,治除诸风特治风头病";"石榴芫荽干姜小米辣,荜菝牦牛酥油治诸风";"鹞鸪小米辣与诃子味,松香合蜜研治成膏浆,安息香与五灵脂诃子,牛溲为引令服为煎汤"③。朗症,相当于汉医所说广义的风类疾病。在《甘露精要八支秘诀续第三卷》第12章《热症总治》中,所用香药有青木香、余甘子、降真香、冰片、檀香、沉香、麝香、安息香、肉豆蔻、阿魏、荜拨、藏红花等。④《月王药诊》相传是南印度龙树论师的著作,成书于8世纪中叶,为现存最古老的体系完整的藏医学著作。该书第98章"脉管治疗方法"中也用到了乳香。这说明外来药物不仅在中原地区被医家所熟练运用,而且对青藏高原上的民族医学同样产生了深远的影响。

---

① (元)许国桢编撰,王淑民等校点:《御药院方》卷8《治杂病门》,人民卫生出版社,1992年,第134页。

② 王尧:《敦煌吐蕃文书译释》,《王尧藏学文集》(卷4),中国藏学出版社,2012年,第348~353页。

③ (吐蕃)宇妥·元丹贡布等著,李永年译:《四部医典·甘露精要八支秘诀续第三卷》,人民卫生出版社,1983年,第90~93页。

④ (吐蕃)宇妥·元丹贡布等著,李永年译:《四部医典·甘露精要八支秘诀续第三卷》,人民卫生出版社,1983年,第131~144页。

参考文献

一、史料

[1]（南朝宋）范晔：《后汉书》，中华书局，1965年。

[2]（晋）嵇含：《南方草木状》，广东科技出版社，2009年。

[3]（晋）葛洪著，周天游校注：《西京杂记》，三秦出版社，2006年。

[4]（晋）陈寿：《三国志》，中华书局，1959年。

[5]（晋）张华撰，范宁校证：《博物志校证》，中华书局，2014年。

[6]（前秦）王嘉撰，（梁）萧绮录，王根林校点：《拾遗记》，上海古籍出版社，2012年。

[7]（梁）沈约：《宋书》，中华书局，1974年。

[8]（梁）释慧皎著，汤用彤校注：《高僧传》，中华书局，1992年。

[9]（梁）陶弘景集，尚志钧辑校：《名医别录》（辑校本），人民卫生出版社，1986年。

[10]（唐）姚思廉：《梁书》，中华书局，1973年。

[11]（北齐）魏收：《魏书》，中华书局，1974年。

[12]（唐）令狐德棻等：《周书》，中华书局，1971年。

[13]（唐）李延寿：《北史》，中华书局，1974年。

[14]（后魏）贾思勰著，缪启愉校释：《齐民要术校释》，农业出版社，1982年。

[15]（唐）魏征等：《隋书》，中华书局，1973年。

[16]（后晋）刘昫等：《旧唐书》，中华书局，1975年。

[17]（宋）欧阳修、宋祁：《新唐书》，中华书局，1975年。

[18]（唐）杜佑撰，王文锦等点校：《通典》，中华书局，1988年。

[19]（宋）司马光：《资治通鉴》，中华书局，1956年。

[20]（宋）李昉等：《太平御览》，《四库全书》本，上海古籍出版社，2008年。

[21]（宋）王钦若等编纂，周勋初等校订：《册府元龟》，凤凰出版社，2006年。

[22]（唐）李林甫等撰，陈仲夫点校：《唐六典》，中华书局，1992年。

[23]（唐）李吉甫撰，贺次君点校：《元和郡县图志》，中华书局，1983年。

[24]（宋）宋敏求：《唐大诏令集》，中华书局，2008年。

[25]（宋）王溥：《唐会要》，中华书局，1955年。

[26]（清）董诰等编：《全唐文》，中华书局，1983年。

[27]（清）彭定求等编：《全唐诗》，中华书局，1960年。

[28]（唐）李肇：《唐国史补》，上海古籍出版社，1979年。

[29]（唐）樊绰：《蛮书》，武英殿聚珍版原本，中国书店，1992年。

[30]（唐）孙思邈撰，鲁兆麟主校：《千金翼方》，辽宁科学技术出版社，1997年。

[31]（唐）孙思邈撰，鲁兆麟主校：《备急千金药方》，辽宁科学技术出版社，1997年。

[32]（唐）王焘：《外台秘要》，人民卫生出版社，1955年。

[33]（唐）段成式：《酉阳杂俎》，《钦定四库全书荟要》，吉林出版集团有限责任公司，2005年。

[34]（唐）陈藏器撰，尚志钧辑释：《〈本草拾遗〉辑释》，安徽科学技术出版社，2002年。

[35]（唐）苏敬等撰，尚志钧辑校：《唐·新修本草》（辑复本），安徽科学技术出版社，1981年。

[36]（五代）王仁裕撰，曾贻芬点校：《开元天宝遗事》，中华书局，2006年。

[37]（唐）玄奘、辩机原著，季羡林等校注：《大唐西域记校注》，中华书局，2000年。

［38］（唐）道宣：《释迦方志》，中华书局，2000年。

［39］（唐）慧超著，张毅笺释：《往五天竺国传笺释》，中华书局，2000年。

［40］（唐）释道世著，周叔迦等校注：《法苑珠林校注》，中华书局，2003年。

［41］（唐）义净著，王邦维校注：《南海寄归内法传校注》，中华书局，1995年。

［42］[阿拉伯]伊本·胡尔达兹比赫著，宋岘译注：《道里邦国志》，中华书局，1991年。

［43］（吐蕃）宇妥·元丹贡布等著，李永年译：《四部医典》，人民卫生出版社，1983年。

［44］王尧、陈践：《敦煌本吐蕃历史文书》，见《王尧藏学文集》（卷1），中国藏学出版社，2012年。

［45］王尧、陈践：《吐蕃简牍综录》，见《王尧藏学文集》（卷3），中国藏学出版社，2012年。

［46］王尧：《敦煌吐蕃文书译释》，见《王尧藏学文集》（卷4），中国藏学出版社，2012年。

［47］唐耕耦、陆宏基：《敦煌社会经济文献真迹释录》（第1辑），书目文献出版社，1986年。

［48］（宋）欧阳修：《新五代史》，中华书局，1974年。

［49］（宋）薛居正等：《旧五代史》，中华书局，1976年。

［50］（五代）李珣著，尚志钧辑校：《海药本草》（辑校本），人民卫生出版社，1997年。

［51］（元）脱脱等：《宋史》，中华书局，1977年。

［52］（宋）李焘：《续资治通鉴长编》，中华书局，1992年。

［53］（清）徐松：《宋会要辑稿》，中华书局，1997年。

［54］（宋）李昉等：《太平御览》，《四库全书》本，上海古籍出版社，2008年。

［55］（宋）沈括著，施适校点：《梦溪笔谈》，上海古籍出版社，2015年。

［56］（宋）邵伯温撰，李剑雄等点校：《邵氏闻见录》，中华书局，1983年。

[57]（宋）蔡絛、曾敏行撰，李梦生、朱杰人校点：《铁围山丛谈·独醒杂志》，上海古籍出版社，2012年。

[58]（宋）李昉等：《太平广记》，中华书局，1961年。

[59]（宋）赵汝适著，杨博文校释：《诸蕃志校释》，中华书局，2000年。

[60]（宋）周去非著，杨武泉校注：《岭外代答校注》，中华书局，1999年。

[61]（宋）范成大撰，孔凡礼点校：《范成大笔记六种·吴船录》，中华书局，2002年。

[62]（宋）范成大撰，孔凡礼点校：《范成大笔记六种·桂海虞衡志》，中华书局，2002年。

[63]（宋）志磐撰，释道法校注：《佛祖统记校注》，上海古籍出版社，2012年。

[64]（宋）叶隆礼撰，贾敬颜等点校：《契丹国志》，中华书局，2014年。

[65]（宋）曾巩撰，王瑞来校证：《隆平集校证》，中华书局，2012年。

[66]（宋）龚鼎臣：《东原录》，见《丛书集成初编》，中华书局，1985年。

[67]（宋）周密撰，王根林校点：《癸辛杂识》，上海古籍出版社，2012年。

[68]（宋）洪皓：《松漠纪闻》，见李澍田主编《长白丛书》（初集），吉林文史出版社，1986年。

[69]（清）吴广成撰，龚世俊等校证：《西夏书事校证》，甘肃文化出版社，1995年。

[70]（清）张鉴撰，龚世俊等校点：《西夏纪事本末》，甘肃文化出版社，1998年。

[71]史金波、聂鸿音、白滨：《天盛改旧新定律令》，法律出版社，2000年。

[72]（宋）李远：《青唐录》，见《古今游记丛钞》卷13《甘肃省》（第3册），中华书局，1936年。

[73]（宋）陶谷撰，孔一校点：《清异录》，上海古籍出版社，2012年。

[74]（宋）唐慎微著，尚志钧等校点：《证类本草》，华夏出版社，1993年。

[75]（明）周嘉胄：《香乘》，见刘幼生编校《香学汇典》，三晋出版社，2014年。

[76]（宋）陈敬：《陈氏香谱》，刘幼生编校《香学汇典》，三晋出版社，2014年。

[77]（宋）陈敬：《新纂香谱》，中华书局，2012年。

[78]（宋）叶廷珪：《名香谱》，见刘幼生编校《香学汇典》，三晋出版社，2014年。

[79]（宋）洪刍：《香谱》，见刘幼生编校《香学汇典》，三晋出版社，2014年。

[80]（宋）寇宗奭：《本草衍义》，人民卫生出版社，1990年。

[81]（宋）林洪：《山家清供》，中国商业出版社，1985年。

[82]（明）李时珍著，王育杰整理：《本草纲目》，人民卫生出版社，2016年。

二、著作

[1][瑞典]斯文·赫定著，江红、李佩娟译：《丝绸之路》，新疆人民出版社，1996年。

[2][法]L.布尔努瓦著，耿昇译：《丝绸之路》，新疆人民出版社，1982年。

[3][法]阿里·玛扎海里著，耿昇译：《丝绸之路——中国—波斯文化交流史》，中华书局，1993年。

[4][苏]V.V.巴尔托里德著，耿世民译：《中亚简史》，新疆人民出版社，1980年。

[5][美]菲利浦·希提著，马坚译：《阿拉伯通史》，新世界出版社，2015年。

[6][日]前田正名著，陈俊谋译：《河西历史地理学研究》，中国藏学出版社，1993年。

[7][日]松田寿男著，陈俊谋译：《古代天山历史地理学研究》，中央民族学院出版社，1987年。

[8][法]费琅著，耿昇、穆根来译：《阿拉伯波斯突厥人东方文献辑注》，中华书局，1989年。

[9][德]夏德著,朱杰勤译:《大秦国全录》(China and the Roman Orient),大象出版社,2009年。

[10][美]劳费尔著,林筠因译:《中国伊朗编》,商务印书馆,2015年。

[11][美]薛爱华著,吴玉贵译:《撒马尔罕的金桃——唐代舶来品研究》,社会科学文献出版社,2016年。

[12][法]沙畹著,冯承钧译:《西突厥史料》,中华书局,2004年。

[13]张星烺:《中西交通史料汇编》,中华书局,2003年。

[14][清]顾祖禹著,贺次君等点校:《读史方舆纪要》,中华书局,2005年。

[15]林天蔚:《宋代香药贸易史稿》,香港中国学社,1960年。

[16]傅京亮:《中国香文化》,齐鲁书社,2008年。

[17]漆侠:《宋代经济史》,上海人民出版社,1987年。

[18]史金波:《西夏经济文书研究》,社会科学文献出版社,2017年。

[19]杜建录:《西夏经济史》,中国社会科学出版社,2002年。

[20]刘迎胜:《丝绸之路》,江苏人民出版社,2014年。

[21]李明伟:《隋唐丝绸之路——中世纪的中国西北社会与文明》,甘肃人民出版社,1994年。

[22]韩香:《隋唐长安与中亚文明》,中国社会科学出版社,2006年。

[23]蔡鸿生:《唐代九姓胡与突厥文化》,中华书局,1998年。

[24]荣新江:《中古中国与外来文明》,生活·读书·新知三联书店2001年。

[25]荣新江:《中古中国与粟特文明》,生活·读书·新知三联书店2014年。

[26]郑炳林主编:《敦煌归义军史专题研究》,兰州大学出版社,1997年。

[27]宋岘:《古代波斯医学与中国》,经济日报出版社,2001年。

[28]殷晴:《丝绸之路与西域经济——十二世纪前新疆开发史稿》,中华书局,2007年。

[29]杨铭、李锋:《丝绸之路与吐蕃文明》,商务印书馆,2017年。

[30]李经纬、林昭庚:《中国医学通史》(古代卷),人民卫生出版社,2000年。

［31］《中国药用动物志》协作组：《中国药用动物志》，天津科学技术出版社，1979年。

［32］姜伯勤：《敦煌吐鲁番文书与丝绸之路》，文物出版社，1994年。

［33］马继兴等：《敦煌医药文献辑校》，江苏古籍出版社，1998年。

［34］丛春雨：《敦煌中医药全书》，中医古籍出版社，1994年。

［35］丛春雨：《敦煌中医药精萃发微》，中医古籍出版社，2000年。

［36］王兴伊、段逸山：《新疆出土涉医文书辑校》，上海科学技术出版社，2016年。

［37］陈增岳：《敦煌古医籍校证》，广东科技出版社，2008年。

［38］陈明：《殊方异药——出土文书与西域医学》，北京大学出版社，2005年。

［39］温翠芳：《唐代外来香药研究》，重庆出版社，2007年。

后　记

　　长期以来，本人一直从事西北民族史的研究工作，并积累了大量史料。在研究过程中，虽然意识到香药贸易在西北民族贸易中的重要性，但限于个人能力，未敢奢想写一本这方面的书。香药是丝绸之路贸易中的重要商品，也是西北诸族与中原王朝贡赐贸易中的常见物品，香药贸易不仅涉及丝绸之路沿线各民族的历史、经济和文化，而且还涉及植物学、医药学和语言学等方面的知识，如果不具备多学科知识，不掌握相关民族语言，就很难深入进行下去。

　　近年来，随着对丝绸之路研究的不断深入，特别是大量考古资料的整理出版和外国学者研究成果的译介，香药贸易问题引起越来越多学者的关注。2016年，本人开始整理史料，草拟大纲，并征求同行好友们的意见，想尝试写一本这方面的小册子。后来，鉴于本课题面临的诸多无法克服的困难，在好友们的劝说下，放弃了这一想法。但是，在西北民族贸易史上，香药贸易几乎是一个绕不开的问题，要想廓清西北民族贸易的全貌，就不能不弄清其本末究竟。在认真阅读相关史料和论著后，我对这一问题有了新的认识和体会。首先，劳费尔的名著《中国伊朗编》和薛爱华的《撒马尔罕的金桃》，从比较语言学角度探讨了中国古代的外来物品（包括植物和香药），这为我们研究香药贸易解决了语言方面的难题。但是,香药传播途径的多样化和利益群体的多元化,造成了香药产地、名目的复杂化,在没有确凿证据的情况下,仅靠一些零碎的语言材料来解决问题,其结论不能令人信服而只能作为参考。其次,古人对丝绸之路的认识和理解,与今天我们对丝绸之路的认识和理解不同。丝绸之路的开通与维持,对中西物质文化和精神文化交流作出了重要贡献,尤其是在汉唐时期,由于中央王朝有效地控制了西域乃至中亚地区,一度使这条通道出现了十分繁荣的景象。但是,当时中央王朝开辟、维护丝绸之路的目的,更多是出于军事、政治方面的考量,而贸易只是这种政策的结果而非原因。丝绸之路贸易是以奢侈品为主的贸易。中国人对香药的态度是矛盾的,一方面香药的传入满足了统治者的奢侈生活和炫耀性消费,另一方面香药被赋予多重社会职能,成为社会身份的象征物,助长了奢靡的社会风气。因此,在中国古代史书包括经史子集、写本文献等各类典籍中,对丝绸之路上中外商人及其贸易活动的记载是十分零散的,而后来的各种专门性著述如香论、本草和医学类著作中,或诸说杂陈,莫辨真伪,或作为异闻趣事,不可仅凭。这都在客观上增加了研究的难度。最后,香药是一种商品。商品既是物质的,同时也是精神文化的。香药传入中国后,丰富了中国的香文化,促进了中医药学的发展。在数量可观的古今论著中,对香品、香用和香俗的论述不少,但是,时移世异,从古代东西方文化交流和西北民族经济社会发展的角度言之,这些记载和研究成果已不能满足今时的需要,况且其大部分研究成果侧重于某一方面,还有许多问题需要澄清。

　　本人对丝绸之路史缺乏系统、深入的研究,对植物学、药物学更是一知半解,而对于复兴香文化则抱有好奇之心。本人抱着敬畏之心,从西北民族贸易史的角度,将散见于诸史的香药方面的史料作了汇集,对现有研究成果在比较的基础上作了疏通,志在阐明香药贸易对西北地区经济社会发展及民族关系的重要影响。至于植物学和医药学方面的内容,非本人所长,也非本书关注的重点。

  本书在撰写和出版过程中，得到了宁夏大学回族研究院各届领导和同行们的关心和支持，我满怀感恩的心，对你们表示最真诚的感谢！在书稿征集、修改过程中，胡玉冰院长、马晴副院长给予本人极大的信任，而信任是一种力量，更是一份责任，让我倍感珍惜。在本书出版过程中，梁向明院长、马天龙主任积极安排、商定相关事宜，令我备受感动。在本书即将付梓之际，我要感谢宁夏人民出版社赵学佳、闫金萍编辑的辛劳付出。最后，我还要感谢给予我鼓励和帮助的同行好友们，我将铭记你们的教诲，孜孜以求，谨言慎行。

杨作山

2020 年 9 月 20 日于银川